本书系“中国古代体育文物调查与数据库建设”项目成果（项目号：15ZDB146）

《中国古代体育文物·华东卷》编委会

主编：毛丽娟

本卷主编：孙麒麟 郭红卫

课题组成员：

王坤 陈伟伟 李先国 沈丽群 窦秀敏 赵景磊（上海交通大学）

匡淑平（上海体育学院）

吴晓燕（郑州大学）

陈子（广东药科大学）

杜舒书（华东师范大学）

周维方（南京森林警官学院）

孙传晨（南京工程学院）

赵显品（温州科技职业学院）

刘沪杭（浙江商业职业技术学院）

张勇（安徽工程技术大学）

中国古代体育文物

主编：毛丽娟　本卷主编：孙麒麟　郭红卫

华东卷

读者出版传媒股份有限公司
甘肃教育出版社

图书在版编目（CIP）数据

中国古代体育文物. 华东卷 / 毛丽娟主编 ; 孙麒麟，郭红卫本卷主编. -- 兰州 : 甘肃教育出版社，2023.7
ISBN 978-7-5423-5375-7

Ⅰ. ①中… Ⅱ. ①毛… ②孙… ③郭… Ⅲ. ①古代体育－文物－华东地区 Ⅳ. ①K875.4

中国国家版本馆CIP数据核字(2023)第097612号

中国古代体育文物·华东卷
主　　编　毛丽娟
本卷主编　孙麒麟　郭红卫

项目策划　薛英昭　孙宝岩
项目负责　谢　璟
责任编辑　李慧娟
封面设计　石　璞

出　版　甘肃教育出版社
社　址　兰州市读者大道568号　730030
电　话　0931-8436489(编辑部)　0931-8773056(发行部)
传　真　0931-8435009
淘宝官方旗舰店　http://shop111038270.taobao.com

发　行　甘肃教育出版社　　印　刷　兰州人民印刷厂
开　本　890毫米×1240毫米　1/16　印　张　36　插　页　4　字　数　618千
版　次　2023年7月第1版
印　次　2023年7月第1次印刷
书　号　ISBN 978-7-5423-5375-7　　定　价　360.00元

总　序

首席专家　毛丽娟

中国文化历来讲究器以载道，物以承文。体育文物，是人类创造的物质文化和精神文化的物化遗存，作为一定历史时期的社会产物，它也是人类社会历史的一种凝固形态的展现。除了其固有的审美和体育价值外，体育文物还蕴含着丰富多彩的历史、科技、文化等文明信息。以此出发，我们对体育文物的科学研究，除了要更好地保存其物化形态，更重要的是要把其放在相应的时代背景下考察、探寻体育文物赖以产生和存在的社会历史状态，解读它所承载的诸多文明信息。作为一种有着悠久历史的古老文化，中华民族传统体育文化具有民间性、民俗性、民族性和娱乐性，是中华民族传统文化的重要组成部分。

近几十年来，随着我国体育文物在考古中的发掘、发现，体育文物研究已为海内外同行所瞩目。究其原因，文物资料较之文献资料而言，既具实证性、可信度，又形象可感，是研究体育发展、体育文化和人类古代体育活动不可或缺的“新材料”，尤其是体育历史的研究更应好好利用体育文物。

体育文物研究的对象很广，从玉器、陶器、瓷器、青铜器、铁器、金银器、木器、骨角器、竹器，到岩画、壁画、砖画、石刻、简牍等，都在研究范围之列。这些文物按时代来分，可分为史前时期体育文物和历史时期体育文物；按存在形态来分，可分为不可移动文物和可移动文物。但基本包括了地下出土文物与地上文物两大类。出土文物有偶发性、不可再生性，数量相对固定，但随着考古学的发展和人们对文物资料的日益重视，散见于各地的体育文物的再发现和再增加，将为今后的体育历史研究提供更加广阔的空间。

在体育文物研究中，最大的问题是如何正确解释文物与体育之间的关系。尤其是在对古代体育的研究上，要正确地认识和恰当地解释体育文物的功用，必须要有丰富的文献资料相佐证。因而在体育文物研究中，文献资料与文物资料都是不可缺少的。

我国拥有大量的体育文物。这些体育文物见证了我国的悠久历史和灿烂文化，是我们进行体育历史文化研究的重要实物物证。它们在

以自己的真实性和形象性帮助人们认识我国体育历史和文化的同时，对于我们提高民族自信心，增强民族自豪感，振奋民族精神也发挥着无可替代的作用。

为切实了解我国现存体育文物的状况并对其进行研究，2015 年 11 月 5 日，由上海体育学院承担的“中国古代体育文物调查与数据库建设”重大项目获得了国家社科规划办的立项（项目号：15ZDB146）。此后，上海体育学院联合全国 30 余所大专院校和文博机构的专家学者，分区对全国各地的古代体育文物进行了大规模、长时间、内容广泛的调研。在各地文博部门的大力支持和广大体育专家学者的辛勤努力下，此次体育文物调研工作取得了前所未有的成绩。为了对此次体育文物调研成果进行系统整理和科学总结，“中国古代体育文物调查与数据库建设”课题组编写了这套“中国古代体育文物”丛书。作为“中国古代体育文物调查与数据库建设”项目的成果之一，本套丛书分为西北卷、西南卷、华南卷、华东卷、华北卷、东北卷、华中卷、武艺卷和综合卷。

丛书力图运用图像形式，对本次体育文物调研所获的大量实物资料进行科学的概括和整理，较为全面地记录中国已知的现存古代体育文物状况，反映中国古代体育文物的重大发现和研究成果。

编辑出版多卷本大型体育文物图集在我国尚属首次。作为一项极其复杂艰巨的工作，书中难免有错。不妥之处敬祈广大读者批评指正。

凡例

1. 本卷内容主要分为三个部分，一为综述，二为文物图版及说明，三为后记。

2. 本卷收录的文物，以我国华东地区（包括山东省、江苏省、上海市、浙江省、福建省、安徽省、江西省、台湾省）主要文博机构收藏的中国古代体育文物为主，既包括这些文博机构收藏的华东地区出土的古代体育文物，也包括这些文博机构收藏的传世品和其他地区出土的古代体育文物。此外，本图录还收录了少量历史上出自华东地区但由华东地区之外的收藏机构收藏的古代体育文物，时代上限为新石器时代，下限为20世纪上半期。

3. 本图录收录的绝大多数文物的图版为彩色图版，少量为黑白图版。所有文物图版均有文字说明，包括名称、时代、尺寸、出土年代和地点、收藏机构、文物等级等方面的内容，由于资料限制或者文物自身特点，有的图版的文字说明未包括出土时间和地点、尺寸、文物等级等信息。

4. 根据实际收集的资料，本卷将收录文物所体现的古代体育运动项目分为射箭、狩猎、武艺武术、御术与马术、乐舞百戏与杂技、保健养生体育、棋牌博弈、球类运动、水上运动、冰上运动、休闲体育、儿童体育游戏十二大项。

5. 本卷收录的古代体育文物按照古代体育项目归类。各大项的文物图版总体上按时代先后排序，同一大项、同一时代的文物图版大体上按照形制、主题等分组排序。在每一大类古代体育项目的文物图录之前，均有简短的导言，说明收录该类体育项目的文物的数量、时代分布和类型等总体情况，介绍有代表性的文物的概况和价值。对于体现多种古代体育项目的文物，一般情况下归入一项，不重复归类。仅对一部分体现多种项目的绘画作品，将其体现不同项目的细部，分别归入相应的古代体育项目。

6. 本图录收录的每一件文物图版均有文字说明、描述和解读，一部分重要文物的描述和解读较为详细。这些文字说明、描述和解读都是在参考、吸收了国内外历史学界、考古学界、博物馆学界和体育史学界相关研究成果的基础上编写而成的。为尊重前人研究成果，每个文物图版均附有参考文献，说明图片来源和文献依据。

综 述

本卷收录的文物，以我国华东地区文博机构收藏的古代体育文物为主，既包括华东地区出土的古代体育文物，也包括传世文物和其他地区出土的古代体育文物。此外，本图录还收录了历史上少量出自华东地区但由华东地区之外的收藏机构收藏的古代体育文物。以下就本卷收录文物的总体情况、时代和区域特色以及代表性重要文物略作说明。

一、本卷收录古代体育文物的总体情况

1. 时代分布、数量和类型

本卷收录文物的时代上限为新石器时代，下限为20世纪上半期，涵盖我国历史上史前、夏、商、西周、春秋、战国、秦、汉、三国、两晋、南北朝、隋、唐、五代、宋、元、明、清等时期，年代序列完整。

本卷收录的文物数量八百余件、套、组，文物图片一千余张，大部分为文物整体的彩色高清图片，另包括一部分文物的细部照片、出土时拍摄的现场照片以及拓本、摹本、线图等。

按照我国文物部门常用的以质地为标准的分类方式，本卷收录文物的大部分可归入骨器、石器、陶器（包括陶俑）、瓷器、玉器、铜器、铁器、金银器、漆器、石刻、画像石砖、织绣、书画、杂项（如首饰、竹木牙角器工艺品）等类型。

2. 文物来源和收藏机构

根据其来源，本卷收录的文物主要包括两类：第一类是考古遗址、古代墓葬、古代沉船发掘的出土文物和采集品；第二类是传世文物，即长期在社会上（宫廷、私人）流传下来的文物。唐代和唐代以前的文物以出土文物为

主，唐代以后尤其是明清时期的文物之中，传世文物（绘画、瓷器、工艺品等）逐渐增多。

本卷收录的文物中绝大多数是我国华东地区国有文博机构的藏品，少量是民间藏品和华东地区之外的国有文博机构的藏品。在这些国有文博机构（详见表1）之中，既有上海博物馆、南京博物院、山东博物院、浙江省博物馆等大型综合博物馆，也有济南市博物馆、青岛市博物馆、南京市博物馆、徐州市博物馆、苏州市博物馆、扬州市博物馆、杭州市博物馆等地级市博物馆，还有山东石刻艺术博物馆、嘉祥武氏墓群石刻博物馆、华侨博物院、泉州海外交通史博物馆等专题博物馆，跨湖桥遗址博物馆、河姆渡遗址博物馆等遗址博物馆，以及部分专业考古单位。

表1　本卷收录文物主要收藏机构

所在地		机构名称
山东省	济南市	山东博物馆　山东石刻艺术博物馆　山东省文物考古研究所　济南市博物馆　济南市考古研究所　章丘博物馆　安丘博物馆　平阴博物馆
	青岛市	青岛市博物馆
	淄博市	淄博市博物馆　齐文化博物馆
	潍坊市	青州市博物馆
	济宁市	济宁市博物馆　嘉祥武氏墓群石刻博物馆　邹城市博物馆　兖州区博物馆　曲阜孔庙　曲阜市文物局孔府文物档案馆　汶上县中都博物馆
	临沂市	临沂市博物馆　沂南县北寨汉画像石博物馆
	枣庄市	滕州汉画像石馆
	聊城市	莘县文物管理所
	日照市	日照博物馆　莒县博物馆
江苏省	南京市	南京博物院　南京市博物馆
	徐州市	徐州博物馆　徐州汉画像艺术馆　徐州汉兵马俑博物馆
	连云港市	连云港市博物馆
	淮安市	淮安市博物馆
	扬州市	扬州博物馆　扬州市文物考古研究所　扬州唐城遗址博物馆　仪征市博物馆
	镇江市	镇江博物馆
	南通市	南通博物苑
	无锡市	无锡博物馆

续表

所在地		机构名称
江苏省	常州市	常州博物馆
	苏州市	苏州博物馆　苏州市吴中区文管办
安徽省	合肥市	安徽博物院　安徽省文物总店
	六安市	皖西博物馆
	安庆市	安庆市博物馆
	淮南市	淮南市博物馆
	马鞍山市	马鞍山市博物馆
	宿州市	宿州市博物馆
上海市	–	上海博物馆
浙江省	杭州市	浙江省博物馆　浙江省文物考古研究所　杭州博物馆　跨湖桥遗址博物馆
	宁波市	宁波市博物馆　河姆渡遗址博物馆
	绍兴市	绍兴博物馆
	金华市	东阳市博物馆
江西省	南昌市	江西省博物馆　江西省文物考古研究院　南昌市博物馆　安义县博物馆
	景德镇市	景德镇御窑博物馆　景德镇市陶瓷考古研究所
	吉安市	吉安市博物馆
福建省	福州市	福建博物院
	厦门市	厦门市博物馆　华侨博物院
	泉州市	泉州海外交通史博物馆
台湾省	台北市	台北“故宫博物院”　台北历史博物馆　台湾“史语所”
北京市	–	中国国家博物馆　故宫博物院　北京鲁迅博物馆

3. 体现的古代体育项目

本卷收录文物体现的古代体育运动项目种类丰富，形式多姿多彩，具体可分为射箭、狩猎、武艺武术、御术与马术、乐舞百戏与杂技、保健养生体育、棋牌博弈、球类运动、水上运动、冰上运动、休闲体育、儿童体育游戏等十二大项，部分大项细分为若干小项，儿童体育游戏文物则按照项目和文物类型综合分类(详见表2)。

表 2 本卷收录文物分类数量统计表

古代体育项目＼时期		史前	夏商周	秦汉	三国两晋南北朝	隋唐五代	宋辽金元	明清	合计
射箭		15	19	25	2	3	2	15	81
狩猎		9	8	6	–	1	9	20	53
武艺武术		12	108	70	8	6	2	13	219
御术与马术		–	4	31	5	19	7	11	77
乐舞百戏与杂技		–	1	25	2	1	–	4	33
保健养生体育		–	–	–	–	–	–	1	1
棋牌博弈	围棋	–	–	1	1	1	11	56	70
	六博	–	4	39	2	–	–	–	45
	双陆	–	–	–	–	1	–	2	3
	象棋	–	–	–	–	–	5	3	8
	蒙古象棋	–	–	–	–	–	–	1	1
	其他	–	–	1	–	1	1	4	7
球类运动		1	–	1	–	5	9	16	32
水上运动	泛舟划船	5	–	1	–	–	–	9	15
	龙舟竞渡	–	2	1	–	1	3	13	20
冰上运动		–	–	–	–	–	1	5	6
休闲体育	投壶	–	1	12	–	–	5	5	23
	垂钓	2	–	1	–	–	2	19	24
	登高	–	–	–	–	–	–	1	1
	荡秋千	–	–	–	–	–	1	5	6
	放风筝	–	–	–	–	–	–	8	8
	踢毽子	–	–	–	–	–	–	2	2
儿童体育游戏	打陀螺	1	–	–	–	–	1	–	2
	鸠车	–	–	1	–	–	1	–	2
	牧童骑牛	–	–	–	–	1	1	1	3
	婴戏图瓷器	–	–	–	–	1	13	7	21
	金银器、石刻等	–	–	–	–	1	3	–	4

续表

古代体育项目＼时期		史前	夏商周	秦汉	三国两晋南北朝	隋唐五代	宋辽金元	明清	合计
儿童体育游戏	婴戏图绘画	–	–	–	–	–	5	15	20
	婴戏图织绣	–	–	–	–	–	–	9	9
	捉迷藏	–	–	–	–	–	2	5	7
	老鹰捉小鸡	–	–	–	–	–	–	1	1
	其他	–	–	–	–	–	3	9	12
合计		45	147	215	20	42	87	260	总计 816

二、本卷收录古代体育文物的时代和地域特色

华东地区地域辽阔，历史悠久，文化繁荣。在自然条件、地理位置、文化交流、时代变迁等多因素的综合影响下，华东地区的古代体育既反映了我国古代体育发生发展的一般进程，具有我国古代体育的一般特点，也表现出一定的时代和地域特色，通过本卷收录的古代体育文物得到比较充分的体现。以下按照我国历史上主要的历史分期，对本卷收录古代体育文物的时代和地域特色略作分析。

1. 史前时期

20 世纪初期，尤其是中华人民共和国成立以来，考古工作者在华东地区先后发现了多处史前时期遗址和大量的文化遗存，例如安徽省繁昌县孙村镇人字洞旧石器时代遗址（可能距今 240 万年至 200 万年），位于皖南水阳江流域宁国市和宣州区等地的旧石器时代遗址（距今约 40 万年），以及江西省万年县大源乡仙人洞和吊桶环遗址、浙江省萧山区跨湖桥文化遗址等新石器时代遗址（参见表 3）。

表 3　华东地区主要新石器时代文化遗址[①]

时期	遗址·文化	所在地	出土体育文物
新石器时代早期	仙人洞遗址	江西省万年县	骨镞　蚌镞　骨鱼镖
	吊桶环遗址	江西省万年县	骨镞　骨鱼镖
	跨湖桥文化遗址	浙江省萧山市（今萧山区）	独木舟　木桨　漆木弓　骨哨　骨鱼镖
新石器时代中期	北辛文化遗址	山东省滕州市	骨镞　骨鱼镖
	后李文化遗址	山东省济南市	骨镞
	双墩文化遗址	安徽省蚌埠市	骨鱼钩　陶网坠
	河姆渡文化遗址	浙江省余姚市	骨镞　骨哨　骨鱼镖　木桨　陶陀螺
新石器时代晚期	大汶口文化	山东泰安、日照、临沂，安徽宿州等地	骨镞　石镞　石钺　玉钺　灰陶尊
	薛家岗文化遗址	安徽省潜山市	石钺　陶球
	凌家滩文化遗址	安徽省含山市	石戈　石钺　玉钺
	圩墩遗址	江苏省常州市	木桨　木橹
	崧泽文化	上海市青浦区	石斧
		浙江省湖州市	石钺
新石器时代晚期	马家浜文化遗址	浙江省嘉兴市	骨镞　石钺
	良渚文化遗址	浙江省杭州市	石镞　石钺　玉钺
	钱山漾文化遗址	浙江省湖州市	石镞
	广富林文化遗址	上海市松江区	石镞　骨镞　骨鱼钩
	昙石山遗址	福建省福清市	骨镞
铜石并用时代	龙山文化	山东济南、日照、临沂，安徽宿州等地	骨镞　石镞　石矛　玉钺　陶网坠

华东地区的多处新石器时代遗址出土了一批反映体育起源、体现史前体育的文物。这些文物是华东地区先民开展原始的射箭、狩猎、武术、划船和游戏活动的见证，其中一部分文物具有独特的历史价值和鲜明的地方特色。例如，跨湖桥遗址出土的独木舟是我国大陆沿海发现的最早的一条独木舟，圩墩遗址出土的木橹非常罕见，二者反映出华东沿海先民很早就掌握了造船技术和划船技术；跨湖桥遗址出土的漆木弓说明跨湖桥先民已经掌握了比较成熟

① 关于我国各地新石器时代文化遗址的所属分期，考古界观点不尽一致。本表所列各新石器时代文化遗址的分期，主要依据张江凯、魏峻合著的《新石器时代考古》（文物出版社，2004 年版）确定。

的制弓技术；良渚文化遗址出土的一件不同寻常的有“钺王”之称的玉钺，两面分别刻有完整的神人兽面纹和鸟纹，与之同出的还有玉瑁和玉镦；莒县大汶口文化遗址出土了一批表面具有陶文（即刻划符号）的陶器，其中有两件灰陶尊的器表分别刻有形似斧、钺的符号，古文字学者将此类符号视为早期的图像文字；薛家岗遗址出土的陶球，有的镂孔，并按照经纬线的形式有规律地分布，有的实心，有的空心，空心球内装有小陶丸，摇之出声，清脆悦耳，颇具特色。

2. 夏商周时期

本卷收录的夏商周时期体育文物，既包括华东地区出土的文物（参见表4），也包括华东地区文博机构收藏的我国其他地区的文物，例如上海博物馆收藏的晋国青铜器、台湾“史语所”收藏的河南省安阳殷墟遗址、新乡山彪镇与琉璃阁东周墓地出土的文物等。这些文物体现的古代体育项目有射箭、狩猎、武术、乐舞、投壶、御术、博弈等。

本卷收录的商周时期射箭文物主要可分为四类。其一是各式箭镞，其中江西省新干县大洋洲商代大墓出土的长脊宽翼铜镞器型罕见，最具特色。其二是1992年山东省汶上县鲁国中都邑遗址出土的战国时期的箭镞陶范，对于研究战国箭镞的制作具有重要价值。其三是弓，共有四件，皆出自山东临沂凤凰岭东周墓。其四是人物纹青铜器，共有五件，即江苏省镇江市丹徒王家山春秋吴国墓葬出土的青铜乐舞宴饮射箭刻纹盘和青铜宴乐射侯刻纹鉴残片，安徽省淮阴高庄战国墓出土的青铜宴乐射侯纹薄胎盘，上海博物馆收藏的镶嵌画像纹壶和宴乐射箭画像杯，这五件文物均以人物图像形式体现了东周时期的射礼活动，对于研究古代射礼具有极其重要的价值。

箭镞和弓之外的各式兵器是本卷收录的商周时期武术文物的主体。江西樟树吴城遗址、江西新干大洋洲商代大墓、山东济南刘家庄商代遗址、江苏镇江的多处西周和春秋吴国墓葬，山东临沂凤凰岭和沂水纪王崮春秋墓，以及山东淄博商王墓地、江苏连云港海州战国墓、安徽安庆王家山战国墓、淮南蔡家岗战国墓等华东地区商周时期遗址和墓葬中发现了戈、矛、戟、钺、斤、刀、剑、匕首等商周时期的兵器及其组件和饰物，数量颇多。台湾“史语所”和台北“历史博物馆”收藏有20世纪20至30年代殷墟、山彪镇与琉璃阁发掘的兵器。上海博物馆、浙江省博物馆、台北“故宫博物院”等机构都收藏有一定数量的传世、征集、捐赠兵器。江西新干大洋洲商代大墓出土的青铜兵器和东周吴、越、蔡国王室用剑是这些兵器的代表。

江西新干大洋洲商代大墓于1989年发现，随后得到科学发掘和良好保存，共出土文物1300余件，主要是铜器、玉器和陶器，是继河南安阳殷墟、四川广汉三星堆之后，又一个震惊世界的商代重大考古发现。大洋洲商代大墓出土的青铜器共有475件，以本地生产的数量为多，其中有兵器232件，包括镞、戈、矛、戟、鐏、钺、刀、匕首、胄等，种类齐全，数

表 4　华东地区若干重要商周墓葬和遗址

时期	墓葬·遗址	所在地	发掘年代	出土体育文物
商代	吴城遗址	江西省樟树市	1973—	石质和青铜兵器
	大洋洲商代大墓	江西省新干县	1989	骨质、玉质和青铜兵器
	苏埠屯商代墓葬	山东省青州市	1965	骨质、玉质和青铜兵器
	刘家庄商代遗址	山东省济南市	1976	骨质、玉质和青铜兵器
	前掌大商代墓葬	山东省滕州市	1981—	骨质、玉质和青铜兵器
西周	丹徒母子墩吴国墓葬	江苏省镇江市	1982	青铜兵器
	溧水乌山吴国墓葬	江苏省镇江市	1975	青铜兵器
	高淳下大路吴国墓葬	江苏省镇江市	1971	青铜兵器
春秋	凤凰岭东周墓	山东省临沂市	1982	青铜兵器
	纪王崮春秋墓	山东省沂水县	2012—2013	玉戈
	丹徒青龙山吴国墓葬	江苏省镇江市	1987	青铜兵器
	丹徒王家山吴国墓葬	江苏省镇江市	1985	青铜乐舞宴饮射箭刻纹盘 青铜宴乐射侯刻纹鉴残片
	丹徒北山顶吴国墓葬	江苏省镇江市	1984	青铜兵器
	印山越王陵	浙江市绍兴市	1996—1998	玉质和石质兵器
战国	商王墓地	山东省淄博市	1992	包金铜錞　铜披　玉剑饰
	鲁国故城遗址	山东省曲阜市	1978	黄玉马　六博棋子棋具
	西辛战国墓	山东省青州市	2004	玉剑饰　骨博具　骨骰子
	连云港海州区战国墓	江苏省连云港市	2002	襄城楚境尹铜戈
	淮阴高庄战国墓	江苏省淮安市	1978	青铜盘 印纹硬陶投壶
	运河村一号战国墓	江苏省淮安市	2004	木雕鼓车
	王家山战国墓	安徽省安庆市	1987	越王亓北古剑
	蔡家岗二号墓	安徽省淮南市	1959	吴太子诸樊剑　蔡侯产剑 蟠虺纹殳

量众多。大洋洲兵器既有以中原文化特色为主、融合南方土著文化的器型，也有独具南方土著文化特色的器型和纹饰，如宽体青铜剑、蝉纹短柄翘首铜刀、双人首纹直内铜戈、双系六棱短骹青铜矛、镂空锋刃器等，其中镂空锋刃器是考古发掘中从未见过的器型。

东周时期，各诸侯国之间的战争连绵不绝。为满足战争需要，各国大量制造兵器，不断改进制造工艺。春秋晚期至战国时，吴越两国在江南争霸，越国灭吴之后进而欲争霸中原。在此过程中，吴越两国制造的青铜兵器铸造空前昌盛，利甲天下。吴越出现了欧冶子、干将、莫邪等著名的铸剑大师，两国出产的青铜剑，制作精良，花纹美观，有的刻有鸟篆书铭文，不仅是吴越王室成员的贴身宝物，而且盛名远扬，成为其他各国君王和贵族争相获取的对象，当时，诸侯间均以佩带吴越宝剑为时尚，因此也才有了吴季札挂剑徐君冢树和越王勾践以宝剑换取楚国援兵的故事。记载古代吴越地方史的《越绝书》曾这样赞美欧冶子铸造的名为“纯钧”的越王勾践剑：“扬其华，捽如芙蓉始出；观其光，浑浑如水溢于塘；观其断，严严如琐石；观其才，焕焕如冰释。”（《越绝书·外传·记宝剑第十三》）

据研究统计，目前全国发现的吴越青铜剑数以千计，其中刻有吴王和越王姓名的有四十余件。本卷收录了十余件东周时期华东地区文博机构收藏的刻有吴、越、蔡国王室成员姓名的青铜剑（参见表5），其中最珍贵的当属浙江博物馆1995年在香港征集的一件越王者旨於睗剑。该剑不仅剑身完整无缺，毫无锈蚀，剑茎之上仍保留有完整的缠缑，而且剑鞘齐全，在出土或传世的吴、越剑之中可谓绝无仅有，是浙江博物馆十大镇馆之宝之一。

除了各式兵器，本卷还收录了一件重要的春秋晚期武术文物，即1935年河南省汲县（现为卫辉市）山彪镇1号墓出土、台湾“史语所”收藏的水陆攻战纹鉴。该器物外壁镶嵌水陆攻战纹，刻有几十位手持各种兵器的战士，生动展现了各种战争场面，是研究古代战争和兵器史的重要材料。

除了射箭和武术题材的文物之外，本卷收录的商周时期体育文物之中还有为数不多的狩猎、御术、乐舞、投壶、博弈主题的文物。台湾“史语所”收藏的殷墟出土的两件具有商王田猎刻辞的鹿头骨，是难得的非卜辞田猎刻辞甲骨文实物，对于了解商王的田猎活动具有重要价值。上海博物馆收藏的镶嵌狩猎纹豆和狩猎画像纹高柄壶、台北“故宫博物院”、台湾“史语所”所收藏的狩猎纹壶和车猎纹钫，均以图像形式表现商周贵族狩猎活动的文物。江苏省淮安市运河村一号战国墓出土的木雕鼓车是目前商周考古发现的唯一一辆完整鼓车实物，既是墓主指挥作战所乘车辆，也是礼仪身份的象征。江西南昌西汉海昏侯刘贺墓出土了一件战国时期制作的玉舞人，亦不多见。安徽省淮阴高庄战国墓出土的印文硬陶投壶是我国战国时期墓葬出土的为数不多的投壶之一。山东省曲阜市鲁国故城遗址出土的六博棋子、算筹，山东省青州市西辛战国墓出土的骨博具和骨骰子，皆为难得一见的战国博弈文物。对于研究东周时期的狩猎、御术、乐舞、投壶、六博，这些文物都具有重要的史料价值。

表5　本卷收录东周吴、越、蔡国王室用剑

时期	剑名	全长（厘米）	出土或征集年代与地点		收藏机构
			年代	地点	
春秋	吴太子诸樊剑	36.4	1959	安徽省淮南市蔡家岗二号墓	安徽博物院
	吴王光剑	54	1974	安徽省庐江县汤池公社边岗大队	安徽博物院
	吴王光剑	77.3	不详	不详	上海博物馆
	吴王夫差剑	59.5	不详	山东省邹城市朱山村	邹城市博物馆
战国	蔡侯产剑	59.4	1959	安徽省淮南市蔡家岗二号墓	安徽博物院
	越王者旨於睗剑	52.4	1995	香港	浙江省博物馆
	越王者旨於睗剑	54.7	不详	安徽寿县	上海博物院
	越王亓北古剑	64	1987	安徽省安庆市王家山战国墓	安庆市博物馆
	越王州句剑	57	2002	不详	浙江省博物馆
	越王州句剑	63.6	不详	不详	上海博物馆
	越王州句剑	57	不详	不详	浙江省博物馆
	越王州句剑	49.5	不详	不详	台北“故宫博物院”
	越王不光剑	57	不详	不详	上海博物馆
	越王嗣旨不光剑	40.7	不详	不详	台北“故宫博物院”

3. 秦汉时期

秦汉时期是我国古代体育发展的第一个高峰时期。由于经济的发展、战争的需要和对外文化交流的频繁，秦汉体育内容丰富，形式多样。本卷收录的秦汉时期体育文物绝大多数为汉代文物且以华东地区出土的古代体育文物为主。这些汉代体育文物既是汉代体育的见证，也是汉代厚葬之风的体现，表现了汉代射箭、狩猎、武术、御术与马术、乐舞百戏、投壶、博弈等体育活动形式。

汉代厚葬之风极盛。按照“事死如生，事亡如存，终始一也”的观念，兴建陵墓并以各式器物、服饰、木牍、简帛等墓主人生前使用的物品、保存的档案、阅读的文献、积聚的黄金财物以及人俑、动物俑、居住的院落房屋模型（建筑明器）等陪葬，这种厚葬的习惯从汉武帝时期开始形成并迅速流行，一直延续至东汉末年。大约从西汉中晚期开始，制作石棺并以画像装饰其内部和以壁画、画像石装饰墓室，进而在地面修建画像石祠堂和墓阙的厚葬新风尚逐渐兴起，至东汉晚期达到巅峰。本卷收录的汉代体育文物是这种厚葬之风兴起和演进的直接体现，其主体大致上可分为三个组成部分。其一为各式器物和俑，即山东省济南市、淄博市、日照市，江苏省徐州市、连云港市、扬州市，江西省南昌市等地的汉代大型王陵、车马坑、兵马俑坑以及中小型墓葬（参见表 6）出土的各种陪葬品。这些陪葬品大部分为明器，少量为实用器，包括陶器（如陶车、陶六博盘、陶投壶）、陶俑（如骑马俑、骑射俑、执兵俑、御车俑、舞蹈俑、百戏俑）、玉器（如玉剑饰、玉舞人）、铜器（如铜箭镞、铜弩机、铜戈、铜戟、铜剑、铜刀、铜铍、铜马具、铜骰子、铜投壶、规矩纹铜镜）、铁器（如铁铠甲、铁剑、铁刀、铁钩镶）、漆木器（如漆木弓、漆木箭、漆木盾、漆六博盘、漆木船）、漆木俑（如漆木执盾俑、漆木骑马俑）等。其二为出土文献，包括木牍（如江苏连云港尹湾汉墓出土《武库永始四年兵车器集簿》《神龟占》《六甲占雨》《博局占》）和竹简（如江西南昌海昏侯墓出土六博棋谱竹简）等。其三为表现人物、建筑、器物的图像文物，主要包括山东东平壁画墓的墓室壁画以及位于山东省、江苏省、浙江省的石椁墓、画像石墓（参见表 7）的墓室、石棺、祠堂的画像石图像，另有江苏连云港海州西汉墓出土的漆绘车马出行图骨尺、安徽凤台征集的太守出行图石案、浙江省博物馆藏神人车马画像镜、神仙骑兽乐舞百戏画像镜等。体育题材的壁画、画像石包括射鸟图、蹶张图、狩猎图、胡汉战争图、七女为父报仇图、刺客故事图、荆轲刺秦王图、二桃杀三士图、季札挂剑图、力士图、执刑图、比武图、戏虎图、斩蛇图、武库图、车马出行图、乐舞百戏图、六博图、水榭图等。

本卷收录的最有特色的秦汉时期体育文物是画像石上的体育题材的图像。华东地区汉代画像石在山东、江苏、安徽、浙江四省都有发现，主要分布在历史上以徐州为中心的两汉楚国和彭城国的统治区域及其周边地区，即今山东南部济宁、临沂、枣庄，江苏徐州、宿迁，安徽宿州、淮北等地，这也是全国汉画像石分布最为密集的地区，其中位于山东省的东安汉里石椁、济南孝堂山石祠、沂南北寨画像石墓、嘉祥武氏墓群、临沂吴白庄画像石墓因画像石规模大、数量多、保存较为完整、题材内容丰富、配置规律严谨、雕刻手法多样，具有极高的史料价值和艺术成就，堪称华东地区汉画像石的典范之作。这些石椁和画像石墓的射鸟图、蹶张图、狩猎图、胡汉战争图、刺客故事图、荆轲刺秦王图、武库图、车马出行图、乐舞百戏图、六博图等图像生动地反映了射箭、狩猎、武术、乐舞百戏、御术与马术、博弈等体育活动的场景和细节，是研究汉代体育的重要史料。

在本卷收录的汉代其他图像类体育文物中，江苏连云港海州西汉墓出土的漆绘车马出行图骨尺和浙江省博物馆藏神仙骑兽乐舞百戏画像镜是颇具特色的两件。漆绘车马出行图骨尺的正反两面均为黑漆上加以彩绘图案，主题纹样为车马人物出行图，绘有伍伯、驭者、骑吏、轺车、象车等人物和车马，图像布局规整，构思精妙，尤其是其反面的象车在汉代图像资料中非常罕见，具有重要的研究价值。神仙骑兽乐舞百戏画像镜主体纹饰有四组图像，分别绘有东王公、西王母、侍者、羽人、玉女、神仙以及舞蹈、杂技演员和奏乐者，画像

表 6　华东地区若干重要汉代墓葬

时期	墓葬	所在地	发掘年代	出土体育文物
西汉	无影山西汉墓	山东省济南市	1969	彩绘陶乐舞百戏俑群
	章丘危山汉墓	山东省济南市	2003	陶持盾立俑　彩绘陶马　彩绘陶骑马俑　彩绘陶御车俑
	章丘洛庄汉墓	山东省济南市	1999	鎏金铜当卢
	齐王墓 5 号随葬坑	山东省淄博市	1978	铜箭镞　镈铜戈　鸡鸣戟　铜骰子
	山王村兵马俑陪葬坑	山东省淄博市	2007—2008	彩绘陶骑兵俑　陶车
	香山汉墓	山东省青州市	2006	骑兵俑
	海曲西汉墓	山东省日照市	2002	陶投壶　玉剑璏　铜弩机　漆鞘铁剑漆鞘铁刀　漆鞘铜铍　四神规矩镜
	北洞山楚王墓	江苏省徐州市	1986	异形玉剑首　彩绘陶背箭箙俑　彩绘陶戴帽执兵俑　铁铠甲
	狮子山楚王陵	江苏省徐州市	1994—1995	错金银嵌绿松石铜矛　铜铍蟠龙纹异形玉剑首　陶骑兵俑
	驮蓝山西汉楚王墓	江苏省徐州市	1989—1990	绕襟衣陶舞俑　陶曲裾衣舞俑
	翠屏山刘治墓	江苏省徐州市	2003	错金银鸟形饰戈
	海州西汉墓	江苏省连云港市	2002	玛瑙剑璏　漆绘木尺
	尹湾汉墓	江苏省连云港市	1993	《武库永始四年兵车器集薄》木牍　《神龟占》《六甲占雨》《博局占》木牍
	泗水王陵	江苏省泗阳县	2003	漆木弓和箭箙　木雕剑盾
	烟袋山 4 号车马坑	江苏省仪征市	2007	彩绘漆木骑射俑　彩绘漆木马　彩绘漆木骑马俑　彩绘漆木船
	詹庄汉墓	江苏省仪征市	1993	秦代铜铍　螭首纹铜矛卜字形铜戟　螭纹玉剑璏
	国庆前庄 12 号汉墓	江苏省仪征市	2010	彩绘云气纹矛　彩绘神兽纹漆六博盘
	萧县汉墓	安徽省萧县	1999—2001	铁剑　铁刀　玉剑饰　铜弩机　规矩镜　车马出行图画像石
	海昏侯刘贺墓	江西省南昌市	2015	战国舞人玉佩　围棋盘残片　六博棋谱竹简　铜投壶

表 7　华东地区若干重要汉代石椁墓、壁画墓和画像石墓

时期	墓葬	所在地	发掘年代	壁画和画像石体育题材画像
西汉	庆云山二号石椁墓	山东省临沂市	1985	武术　六博
	东安汉里石椁	山东省曲阜市	1937	武术　乐舞　六博
	香城堌堆石椁墓	山东省金乡县	1981	武术
新莽	东平汉代壁画墓	山东省东平县	2007	武术　乐舞
东汉	梁山后银山壁画墓	山东省梁山县	1953	御术与马术
	孝堂山石祠	山东省济南市	—	射箭　狩猎　武术　御术与马术　乐舞百戏　六博
	武氏墓群	山东省嘉祥县	1786	射箭　狩猎　六博　御术与马术　武术　乐舞
	沂南北寨汉墓	山东省沂南县	1954	射箭　狩猎　御术与马术　武术　乐舞百戏
	吴白庄汉画像石墓	山东省临沂市	1972	射箭　武术　御术与马术　乐舞百戏
	安丘董家庄画像石墓	山东省安丘县（今安丘市）	1959	乐舞百戏
	洪楼汉墓	江苏省铜山县（今铜山区）	1956	武术　御术与马术　乐舞百戏
	茅村汉墓	江苏省铜山县（今铜山区）	1952	御术与马术
	褚兰汉画像石墓	安徽省宿州市	1956	御术与马术　乐舞百戏
	海宁中学画像石墓	浙江省海宁县	1973	武术　乐舞百戏　御术与马术

内容丰富饱满，在画像镜中难得一见。

除了图像类文物，本卷收录的汉代器物、人物俑和出土文献之中也有多件颇具特色的文物。

在各类器物之中，重要文物有临淄齐王墓5号随葬坑出土的鐏铜戈和铜骰子，徐州和扬州出土的铭文兵器，临淄山王村汉代兵马俑坑出土陶车，南昌海昏侯墓出土的漆木围棋盘残器，扬州出土的彩绘神兽纹漆六博盘和铜投壶等。

临淄齐王墓5号随葬坑出土的鐏铜戈和铜骰子均为国家一级文物。鐏铜戈的柲和鐏均为金质，金柲顶部饰一只回首鸳鸯，金鐏绘有云纹，造型优雅，装饰豪华。铜骰子共有两件，均为圆形，共十八个面。这几件器物展示了西汉发达的金器细工工艺，是研究西汉兵器和博弈文化的珍贵文物。

本卷收录了多件汉代兵器，包括弩机、戈、戟、剑、刀、铍、钩镶等。在这些兵器之中，有三件具有铭文的兵器尤为重要。其一是江苏仪征陈集乡杨庄村詹庄汉墓出土的一对秦代铸造的铜铍之中的一件，这一件铜铍不仅铸造精湛，锋利光亮，而且两面均刻有铭文，一面刻十五字铭文“十五年寺工武光□作府吉工方山拜”，另一面刻六字铭文“十五年寺工缮”，“十五年”为秦始皇纪年，即公元前232年，

“寺工”是秦朝主造兵器的官署机构或官名。这件铜铍有明确的铸造年代、机构、工匠名称，尤显珍贵。其二是江苏仪征古井乡利民村汉墓出土的西汉永光元年“河内黑头”剑，该剑有铭文“河内黑头剑光硕天长四尺二寸永光元年造”（永光为汉元帝年号，永光元年为公元前43年），有明确的地点、名称、尺寸和纪年，是研究西汉冶金技术和度量制的珍贵实物资料。其三是徐州曹山东汉墓出土的“五十炼”铭钢剑，该剑剑柄正面有铭文“建初二年蜀郡西工官王愔造五十湅□□□孙剑□”，剑格的一面刻有“直千五百”，记录了铸制年代、制造地、作坊、工匠、锻造工艺、价格等。此外，1930年，西北科学考察团在汉代居延边塞遗址发现了九支刻辞箭杆，现由台湾“中央研究院”历史语言研究收藏，这些箭杆上都有一行精致的刻辞，铭刻制作年代、制作单位、单位各级负责人、工人名及编号等。本卷收录了其中的四支箭杆的图片资料。对于研究秦汉时期的军事、武术、兵器和弓箭的制作，这些具有铭文的兵器和刻辞箭杆都具有重要的文献价值。

临淄山王村汉代兵马俑坑是继陕西咸阳杨家湾、汉阳陵、江苏徐州狮子山、山东章丘危山、青州香山等兵马俑坑之后发现的又一座西汉时期大型兵马俑坑，共出土陶楼房、车马、陶俑以及各类器物516套（件），其中有陶车11辆，包括独辕车8辆（含战车5辆、安车3辆）、双辕车1辆（轺车）、牛车2辆，数量和种类之多在目前已发现的汉代兵马俑坑之中并不多见。这些陶车均为模型，车长约为汉代实用车的三分之一，各种组件制作精巧，同时出土的还有御车俑和马俑，是研究汉代御术和车马形制的重要实物资料。

2011年发现并于当年开始系统调查、发掘和研究的江西南昌西汉海昏侯刘贺墓是近年来汉代考古的重大成果，共出土文物1万余件，引发广泛关注。该墓出土的1件漆木围棋盘的4块残器，正面髹黑漆，绘朱线方格即纵横棋路，反面髹青灰色漆，刻画有文字与马、鹿、天鹅等动物图案，动物形象线条流畅，形态优美，这应是迄今为止经过考古发掘和科学研究确认的我国历史上最早的围棋盘，对于研究我国围棋的历史具有重大意义。

六博是盛行于汉代的博弈活动。本卷收录了多件汉代陶质、铜质和石质六博盘以及棋子、博箸、规矩镜等六博文物。江苏仪征新集国庆前庄12号西汉墓出土的彩绘神兽纹漆六博盘是其中最为精彩的一件。该六博盘虽有残损，但盘面棋路清晰可辨，边缘和四足纹饰丰富多彩，更为难得的是，与棋盘同时出土的还有十二块完整的木质长方块棋子和六根残存的金属博箸，对于研究汉代六博的棋具和行棋规则具有重要价值。

投壶是汉代非常流行的休闲体育。本卷收录了多件汉代陶质和铜质投壶。在这些投壶之中，最有特点的是扬州出土的一件铜投壶。这件投壶不仅器型规整，而且同壶出土了漆矢10支，这在国内各地出土的汉代投壶之中极为难得。

在人物俑之中，具有代表性的包括济南无

影山西汉墓出土的彩绘乐舞百戏陶俑群，徐州驮篮山西汉楚王墓出土的陶绕襟衣舞俑和陶曲裾衣舞俑，北洞山西汉楚王墓出土的彩绘陶背箭箙俑和彩绘陶戴帽执兵俑等。无影山西汉墓出土的彩绘乐舞百戏陶俑群包括二十余个舞蹈、杂技、奏乐、观赏陶俑，另有大型建鼓、扁形小鼓、瑟、钟及钟架等乐器，均为泥质灰陶并加以彩绘，所有陶俑和乐器均固定在一个长方形陶制底盘之上，组成乐舞百戏场面，形象生动地反映了西汉的舞蹈杂技表演以及乐队、乐器组合和演奏场景。驮篮山西汉楚王墓出土的陶绕襟衣舞俑和陶曲裾衣舞俑，舞姿轻盈，动感十足；北洞山西汉楚王墓出土的彩绘陶背箭箙俑和彩绘陶戴帽执兵俑，面容各异，服装五颜六色，身上佩戴的长剑、背负的箭箙等器物的纹饰富有变化，徐州西汉王陵出土的这些陶俑反映出汉代工匠高超的审美情趣和炉火纯青的雕塑技艺，是研究西汉早期舞蹈、武术以及服饰的重要实物资料。

本卷收录的汉代出土文献数量很少，其中海昏侯墓出土的六博棋谱竹简和尹湾汉墓出土的《神龟占》《六甲占雨》《博局占》木牍是非常重要的六博史料。《神龟占》《六甲占雨》《博局占》木牍是1993年在连云港市东海县温泉镇尹湾汉墓6号墓发现的一件木牍，正反面皆有文字和图案，正面为《神龟占》和《六甲占雨》，反面为《博局占》，上图下文，分五段，每段十行。这件木牍记载了汉人的几种占卜方法，是极珍贵的古代术数学资料，亦为研究汉代六博的珍贵资料。2015年7月在南昌海昏侯刘贺墓主椁室文书档案库发现了六博棋谱竹简1000余，是首次发现的六博棋谱。这些竹简可与包括尹湾汉墓《博局占》在内的出土文献和传世典籍等以往所见“六博”类文献基本对应，结合既往所见六博棋局实物与图像资料，不仅能够有力推进汉代六博游戏规则的研究，而且对于汉代的宇宙观念等思想文化与社会生活的研究也有重要意义。

4. 三国两晋南北朝时期

本卷收录的三国两晋南北朝时期的体育文物数量较少，包括铜弩机、人物图像漆案和漆盘、武士俑、骑马俑、舞蹈俑、马俑、围棋子、围棋盒等，体现了射箭、狩猎、武术、马术、乐舞百戏、博弈等古代体育形式。

尽管总体数量较少，但本卷收录的三国两晋南北朝时期的如下体育文物的价值却非常之高。

其一，1984年安徽马鞍山三国朱然墓出土的宫闱乐舞百戏图漆案和四件漆盘，即季札挂剑图漆盘、童子对棍图漆盘、武帝生活图漆盘和贵族生活图漆盘。

朱然是三国时期东吴右军师、左大司马。1984年，考古工作者发掘了朱然墓。该墓是三国墓葬的重大发现，因墓室巨大，结构成熟，随葬品丰富，墓主社会地位高，入选20世纪80年代全国十大考古收获。朱然墓出土了140余件随葬品，包括漆器、瓷器、陶器、铜器等，其中最出彩的是80余件漆器。这些漆器品种繁多，其中不少具有人物画和动植物图案，十分精美，可谓三国漆器的经典之作。本卷收录了上述五件含有体育题材的人物画漆木器。宫闱乐舞百戏图漆盘的绘画主体为宫闱宴乐场面，共绘五十五个人物，大都附有榜题，形象地展示了帝王宴请诸侯及其夫人观赏百戏的场面，表演项目包括弄丸、弄剑、舞蹈、幢戏、连倒、转车轮等，内容丰富多彩。季札挂剑图漆盘中心绘"季札挂剑"故事，生动再现了《史记·吴太伯世家》记载的春秋时期吴公子季扎挂剑还愿、不失诚信的故事。童子对棍图漆盘中心绘有山前空地上有两童子持棍对舞，形象生动可爱。武帝生活图漆盘和贵族生活图漆盘均绘有贵族博弈情景，贵族生活图漆盘还绘有驯鹰图。这些漆器均为研究三国体育的珍贵资料。

其二，1974 年山东省邹城市郭里公社独山村西北西晋刘宝墓出土的围棋子、围棋盒。

刘宝是西晋侍中、使持节、安北大将军、关内侯。刘宝墓是一座典型的西晋墓葬，根据墓中发现的墓志，该墓的年代为西晋永康二年即公元 301 年，纪年明确。刘宝墓墓室结构完整，随葬器物丰富，保存完好，制作精细，反映了西晋时期上层贵族生活用品的使用情况，对研究西晋时期文物具有年代标尺的意义。该墓出土了一个圆形灰陶围棋盒，盒内盛有 310 个围棋子，分为黑白两色，黑子 145 枚，白子 165 枚，棋子形制不拘一格，有椭圆形、圆形和不规则形，大小稍有区别。这套围棋棋具极为罕见，对于研究围棋的演变具有重要的价值，被列为国家一级文物。

其三，1970 年南京象山 7 号墓出土的双镫陶马俑。

象山位于南京市北郊新民门外，象山南麓是东晋世家豪族琅琊王氏的家族墓地，埋葬有王氏家族多位成员。象山 7 号墓是其中规模较大的一座，墓主人身份不明，出土文物 130 余件，其中包括罕见的玻璃杯和金刚石指环。该墓出土的一件陶马，配有辔、鞍，鞍的两侧均装饰有一个近三角形的泥塑马镫。使用双镫骑马，骑乘者在马上可以获得稳固的承托，能够有效地控制马匹。双蹬的出现和推广为骑马技术的普及奠定了重要的物质基础，在人类骑术发展史上具有划时代的意义。一般认为，这是我国年代最早的证明人们使用双马镫骑马的实物和艺术作品，在马具和马术发展史上具有标志性意义。

5. 隋唐五代时期

由于国家的统一、社会的稳定、经济的繁荣和中外文化的汇聚融合，隋唐五代时期形成了我国古代体育的又一个高峰。本卷收录的隋唐五代时期的体育文物以出土文物为主，包括射箭武士画像砖、武士俑、骑马俑、马镫、舞蹈俑、抱球俑、打马球俑、打马球铜镜、马球场石碑、银鎏金酒令筹、酒令筒等，体现了射箭、武术、马术、乐舞百戏、马球、步打球、博弈等古代体育形式。

本卷收录的隋唐五代时期体育文物之中最具特色、最有价值的，应为如下几件珍品。

其一，扬州出土的打马球纹八角菱花形铜镜。

扬州是唐代铜镜制造业重镇，设有官府作坊。扬州的唐镜品种齐全，纹饰繁多，工艺水平高超，享有盛名，方丈镜、江心镜、水心镜等名品经常作为贡物进贡朝廷。在目前发现和存世的扬州铜镜之中，1965 年江苏省扬州市泰安乡金湾坝工地出土的打马球纹八角菱花形铜镜可谓是制作最为精美的一件。该镜背部纹饰的主体是四名马球手。他们手执球杖，跃马奔驰，击球动作和马的姿态各异，其中一位回首击球，动作难度极大，尤其精彩，人与球之间衬以高山、花卉纹，显现出在郊外旷野竞逐比赛的情景。该镜造型规整，纹饰生动，既体现了唐代马球运动的兴盛，也反映了唐镜高超的制作水平。

其二，镇江出土银鎏金龟负“论语玉烛”酒令器具。

唐代是我国古代金银器发展的高峰。由于金银器具有很高的财富价值和艺术价值，并能够彰显社会等级身份，加之使用以金银制作的饮食用具被认为具有延年益寿的神秘功效，唐代的皇室贵族对金银器有一种近乎狂热的追求，这使得唐代的金银器不仅数量庞大，品种多样，而且制作精湛，纹饰细腻，皇室和贵族在日常生活中普遍使用。

目前我国出土的唐代金银器数量丰富，北方和南方都有发现。在北方地区，1970 年发现的西安南郊何家村金银器窖藏和 20 世纪 80 年代末发掘的扶风法门寺地宫是最著名的两处发现。在南方地区，以 1982 年元旦发现的江苏省镇江市丹徒丁卯桥唐代银器窖藏最为重要。

镇江丁卯桥金银器银器窖藏出土各式银器共 956 件，包括酒瓮、酒令器具、盒、盘、碗、杯、瓶、熏炉、盆、锅、勺、镯、钗等，其中最有特色的是一套完整的银鎏金龟负“论语玉烛”酒令器具。这套酒令器具由酒令筒、酒令筹、酒令旗、酒纛组成，均为银质，刻花和刻文处鎏金。酒令筒整体造型可分为上、中、下三个部分。上部是酒筹筒，形似一只燃烧着火焰的金蜡烛，正面有一长方形框，其内刻“论语玉烛”四字。下部是神龟造型的底座，象征长寿。中部为两层莲花，置于龟背之上，托起筒身。酒令筹共有 50 枚，呈长方形扇骨状，大小一致，出土时盛放在酒令筒内，每枚正面刻令词。令词的内容上半段采用《论语》语句，下半段为酒令内容，包括表示饮酒方式和数量的文字。酒令是我国古代的智力游戏活动，具有独特的文化内涵。这套酒令器具寓庄于谐、寓教于乐，是唐代出土文物中的孤品，有助于进一步了解唐代酒令的内容、制度及规范等文化意蕴，具有重要的学术价值，极其珍贵，被国家文物局列为禁止出国（境）展览文物。

其三，台北“故宫博物院”藏唐周昉绘《内人双陆图》卷。

唐代出现了阎立本、吴道子、李思训、李昭道、王维、张萱、周昉、韩干、韩滉、戴嵩等绘画大师，作品题材丰富，技法多样，在我国古代绘画发展史上具有重要地位。

周昉是活跃于公元 8 世纪末的唐代著名画家，善画仕女，他的作品注重表现人物的神情和体态，自成一家，宋人将他与吴道子等四人并称为人物画四大家。《内人双陆图》卷是周昉的传世名品，现存台北“故宫博物院”。此图的主题是两位贵族女性对弈双陆。画面绘一张专用的双陆棋桌，桌内有双陆棋盘，棋子有黑白两色，两位衣着艳丽，体态丰腴的仕女各坐在一只装饰华丽的月牙凳上对弈，神情专注，旁有两位女性观战，目光凝视棋盘。双陆是唐代自西域传入中原的一种新兴和时髦的棋类活动，深受唐代帝王贵族的喜爱。月牙凳为唐代新兴家具，专为贵族妇女所坐，画中所绘为典型式样，外形装饰华丽，与唐代风尚相符合。

唐代的仕女画的突出成就是在题材上突破了以前贞女烈妇的狭窄范围，注重表现贵族妇女的日常生活，绘画内容富有生活气息，女性形象多浓妆艳抹，锦衣华服，反映了唐代贵族妇女的生活场景和服饰特点。周昉的这幅《内人双陆图》卷笔法细腻，内容写实，设色浓艳，体现了唐代仕女画的风格，对于研究唐代丝绸之路体育文化的交流融合，双陆棋的棋具、玩法，唐代家具和女性服饰、发型，都具有极高的价值，既是我国古代仕女画的典范，也是古代双陆题材文物的杰作，弥足珍贵。

6. 宋辽金元时期

宋辽金元时期，射箭、狩猎、武术、蹴鞠、马球、捶丸、相扑、龙舟竞渡、围棋、象棋等体育运动项目得到较大的发展，中国古代体育的发展进入了新的历史阶段。

本卷收录的宋辽金元时期的体育文物以两宋和元代文物为主，包括绘画、玉器、铁器、铜器、陶俑、瓷器、漆器、石刻、泥塑、缂绣以及围棋子、象棋子、骨牌等，体现了射箭、狩猎、武术、马术、蹴鞠、捶丸、龙舟竞渡、棋牌博弈、投壶、垂钓、婴戏等古代体育形式。

总的来看，本卷收录的宋元时期的体育文物具有两个方面的特点。

第一，从体现的体育运动项目来看，与前代相比，狩猎、蹴鞠、捶丸、龙舟竞渡、围棋、象棋、垂钓、婴戏题材的文物数量明显增多。

宋元时期，在城镇繁荣、经济富庶、士大夫文化和市民文化兴起等因素的影响下，蹴鞠、捶丸、相扑、围棋、象棋、垂钓、儿童体育游戏等体育运动项目得到较大的发展，同时出现了相扑社、齐云社等民间体育组织。在战争因素和北方游牧民族习俗的影响下，射箭、狩猎、武术、马球十分流行，并且出现了弓箭社。为训练兵士的身体素质，元代还举行了“贵由赤”长跑比赛。本卷收录的狩猎、蹴鞠、捶丸、围棋、象棋、垂钓、儿童体育游戏等主体的体育文物较多，一定程度上体现了宋元时期体育发展的特点。

两宋时期，民间和官府、宫廷的龙舟竞渡活动时有举行。北宋初年，为训练水军，宋太宗下令在汴京城西北郊外开凿金明池，最终形成了一座体量庞大的人工湖——20 世纪 90 年代开封考古工作者经过发掘发现，金明池周长约 4940 米，水深约 3 米至 4 米。后来，金明池逐渐成为习练水战、举行各种水上娱乐和竞技以及游览、宴饮活动的综合场所。北宋末年，金明池的军事功能消失，转变为单纯的游乐场所，尤其是在宋徽宗时期，金明池的水上娱乐和竞技活动发展至高峰。在各种水上娱乐和竞技活动之中，最精彩的当属龙舟“争标”。现存的宋元时期绘画之中，有十余幅表现龙舟竞渡的作品，其中著名的有天津博物馆藏北宋张择端（款）《金明池争标图》[①]、故宫博物院藏元人（旧作王振鹏）《龙舟夺标图》卷、台北“故宫博物院”藏元王振鹏（款）《龙池竞渡图》卷以及多幅分散在海内外博物馆的王振鹏（款）的同类题材作品。本卷收录了三幅宋元时期的龙舟竞渡题材绘画，即宋李嵩《天中水戏图》册、元王振鹏《龙池竞渡图》卷、元吴廷晖《龙舟夺标》轴，均为台北“故宫博物院”藏品。

第二，从文物的类型来看，与前代相比，绘画和瓷器的数量明显增加。

两宋绘画是中国古代绘画发展的重要阶段，宫廷和民间画家创作了大量题材广泛、风格多样的优秀作品，不仅盛行山水画、人物画、花鸟画，而且在市民文化兴起的影响下，以北宋末年张择端《清明上河图》为代表的社会风俗画大量涌现。本卷收录的宋代绘画包括活跃于北宋末年至南宋初年的著名画家苏汉臣创作的四幅婴戏题材绘画——以《秋庭戏婴图》最为知名，南宋画家陈居中的四幅射箭、狩猎、马术题材的绘画，刘松年的围棋题材绘画《九老图》，李嵩的龙舟竞渡题材绘画《天中水戏图》等（参看表8）。

元统一之后，绘画得以继续发展，出现了赵孟頫、刘贯道、王振鹏、赵雍、钱选、黄公望、王蒙等为代表的一批宫廷和文人画家，他们创作了大量作品。本卷收录了十余幅元代绘画（参看表8），体现了狩猎、马术、龙舟竞渡、围棋、垂钓等古代体育项目，其中以宫廷画家刘贯道的《元世祖出猎图》和王振鹏的《龙池竞渡图》最为知名。

由于宫廷官府和民间需求以及海外贸易的增长，瓷器烧造成为宋代重要的产业。与隋唐时期相比，宋代瓷器的生产规模进一步扩大，工艺水平明显提高，产品种类和款式不断翻新，釉色更加丰富。在遍布南北的窑厂之中，一些著名的瓷窑的产品形成了特定的风格，并对其他瓷窑形成重要的影响，进而形成窑系。华东地区宋代的重要瓷窑有位于杭州的南宋官窑（包括修内司窑和郊坛下窑两处窑址）以及浙江龙泉窑、江西景德镇湖田窑和吉州窑、福建建阳窑和德化窑等。本卷收录的宋代体育题材瓷器主要包括出自南宋官窑的投壶，景德镇湖田窑的青白釉胡人牵马俑、围棋子和象棋子及模范，吉州窑的褐彩骑马俑、白地彩绘围棋桌、褐彩象棋子等。

在宋代的基础上，元代瓷器的制作进一步发展，尤其是以青花瓷和釉里红瓷为代表的釉下彩瓷器的烧造技术逐渐成熟，达到了空前的

---

① 据故宫博物院古画专家余辉研究，这幅绘画并非张择端真迹，而应是南宋宫廷年轻画家的作品。根据金人张著在张择端《清明上河图》卷尾的跋文，张择端曾绘制一幅《西湖争标图》卷，系《清明上河图》的姊妹卷，二者均“选入神品”，获得北宋宫廷品画的最高等级。遗憾的是，张择端的《金明池争标图》真迹明代之前已佚。参见余辉：《宋元龙舟题材绘画研究——寻找张择端〈西湖争标图〉卷》，《故宫博物院院刊》，2017年第2期，第6—36页。

高度，代表了元代瓷器的最高水平。本卷收录了两件元代景德镇窑烧造的体育题材青花瓷，一件为1988年元代景德镇官窑出土的青花龙纹围棋罐，另一件为1950年出土于南京市江宁区将军山明洪武二十五年（1392）明沐英墓，现由南京市博物馆收藏的元青花萧何月下追韩信图梅瓶。

元青花萧何月下追韩信图梅瓶因其腹部描绘“萧何月下追韩信”历史故事而得名，韩信、萧何、艄公三个人物神情生动，画面背景绘松、竹、梅、芭蕉、山石，错落有致地点缀其中，颇有中国水墨丹青的神韵，肩部和底部装饰有西番莲、杂宝等各色花样的变形莲瓣，又体现出元代瓷器艺术对外来文化的吸收，这件梅瓶因其造型规整、线条流畅、胎质细腻洁白、釉色均匀莹润、人物形象栩栩如生而闻名于世，是元青花瓷的杰出代表，堪称绝世珍品、国之瑰宝，是国家一级文物和国家文物局

表8　本卷收录主要绘画

时期	作者	绘画名称	收藏机构	体育题材
唐	周昉	内人双陆图	台北“故宫博物院”	双陆
	韩干	牧马图	台北“故宫博物院”	马术
	韦偃	双骑图	台北“故宫博物院”	马术
五代	李赞华	射骑图	台北“故宫博物院”	射箭
	赵岩	八达春游图	台北“故宫博物院”	马术
	周文矩（传）	荷亭奕钓仕女图	台北“故宫博物院”	围棋
宋	苏汉臣	秋庭戏婴图	台北“故宫博物院”	婴戏
		冬日婴戏图	台北“故宫博物院”	婴戏
		长春百子图	台北“故宫博物院”	蹴鞠　秋千　捉迷藏
		婴戏图	台北“故宫博物院”	打陀螺
	陈居中	文姬归汉图	台北“故宫博物院”	射箭
		出猎图	台北“故宫博物院”	狩猎
		平原射鹿图	台北“故宫博物院”	射箭　狩猎
		平原试马图	台北“故宫博物院”	马术
	李嵩	天中水戏图	台北“故宫博物院”	龙舟竞渡
	刘松年	九老图	台北“故宫博物院”	围棋
	佚名	洛阳耆英会图	台北“故宫博物院”	围棋

续表

时期	作者	绘画名称	收藏机构	体育题材
元	赵孟頫	画马	台北“故宫博物院”	马术
		进马图	台北“故宫博物院”	马术
		秋山仙奕图	台北“故宫博物院”	围棋
	赵雍	春郊游骑图	台北“故宫博物院”	射箭
	刘贯道	元世祖出猎图	台北“故宫博物院”	狩猎
	王振鹏	龙池竞渡图	台北“故宫博物院”	龙舟竞渡
	吴廷晖	龙舟夺标	台北“故宫博物院”	龙舟竞渡
	佚名	射雁图	台北“故宫博物院”	狩猎
	佚名	平原归猎图	台北“故宫博物院”	狩猎
	佚名	成功捷报图	台北“故宫博物院”	围棋
	王蒙	花溪渔隐	台北“故宫博物院”	垂钓
明	沈周	桐荫乐志图	安徽博物院	垂钓
	周臣	松窗对弈图	台北“故宫博物院”	围棋
		画闲看儿童捉柳花句意	台北“故宫博物院”	婴戏
	佚名	明宣宗马上像	台北“故宫博物院”	狩猎
	周全	射雉图	台北“故宫博物院”	狩猎
	仇英	汉宫春晓图	台北“故宫博物院”	围棋
		上林图	台北“故宫博物院”	狩猎
		长夏江村图	台北“故宫博物院”	婴戏
		《临宋人画》册	上海博物馆	围棋　婴戏
	仇英（款）	清明上河图	台北“故宫博物院”	武术　射箭　杂技　蹴鞠　围棋　龙舟竞渡　秋千
		清明上河图（辛丑本）	私人收藏	放风筝
	杜堇	仕女图	上海博物馆	蹴鞠　捶丸
	吴彬	岁华纪胜图	台北“故宫博物院”	龙舟竞渡　秋千
	戴进	太平乐事	台北“故宫博物院”	射箭　婴戏
	陆治	《寒江钓艇》	台北“故宫博物院”	垂钓
明末清初	樊圻	金陵景色图	南京博物院	射箭
	上睿	秋郊围猎图	苏州博物馆	狩猎
	王鉴	蔡肇诗意图	南京博物院	垂钓

续表

时期	作者	绘画名称	收藏机构	体育题材
清	杨晋	豪家佚乐图	南京博物院	狩猎　婴戏
	禹之鼎　查士标	乔莱柳荫垂钓图	南京博物院	垂钓
	王云	秋山垂钓图	南京博物院	垂钓
	袁江	昼锦堂图	南京博物院	垂钓
	黄慎	长竿钓鳖图	杭州博物馆	垂钓
	陈枚等	清院本《清明上河图》	台北“故宫博物院”	射箭　武术　围棋　垂钓　荡秋千　放风筝
	清宫廷画家	清院本《十二月月令图》	台北“故宫博物院”	蹴鞠　围棋　投壶　垂钓　登高　龙舟竞渡　冰上运动　捉迷藏　荡秋千　放风筝　踢毽子
	郎世宁	玛瑺斫阵图	台北“故宫博物院”	射箭　武术　马术
		阿玉锡持矛荡寇图	台北“故宫博物院”	射箭　武术　马术
		十骏犬图	台北“故宫博物院”	狩猎
		百骏图	台北“故宫博物院”	马术
		八骏图	台北“故宫博物院”	马术
		十骏图	台北“故宫博物院”	马术
	丁观鹏	仿仇英汉宫春晓图	台北“故宫博物院”	围棋　双陆　秋千
		唐明皇击鞠图	台北“故宫博物院”	马球
	沈源	御制冰嬉赋	台北“故宫博物院”	冰嬉
	钱维城	御制雪中坐冰床即景	台北“故宫博物院”	冰嬉
	徐杨	日月合璧五星联珠图	台北“故宫博物院”	冰嬉
	金廷标	岁朝图	台北“故宫博物院”	婴戏
	闵贞	刘海戏蟾图	南京博物院	婴戏
		三婴戏环图	南京博物院	婴戏
		八子嬉戏图	扬州博物馆	婴戏
	佚名	升平乐事图	台北“故宫博物院”	放风筝　踢毽子
	佚名	仕女行乐图	南京博物院	蹴鞠　投壶
	任预	射雁图	苏州博物馆	射箭

规定的禁止出国(境)展览文物。

7. 明清时期

明清时期是我国古代体育发展的最后一个高峰。从明代初年到清朝中叶，前代的大多数体育活动均得到继承和发展，骑射、狩猎、球类运动、围棋、象棋、投壶、垂钓、秋千、龙舟竞渡等非常流行，武术形成套路，具备了攻防技击和健身养心的双重功能，导引发展至“内功”和“外功”兼修的新阶段。具有北方民族特色的冰嬉和摔跤在清代空前活跃，尤其是乾隆时期形成了极具礼仪性和表演性的冰嬉，中国古代冰上运动发展至巅峰。

本卷收录的明清时期体育文物数量较多，包括瓷器、绘画、织绣、扇页、漆器、玉器、竹木器、竹雕、刻匏、象牙雕刻以及弓箭袋、扳指、铁刀、围棋子、围棋盒、围棋盘、象棋子、象棋盘、首饰、砖雕、梁柁、花板、匾额等，类型丰富，琳琅满目，体现了射箭、狩猎、马术、杂技、保健养生体育、棋牌博弈(围棋、双陆、象棋、蒙古象棋、酒令等)、球类运动（蹴鞠、马球、捶丸）、水上运动、冰上运动、休闲体育（投壶、垂钓、登高、放风筝、荡秋千）、儿童体育游戏等众多古代体育项目。

总的来看，绘画、瓷器、纺织品和手工艺品的数量较多，体现的古代体育项目丰富多样，这是本卷收录的明清时期体育文物的突出特点。

明清两代，绘画创作非常繁荣，出现了许多著名的画派、画家和杰出的作品。本卷收录了数十件体育题材的明清绘画（参看表8)，其中有多件传世名作。

明清两代的制瓷业非常发达。自洪武二年(1369) 明太祖在景德镇珠山北麓设立御窑厂，景德镇逐渐成为明清时期全国的制瓷业中心，瓷窑数量众多，据时人的描述，明代景德镇的瓷窑“延袤十三里许，烟火逾十万家，陶户与市肆当十之七八”，“万杵之声殷地，火光炸天，令人不能寐，欢呼之曰四时雷电镇”，其瓷器产品数量庞大，品种多样，质量上乘，畅销海内外，“自燕云而北，南交趾，东际海，西被蜀，无所不至”。青花瓷是明代瓷器的主流，永乐、宣德年间景德镇的青花瓷享有盛名。彩瓷也达到很高的水平，成化时期的斗彩，是彩瓷的代表。到了嘉靖、万历年间，又发展出了著名的青花五彩瓷器。清代的景德镇瓷器制作水平再次有了明显的改进和提高，陆续创烧出粉彩、珐琅彩和各色彩瓷新品种。

本卷收录的明清时期瓷器类型和数量较多，有青花瓷、斗彩瓷、粉彩瓷、珐琅彩瓷等，有瓷碗、瓷盘、瓷瓶、瓷杯、瓷罐、瓷壶、瓷尊等，表现的古代体育项目包括狩猎、对弈、蹴鞠、龙舟竞渡、垂钓、放风筝、儿童体育游戏等。

婴戏图是明清时期瓷器常见的装饰图案。在本卷收录的明清时期瓷器之中，有十余件婴戏图瓷器，所占比例最高，器型多种多样，装饰手法包括青花、斗彩、粉彩，对于研究明清时期婴戏图瓷器的发展演变，具有较高的价值。

南京博物院藏清代外蓝釉金彩内粉彩清高宗行围图转旋盖瓶，腹部的4层装饰组合成清高宗狩猎的立体场景，转动瓶颈，腹部内瓶跟着旋转，人群和背景不断变换，有走马灯的效果，结构复杂精巧，人物生动有趣，是清代瓷器的精品。

清道光时期三件慎德堂款龙舟竞渡题材瓷器——粉彩描金龙舟竞渡纹盘、粉彩龙舟竞渡纹盖碗、粉彩描金龙舟竞渡纹螭耳瓶，均绘孩童于江面上举行龙舟竞赛的情景。慎德堂是圆明园九州清晏建筑群中的一座，是道光皇帝在圆明园的主要生活场所。慎德堂款瓷器是道光皇帝在圆明园的御用瓷器，由道光时期的景德镇御窑厂烧造，代表了当时中国瓷器制作的最高水平，其产品之精致，同时期其他瓷器无法比拟。

明清时期，纺织业有长足的发展。南京、苏州、杭州是明代丝织业的重镇，长江下游的松江府是全国的棉纺织业中心，有“松江布衣被天下”的美誉。在纹样的设计风格上，从明代开始，丝织品的纹样发生了明显的变化，由以往的纯粹的图案形式，逐渐趋向于写实的绘画格调。在各式样饰之中，出现了若干种体现古代体育的纹样，如秋千仕女、蹴鞠儿童、百子图、泛舟划船、对弈图以及围棋棋具等人物纹饰和日用器物纹饰。

本卷收录的上海博物馆藏明顾绣《东山图》卷是明代丝织品艺术的精品。顾绣又称“露香园顾绣”，是我国传统刺绣工艺之一，因起源于明代松江地区的顾名世家而得名。据传顾绣绣法出自皇宫大内，顾家先后出现了缪氏、韩希孟和顾兰玉等名手。这件织品以我国古代围棋艺术品常见的“东山再起”典故为题材，画、绣结合，色彩淡雅，画韵浓厚。

本卷收录的清代织绣作品以南京博物院藏清代织绣作品为代表且数量较多，如表现泛舟划船的一件紫檀边缂丝挂屏，上部山峦叠翠，中部庭院深深，下部百舸争流；分别表现儿童放风筝、骑牛、下棋等游戏活动的两件紫檀边缂丝织耕图挂屏，构图合理，生动活泼，富有生活气息；表现儿童戏水的缂丝七子戏水图轴，水路明显，人物形象生动，情趣盎然；表现百子图题材的两件长方形壁挂，尺幅巨大，运用多种针法共绣制300多个孩童各种游戏场面（包括放风筝、骑鹿、抖空竹、钓鱼、抬轿、放烟花、推车等等），工艺精湛，针法细腻，是清代宫廷皇帝大婚之喜的装饰品。

明清时期的漆器业十分发达，产品种类齐全，图案精致，做工细腻。浙江嘉兴、安徽新安、江苏扬州和苏州都是华东地区重要的漆器产地，嘉兴和新安的剔红、苏州的描金、扬州的薄螺钿和百宝嵌，名重一时，具有很高的艺术水准。

本卷收录了数件明清时期的漆器精品。例如青岛市博物馆藏明永乐剔红亭阁人物博弈图漆盘，整体雕刻极为细致圆润，漆色润红艳丽，盘中央雕刻有生动的人物图案，花草树木与行云流水相呼应，显示文人士大夫对弈的雅趣；青岛市博物馆藏清康熙黑漆嵌螺钿人物纹圆漆盘，盘中部螺钿镶嵌出庭院人物图，两个顽童正欢快地放风筝，旁边站立一位盘髻仕女，和颜悦色观望着，螺钿闪现五彩色泽；台北“故宫博物院”藏明代仕女戏童小圆盒，画面自然疏朗，人物动感十足；扬州博物馆藏清代红雕漆龙纹围棋盒一对，盖顶剔刻云龙纹及回纹，盖边及盒边壁剔刻花卉纹，做工精致；扬州博物馆藏清代雕漆山水人物盘，盘底开光处刻绘小桥流水人家、山石树木、船翁及一撑伞老者，雕工精湛，细致入微，人物形象丰满细腻。

明清时期，以观赏和装饰为主要目的的雕刻工艺品发展至历史高峰，能工巧匠利用玉、石、竹、象牙、角等为原料，创造了大量雕刻艺术珍品。华东地区的苏州、扬州、上海、杭州等地，皆为雕刻艺术品的重要产地。

本卷收录了多件体育题材的明清雕刻作品。1966 年上海宝山朱守诚墓出土的朱缨款刘阮入天台竹香筒，出自明代嘉定竹刻名家朱缨之手，器身运用浅雕、浮雕、透雕、留青等技法，以“刘阮入天台”故事为题材，图画布局精妙，人物形象生动，技法精湛。安徽博物院藏明代象牙雕蹴鞠图笔筒，以象牙根部雕成，画面清晰，展现出富贵官宦人家在花园蹴鞠的休闲场景，是研究古代蹴鞠的珍贵资料。台北“故宫博物院”藏清代碧玉雕花笔筒，外壁浮雕题为“秋山猎骑”的场景图，山石嶙峋，猎人骑马狩猎、动物奔驰，都雕琢得栩栩如生。扬州博物馆藏植之雕黄杨木人物鼻烟壶，主体由清末著名木雕大师朱植之制作，运用圆雕、浮雕、深刻等手法，壶身一周刻山石林木、亭台楼阁、前塘曲桥，其间雕刻十二老翁，有的垂钓，有的抚琴，有的对弈，有的听泉，构图巧妙，工艺水平高超。分别由浙江省博物馆和温州博物馆收藏的清末民初著名黄杨木雕刻名家朱子常的两件作品，表现儿童捉迷藏场景，刀法多变，构思巧妙，童子们各显其态，童真童趣跃然其中，是朱子常的代表作。

三、本卷收录的重要文物

在本卷收录的各个时期的体育文物之中，均有若干具有很高的历史意义、艺术价值的文物，其中有的被文物部门定为国家一级文物（参见表 9），有的堪称国宝，有的是国家文物局规定的禁止出国（境）展览文物。这些重要文物不仅对于研究我国古代体育史具有重要的意义，而且在艺术史、科技史、社会史、中外文化交流史等领域具有重要的价值。

关于这些重要文物，有的前文已经提及并有较为详细的说明，有的在每一大类古代体育项目的文物图录之前的导言作出了重点描述，有的在文物图版之后有非常细致的解读，兹不赘述。

表 9 本卷收录国家一级文物

文物名称	时代	体育项目	出土或征集年代地点	收藏单位	备注
亚醜钺	商代	武艺武术	1965 年山东青州苏埠屯 1 号商墓	山东博物馆	山东博物馆镇馆之宝之一
羽人竞渡纹青铜钺	春秋	龙舟竞渡	1976 年浙江省鄞县(今鄞州区)甲村公社石秃头	浙江省宁波市鄞州区文管办	可能为战国或西汉文物
箭镞陶范	战国	射箭	1992 年山东省汶上县鲁国中都邑遗址	汶上县中都博物馆	
三棱箭镞陶范	战国	射箭	1992 年山东省汶上县鲁国中都邑遗址	汶上县中都博物馆	
襄城楚境尹铜戈	战国	武艺武术	1990 年连云港市海州区锦屏镇陶湾村岗嘴锦华石油化工厂战国墓	连云港市博物馆	
襄城楚境尹铜戈	战国	武艺武术	1990 年连云港市海州区锦屏镇陶湾村岗嘴锦华石油化工厂战国墓	连云港市博物馆	
越王者旨於睗剑	战国	武艺武术	1995 年香港征集	浙江省博物馆	浙江博物馆十大镇馆之宝之一
越王州句错金铜剑	战国	武艺武术	2002 年征集	浙江省博物馆	
包金铜镦铜披	战国	武艺武术	1992 年山东临淄商王墓地	临淄市博物馆	
白玉剑格	战国	武艺武术	1992 年山东临淄商王墓地	临淄市博物馆	
白玉剑瑧	战国	武艺武术	1992 年山东临淄商王墓地	临淄市博物馆	
白玉剑珌	战国	武艺武术	1992 年山东临淄商王墓地	临淄市博物馆	
木雕鼓车	战国	御术	2004 年江苏省淮安市运河村一号战国墓	淮安市博物馆	
鐏铜戈	西汉	武艺武术	1978 年山东省淄博市临淄区大武乡窝托村齐王墓 5 号随葬坑	临淄市博物馆	
彩绘乐舞百戏陶俑群	西汉	乐舞百戏	1969 年山东济南市北郊无影山西汉墓	济南市博物馆	
铜骰子	西汉	六博	1978 年山东省淄博市临淄区大武乡窝托村齐王墓 5 号随葬坑	临淄市博物馆	
东安汉里石椁画像石	西汉	乐舞百戏 武艺武术 六博	1937 年山东曲阜	山东曲阜孔庙	年代或为东汉

表 9 本卷收录国家一级文物

文物名称	时代	体育项目	出土或征集年代地点	收藏单位	备注
武氏祠画像石	东汉	射箭 武艺 武术 御术 马术 乐舞 百戏	清乾隆五十一年（1786）山东嘉祥县纸坊集武宅山村北武氏墓群	嘉祥武氏墓群石刻博物馆	
沂南北寨汉墓画像石	东汉	（同上）	1954 年山东省沂南县界湖镇北寨村汉墓	沂南北寨汉画像石博物馆	全国重点文物保护单位
元嘉三年对博图画像石	东汉	六博	山东省滕州市姜屯镇	滕州市汉画像石馆	
季札挂剑图漆盘	三国	武艺武术	1984 年马鞍山雨山区朱然墓	马鞍山市三国朱然家族墓地博物馆	第三批禁止出国（境）展览文物
贵族生活图漆盘	三国	六博	1984 年马鞍山雨山区朱然墓	马鞍山市三国朱然家族墓地博物馆	第一批禁止出国（境）展览文物
石质围棋子和灰陶围棋盒	西晋	围棋	1974 年山东省邹城市西晋刘宝墓	邹城市博物馆	
银鎏金龟负“论语玉烛”酒令器具	唐代	酒令	1982 年元旦江苏省镇江市丹徒丁卯桥唐代银器窖藏	镇江博物馆	第三批禁止出国（境）展览文物
景德镇窑元青花萧何月下追韩信图梅瓶	元代	马术	1950 年江苏省南京市江宁区将军山明洪武二十五年（1392）明沐英墓	南京市博物馆	第三批禁止出国（境）展览文物
“张成造”剔红婴戏图盘	元代	儿童体育	2012 年曹其镛曹罗碧珍夫妇捐赠	浙江省博物馆	
红陶泥塑童戏像	宋代	儿童体育	1976 年镇江市五条街骆驼岭宋代遗址	镇江博物馆	
围棋盘、棋罐和棋子	明代	围棋	1970 年山东省邹城明鲁荒王朱檀墓	山东博物馆	

四、结语

华东地区历史文化悠久，特色鲜明。一方面，从与中原文化的关系而论，在一定的历史时期，华东地区的一些区域属于中原地区，例如汉代的山东南部、徐州、扬州，这些地域的文化属于中原文化，不少区域不属于中原地区，例如先秦的苏州、杭州，同时这些地区与中原地区有千丝万缕的联系，这使得华东地区很多地方的历史文化既具有一定的自身特点，又受到中原文化的影响，表现出复杂性和交融性并存的特点。另一方面，从自然地理条件来看，华东地区很多地方遍布江河湖泊，除江西省之外，华东地区其他省市均有漫长的海岸线，其历史文化受到了江河和海洋的深刻影响。华东地区是海洋丝绸之路的重要节点，历史上形成了扬州、宁波、泉州等重要的对外贸易港口城市，其历史文化受到了海洋丝绸之路沿线国家的影响。宋室南渡以来，我国的经济和文化重心逐渐南移，明清时期的江南一带成为我国经济富庶、文化最为发达的地区，同时，景德镇成为我国陶瓷业的中心。

总的来看，本卷收录的古代体育文物，类型齐全，题材丰富，时代跨度长，涵盖我国历史上各个时期，以商周、秦汉、宋元和明清时期数量较多，既反映了我国古代体育发生发展的一般进程，生动体现了源远流长、多姿多彩的中国古代体育，也表现出华东地区古代历史文化和文物的地域特色，其中的一批珍贵文物，具有独特的价值和意义，是我国古代体育文物宝库的重要组成部分。

目录

第一章 射箭

本卷收录古代射箭题材文物 81 件，时代上限为新石器时代，下限为清代，主要包括木弓、骨镞、石镞、铜镞、箭镞陶范、箭杆、弩机、弓箭袋、扳指等实用器物，射箭俑、背箭箙俑等陶俑，以及人物纹青铜器、画像石、画像砖、绘画等图像性质的文物。

实用器物之中，重要的包括浙江萧山跨湖桥遗址出土的新石器时代早期的漆木弓、江西省新干县大洋洲商代大墓出土的铜镞、山东省汶上县鲁国中都邑遗址出土的战国时期的箭镞陶范、内蒙古额济纳河流域居延遗址出土的西汉时期的刻辞箭杆等。

江苏省徐州市铜山区茅村镇洞山村北洞山西汉楚王墓出土的背箭箙陶俑，数量较多，形象生动，制作细致，纹饰丰富，是汉代陶俑的精品。

图像性质的文物之中，以东周时期的人物纹青铜器价值最高，共有五件，即江苏省镇江市丹徒王家山春秋吴国墓葬出土的青铜乐舞宴饮射箭刻纹盘和青铜宴乐射侯刻纹鉴残片，安徽省淮阴高庄战国墓出土的青铜宴乐射侯纹薄胎盘，上海博物馆收藏的镶嵌画像纹壶和宴乐射箭画像杯。这五件文物均以人物图像形式体现了东周时期的射礼活动，对于研究古代射礼具有极其重要的价值。

一、跨湖桥遗址出土漆木弓

新石器时代

跨湖桥文化（约前 6000—前 5000 年）

残长 121 厘米

2001—2002 年浙江萧山跨湖桥遗址出土

浙江省文物考古研究所藏

残损。弓身为桑木边材削制，截面扁圆，最宽处约 3.3 厘米、厚 2.2 厘米；两端已残，宽 3 厘米、厚 2 厘米，较弓身最宽处略细。中段（长 17 厘米）截面亦为扁圆，扁侧方向与弓身的其余部位相左，应为弓柎（抓手）的位置，柎宽 3.2 厘米，厚 2.2 厘米。除了柎之外的其余部分均捆扎树皮，树皮仅见一层，多有脱落，连接紧密，未能辨别捆扎方法。树皮材质不明。该器物虽然残损，同时可能由于长期掩埋

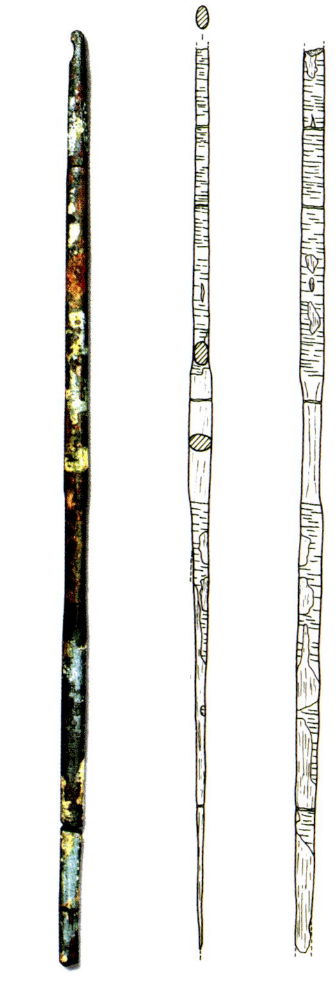

图 1-1　跨湖桥遗址出土漆木弓

于地下，出土时呈挺直状，并未弯曲，但作为弓的特征十分明显，弓柎完整，采用韧性良好的桑木边材制作，弓身外扎树皮以增加其强度，说明跨湖桥先民已经掌握了比较成熟的制作弓的技术。我国新石器时代遗址出土的弓极其罕见，该木弓的发现具有非常重要的价值。据研究，该木弓表面残留有生漆，这表明早在距今8000年前，跨湖桥先民已经对漆的性能有所掌握并开始运用。该木弓是迄今世界上保留下来的最早的漆器之一，亦被誉为中国的“漆之源”。【浙江省文物考古研究所、萧山博物馆：《跨湖桥》，文物出版社，2004年版，第202、323—324页，彩版四〇；何振纪：《跨湖桥：华夏漆器文化的发源》，《中国生漆》，2018年第2期，第6—9、54页。】

二、跨湖桥遗址出土骨镞

新石器时代

跨湖桥文化（约前6000—前5000年）

残长7.1厘米

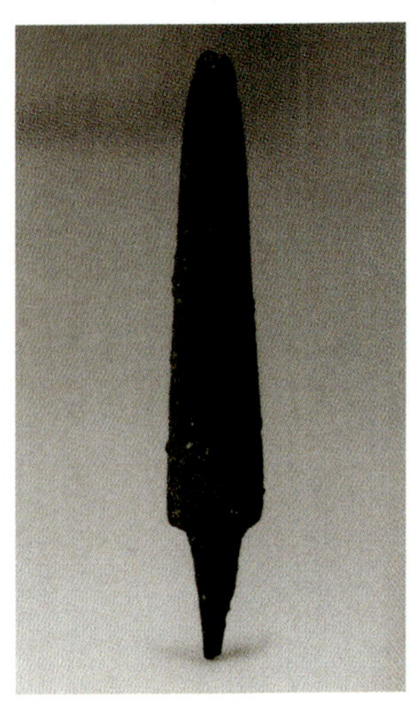

图1-2 跨湖桥遗址出土骨镞

铤长1.5厘米

2001—2002年浙江萧山跨湖桥遗址出土

浙江省文物考古研究所藏

骨、角锯切、磨制而成。铤与锋分段明显。锋尖略残。【浙江省文物考古研究所、萧山博物馆：《跨湖桥》，文物出版社，2004年版，第181、183页，图版二四。】

三、长清月庄后李文化遗址出土骨镞

新石器时代

后李文化（约前6400—前5700年）

上长10.96厘米，宽1.41厘米，厚0.55厘米

2003年山东长清月庄出土

济南市考古研究所藏

通体磨光，长圆挺，双镞身。【济南市文物局、济南市考古研究所、济南市博物馆：《济南文物精粹·考古卷》，文物出版社，2018年版，第234页。】

图1-3 长清月庄后李文化遗址出土骨镞

四、河姆渡遗址出土骨镞

新石器时代

河姆渡文化一期（约前5000—前4500年）

残长 5.6 厘米，直径 1.2 厘米

长 7.7 厘米，宽 0.9 厘米

长 8 厘米，宽 1 厘米

残长 8.8 厘米，直径 0.9 厘米

长 15.3 厘米，直径 1 厘米

1977 年浙江余姚河姆渡遗址出土

河姆渡遗址博物馆藏

狩猎用具。骨质。河姆渡遗址出土骨镞数量较多，大多取材于动物的肢骨，可分为斜铤形、扁平柳叶形、锥形等，长度不一。图片所示为其中的五支骨镞。【河姆渡遗址博物馆：《河姆渡文化精粹》，文物出版社，2002 年版，第 49 页；浙江省博物馆：《史前双璧》，浙江古籍出版社，2009 年版，第 46 页；王海明：《河姆渡遗址与河姆渡文化》，《东南文化》，2000 年第 7 期，第 15—22 页。】

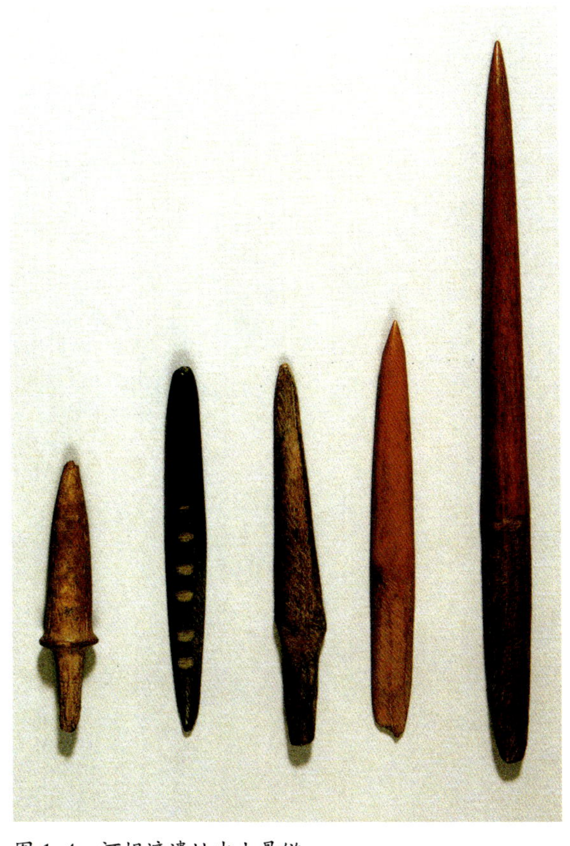

图 1-4　河姆渡遗址出土骨镞

五、马家浜遗址出土骨镞

新石器时代

马家浜文化（约前 5000—前 3800 年）

左长 5.7 厘米，宽 1.2 厘米

右长 5.5 厘米，宽 1.4 厘米

浙江嘉兴马家浜遗址出土

浙江省博物馆藏

左：正面圆弧，背面扁平；锋部较短，略呈半圆锥形；铤部较长，布满擦痕。右：正面略举弧度，背面内凹；锋部略呈半圆锥形；铤部较宽。【浙江省博物馆：《史前双璧》，浙江古籍出版社，2009 年版，第 46 页；王海明：《河姆渡遗址与河姆渡文化》，《东南文化》，2000 年第 7 期，第 15—22 页。】

图 1-5　马家浜遗址出土骨镞

六、昙石山遗址出土骨镞

新石器时代

昙石山文化（约公元前 3000—前 2000 年）

长 7.9 厘米，宽 1.4 厘米，厚 0.5 厘米

福建省福清市闽侯县昙石山遗址出土

福建博物院藏

骨质。柳叶形。锋部尖锐。有铤。铤与镞身区分明显。【福建博物院：《博·戏：中国古代体育文物展》，译林出版社，2015 年版，第 60 页。】

图 1-6　昙石山遗址出土骨镞

七、昙石山遗址出土骨镞

新石器时代

昙石山文化（约前 3000—前 2000 年）

长 6.8 厘米，宽 1.5 厘米，厚 0.5 厘米

福建省福清市闽侯县昙石山遗址出土

福建博物院藏

骨质，柳叶形。锋部尖锐。有铤，铤与镞身区分明显。【福建博物院：《博·戏：中国古代体育文物展》，译林出版社，2015 年版，第 60 页。】

图 1-7　昙石山遗址出土骨镞

八、苏家村良渚文化遗址出土石镞

新石器时代

良渚文化（前 3300—前 2400 年）

长 8.5 厘米，宽 1.5 厘米，厚 1 厘米

浙江余杭苏家村良渚文化遗址出土

浙江省博物馆藏

狩猎和战争用具。柳叶形，截面呈菱形。铤部斜收，截面略呈圆形。一侧脊线分明，一侧脊线处有凹缺。良渚文化遗址出土有一定数量的石镞，有宽翼、窄翼等不同造型，所用的石质也不同，普遍磨制得非常精细，有的出土时刃部仍然十分锋利。【浙江省博物馆：《史前双璧》，浙江古籍出版社，2009 年版，第 157 页。】

图 1-8　苏家村良渚文化遗址出土石镞

九、广富林遗址出土石镞

新石器时代

良渚文化（约前 3200 — 前 2200 年）

长 9.2 厘米

2009 年上海松江广富林遗址出土

上海博物馆藏

石质。柳叶形。锋部尖锐，侧锋边缘有破损。镞身截面呈菱形，有铤，铤与镞身区分明显。【上海博物馆：《柏林·上海：古代埃及与早期中国文明》，上海书画出版社，2017 年版，第 281 页。】

图 1-9 广富林遗址出土石镞

十、钱山漾遗址出土石镞

新石器时代

钱山漾文化（前 2200—前 2000 年）

长 13.8 厘米，宽 2.8 厘米

浙江湖州钱山漾遗址出土

浙江省博物馆藏

锋部尖锐，刃部锋利。镞身截面呈菱形，脊线明显，打磨精细。镞身尾部内弧斜收，铤部呈圆锥形。钱山漾遗址出土了为数较多的石镞，形状大小不一，这是其中较长的一个。【浙江省博物馆：《史前双璧》，浙江古籍出版社，2009 年版，第 173—174 页。】

图 1-10 钱山漾遗址出土石镞

十一、广富林遗址出土骨镞

新石器时代

广富林文化（约前 2100 — 前 1900 年）

2013 年上海松江广富林遗址出土

长 10.7 厘米

上海博物馆藏

骨质。三棱。镞尖锐利。【上海博物馆：《柏林·上海：古代埃及与早期中国文明》，上海书画出版社，2017 年版，第 280 页。】

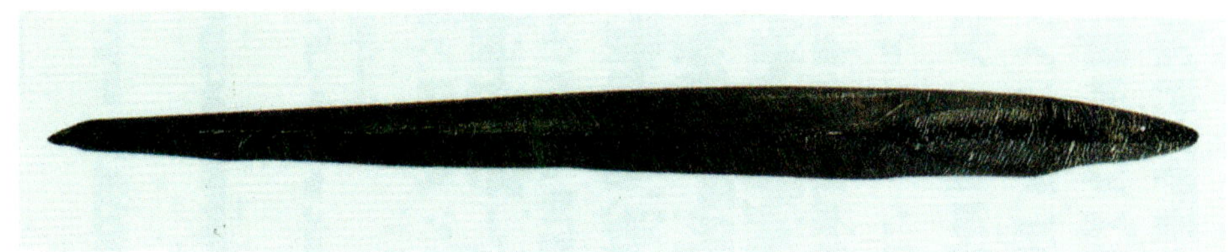

图 1-11 广富林遗址出土骨镞

十二、东张遗址出土石镞

新石器时代

长 8.1 厘米，宽 3.1 厘米，厚 0.5 厘米

福建省福清市东张新石器时代遗址出土

福建博物院藏

东张新石器时代晚期遗址出土大量石镞，这是其中的一枚。【福建博物院：《博·戏：中国古代体育文物展》，译林出版社，2015 年版，第 60 页；福建省文物管理委员会：《福建福清东张新石器时代遗址发掘报告》，《考古》，1965 年第 2 期，第 49—61、79 页。】

图 1-12 东张遗址出土石镞

十三、石镞

新石器时代

大汶口文化（约前4500 — 前2500 年）

长 5.8 厘米，宽 2.4 厘米，厚 0.9 厘米

安徽省宿州市涉故台村骑路堌堆遗址出土

宿州市博物馆藏

灰色石料制成，通体磨光。锥形铤。【宿州市博物馆：《宿州市博物馆文物集萃》，文物出版社，2018 年版，第 2 页。】

图 1-13 石镞

十四、石镞

新石器时代

龙山文化（约前2600 — 前2000 年）

长 5.5 厘米，宽 1.3 厘米

安徽省宿州市芦城孜遗址出土

宿州市博物馆藏

黑色石料制成，通体磨光。镞身截面呈三角形，锥形铤。【宿州市博物馆：《宿州市博物馆文物集萃》，文物出版社，2018 年版，第 2 页。】

图 1-14 石镞

十五、石镞

新石器时代

龙山文化（约前 2600 — 前 2000 年）

长 6.5—8.7 厘米

宽 2.2—2.75 厘米

厚 1—1.1 厘米

日照博物馆藏

锋有三棱和两翼，短锥形铤。【董书涛：《日照博物馆馆藏文物集》，齐鲁书社，2010 年版，第 58 页。】

十六、长脊宽翼铜镞

商

通长 8.4—9.3 厘米，翼宽 5.7—6 厘米

1989 年江西省新干县大洋洲出土

江西省博物馆藏

锋角尖锐，边刃锋利。凸脊呈菱形，翼角尖锐。为典型的殷墟式器物。【中国国家博物馆、江西省文化厅：《商代江南：江西新干大洋洲出土文物辑萃》，中国社会科学出版社，2006 年版，第 112—113 页。】

图 1–16　长脊宽翼铜镞

图 1–15　石镞

十七、长脊宽翼铜镞

商

通长 10 厘米，翼宽 8.4—8.6 厘米

1989 年江西省新干县大洋洲出土

江西省博物馆藏

锋角大、刃微弧，两翼镂空。脊呈菱形，铤短于翼，翼角薄锐。器型罕见，为吴城文化典型器物。【中国国家博物馆、江西省文化厅：《商代江南：江西新干大洋洲出土文物辑萃》，中国社会科学出版社，2006 年版，第 114 页。】

图 1–17 长脊宽翼铜镞

十八、长脊窄翼铜镞

商

通长 8.4—9 厘米，翼宽 4.3—4.9 厘米

1989 年江西省新干县大洋洲出土

江西省博物馆藏

锋角锐利，刃微弧，两翼镂空。边斜折，中隆起。脊呈菱形，翼角尖锐，铤长于翼。造型兼具殷墟和吴城文化地方特色，发掘者称之为融合式器物。【中国国家博物馆、江西省文化厅：《商代江南：江西新干大洋洲出土文物辑萃》，中国社会科学出版社，2006 年版，第 115 页。】

图 1–18 长脊窄翼铜镞

十九、无翼铜镞

商

通长 8 厘米

锋径 1.1 厘米

铤长 2.3 厘米

1989 年江西省新干县大洋洲出土

江西省博物馆藏

截面为圆形。前端膨大，渐收为圆锋，其状如子弹头。铤细长。尖尾。器型罕见，为吴城文化典型器物。【中国国家博物馆、江西省文化厅：《商代江南：江西新干大洋洲出土文物辑萃》，中国社会科学出版社，2006 年版，第 115 页。】

二十、射妇桑鉴

商晚期

高 16.7 厘米，口长 27.6 厘米，口宽 26.1 厘米

山东博物馆藏

器物口沿下饰连续的三角纹，腹、足部饰以云雷纹为地的兽面纹和蝉纹，腹内壁铸铭文"射妇桑"三字并因此而得名。器型罕见，纹饰优美，朴实庄重，是商代青铜器中的上品。【鲁文生：《山东省博物馆馆藏精品》，山东友谊出版社，2008 年版，第 186—187 页。】

图 1-19　无翼铜镞

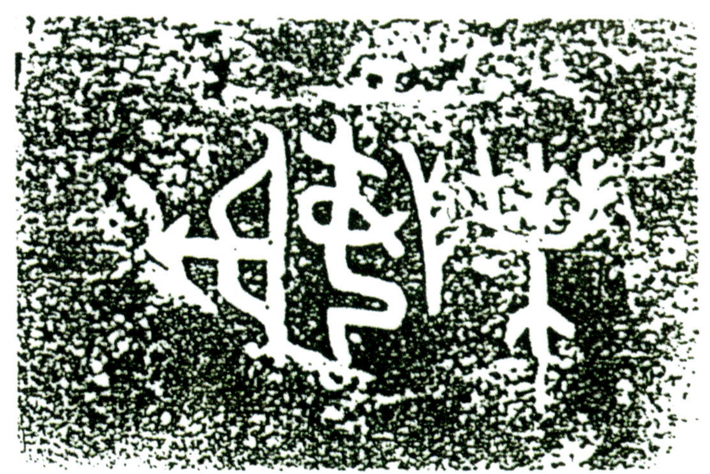

图 1-20　射妇桑鉴

二十一、蝉纹弓形器

商末或周初

青铜

全长 32.7 厘米，身长 19.3 厘米

弓形器，器身微呈弧形，两端向上向外做对称双勾如臂身，两侧末端饰铃首，器身饰蝉纹。弓形器在中原地区流行于商代后期和西周早期。关于弓形器的用途主要有两种意见。一种意见认为它常与矢镞同出，应当与弓矢有关。其作用可能是缚在弛弓外面以保持弓的弧度，是弓的辅助工具。另一种意见认为，这种器物在墓葬中多出于死者的腰际，应当是一种系在腰带上使用的工具，可能是“挂缰器”，即古代的马车驭者或骑手用来绊挂马缰而解放双手的工具。【台北“故宫博物院”网站；北京大学塞克勒考古与艺术博物馆网站；孙机：《从历史中醒来：孙机谈中国古文物》，生活·读书·新知三联书店，2016 年版，第 118—131 页。】

二十二、箭镞陶范

战国

长 12.6 厘米，宽 4.5 厘米

1992 年山东省汶上县鲁国中都邑遗址出土

汶上县中都博物馆藏

国家一级文物

灰陶质。长方形。双合范，由两块形制相同的器范组成，浇铸面上各印有两个三角形长铤镞型腔，镞身处各有一长方形凹槽，在里面放置另制的镞身活块范，可以取出。翼上有凸起的文字或纹饰，线条很细无法辨认。1992 年山东省汶上县鲁国中都邑遗址出土了一批战国箭镞陶范，其中有 7 件定为一级文物，这是其中的一件，对于研究战国箭镞的制作具有重要价值。【济宁市文物局：《济宁文物珍品》，文物出版社，2010 年版，第 5 页；石岩：《中国北方先秦时期青铜镞研究》，吉林大学博士学位论文，2006 年，第 128 页。】

图 1-21　蝉纹弓形器

图 1–22 箭镞陶范

二十三、三棱箭镞陶范

战国

长 26.5 厘米，宽 3 厘米

1992 年山东省汶上县鲁国中都邑遗址出土

汶上县中都博物馆藏

国家一级文物

灰陶质。长方形。三合范，由三块大小形制相同的器范组成，每块范两侧浇铸面夹角为 120 度。有浇口。1992 年山东省汶上县鲁国中都邑遗址出土了一批战国箭镞陶范，其中有 7 件定为一级文物，这是其中的一件，对于研究战国箭镞的制作具有重要价值。【济宁市文物局：《济宁文物珍品》，文物出版社，2010 年版，第 5 页；石岩：《中国北方先秦时期青铜镞研究》，吉林大学博士学位论文，2006 年，第 128 页。】

二十四、丹徒王家山春秋墓出土青铜乐舞宴饮射箭刻纹盘

春秋末期

通高 5.3 厘米，口径 25 厘米，底径 17.5 厘米

1985 年 4 月镇江市丹徒县（今丹徒区）谏壁镇王家山春秋墓出土

镇江博物馆藏

发掘简报编号为 36 号。青铜质，薄胎，出土时已多处锈蚀残损。直口微敛，弧壁内收，腹上侧有对称的双连环耳，平底。器表光素，器内刻纹饰。器内以楔形短线构成纹饰。腹内壁纹饰以两道横向双线分为三个层次。自

图 1–23 三棱箭镞陶范

上而下，第一层为人物射箭、渔猎纹，第二层为乐舞、射箭纹，自左至右依次为乐舞图、宴饮图和射箭图，第三层为双线三角纹。这件刻纹盘是研究先秦射礼的重要实物资料。【杨正宏、肖梦龙：《镇江出土吴国青铜器》，文物出版社，2008 年版，第 126—127 页；镇江博物馆（执笔：刘建国、谈三平）：《江苏镇江谏壁王家山东周墓》，《文物》，1987 年第 12 期，第 24—37 页；袁俊杰：《两周射礼研究》，科学出版社，2013 年版，第 418—479 页；扬之水：《诗经名物新证》，人民美术出版社，2016 年版，第 177—202 页。】

二十五、丹徒王家山春秋墓出土宴乐射侯刻纹铜鉴残片

春秋末期

1985 年 4 月镇江市丹徒县（今丹徒区）谏壁镇王家山春秋墓出土

镇江博物馆藏

铜鉴（发掘简报编号为采 52 号）出土时残破成几片。内壁和底内部刻有纹饰，这是其中一块较大的残片的刻纹的摹本，刻纹分为四层，自上而下第一层为二方连续的鸟纹带，第一层和第二层以勾连绳纹带隔开，第二层和第三层为人物画像，第四层为双勾填线三角纹带。

第二层为射礼图。第二层左起有三人，其中一人残缺，仅见着上衣下裳，另两人头戴三叉冠，一人着上衣下裳，双手合抱于胸前，一人着深衣，双手垂于胸前，二人面前地上均置一觚状物。此三人之右为一建筑，仅见上部，似为四阿式顶，檐角长挑，双柱承梁，柱顶有方形栱，左侧有台阶沟通上下。左廊下栏外一人，头戴三叉冠，似着紧身衣裤，正拾级而上，其身后有一豆。左廊下栏内一人，短发，着紧身衣裤，弯腰持一似觚状物做迎宾状。堂

图 1–24　丹徒王家山春秋墓出土青铜乐舞宴饮射箭刻纹盘

图 1-25 丹徒王家山春秋墓出土宴乐射侯刻纹铜鉴残片摹本

内坐一饮酒者，头戴三叉冠，着紧身衣裤，一手扶腿，一手举角形物做饮酒状，此人面前地上置一高足豆，内盛丸状物。一人头束双髻，着紧身衣裤，弯腰垂首面向饮者。此人身旁设一案，上置二酒瓮，瓮内各斜置一挹斗。案右一人，头戴三叉冠，着紧身衣裤，正持弓搭箭，其面前地上置一觚状物。右廊下栏内一人，头戴三叉冠，着紧身衣裤，正向外张弓欲射。左、右两侧檐上各有一鹤。此建筑之右另有一建筑，其左设阶，阶顶跪一人，短发，着深衣，其上有树及飞鹤，此外还见二鹤立于木栅上。木栅右边为一弯曲小河。左岸一人，短发，着紧身衣裤，一手执一盾状物，另一手所持物不识。右岸设一圆形侯，其上有七孔，并附有四支箭，画面空处还有一排小树及一鹤一兽。

第三层残存左右两端画像。左端为奏乐图，一人头束双髻，着深衣，举双槌击磬，此人身旁地上置一觚状物。右端为烹食图，台下设鼎烹食，鼎内盛块状食物及一长勺。鼎左蹲一人，头戴三叉冠，着紧身衣裤，一手举起，一手持棍在鼎下做拨火状。鼎右立一人，短发，着紧身衣裤，一手持豆，一手欲执鼎内长勺。

这件刻纹铜鉴是研究先秦射礼的重要实物资料。【镇江博物馆（执笔：刘建国、谈三平）：《江苏镇江谏壁王家山东周墓》，《文物》，1987年第12期，第24—37页；袁俊杰：《两周射礼研究》，科学出版社，2013年版，第418—479页；扬之水：《诗经名物新证》，人民美术出版社，2016年版，第177—202页。】

二十六、青铜镞

春秋末期

长3.8—4.3厘米

1985年4月镇江市丹徒县谏壁镇王家山春秋墓出土

镇江博物馆藏

青铜质。双翼式。三锋两刃，中起脊，两翼端展开较宽。有铤。【杨正宏、肖梦龙：《镇

图 1-26 青铜镞

江出土吴国青铜器》，文物出版社，2008 年版，第 126—127 页；镇江博物馆（执笔：刘建国、谈三平）：《江苏镇江谏壁王家山东周墓》，《文物》，1987 年第 12 期，第 24—37 页。】

二十七、青铜矢

春秋末期

通长 9.2—12.7 厘米，径 1.1—1.5 厘米

1984 年 5 月镇江市丹徒县北顶山春秋墓出土。

南京博物院藏

前端尖圆，体若圆柱，中部以下内收，长铤，截面为菱形，有的铤上丝丝缠绕，通体鎏金。无锋无刃，当为“习射之矢”。【杨正宏、肖梦龙：《镇江出土吴国青铜器》，文物出版社，2008 年版，第 156 页。】

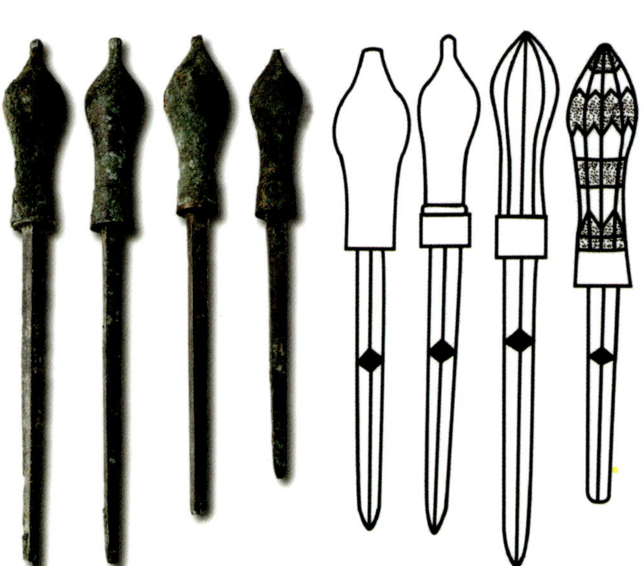

图 1-27 青铜矢

二十八、木弓

春秋末期

1982 年山东临沂凤凰岭东周墓出土

共出土四件，其中一件残长 168 厘米，木质。内侧缠缚竹皮，以加大伸张力。中间一段以细丝线缠绕，以便抓握。两端有刻槽，用以挂弦。通体髹漆。【山东省兖石铁路文物考古工作队：《临沂凤凰岭东周墓》，齐鲁书社，1987 年版，第 24—25 页，图版十八。】

图 1-28 木弓

二十九、镶嵌画像纹壶

战国早期

青铜

高 34.2 厘米，腹径 22.6 厘米

上海博物馆藏

鼓腹。两侧各有一铺首。有盖，盖上是一幅狩猎图，有四个手握兵器的武士在追逐奔跑飞翔的走兽、飞禽。器身由四条狭长流畅的云纹带间隔成上、中、下三组宽阔的画像纹带。第一、二组画像纹带描绘了当时贵族男女宫苑生活场景。第一组左面为射礼图，右面为制弓图。在射礼图之中，榭廊中的人或张弓射箭，或手执弓箭，远处的射靶上面还有射中的箭杆，一人跪着报靶，生动反映了先秦射礼的场景。第二组左面为宴乐图，右面为弋射图。第三组画像纹带由左右两组战争画面组成，左为水战图，右为攻城图。这件铜壶是研究先秦射礼的重要实物资料。【上海博物馆：《柏林·上海：古代埃及与早期中国文明》，上海书画出版社，2017 年版，第 220—221 页；徐渊：《射礼礼典与嵌错刻纹铜器图案辨误》，《历史文献研究》，2019 年第 1 期（总第 42 期），第27—35 页；李学勤（署名：杜恒）：《试论百花潭嵌错图像铜壶》，《文物》，1976 年第 3 期，第 47—50 页；袁俊杰：《两周射礼研究》，科学出版社，2013 年版，第 418—479 页。】

图 1–29　镶嵌画像纹壶

三十、宴乐射箭画像杯

战国早期

高 6.2 厘米，口纵 14.9 厘米，口横 18.4 厘米，底纵 8.8 厘米，底横 11.4 厘米，重 330 克

上海博物馆藏

器呈椭圆形，敛口，腹略鼓，向下收缩成平底，腹的两边有小环耳，套有附环。杯内腹和外壁各刻有两组纹饰，纹饰用极锐利的锋刀刻画，线条细如毫发。内腹第一组纹饰以一座建筑为中心，刻宴饮乐舞射鸟图：建筑内为宴饮场面，建筑左侧为射鸟图，建筑右侧为乐舞图。内腹第二组纹饰同样以一座建筑为中心，刻宴饮燕射图：建筑之上为宴饮场面，其左为烹食场面，其右为燕射图。燕射图下方有两人，皆左向，一人将弓向前做审视状，另一人似在

图 1-30　宴乐射箭画像杯

整理弓箭，二人各有两箭系于腰间，做试弓较弦状。此二人应为准备登堂竞射的一对射耦。两人身后有一棵树。树的右侧有一人跽坐，双手执旌偃于地，当为获者。树上方有一张开的侯，四边带框，双重横束腰形，外重饰以竖曲线纹。侯的中心刻圆形鹄，其上有两矢，一矢正中靶心，一矢稍稍偏斜。侯的左侧立有两人，一人做拱手作揖状，因器身锈蚀，头部画面残缺，另一人画像仅存长裳的下摆，此二人应为完成竞射的一对射耦。外壁的两组纹饰分别为享宾图和狩猎图。全部四组图像计有建筑物三所，车四辆，人四十八个，鸟三十三尾，兽十头以及其他器物等，有条不紊地布置在杯的内外壁，构成了一幅有声有色的战国时代贵族生活图景。该器物的画像在艺术史和体育史研究方面都具有很高的价值。这件画像杯是研究先秦射礼的重要实物资料。【上海博物馆网站；马承源：《漫谈战国青铜器上的画像》，《文物》，1961年第10期，第26—28页；袁俊杰：《两周射礼研究》，科学出版社，2013年版，第418—479页；扬之水：《诗经名物新证》，人民美术出版社，2016年版，第177—202页。】

三十一、淮阴高庄战国墓出土青铜薄胎纹盘1:27宴乐射侯图

战国

盘口径27厘米，深3.2厘米

1978年安徽淮阴高庄战国墓出土

淮安市博物馆藏

淮阴高庄战国墓共出土刻纹铜盘7件，其中编号为1∶27和1∶48的两件均刻有表现战国时期射礼的人物画像纹。两件盘出土时残损，已复原。形制相同，均为敛口、浅腹、平底，器壁上部有四铺首衔环，用铆钉固定于盘外壁。器壁极薄，捶打制成，内外磨光，在内底、腹内壁及口沿外部刻画纹饰和图案。这是编号为1∶27的铜盘的腹内部残存的纹饰和图案的摹本。图案自上而下可分作四层。第一层刻等距离的圆圈；第二和第三层刻人物图，表现的应为射礼；右侧有建筑一座，居第二层和第三层。第四层刻双重等腰三角形，皆为装饰性的纹饰。

建筑之内有九人，除最左一人外，每两人或三人为一组，或相对或相随，正举觚酬酒。

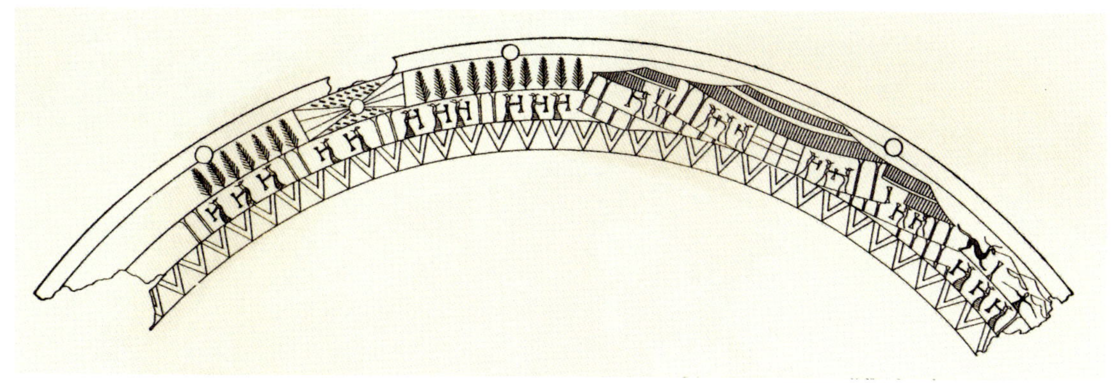

图1-31 淮阴高庄战国墓青铜薄胎纹盘1:27宴乐射侯图

建筑物的右侧，第二层刻一架编磬，基座为兽形，架上有两个编磬，其下一人坐在地上，双手各执一桴击奏。第三层刻三人，皆双手捧觚，左向前行。建筑物的左侧，第三层刻十一个人物，皆执觚，其中五人左向前行，六人右向前行，每两人或三人一组，组与组之间有双立柱相隔。第二层刻一张开的横“X”字形射侯，上部略宽，下部略窄，侯正中心为圆鹄，舌与躬之间刻双短斜线装饰。侯之左侧有七棵树，右侧有十棵树，表明侯设于野外树林之中，但不见射者。所有人物皆头戴高冠，着窄袖长袍。这件刻纹盘是研究先秦射礼的重要实物资料。【淮安市博物馆：《淮阴高庄战国墓》，文物出版社，2009 年版，彩版二、三，第 42—46 页；淮阴市博物馆（王立仕执笔）：《淮阴高庄战国墓》，《考古学报》，1988 年第 2 期，第 189—232 页；袁俊杰：《两周射礼研究》，科学出版社，2013 年版，第 418—479 页；扬之水：《诗经名物新证》，人民美术出版社，2016 年版，第 177—202 页。】

三十二、淮阴高庄战国墓青铜薄胎纹盘 1∶48 宴饮囿游射侯图

战国

盘口径 27 厘米，深 3 厘米

1978 年安徽淮阴高庄战国墓出土

淮安市博物馆藏

这是编号为 1∶48 的铜盘的腹内部残存的纹饰和图案的摹本。图案自上而下可分作四层。第一层刻树纹和间隔距离相等的圆圈，第四层刻三重等腰三角形，皆为装饰性的纹饰。第二和第三层刻人物图，表现的应为燕射礼。画面右端为苑囿，居第二、第三层，一人持棍，将一群鹿、马和鸟引至苑内。左端为一座建筑，居第二、第三层，有五人双手捧觚，其中四人躬身向左，面向一跽坐者；建筑之内有一人跽坐，其前有一觚；建筑之外有一人屈膝跪地，另有一人站立，其前有一觚。建筑物和苑囿之间的第三层刻三人各牵一马右向而行，第二层刻一张开的横“X”形射侯。射侯上宽

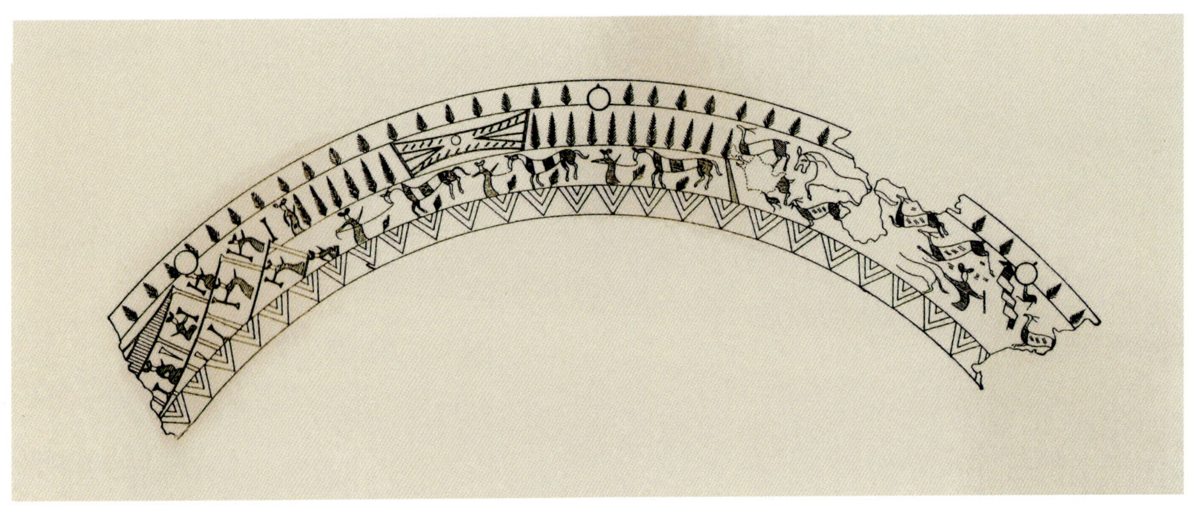

图 1-32　淮阴高庄战国墓青铜薄胎纹盘 1:48 宴饮囿游射侯图

下窄，正中心为圆鹄，舌与躬之间刻双短斜线装饰。侯之左侧有六棵树，右侧有十一棵树，表明侯设于野外树林之中，但不见射者。所有人物皆头戴高冠，着窄袖长袍，除持棍者外，皆腰间佩剑。这件刻纹盘是研究先秦射礼的重要实物资料。【淮安市博物馆：《淮阴高庄战国墓》，文物出版社，2009 年版，彩版二、三，第42—46 页；淮阴市博物馆（王立仕执笔）：《淮阴高庄战国墓》，《考古学报》，1988 年第 2 期，第 189—232 页；袁俊杰：《两周射礼研究》，科学出版社，2013 年版，第 418—479 页；扬之水：《诗经名物新证》，人民美术出版社，2016 年版，第 177—202 页。】

三十三、青铜镞

战国

残长 4—5 厘米

刘晦之先生捐赠

上海博物馆藏

图 1–33　青铜镞

三棱锥体，尖峰。镞身有铭文。【上海博物馆：《柏林·上海：古代埃及与早期中国文明》，上海书画出版社，2017 年版，第 126—127 页。】

三十四、铜镞

战国

长 7.1 厘米，宽 1.7 厘米，厚 1 厘米

日照博物馆藏

刃部锋利，双翼狭长，中脊较高，关上细下粗。镞身断面呈菱形，铤呈长方锥形。【董书涛：《日照博物馆馆藏文物集》，齐鲁书社，2010 年版，第 87 页。】

图 1–34　铜镞

三十五、铜箭镞

西汉

镞身长 4.6 厘米，铤长 7.1 厘米

1978 年山东省淄博市临淄区大武乡窝托村齐王墓随葬坑出土

淄博市博物馆藏

三棱。关上细下粗，横断面为圆形。锥形长铤。【张永政：《淄博市博物馆馆志》，文物出版社，2008 年版，彩色插页（无页码）。】

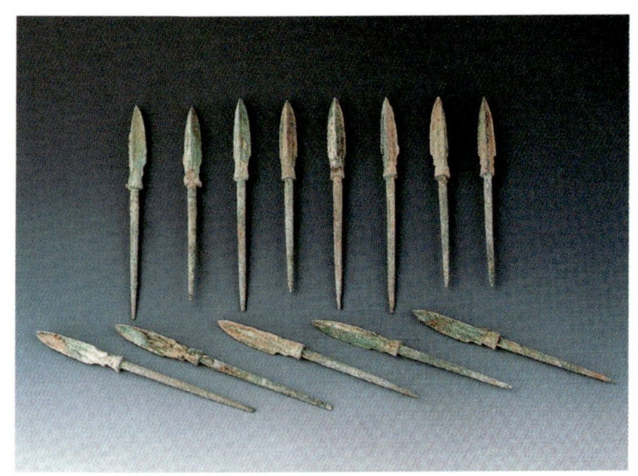

图 1-35　铜箭镞

三十六、铜箭镞

西汉

长 5.3 厘米

1978 年山东省淄博市临淄区大武乡窝托村齐王墓随葬坑出土

淄博市博物馆藏

三棱，叶较宽，外缘为刃状，骹呈圆锥形，后部有一销孔。【张永政:《淄博市博物馆馆志》，文物出版社，2008 年版，彩色插页（无页码）。】

图 1-36　铜箭镞

三十七、铁铤铜箭镞

西汉

镞身长 4.4 厘米，铤长 7.1 厘米

1978 年山东省淄博市临淄区大武乡窝托村齐王墓随葬坑出土

淄博市博物馆藏

镞身断面为菱形，无关，后部有圆銎。锥形铁铤。【张永政：《淄博市博物馆馆志》，文物出版社，2008 年版，彩色插页（无页码）。】

图 1-37　铁铤铜箭镞

三十八、彩绘漆木骑射俑

西汉

上身高 36.4 厘米，腿长 28 厘米

2007 年江苏仪征新城烟袋山 4 号车马坑出土

仪征博物馆藏

木胎，包括上半身和双腿，二者以木榫相连接，此为上半身。发髻高梳，身穿右衽短袍，头部转向右侧，右臂平肩前伸，左臂弯曲上举，做弯弓射箭状。以灰白作底，眼睛、鼻子和眉

图 1-38　彩绘漆木骑射俑

毛绘以黑彩，嘴唇和衣领绘以红彩。【仪征博物馆：《仪征出土汉代漆木器》，江苏凤凰美术出版社，2015 年版，第 194 页。】

三十九、彩绘陶背箭箙俑

西汉

1986 年江苏省徐州市北郊铜山县（今铜山区）茅村乡洞山村北洞山西汉楚王墓出土

徐州博物馆藏

北洞山楚王墓共出土背箭箙陶俑 64 件，高 49—50 厘米，集中在门阙内侧墓道两壁编号为 EK2、WK2 的小龛（即东 2 龛、西 2 龛）之中。均头戴紫帽、身佩长剑，肩负箭箙，双手半握拳于腰两侧，左手略高于右手，掌心向下。从身背箭箙和这种姿态推断，这些俑原应双手持弓。由于年代久远，所持之弓已朽，少数俑手中仍遗留有髹朱漆的朽痕。有些俑的右胯绶带系墨书“郎中”或“中郎”印，据此判断，其身份应为楚王近侍。这些俑有的着双襟长袍，共有 6 件；有的着曲裾深衣，共有 58 件。双襟长袍背箭箙俑多放置于较中间的位置，周围为曲裾深衣背箭箙俑。结合其装备看，双襟长袍背箭箙俑的地位高于曲裾深衣背箭箙俑，应是俑群的指挥者。这些陶俑皆佩有长剑，反映出当时佩剑之风的盛行，印证了《晋书·舆服志》中汉制“自天子至于百官，无

图 1-39　彩绘陶背箭箙俑

不佩剑”的记载。箭箙通过腋下和左肩的三根带子固定，系结于胸前，形成三角形，便于背负和奔跑。箭箙有大小两种类型：大者呈长方形，一般长 12 厘米、宽 5.8 厘米以上；小者略呈长方形，一般长 8 厘米、宽 5 厘米。箭箙表面绘有纹饰，纹样有流云纹、勾云纹、枝蔓纹、穿贝纹、垂幛纹等。【徐州博物馆网站；徐州博物馆、南京大学历史学系考古专业：《徐州北洞山西汉楚王墓》，文物出版社，2003 年版，第 61—100 页，彩版二一、二二、四四—五八。】

四十、刻辞箭杆

西汉

长 29.7—33.3 厘米，宽 0.7—0.9 厘米

1930 年内蒙古额济纳河流域居延遗址出土

图 1–40 刻辞箭杆

台湾“史语所”藏

竹制。1930 年，西北科学考察团在汉代居延遗址发现了几十支箭杆，其中九支有刻辞，现由台湾“史语所”收藏。图片所示为九支刻辞箭杆之中的四支，皆为残杆，全杆从头到尾裂开。最右的箭杆比较完整，长 33.3 厘米。箭杆上都有一行精致的刻辞，铭刻制作年代、制作单位、单位各级负责人、工人名及编号等。

四十一、漆木弓和箭箙

西汉

箭箙高 18 厘米，弓高 47 厘米

2003 年江苏省泗阳县泗水王陵出土

南京博物院藏

明器。弓和箭箙各两套。【庄天明、吴为山：《泗水王陵出土西汉木雕》，天津人民美术出版社，2003 年版，第 96 页。】

图 1–41 漆木弓和箭箙

四十二、彩绘漆木矢箙

西汉

长 9.7 厘米，宽 5.4 厘米，厚 1 厘米

2007 年江苏仪征新城烟袋山 4 号车马坑出土

仪征博物馆藏

明器，共出土十件。木胎，长方形，由两块木板黏结而成。通体涂黑漆，用朱、黄漆绘波折纹。【仪征博物馆：《仪征出土汉代漆木器》，江苏凤凰美术出版社，2015 年版，第 52 页。】

图 1–42　彩绘漆木矢箙

四十三、错银弩机

战国晚期至汉

长（高）12.5 厘米，宽 10.5 厘米

台北“故宫博物院”藏

青铜铸造。【台北“故宫博物院”网站】

图 1–43　错银弩机

四十四、铜弩机

西汉

通长 14.8 厘米，宽 3.5 厘米

1990 年江苏仪征龙河乡丁冲村赵二组出土

图 1–44　铜弩机

仪征博物馆藏

青铜铸造。由郭、牙、望山、钩心、悬刀组成。长方形外郭。侧面有两栓塞，将悬刀、望山、刀贯穿，栓塞为圆柱形，戴圆形帽。保存完好。【仪征博物馆:《仪征出土文物集萃》，文物出版社，2008 年版，第 33 页。】

四十五、彩绘漆弩

西汉

通长 43.8 厘米

1994 年江苏仪征刘集镇联营村赵庄 1 号汉墓出土

仪征博物馆藏

铜木结构。木臂以斫制为主，铜构件系铸造。木臂上面中部有一个纵向凹槽，用以放置箭

图 1–45　彩绘漆弩

镞。木臂后端装有牙、望山、悬刀等铜质构件。表面涂黑漆，臂两侧以褐漆绘螭纹。纹饰优美，保存完好。【仪征博物馆：《仪征出土文物集萃》，文物出版社，2008 年版，第 33 页。】

四十六、铜弩机

西汉

长 10 厘米

苏州博物馆藏

青铜铸造。望山、悬刀、牙、键、郭齐全。郭身前端较窄，面刻箭槽，郭右边刻有文字。锈蚀较为严重。【苏州博物馆：《苏州博物馆藏出土文物》，文物出版社，2009 年版，第 129 页。】

图 1–46　铜弩机

四十七、铜弩机

西汉

宽 19.3 厘米，高 14.7 厘米

1994 年簸箕山宛朐侯墓出土

徐州博物馆藏

青铜铸造。【徐州博物馆网站】

图 1–47　铜弩机

四十八、铜弩机

汉

青铜

高 8.7 厘米

台北“故宫博物院”藏

青铜铸造。【台北“故宫博物院”网站】

图 1–48　铜弩机

四十九、铜弩机

汉

长 16.7 厘米，宽 3.5 厘米

福建博物院藏

青铜铸造。【福建博物院：《博·戏：中国古代体育文物展》，译林出版社，2015 年版，第 65 页。】

图 1–49　铜弩机

五十、铜弩机

汉

长 5.9 厘米，宽 1.6 厘米

福建博物院藏

青铜铸造。【福建博物院：《博·戏：中国古代体育文物展》，译林出版社，2015 年版，第 65 页。】

图 1–50　铜弩机

五十一、建初二年弩机

东汉建初二年（77）

长 13.5 厘米

李萌轩、邱辉伉俪捐赠

上海博物馆藏

青铜铸造，郭身刻有铭文。【上海博物馆：《柏林·上海：古代埃及与早期中国文明》，上海书画出版社，2017 年版，第 128 页。】

图 1–51　建初二年弩机

五十二、错银弩机

东汉

长 21.2 厘米

图 1–52　错银弩机

上海博物馆藏

青铜铸造。【上海博物馆：《柏林·上海：古代埃及与早期中国文明》，上海书画出版社，2017 年版，第 128 页。】

五十三、延熹四年青铜弩机

东汉延熹四年(161)

郭长 13.5 厘米，望山长 7 厘米，悬刀长 7.5 厘米

1977 年安徽马鞍山当涂县新桥乡东汉墓出土

马鞍山市博物馆藏

青铜铸造。由郭牙、望山、悬刀组成，郭上有箭槽，机身刻有铭文“延熹四年十一月戊戌五年九月九日诏书选大后机工柴初”。【马鞍山市文物管理所、马鞍山市博物馆：《马鞍山文物聚珍》，文物出版社，2006 年版，第 45 页。】

图 1-53 延熹四年青铜弩机

五十四、武士射人面兽图画像石拓片

东汉

纵 90 厘米，横 45 厘米

江苏师范大学汉文化研究院藏

【照片由编者摄于 2018 年 4 月北京举行的中国汉画大展展厅】

五十五、弋射图画像石

东汉

图 1-54 武士射人面兽图画像石拓片

图 1-55 弋射图画像石

纵 85 厘米，横 68 厘米，厚 18 厘米

山东省滕州市善南街道东寺院出土

滕州市画像石馆藏

石室墓壁画像石。树上有鸟数只，树下三人，一人立于马背之上，似在攀爬树木，一人立于地上观望，一人张弓射鸟。

五十六、弋射武士人物图画像石拓片

东汉

原石纵 67 厘米，横 253 厘米，厚 14 厘米

山东省滕州市官桥镇善庄出土

滕州市画像石馆藏

原石为石椁侧板画像石。画面分为三格。左格为四人，左右各一人张弓射鸟，两侧各有一人观看。中格为两位武士，左侧武士佩剑侧立，右侧武士手持环首刀正立。右格为三个人物。

五十七、沂南北寨汉墓墓门中立柱画像石蹶张图

东汉晚期

1954 年山东省沂南县界湖镇北寨村汉墓出土

沂南北寨汉画像石博物馆藏

沂南北寨汉墓墓门中立柱画像石局部。浅浮雕。刻蹶张，口中衔箭，双足蹬弩背，双手拉弩弦，双目圆睁，表情夸张。【杨爱国：《中国画像石精粹》（第二卷），山东美术出版社，2019 年版，图版第 40 页，目录和图释第 17 页；山东省沂南汉墓博物馆：《山东沂南汉墓画像石》，齐鲁书社，2001 年版，第 16 页（图四），第 78 页；山东博物馆：《沂南北寨汉

图 1-56 弋射武士人物图画像石拓片

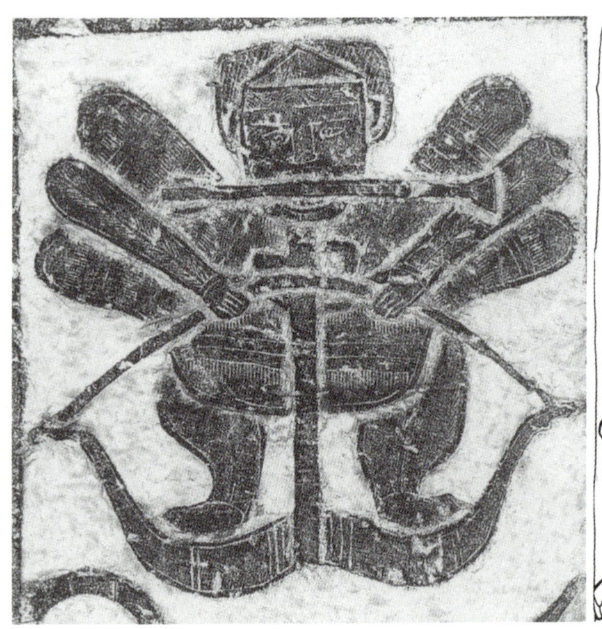

图 1-57 沂南北寨汉墓墓门中立柱画像石蹶张图

墓画像》，文物出版社，2015 年版，第 8—9 页（图 4）；孙机：《汉代物质文化资料图说》（增订本），上海古籍出版社，2008 年版，第 165—170 页。】

五十八、武氏祠前石室后壁下部小龛后壁画像石射鸟图拓片

东汉晚期

清乾隆五十一年（1786）山东嘉祥县纸坊集武宅山村北武氏墓群出土

嘉祥武氏墓群石刻博物馆藏

刻射鸟图。画面中央为一棵大合欢树，树冠呈圆形，繁茂的枝叶之间有数只小鸟停驻。树的右侧有一人立于阙檐之上，弯弓射鸟。树下有一人、一马、一车。车顶之上一人右向站立，一手攀树枝，一手拉着射鸟者的衣裳。树的上方有数只飞翔的鸟，树的右上方缀一兽。【蒋英炬、吴文祺：《汉代武氏墓群石刻研究》（修订本），人民美术出版社，2014 年版，第 95、135 页（图版 5.21）。】

五十九、武氏祠左石室后壁下部小龛后壁画像石射鸟图拓片

东汉晚期

清乾隆五十一年（1786）山东嘉祥县纸坊集武宅山村北武氏墓群出土

嘉祥武氏墓群石刻博物馆藏

刻射鸟图。画面中央为一棵大合欢树，树冠上停、飞三鸟，枝干之间有一猴。树左有车一辆，车辕之下有一只大鸟，车顶之上有一人左向，回首弯弓射鸟，树右一马左向伫立。【蒋英炬、吴文祺：《汉代武氏墓群石刻研究》（修订本），人民美术出版社，2014 年版，第 102、152 页（图版 5.42）。】

图 1-58　武氏祠前石室后壁下部小龛后壁画像石射鸟图拓片

图 1-59　武氏祠左石室后壁下部小龛后壁画像石射鸟图拓片

六十、铜弩机

三国

高 5.4 厘米，长 11.8 厘米

2003 年山东临沂王羲之故居出土

临沂市博物馆藏

构件齐全，制作精良。有铭文“正始二年五月十日左尚方造监作吏晁泉牙匠马广师张白□□江子师王阿”。郭侧有铭文“□百六十六”。【郑西溪：《临沂市博物馆馆藏集萃》，山东美术出版社，2011 年版，第 90—91 页。】

六十一、青铜弩机

三国　吴

郭长 19.4 厘米，望山长 10.9 厘米

悬刀长 10.5 厘米，栓塞长 8.5 厘米

牙板高 1.1 厘米，宽 1 厘米

1996 年 2 月马鞍山东苑小区东吴墓出土

马鞍山市博物馆藏

郭面有矢道、弩牙、望山，望山与郭面呈 90 度夹角。弩机悬刀上有铭文“右将军士俞

图 1–61　青铜弩机

图 1–60　铜弩机

□弩”。【马鞍山市文物管理所、马鞍山市博物馆：《马鞍山文物聚珍》，文物出版社，2006 年版，第 57 页。】

六十二、骑马挽弓射箭武士画像砖

唐

长 20 厘米，宽 17.5 厘米，高 7.2 厘米

1964 年福建省福清市渔溪镇水涨桥新店村唐画像砖墓出土

福建博物院藏

由两块砖合成一个画面。骑者冠戴幞带，着长袍，穿长靴，正在瞄准目标，做张弓欲发的姿势。马有鞍，后腿蹬地，前腿跃起，显得矫健、机敏、有力。马的脚下及其他空间绘有云朵，增强了乘骑的动感。【福建博物院：《博·戏：中国古代体育文物展》，译林出版社，2015 年版，第 137 页；福建省文物管理委员会（执笔林声）：《福清渔溪发现唐画像砖墓》，《文物》，1966 年第2 期，第 36—40 页。】

六十三、挽弓立射武士画像砖

唐

长 17.5 厘米，宽 17 厘米，高 7.1 厘米

1964 年福建省福清市渔溪镇水涨桥新店村唐画像砖墓出土

福建博物院藏

武士着直纹胡服，穿长靴，身体向左，挺胸，右手握弓，左手拉弦，重心落在左脚，右脚跟稍提起，向右下方瞄准目标。【福建博物

图 1–63 挽弓立射武士画像砖

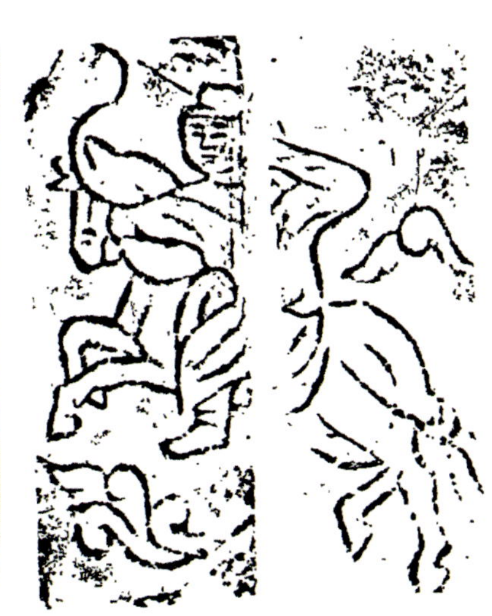

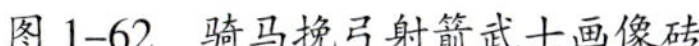

图 1–62 骑马挽弓射箭武士画像砖

院：《博·戏：中国古代体育文物展》，译林出版社，2015年版，第137页；福建省文物管理委员会（执笔林声）：《福清渔溪发现唐画像砖墓》，《文物》，1966年第2期，第36—40页。】

六十四、五代李赞华《射骑图》

绢本　设色

纵27.1厘米，横49.5厘米

台北“故宫博物院”藏

选自《名画集真》册第三幅。李赞华，契丹人，辽太祖长子，名突欲。后唐长兴二年（913）投奔中国，明宗赐姓李，名赞华。善绘其本国之人物鞍马。本幅绘武士腰弓手箭，立于马前。【台北“故宫博物院”网站】

图1-64　五代李赞华《射骑图》

六十五、宋陈居中《文姬归汉图》轴（局部）

绢本　设色

纵147.4厘米，横107.7厘米

台北“故宫博物院”藏

陈居中，南宋嘉泰间（1201—1204）画院待诏，工画人物，亦擅蕃族人马。本幅内容描写东汉才女蔡琰辞胡归汉。蔡琰为东汉蔡邕之女，字文姬，博学多才，妙通音律，嫁河东卫仲道，夫亡无子。兴平乱中为胡骑所获，嫁与南匈奴左贤王，居十二年，生二子。曹操素与邕善，乃遣使以金璧赎回，重嫁同郡董祀。画中描绘蔡文姬辞胡归汉之景，悲喜交织，至为感人。【台北“故宫博物院”网站】

图1-65　宋陈居中《文姬归汉图》轴（局部）

六十六、元赵雍《春郊游骑图》轴

绢本　设色　青绿

纵88厘米，横51.1厘米

台北“故宫博物院”藏

赵雍（1289—约1361），字仲穆，湖州人，以书画知名，画尤以人物、鞍马为所长。本幅画树下游骑一人，手中拿着弓，正转头回顾。人物形态生动自然，马匹肥大雄壮，都以中锋

图 1-66　元赵雍《春郊游骑图》轴

勾画，线条谨密流畅。背景极为简单，仅是两株相抱的树木，树叶以近似图案的形式描绘，有古拙之意。【台北“故宫博物院”网站】

六十七、明戴进《太平乐事》册

绢本　设色

折装　方幅式

纵 21.8 厘米，横 22 厘米

台北“故宫博物院”藏

戴进（1388—1462），明代画家，字文进，号玉泉山人，钱塘（今浙江杭州）人。擅长山水、人物，为明代“浙派”的主要奠基者。其画风多学习自南宋画家马远、夏圭，宣德年间（1426—1435）曾经进入宫廷，在仁智殿担任待诏，晚年回到杭州，以画艺为生，传世作品有《春游晚归》《风雨归舟》等。【台北“故宫博物院”网站】

图 1-67　明戴进《太平乐事》册

六十八、明仇英《清明上河图》卷（局部）

绢本　设色　青绿

纵 34.8 厘米，横 804.2 厘米

台北“故宫博物院”藏

绘两人骑马在林边开阔地带引弓射回头箭，前方地面上立有一靶，靶心呈红色。二人身后另一人骑马，手持弓箭，众人在旁观看。此《清明上河图》卷旧传仇英所作，观其用笔设色应是明代后期，所谓“苏州片”的作坊作品。【台北“故宫博物院”网站；余辉：《隐忧与曲谏——〈清明上河图〉解码录》，北京大学出版社，2015 年版，第 254—255 页。】

六十九、明末清初樊圻《金陵景色图》卷

第一段 杏村问酒

纸本　设色

纵 30.8 厘米，横 69 厘米

南京博物院藏

樊圻（1616—约 1694），生于明万历四十四年（1616），卒于清康熙三十三年（1674）之后。画中绘金陵盛景之摄山栖霞寺、清凉山、杏花村，追忆晚明繁华、早年诗酒和文会生活，传达了樊圻内心的遗民思绪。该段近景处绘两人立于林边，一人挽弓射箭，一人持弓观看，其前立有一射侯，靶心为圆形，呈红色。【南京博物院:《明末清初金陵绘画》，江苏凤凰美术出版社，2016 年版，第 133—139 页。】

图 1-68　明仇英《清明上河图》卷（局部）

图 1-69　明末清初樊圻《金陵景色图》卷

七十、清院本《清明上河图》卷（局部）

清高宗乾隆元年（1736）

绢本　设色

纵 35.6 厘米，横 1152.8 厘米

台北“故宫博物院”藏

此《清明上河图》卷由清宫画院的五位画家陈枚、孙祜、金昆、戴洪、程志道在乾隆元年（1736）合作画成，因此又称为“清院本”。所画的事物繁多，用色鲜丽明亮，用笔圆熟，界画桥梁、屋宇、人物皆细腻严谨，是研究明清之际社会风俗的重要材料。此局部近景绘运河，河边为熙熙攘攘的人流，远景绘御林军练兵场面。在开阔平坦的禁军校场之上，骑手们正在轮番骑射。校场的尽头是检阅台，一位禁军头领端坐其上，各路领军佩刀站在两侧，一位值日官执小旗跪地禀报。校场之上有一左一右两座旗台，左侧旗台军官伫立，右侧旗台鼓号齐鸣。浩浩荡荡的阵势吸引众多百姓纷纷前来观看。【台北“故宫博物院”网站；余辉：《隐忧与曲谏——〈清明上河图〉解码录》，北京大学出版社，2015 年版，第 254—255 页。】

七十一、清郎世宁《玛瑺斫阵图》卷

纸本　设色

纵 38.4 厘米，横 285.9 厘米

台北“故宫博物院”藏

玛瑺，清乾隆时勇将，在平定战乱时立下大功。画中敌将负伤，乘黑马逃窜，玛瑺手持弓箭，御白马紧追其后。郎世宁，原名朱塞佩·伽斯底里奥内（Giuseppe Castiglione），意大利人，1688 年（康熙二十七年）生于米兰。1715 年 11 月，郎世宁至北京。大约在康熙末年，因长于绘画，郎世宁开始供职内廷为画家。1766 年（乾隆三十一年）逝世于北京，享年 79 岁。郎氏年轻时接受了系统的西洋绘画训练，来中国之后，他以中国传统绘画技法加入西洋光影透视法及西画颜料，形成中西合

图 1-70　清院本《清明上河图》卷（局部）

璧、兼容并蓄的艺术风格，独树一帜，甚为康熙、雍正、乾隆三朝所重。他不仅绘制了大量人物肖像、历史纪实、走兽翎毛、花卉和静物画作品，还在中国传授欧洲的油画技艺及方法，深刻影响了焦秉贞、丁观鹏、冷枚、陈枚、张为邦、沈源、戴正等相当一部分清朝宫廷画家，并在宫廷内形成了一个具有特殊风格的绘画流派，为中国与欧洲的文化艺术交流做出了重要的历史贡献。本幅《玛瑺斫阵图》采用欧洲画风，将所有的背景舍去，突出了画中的人物，精细、真实地刻画了一位勇士的形象，人物、弓箭、服饰及马匹的画法十分细致。【台北“故宫博物院”网站；聂崇正：《郎世宁全集》（上卷），天津人民美术出版社，2015 年版，第 7—21 页。】

七十二、清佚名《校射图》横幅（局部）

纵 93.5 厘米，横 328.3 厘米

南京博物院藏

图 1-71　清郎世宁《玛瑺斫阵图》卷

图 1–72 清佚名《校射图》横幅（局部）

清人绘，无款。描绘在园林中举行的一场射箭比赛。【扬州博物馆：《生命·运动·乐趣：中华古代体育文物》，译林出版社，2018 年版，第 46—47 页；南京博物院，等：《博·戏：中国古代体育文物》，译林出版社，2014 年版，第 142—143 页。】

七十三、清任预《射雁图》

内纵 131.7 厘米，横 66.2 厘米

外纵 260 厘米，横 97 厘米

苏州博物馆藏

任预（1854—1901），字立凡，号潇潇庵主人，浙江萧山人。任熊之子，工人物、山水、花卉，画如其父。【苏州博物馆：《苏州博物馆藏明清书画》，文物出版社，2006 年版，第 194 页。】

图 1–73 清任预《射雁图》

七十四、弓箭袋

清

弓袋 长 53 厘米，宽 32 厘米

箭袋 长 26.5 厘米，宽 17 厘米

南京博物院藏

弓袋和箭袋各一件，采用羊皮制成。弓袋边角饰以黑色如意纹云，紫绒布表面镶有铜质“寿”字、如意纹和花纹。【扬州博物馆：《生命·运动·乐趣：中华古代体育文物》，译林出版社，2018 年版，第 39 页；南京博物院，等：《博·戏：中国古代体育文物》，译林出版社，2014 年版，第 108 页。】

图 1–74　弓箭袋

七十五、黑绒面皮箭袋

清

长 21 厘米，宽 10 厘米

南京博物院藏

黑绒面皮制，相接处由黑色及绿色皮革织在一起。【扬州博物馆：《生命·运动·乐趣：中华古代体育文物》，译林出版社，2018 年版，第 39 页；南京博物院，等：《博·戏：中国古代体育文物》，译林出版社，2014 年版，第 108 页。】

图 1–75　黑绒面皮箭袋

七十六、黑绒面皮箭袋

清

长 26 厘米，宽 17 厘米

南京博物院藏

黑绒面皮制。【南京博物院，等：《博·戏：中国古代体育文物》，译林出版社，2014 年版，第 106—107 页。】

图 1–76　黑绒面皮箭袋

七十七、刻本《射艺津梁》

清

长 22 厘米，宽 13.6 厘米

扬州博物馆藏

清邗江史德威撰，史攀龙重刻。书中记载各种射法及相马之法，为清代射书。【扬州博物馆：《生命·运动·乐趣：中华古代体育文物》，译林出版社，2018 年版，第 40 页。】

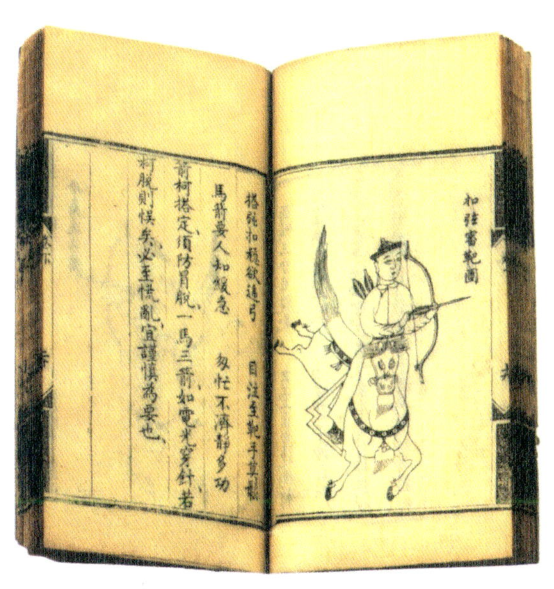

图 1–77　刻本《射艺津梁》

七十八、白玉山水人物扳指

清

高 2.6 厘米，直径 3.5 厘米

福建博物院藏

【福建博物院：《博·戏：中国古代体育文物展》，译林出版社，2015 年版，第 67 页。】

图 1–78　白玉山水人物扳指

七十九、孔雀绿扳指

清

高 2.7 厘米，直径 3.3 厘米

福建博物院藏

【福建博物院：《博·戏：中国古代体育文物展》，译林出版社，2015 年版，第 67 页。】

图 1–79　孔雀绿扳指

八十、白玉扳指

清

左 高 2.8 厘米，直径 3.3 厘米

右 高 2.9 厘米，直径 3.5 厘米

宿州市博物馆藏

圆柱形，玉质温润光滑。【宿州市博物馆：《宿州市博物馆文物集萃》，文物出版社，2018 年版，第 177 页。】

八十一、八骏图玉扳指

清

高 2.4 厘米，外径 3 厘米

上海市静安区陕西北路清墓出土

上海博物馆藏

玉质。整体呈圆筒状，上端口平，端缘向内壁呈缓坡状，方便拇指活动。下端口略呈弧凸，配合虎口宽度。外壁浮雕八匹骏马，有的卧伏，有的站立，有的奔驰，形态各异。【上海博物馆：《春风千里：江南文化艺术展特集》，上海书画出版社，2020 年版，第 225 页。】

图 1–81　八骏图玉扳指

图 1–80　白玉扳指

第二章 狩猎

本卷收录古代狩猎题材文物53件，时代上限为新石器时代，下限为清代，主要包括新石器时代的骨哨、骨鱼镖、陶网坠，商周时期的刻辞鹿头骨、狩猎人物纹青铜器，汉画像石，宋元明清时期的瓷器、玉器以及绘画等。

1935年河南安阳殷墟出土、台湾“史语所”藏刻辞鹿头骨（甲3940）是商王帝乙、帝辛时期的刻辞鹿头骨，记载商王征讨方国后，回程在“蒿”地田猎，获得猎物祭祀“文武丁”的事情。这是目前考古出土的仅有的两件刻辞鹿头骨之一，保存较完整，可见鹿的头骨及鹿角，3000多年后仍然色泽如新，极为珍贵。

1923年山西浑源李峪村出土、上海博物馆藏春秋晚期镶嵌狩猎纹豆是著名的“浑源彝器”之一。器和盖各饰狩猎图像两组，以红铜镶嵌，表现巨兽中箭、各种禽兽飞跃奔跑之状，猎人身处兽群之中，姿态勇武。

位于山东省济南市长清区的孝堂山石祠建于东汉早期，其西壁的围猎图表现狩猎场景，人物和动物形象众多，场面宏大，是狩猎题材汉画像石之中的精品。

台北“故宫博物院”藏元刘贯道《元世祖出猎图》轴描写元世祖忽必烈和皇后及一干随从，齐赴塞外戈壁狩猎的情景，堪称古代狩猎主题绘画的传世经典。

南京博物院藏清代外蓝釉金彩内粉彩清高宗行围图转旋盖瓶，腹部的4层装饰组合成清高宗狩猎的立体场景，转动瓶颈，腹部内瓶跟着旋转，人群和背景不断变换，有走马灯的效果，结构复杂精巧，人物生动有趣，是清代瓷器中的精品。

一、仙人洞遗址出土骨鱼鳔

新石器时代

长16.5厘米，宽2.45厘米

倒钩缺深0.9—1.35厘米

1999年江西省万年县仙人洞遗址出土

标本1373E11N11②B。用鹿角的一段劈取一半制成。尖部微残。上端柄部呈等腰三角形。两侧共有7个倒钩，骨表面左侧3个倒钩，右侧4个倒钩，前三列排列基本对称。【北京大学考古文博学院、江西省文物考古研究所：《仙人洞与吊桶环》，文物出版社，2014年版，第92—93页；王林森：《人类陶冶与稻作文明起源地——世界级考古洞穴万年仙人洞与吊桶环》，江西美术出版社，2010年版，第128—130页。】

二、骨哨

新石器时代

跨湖桥文化（约前6000—前5000年）

长5.85厘米

管径约0.9厘米

孔径约0.6厘米

2001—2002年浙江萧山跨湖桥遗址出土

浙江省文物考古研究所藏

狩猎工具。动物肢骨截制。管状，两端刻三道或两道槽痕，中凿一孔，孔缘两侧有两道较规则的凹槽。狩猎时，猎手利用骨哨模拟动物鸣叫以吸引动物出现，等待时机捕获。【浙江省文物考古研究所、萧山博物馆：《跨湖桥》，文物出版社，2004 年版，第 187 页，彩版 37；中国国家博物馆：《文物史前史》，世界图书出版公司，2019 年版，第 151 页。】

三、骨鱼镖

新石器时代

跨湖桥文化（约前 6000—前 5000 年）

残长 10.6 厘米

2001—2002 年浙江萧山跨湖桥遗址出土

浙江省文物考古研究所藏

捕鱼工具。骨角锯切、磨制而成。截面略呈三角形，锋部较钝，两翼各有两排倒钩，尾部残。我国多处新石器时代文化遗址都出土有骨鱼镖，其形态多种多样，一般都有一排或者两排倒刺，铤部有穿孔或挖槽以供穿系绳索。使用时将鱼镖插入木柄前端，在镖铤上系一根长绳，另一端握在手上或拴在木柄上。刺中鱼后，鱼的挣扎和水的阻力使镖与木柄脱落，镖头牢牢钩住鱼身，捕鱼者可挽绳取鱼。【浙江省文物考古研究所、萧山博物馆：《跨湖桥》，文物出版社，2004 年版，第 187 页，图版二五；中国国家博物馆：《文物史前史》，世界图书出版有限公司，2019 年版，第 150—151 页。】

图 2–1 仙人洞遗址出土骨鱼鳔

图 2–2 骨哨

图 2–3 骨鱼镖

四、骨哨

新石器时代

河姆渡文化一期（约前5000—前4500年）

左长5.3厘米，直径0.9厘米

中长6.8厘米，直径0.9厘米

右外残长5.5厘米，内残长8.4厘米

1973年浙江余姚河姆渡遗址出土

浙江省博物馆藏

狩猎用具，骨质。河姆渡遗址出土了不少的骨哨，长度一般为6—10厘米，均为禽类的骨管制成，一侧刻孔，有的骨管之内还插有一根可以移动的肢骨，用以调整声音。这里是河姆渡文化一期的三支骨哨，其中图片右侧骨哨的哨体已破损，原有一椭圆形音控，现残存一半，哨腔中保存着一根充作拉杆的鸟禽肢骨，以变换音阶。【河姆渡遗址博物馆：《河姆渡文化精粹》，文物出版社，2002年版，第48页；浙江省博物馆：《史前双璧》，浙江古籍出版社，2009年版，第51页；中国国家博物馆：《文物史前史》，世界图书出版有限公司，2019年版，第151页；王海明：《河姆渡遗址与河姆渡文化》，《东南文化》，2000年第7期，第15—22页。】

图2–4　骨哨

五、骨鱼镖

新石器时代

河姆渡文化一期（约前5000—前4500年）

长8.6厘米，宽1.5厘米，厚0.5厘米

1977年浙江余姚河姆渡遗址出土

浙江省博物馆藏

捕鱼用具，骨质，器身宽、扁，头部及倒刺尖锐锋利。表面多斜向修整摩擦痕迹。【河姆渡遗址博物馆：《河姆渡文化精粹》，文物出版社，2002年版，第50页；浙江省博物馆：《史前双璧》，浙江古籍出版社，2009年版，第52页；中国国家博物馆：《文物史前史》，世界图书出版有限公司，2019年版，第151页；王海明：《河姆渡遗址与河姆渡文化》，《东南文化》，2000年第7期，第15—22页。】

图2–5　骨鱼镖

六、陶网坠

新石器时代

安徽省蚌埠市双墩遗址出头

安徽省文物考古研究所藏

捕鱼辅助用具，在新石器时代遗址多有发现。表面有系绳的凹槽，便于将之固定在渔网下方，使渔网能够迅速下沉。【安徽博物院：《安徽文明史陈列》，文物出版社，2012 年版，上册，第 37 页。】

图 2–6 陶网坠

七、陶网坠

新石器时代

龙山文化（前 2600—前 2000 年）

左长 5.7 厘米，宽 3.2 厘米

右 长 6.2 厘米，宽 3.5 厘米

2009 年安徽省宿州市芦城孜遗址出土

宿州市博物馆藏

图 2–7 陶网坠

均呈圆柱形，中间略鼓，两端及中间有用以系绳的凹槽。【宿州市博物馆：《宿州市博物馆文物集萃》，文物出版社，2018 年版，第 54 页。】

八、长式铜鱼镖形器

商

残长 11.7 厘米，铤长 7.6 厘米

1989 年江西省新干县大洋洲出土

江西省博物馆藏

前锋较短，约为铤的三分之一长。锋体形近四棱锥，一侧向后伸出倒刺。铤细长，呈四棱状，上有六个小凸节。可能是一种抛掷捕鱼的工具，器型独特。【中国国家博物馆、江西省文化厅：《商代江南：江西新干大洋洲出土文物辑萃》，中国社会科学出版社，2006 年版，第 136 页。】

图 2–8 长式铜鱼镖形器

九、短式铜鱼镖形器

商

右长 7.2 厘米，铤长 3.7 厘米

左长 8.4 厘米，铤长 4.8 厘米

1989 年江西省新干县大洋洲出土

江西省博物馆藏

器型与镞类似，一侧的翼后伸，有倒钩，铤上有用作捆绑的凸节。可能是专门用来射鱼的青铜镞，器型独特。【中国国家博物馆、江西省文化厅：《商代江南：江西新干大洋洲出土文物辑萃》，中国社会科学出版社，2006 年版，第 136 页。】

图 2-9 短式铜鱼镖形器

十、刻辞鹿头骨

商

长 22.5 厘米，宽 20 厘米

1935 年河南安阳殷墟小屯 E10 探坑出土

台湾“史语所”藏(甲 3940)

商王帝乙、帝辛时期的刻辞鹿头骨，1935 年第四次发掘殷墟所得，为第五期的纪事刻辞。记载商王征讨方国后，回程在“蒿”地田猎，获得猎物祭祀“文武丁”的事情。刻辞由右至左分别为：“戊戌王蒿田”“文武丁”“王来征”。目前考古出土的刻辞鹿头骨仅有两件，皆藏于台湾“史语所”，这是保存较完整的一件，可见鹿的头骨及鹿角。3000 多年后它仍然色泽如新，刻辞笔法圆润丰腴，近于金文。【陈炜湛：《台北读甲骨文记》，《紫禁城》，2003 年第 1 期，第 26—31 页。】

十一、刻辞鹿头骨

商

长 10.5 厘米，宽 12.5 厘米

1929 年河南安阳殷墟小屯出土

台湾“史语所”藏(甲 3941)

商王帝乙、帝辛时期的刻辞鹿头骨，1929 年第三次发掘所得，为第五期的纪事刻辞。记载商王田猎。刻辞释读为：“己亥王田于羌……在九月，唯王来……”目前考古出土的鹿头骨刻辞仅有两件，皆藏于台湾“史语所”，这是其中一件。【陈炜湛：《台北读甲骨文记》，《紫禁城》，2003 年第 1 期，第 26—31 页。】

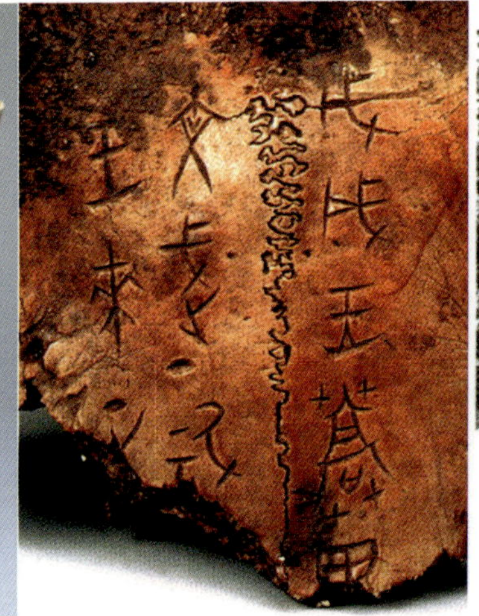

图 2-10　刻辞鹿头骨

图 2-11　刻辞鹿头骨

十二、镶嵌狩猎纹豆

春秋晚期

高 20.7 厘米，口径 17.5 厘米，重 1800 克

1923 年山西浑源李峪村出土

上海博物馆藏

盛食器。隆盖，盖顶有圈形捉手，倒置似盘。深腹，圆底，短柄，盘形足，口沿两侧设环形耳。器和盖各饰狩猎图像两组，以红铜镶嵌，表现巨兽中箭、各种禽兽飞跃奔走之状，猎人身处兽群之中，姿态勇武。圈足亦饰禽飞兽跃的图像。该器物是著名的“浑源彝器”之一。【上海博物馆：《上海博物馆藏品精华》，上海书画出版社，2004 年版，第 58—59 页。】

图 2-12 镶嵌狩猎纹豆

十三、狩猎画像纹高柄壶

战国早期（前445年—前4世纪中叶）

青铜

高28.4厘米，腹径11厘米

上海博物馆藏

共两件。小口，鼓腹，圆底，下接高柄。腹部装饰四层纹饰带，第一、四层为鸟纹，第二、三层为狩猎图。第二层一人左手持矛刺入猛兽脖子，右手握剑高举，猛兽身后有小鹿奔跑。第三层两位猎人持剑，一头一尾围攻野兽。【上海博物馆：《柏林·上海：古代埃及与早期中国文明》，上海书画出版社，2017年版，第276—277页。】

图 2–13　狩猎画像纹高柄壶

十四、狩猎纹壶

战国早期

通高 43.7 厘米，口径 12.17 厘米

图 2–14　狩猎纹壶

河南辉县琉璃阁 59 号墓出土

台湾“史语所”藏

通体饰以鸟兽、狩猎纹。颈部为衔蛇、践蛇之鸟与操蛇神怪。上腹为人兽相搏之狩猎纹，下腹为有翅神怪和践蛇之鸟。表面原应有镶嵌，惜已脱落。【台湾“史语所”：《来自碧落与黄泉：中央研究院历史语言研究所文物精选录》，1998 年版，第 71、163 页。】

十五、狩猎纹壶

战国

高 35.1 厘米

台北“故宫博物院”藏

圆形器，主要纹饰以三段鸟狩猎纹为主。中段为人持剑盾徒搏射猎纹饰。【台北“故宫博物院”网站】

十六、车猎纹钫

战国

高 45.3 厘米，口边 12 厘米，重 6.23 厘米

图 2-15 狩猎纹壶

图 2-16 车猎纹钫

台北“故宫博物院”藏

钫为方形的壶，为古代青铜酒器或水器，流行于春秋战国时期。本器腹部纹饰描绘古代贵族出外游猎的场景。【台北“故宫博物院”网站】

十七、展翅攫蛇鹰

战国

高 17 厘米，长 24.7 厘米

1933 年安徽省寿县朱家集楚王墓出土

安徽博物院藏

鹰做伸首展翅状，两爪抓住一条双尾蛇。鹰的翼、尾饰羽纹，造型生动逼真，栩栩如生。【安徽博物院网站；安徽博物院：《安徽文明史陈列》（上），文物出版社，2012 年版，第 176 页。】

图 2-17 展翅攫蛇鹰

十八、玉神鹰

西汉

长 6.5 厘米，宽 5.3 厘米，高 1.7 厘米

台北“故宫博物院”藏

全器以鸟为造型，尖喙衔珠，羽翅饱满开展，双爪内缩，做飞翔状。局部杂赭斑，腹有两穿。【台北“故宫博物院”网站】

图 2-18 玉神鹰

十九、孝堂山石祠西壁围猎图

东汉早期

孝堂山石祠位于山东省济南市长清区孝里镇，建于东汉早期，保存至今。西壁画面高 1.8 米，宽 2.11 米。自上而下分为六区。围猎图位于第五区。画面正中位置为一持戟猎捕杀猛兽的惊险场面，其下方有一人捕虎。持戟猎人之左为一辆牛车，车上一人持弓，一人荷戟正坐，车座后悬挂一只捕获的野兽，车前有一只野猪和两只鹿，其中一只鹿身中数箭，仰卧在地。南端有六位持筚猎人分上下两列行进，其中两人牵猎犬。上列三人之前有一人左臂架鹰，右手持钩。下列猎人之前有三只猎犬追逐野兔、鹿、野猪、野狐、山羊等。北端有八位猎人分为两列持筚前行，其前有三只飞奔的猎犬追逐猎物。下列第一位猎人牵犬，其前有一人跪地，持弓射鸟，弓旁有网状物体。画面下方正中有一只长尾猎豹口中衔一兽，其后另有一只猎豹。【蒋英炬等，山东省石刻艺术博物馆、山东省文物考古研究所编：《孝堂山石祠》，文物出版社，2017 年版，第 29—51 页。】

二十、狩猎图画像石

东汉

纵 60 厘米，横 270 厘米，厚 30 厘米

山东省滕州市杨庄镇庄里出土

滕州市画像石馆藏

石室墓横梁画像石。左为狩猎场面，最左侧一人引弓射箭，其右侧有二人抬猎物，另有人刺鹿、持筚罩兔。右为刺虎、椎牛、七人乘象。【中国滕州汉画像石馆、美国威廉帕特森大学中国艺术中心：《中国滕州汉画像石》，中国滕州汉画像石馆、美国威廉帕特森大学中国艺术中心，2017 年版，第 148—149 页。】

二十一、狩猎图画像石

东汉

纵 48 厘米，横 238 厘米

2005 年山东长清大街村出土

山东博物馆藏

图 2-19 孝堂山石祠西壁围猎图

图 2-20 狩猎图画像石

图 2-21 狩猎图画像石

画面内容为狩猎队伍，有乘车者、骑马者、徒步者，有的持弓箭，有的扛筚，有的牵犬。左下侧刻三座山峦，其中一座山峰之上刻“山”字。【鲁文生：《山东省博物馆馆藏精品》，山东友谊出版社，2008 年版，第 278—279 页。】

二十二、狩猎、祥禽瑞兽图画像石

东汉

纵 83 厘米，横 228 厘米

1973 年山东省苍山县（今兰陵县）向城镇

前姚村出土

原地保存

画面分为上下两栏。上栏刻狩猎图，五个猎人执竿、弩、刀、棒等猎具，牵犬追捕野兽，野兽四散奔逃。下层刻祥禽瑞兽。【杨爱国：《中国画像石精粹》（第五卷），山东美术出版社，2019 年版，图版第 101 页、目录和图释第 38 页。】

二十三、武氏祠左石室屋顶前披西段力士捕兽图拓片

东汉晚期

山东嘉祥县纸坊集武宅山村北武氏墓群出土

嘉祥武氏墓群石刻博物馆藏

刻力士捕兽图。自右至左，右端一骑者左向行，次二人左向行，前者回首右顾，肩负一虎，后者肩负一牛，二人抬一虎。二人之间，上有一人弯腰左向行，下面二犬左向行。次一人右向，力拔一棵大树，其左上有一人左向行，右手拉拽一牛的尾巴。下一人拖曳一头野猪的后腿，其后一人弯腰左奔，手扶拖曳野猪者臂膀。牛前有一人回首左顾，双手上举。左端漫漶难辨，上似有二人，下似为一兽。【蒋英炬、吴文祺：《汉代武氏墓群石刻研究》（修订本），人民美术出版社，2014 年版，第105、157 页（图版 5.48）。】

图 2–22 狩猎、祥禽瑞兽图画像石

图 2–23 武氏祠左石室屋顶前披西段力士捕兽图拓片

二十四、灰陶猎犬俑

唐

通高 14.3 厘米，长 24 厘米，厚 4.3 厘米

2013 年 3 月江苏扬州隋炀帝萧后墓出土

扬州市文物考古研究所藏

泥质灰陶胎，较坚硬。猎犬身体精瘦，肋骨明显，收腹贴胸，尾巴下垂，四腿站立，后腿肌肉发达，头微上扬前伸，双耳竖立，双目注视前方，似在观察猎物，神态生动。通体施白色化妆粉，大部分已脱落。【扬州市文物考古研究所：《广陵遗珍：扬州出土文物选粹》，江苏凤凰美术出版社，2018 年版，第 165 页。】

图 2-24　灰陶猎犬俑

二十五、宋陈居中《出猎图》卷（局部）

宋宁宗嘉泰元年（1201）

绢本　设色

纵 52.3 厘米，横 978.3 厘米

台北“故宫博物院”藏

胡骑策马奔驰，或挽弓射鹿，或持鞭击狐，一场紧张刺激的围猎场面，在广阔的秋原上展开。【台北“故宫博物院”网站】

图 2-25　宋陈居中《出猎图》卷（局部）

二十六、宋陈居中《平原射鹿图》（局部）

绢本　设色　描金

纵 36.8 厘米，横 54.9 厘米

台北“故宫博物院”藏

选自《名绘集珍》册第十六副。蕃骑行猎草原，人马野鹿追逐奔驰。猎者挽弓待发，野鹿闻弦惊骤，此一紧张之情状，构成画中扣人心弦之情节，益愈生动感人。【台北“故宫博物院”网站】

图 2–26　宋陈居中《平原射鹿图》(局部)

二十七、海东青攫天鹅玉饰件

金

长 8 厘米，宽 7.7 厘米

1987 年天津外贸旧工艺品中拣选

安徽省文物总店藏

镂雕制作。海东青是猎鹰之中的上品，多产于东北，体小但凶猛，善于捕杀大雁、天鹅，深受金、元王公贵族喜爱，常用于狩猎。

图 2–27　海东青攫天鹅玉饰件

据史料记载，女真贵族每年春季都要举行放鹰捉雁、捕鹅的渔猎活动，称为“春水”。本器图案表现的正是这一活动，淋漓尽致地刻画了凶猛的海东青从天而降，刹那间擒住天鹅，表现了“春水”活动最精彩的场景。这类题材的玉器通常称为“春水玉”。本器风格写实，具有民族特色。【安徽博物院：《江淮撷珍》，文物出版社，2013 年版，第 34 页。】

二十八、青玉镂雕鹘攫天鹅带饰

金

长 10 厘米，宽 5.2 厘米，厚 1.1 厘米

济南市博物馆藏

玉质青白色，长方形，镂雕鹘攫天鹅图案。天鹅惊恐挣扎，头藏于水草之下，鹘在天鹅头上飞翔，欲俯冲啄其脑。所饰为女真人“春水”图案，以阴线琢出两只鸟的羽纹，逼真生动。【济南市文物局、济南市考古研究所、济南市博物馆：《济南文物精粹·馆藏卷》，文物出版社，2018 年版，第 84 页。】

图 2–28 青玉镂雕鹘攫天鹅带饰

二十九、元刘贯道《元世祖出猎图》轴

绢本 设色

纵 182.9 厘米，横 104.1 厘米

台北“故宫博物院”藏

描写黄沙浩瀚、朔漠无垠，世祖忽必烈和皇后及一干随从，齐赴塞外戈壁狩猎的情景。居中身着红衣白裘、骑乘黑马者，应即为世祖。左右两侧的侍从，有的肤色黝黑，有的高鼻深目。右前方三人，一骑者背后蹲踞着一头猎豹，豹口以皮索圈住。另两人的手臂上，则分别站立着白海青和鹰隼。一骑者的座后，也已经系有猎物，但此时远方的天际，又飞来了两只鸿雁，右后方的骑士，旋即转身弯弓，蓄势待发。【台北“故宫博物院”网站】

三十、元佚名《射雁图》轴

绢本 浅设色

纵 131.8 厘米，横 93.9 厘米

台北“故宫博物院”藏

群山环抱中，一列狩猎的队伍，沿着山路行进。跨黑色骏马，相貌堂堂，而且身旁有持钺卫士跟随的一人，显然地位最高，是整支队伍的首领。骑队中，有人发现了天上飞翔的鸿雁，立刻搭弓上弦，蓄势待发。其余众人，有的驻足仰望，神情专注，也有的操控猎鹰，随时预备接应。较远处的人马和驼队，似乎还未觉察到此间的紧张情况，独自交头接耳，缓慢前进着。【台北“故宫博物院”网站】

图 2–29 元刘贯道《元世祖出猎图》轴

图 2-30　元佚名《射雁图》轴

三十一、元人《猎骑图》轴

绢本　设色　描金

纵 39.4 厘米，横 60.1 厘米

台北“故宫博物院”藏

一队人马行进在秋林之中，人物之衣冠，马匹之鞍具，与李唐陈居中《文姬归汉图》之胡骑甚相似。但本幅用笔较为纤秀，旧传为元人之作。然画中主要人物的面像与风格等细节与台北“故宫博物院”藏《明宣宗马上像》等极为接近。据学者研究指出，此作应是数量众多之《宣宗行乐图》群中的一幅，描绘明宣宗与其挚爱的孙皇后及两名女官于秋天出游。【台北“故宫博物院”网站】

图 2-31　元人《猎骑图》轴

三十二、元人《上林羽猎图》卷（局部）

绢本　设色　青绿　描金

纵 47.5 厘米，横 1298.2 厘米

台北“故宫博物院”藏

汉司马相如作上林赋，叙述天子狩猎于上林苑中。画者依赋文内容臆写情境，描绘重峦叠嶂、人物鸟兽、楼阁台观、旗辇军容等等，行笔设色皆细腻精妙，堪称佳作。此卷原签题元人，疑皆为后人所摹。【台北“故宫博物院”网站】

三十三、元人《平原归猎》图

绢本　设色

纵 26.2 厘米，横 25.4 厘米

台北“故宫博物院”藏

选自《宋元名绘》册第八幅。草原之上，两位猎人席地而坐，一人吹笛，一人拍手和歌，盖竟日征鞍，借此少憩。【台北“故宫博物院”网站】

三十四、明宣宗马上像轴

绢本　设色

纵 84.1 厘米，横 68.1 厘米

台北“故宫博物院”藏

本幅无画家款识，画幅左方浮贴一行书小签，上书“宣宗行乐”四字。描绘宣宗骑马出猎，奔驰于一片辽阔无垠的草原上，其臂上架鹰，惊起雁群的情景。【台北“故宫博物院”网站】

三十五、明周全《射雉图》轴

绢本　设色

纵 137.6 厘米，横 117.2 厘米

台北“故宫博物院”藏

一人骑马按弓，转身接取侍从递来之箭矢。另一人亦持弓箭，侍立于侧，三人均注视左前方振翅飞起的雄雉。周全是明代中期的宫廷画家，生平不详，《明画录》记载其擅于画马，《射雉图》是他唯一传世的作品。【台北“故宫博物院”网站】

三十六、明仇英《上林图》卷（局部）

明世宗嘉靖二十一年（1542）

绢本　设色　描金

纵 44.8 厘米，横 1208 厘米

台北“故宫博物院”藏

本幅图写司马相如《上林赋》意。相如此赋乃为献汉武帝而作，以靡丽之词句，铺陈颂扬皇家园囿上林苑之堂皇富丽，与天子射猎场面之壮阔伟盛。画中极力描绘各种水陆神兽、奇花异卉，宫殿巍耸，人马迤逶，以见天子声威之浩大。此类工笔重设色青绿山水常被标为仇英作品，但应为后人所伪托。【台北“故宫博物院”网站】

图 2–32 元人《上林羽猎图》卷（局部）

图 2–33 元人《平原归猎》图

图 2-34　明宣宗马上像轴

图 2–35 明周全《射雉图》轴

三十七、剔红狩猎图狼毫笔

明晚期

长 29 厘米

上海博物馆藏

笔帽与笔杆均刻狩猎图，方向相反，内容有联系。笔杆部分绘两组狩猎图：上部绘松树之下，两位猎手骑马，张弓搭箭，欲射飞鸟；下部绘两人扬鞭策马，手持弓箭，追赶野兔，一猎犬紧随其后。笔帽雕狩猎者持弓携犬，跨马而行，两位侍者尾随其后，一位持弓，一位携棍。此笔尺寸较大，髹漆厚重，画面布局合理，人物雕刻生动。【上海博物馆：《千文万华：

图 2–36 明仇英《上林图》卷（局部）

图 2-37 剔红狩猎图狼毫笔

中国历代漆器艺术》，上海书画出版社，2018 年版，第 145 页。】

三十八、剔红狩猎图三足碗

明末清初

通高 11 厘米，口径 18.2 厘米

上海博物馆藏

侈口，深腹，弧底，下承三足。碗外壁髹朱漆，碗内髹黑漆。外壁雕刻通景人物故事图，主题为猎人狩猎归来，家人相迎场景，共有四位人物和一对母子。四位猎人同向而行，母子骑马迎接。第一位猎手站立停歇，两匹骏马伴其左右。第二位猎手身负弓箭，扬袖放飞海东青捕杀天鹅。第三位猎手举弓策马紧随其后，

身上挂满兔子等猎物。第四位猎手腰部佩剑，手臂上站立海东青，策马回首。画面张弛有度，一气呵成。【上海博物馆：《千文万华：中国历代漆器艺术》，上海书画出版社，2018 年版，第 152—153 页。】

三十九、明末清初上睿《秋郊围猎图》

内纵 29.4 厘米，横 38.1 厘米

外纵 34.5 厘米，横 81 厘米

苏州博物馆藏

上睿（1634—?），僧人，苏州人。此图为《为梅作行乐图册》的一开。《为梅作行乐图册》作于雍正二年（1724），共十二开，乃为友梅者作四季行乐图，或云山游春，或荷塘消夏，或秋郊围猎，或雪山访友，凡一年十二月，月月有所属意，尽其高情逸致。【苏州博物馆：《苏州博物馆藏明清书画》，文物出版社，2006

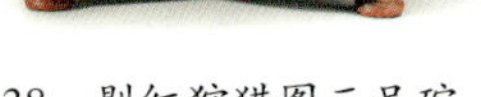

图 2-38　剔红狩猎图三足碗

图 2-39　明末清初上睿《秋郊围猎图》

年版，第 138—141 页。】

四十、清杨晋《豪家佚乐图》（局部）

绢本　设色

纵 56.7 厘米，横 1207.5 厘米

南京博物院藏

《豪家佚乐图》以长卷式构图分段落描绘了豪门贵族在春、夏、秋、冬四个不同季节的享乐生活。此局部为秋季狩猎图。杨晋（1644—1728），字子和，一字子鹤，号西亭，又号谷林樵客、鹤道人，署野鹤，江苏常熟人，王翚入室弟子。【南京博物院：《清代娄东虞山绘画》，江苏美术出版社，2013 年版，第 241—249 页。】

四十一、描彩漆夷人故事图圆盘

清早期

高 1.9 厘米，口径 13 厘米

上海博物馆藏

盘为圆形，敞口，斜壁，圈足。共有十件，大小一致，盘心均髹黑漆，以黄漆描绘人物故事图，画中人物为夷人装束，浓眉高鼻，虬髯卷发。此为其中的一件，盘心为夷人射飞禽图。画面颜色由深至浅，色阶丰富，层次分明，艺术效果强烈，为彩绘漆器精品。【上海博物馆：《千文万华：中国历代漆器艺术》，上海书画出版社，2018 年版，第 262—265 页。】

四十二、清焦秉贞《得鹿图》轴

纸本　设色

纵 59 厘米，横 53.2 厘米

济南市博物馆藏

描绘狩猎场景。画中一群狩猎者在茫茫雪原中捕获一头白鹿，喜悦和得意之情溢于言表。左上方自题“得鹿图焦秉贞制”，左下方钤朱文印“秉贞”。焦秉贞（生卒年不详），字尔正，山东济宁人，擅画人物。【济南市文物局、济南市考古研究所、济南市博物馆：《济南文物精粹·馆藏卷》，文物出版社，2018 年版，第 220 页。】

四十三、清郎世宁《画十骏犬苍水虬》轴

绢本　设色

纵 246.8 厘米，横 164 厘米

台北“故宫博物院”藏

郎世宁在乾隆十二年（1747）奉命创作《十骏犬》，描绘边疆少数民族王公及官员进贡纯种猎犬。《十骏犬》轴十幅，画了十条品种高贵的名犬，这中间的前九条狗都属小头长吻、腰腹收缩、四肢细劲一类品种，均为出色的擅长奔跑的猎犬，敏捷强壮，速度耐力惊人，成为皇帝一行围猎时的好帮手。从画面上所题写的字句来看，这些名犬，大都是边疆部落的首领或地方官进献给皇帝的。此图中的犬，无疑是由画家郎世宁所绘，而图画背景部分的花草坡石应当是由供奉宫廷的中国画家用

图 2-40 清杨晋《豪家佚乐图》卷（局部）

图 2-41 描彩漆夷人故事图圆盘

图 2-42 清焦秉贞《得鹿图》轴

传统画法补画的，但署名只有郎世宁一人。苍水虬为大学士忠勇公传恒进。虬是头上有两角的小龙。【台北“故宫博物院”网站】

四十四、清郎世宁《画十骏犬斑锦彪》轴

绢本　设色

纵 246.8 厘米，横 164 厘米

台北“故宫博物院”藏

斑锦彪，意为名色绒织的碎花锦缎，表示其为斑锦般的宠物。【台北“故宫博物院”网站】

四十五、清郎世宁《画玉花鹰》轴

绢本　设色

纵 143.8 厘米，横 78.1 厘米

台北“故宫博物院”藏

由画上登题得知，白鹰是由柯尔沁部落达尔马达都所进贡。郎世宁以光影分明的画法画出白鹰身上羽毛的光泽及鹰架上不同质料织品的不同触感，并把物像拉近观者，只露出鹰架的局部，意图展现一种生动的临场感。【台北“故宫博物院”网站】

图 2–43 清郎世宁《画十骏犬苍水虬》轴

图 2–44 清郎世宁《画十骏犬斑锦彪》轴

图 2–45 清郎世宁《画玉花鹰》轴

四十六、清郎世宁《画白鹰》轴

清高宗乾隆三十年（1765）

纵 179.9 厘米，横 99.2 厘米

台北“故宫博物院”藏

乾隆三十年（1765）新正，藩臣阿约尔进白鹰一架，郎世宁奉旨对景写生。本幅为郎氏纪年画作之中最晚的作品，时年已届七十七岁。白鹰由郎氏所绘，山水瀑布衬景及鹰架则由其他宫廷画师补绘。白海青为雕中最俊者，动作快速迅捷，反应机警灵敏，是游牧民族最

图 2-46 清郎世宁《画白鹰》轴

珍爱的猎鹰。产于东北的白海青，向来有着“武勇”与“英雄”的象征。乾隆内府收藏多幅《白鹰图》，上方都有注明进献者姓名及其职位。此轴上有乾隆二十年（1755）“咏白鹰”御制诗，可知是科尔沁达尔汉亲王策旺诺尔布所进，并由翰林学士汪由敦（1692—1758）题写御题诗于其上。【台北“故宫博物院”网站】

四十七、清杨大章《画白鹰》轴

纸本 设色 描金

纵 188.4 厘米，横 93.8 厘米

台北“故宫博物院”藏

杨大章，清代画家，生卒年不详，乾隆时期内廷供奉，善画山水、人物，代表作品有《柳鸦芦雁图》。【台北“故宫博物院”网站】

图 2-47 清杨大章《画白鹰》轴

四十八、清贺清泰《画黄鹰》轴

清高宗乾隆五十六年（1791）

纸本　设色　描金

纵 176.6 厘米，横 95 厘米

台北“故宫博物院”藏

贺清泰（1735—1814），法国人。乾隆三十五年（1770）来到中国，三十七年(1772）已在清宫作画。此幅黄鹰与郎世宁画鹰图式相近，描绘鹰立鹰架姿态。此轴所画黄鹰，为乾隆五十六年（1791）科尔沁贝勒所进。【台北“故宫博物院”网站】

图 2-48　清贺清泰《画黄鹰》轴

四十九、御制诗白玉砚屏

清高宗乾隆四十八年（1783）

玉屏高 22.8 厘米，宽 14 厘米

浙江慈溪许氏藏

白玉制成。一面为御制诗。一面雕刻狩猎图，一将领骑马挽弓射杀一头猛兽，山石之后两位持棍男子带领猎犬助猎。【浙江省博物馆：《玉蕤：浙江慈溪许氏藏皇宋修内司暨古代玉器珍品》，文物出版社，2010 年版，第 92—93 页。】

图 2-49　御制诗白玉砚屏

五十、外蓝釉金彩内粉彩清高宗行围图转旋盖瓶

清

高 60.5 厘米，口径 20 厘米

南京博物院藏

瓶长颈，颈部对称排列着 4 只金彩夔龙耳，圆腹，腹部有 3 层结构——外瓶、夹层小平台和内胆，4 层装饰——外瓶上的圆形镂空、小平台上的人物牙雕、内胆上悬挂的牙雕人物和内胆上所绘的粉彩山水人物纹。上有覆碟形盖，有子口；下设高圈足式莲座。腹部的 4 层装饰组合成清高宗行围图的立体场景：最外层为镂空的粉彩松树和祥云；第二层是牙雕人物，它们分别固定在外瓶四个镂空开光下，内壁的小平台上，面向内胆，触之便摆动，似在磕头打扦，这象征着欢迎乾隆帝的人群；第三层是内胆上挑出的牙雕人物，此一行的高度皆不到 10 厘米，人物由羊眼固定在内胆上，打头的一骑，高擎“令”字行围纛，乾隆皇帝精神抖擞，策

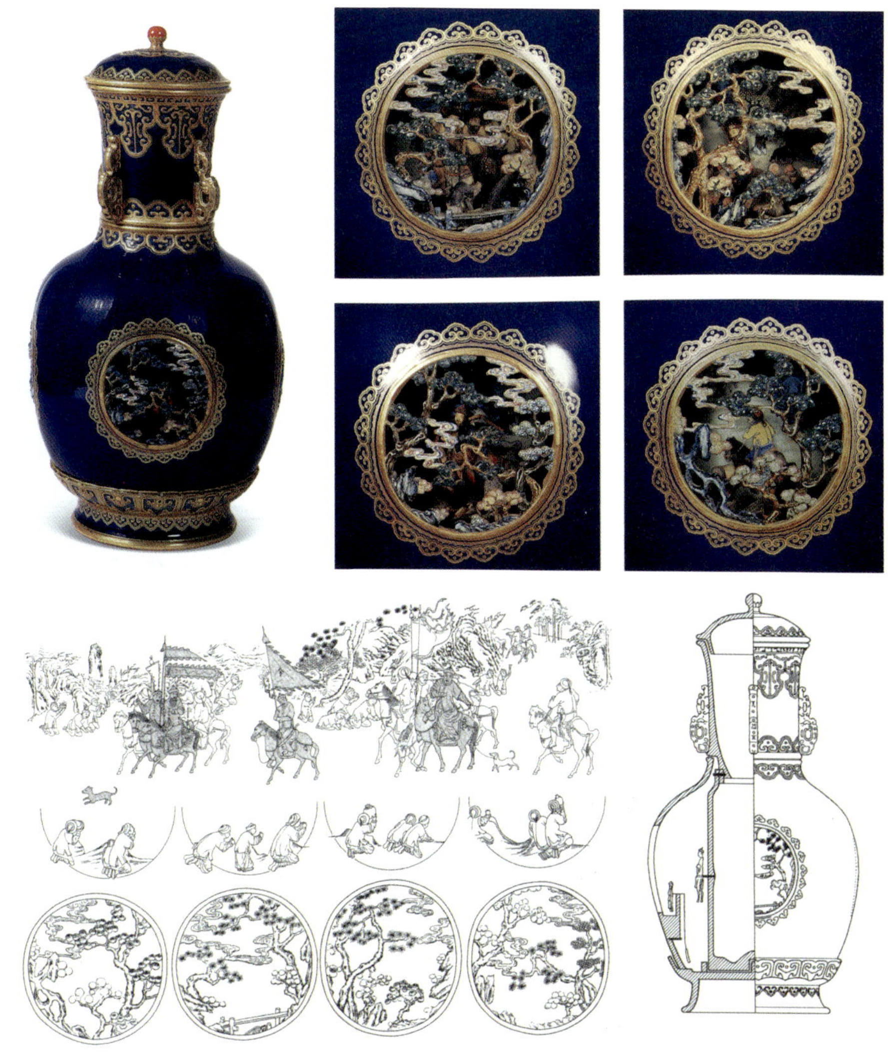

图 2-50　外蓝釉金彩内粉彩清高宗行围图转旋盖瓶

马扬鞭，殿后的是猎犬及两骑侍卫；第四层内胆上所绘的粉彩山水人物纹，画面为重峦叠嶂以及山间路边欢迎的人群。转动瓶颈，腹部内瓶跟着旋转，有走马灯的效果：在摆动的磕头人群后面，乾隆帝策马而来，扬鞭而去，仪仗、侍卫前呼后拥，欢迎的人群和背景不断变换。【南京博物院：《清代官窑瓷器》，江苏美术出版社，2013 年版，第 134—135 页。】

五十一、竹雕出狩图笔筒

清

通高 17.7 厘米，口径 14.5 厘米

台北“故宫博物院”藏

笔筒以竹雕刻而成，镶深棕色木口与底座，底带三矮足。器表周饰苍松与峻石及一队人马狩猎图。狩猎队伍纷纷手持旌旗与各式武器，骑乘骏马追逐猎物，猎犬尾随其后。兔、鹿皆飞奔逃窜。全器以高浮雕、浅浮雕与浅刻技巧雕刻而成。【台北“故宫博物院”网站】

五十二、碧玉雕花笔筒

清

台北“故宫博物院”藏

碧玉质，碧绿色。圆筒形，外壁浮雕题为

图 2-51 竹雕出狩图笔筒

“秋山猎骑”的场景图，山石嶙峋，将猎人骑马狩猎、动物奔驰都雕琢得栩栩如生。口沿刻壬寅年乾隆御制诗，诗文内容在描述山中猎骑的活动，与纹饰图案相符。【台北“故宫博物院”网站】

图 2-52 碧玉雕花笔筒

五十三、清陈崇光《狩猎图》扇页

纸本 设色

扬州博物馆藏

绘树木丛生、百草丰茂的山间，一头梅花鹿正撒开四蹄，奋力奔跑，其后一人手举系绳的长竿，正欲套捕，另一人骑马紧随其后，手持弓箭。题识“茂才二兄大人雅政，若木弟陈崇光拟华秋岳”，钤印“若木”。【扬州博物馆：《生命·运动·乐趣：中华古代体育文物》，译林出版社，2018 年版，第 60 页。】

图 2—53 清陈崇光《狩猎图》扇页

第三章 武艺武术

本章收录古代武术题材文物 219 件，时代上限为新石器时代，下限为清代，包括各式兵器及其组件和饰物、陶俑、陶文灰陶尊、人物纹青铜器、画像石、壁画、漆盘、绘画、木牍、梁柁、匾额、花板等。

商周和秦汉时期的各式兵器及其组件和饰物数量较多，所占比例最大，包括斧、钺、矛、戈、戟、殳、铍、斤、剑、刀、匕首、钩镶、盾以及剑首、剑格、剑璏、剑珌等，代表性文物有浙江余杭反山良渚文化遗址出土玉钺、1965 年山东青州苏埠屯 1 号商墓出土的亚醜钺（又叫亚丑钺）、江西新干大洋洲商代大墓出土青铜兵器、1982 年山东临沂凤凰岭东周墓出土的凤头斤、春秋战国时期吴越青铜矛和青铜剑等。

20 世纪 60 年代山东省莒县凌阳河遗址出土的大汶口文化时期的两件陶文灰陶尊，分别刻有形似“钺”和“斤”的原始文字图案，是研究古代兵器和文字演变的珍贵文物。

1935 年河南省汲县（今卫辉市）山彪镇 1 号墓出土、台湾“史语所”收藏的水陆攻战纹鉴，该器物外壁镶嵌有著名的水陆攻战纹，刻有几十位手持各种兵器的战士，生动展现了各种战争场面，是研究古代战争和兵器史的重要材料。

1993 年江苏连云港尹湾汉墓出土的《武库永始四年兵车器集簿》木牍，是我国迄今为止有关汉代武库建设的记载中，时代最早、内容最完备的统计报告，文献价值非同寻常。

台北“故宫博物院”藏清郎世宁《阿玉锡持矛荡寇图》卷，生动真实地表现出清代著名武将阿玉锡手持长矛、骑马奋勇冲杀的景象，是古代战争和武术题材人物绘画的佳作。

一、马家浜遗址出土石钺

新石器时代

马家浜文化

长 9.1 厘米，刃宽 7.6 厘米，顶宽 5.5 厘米，厚 1.7 厘米，外孔径 2.6 厘米，内孔径 1.4 厘米

浙江嘉兴马家浜遗址出土（M52）

浙江省博物馆藏

灰色，夹褐斑。上端斜直，两侧边与刃部连成一体。双面对钻孔。【浙江省博物馆：《史前双璧》，浙江古籍出版社，2009 年版，第 83 页。】

图 3–1 马家浜遗址出土石钺

二、崧泽文化遗址出土带镦石斧

新石器时代

崧泽文化

石斧高 13.4 厘米

骨镦长 4.8 厘米

1995 年上海市青浦区崧泽遗址 136 号墓出土

石斧有圆弧刃，表面经过打磨，上有穿孔。与石斧同出的还有一个骨镦。骨镦略呈梯形，底部向外鼓出，两侧各有一孔，应为与斧柄连接用的插销孔。斧柄及穿绳为后配。这件带镦石斧的发现为了解史前石斧的装柄和使用方式提供了重要的参考依据。【上海市文化广播影视管理局、上海市文物局：《上海出土文物精品选》，上海古籍出版社，2015 年版，第 18—19 页。】

图 3-2　崧泽文化遗址出土带镦石斧

三、崧泽文化遗址出土石钺

新石器时代

崧泽文化

长 14.8 厘米，刃宽 11.6 厘米，顶宽 10.2 厘米，厚 0.9 厘米

浙江湖州邱城遗址出土（M3：4）

浙江省博物馆藏

风字形，通体磨光，圆弧刃，双面对钻孔。这件石钺不是三侧弧刃的式样，而与良渚文化时期的石钺非常相近。【浙江省博物馆：《史前双璧》，浙江古籍出版社，2009 年版，第 99 页。】

图 3-3　崧泽文化遗址出土石钺

四、彩绘石钺

新石器时代

安徽省潜山市薛家岗遗址出土

安徽省文物考古研究所藏

表面光滑，刃部锋利，上有一圆孔，孔的周围绘有红色图案，色彩大都脱落，印迹仍清晰可见。【安徽博物院：《安徽文明史陈列》，文物出版社，2012 年版，上册，第 54 页。】

图 3–4　彩绘石钺

五、余杭反山良渚文化遗址出土玉钺

新石器时代

良渚文化

钺身长 17.9 厘米，刃宽 16.8 厘米，顶宽 14.4 厘米，最厚 0.9 厘米，孔径约 0.55 厘米

钺瑁高 3.6—4.7 厘米，最宽 8.4 厘米，最厚 1.35 厘米

钺镦通高 2.8 厘米，宽 8.3 厘米，厚 2.3 厘米

浙江余杭反山出土（M12）

浙江省博物馆藏

包括钺身、钺瑁和钺镦。钺身呈淡青色，夹墨绿色斑，整器呈风字形，弧刃，钻孔较小。两刃角的正反两面分别浅浮雕完整的神人兽面纹和鸟纹，已发现的良渚玉钺仅此一例，说明此钺不同寻常，因而被称为“钺王”。出土时钺瑁和钺镦相距约 80 厘米，二者之间原有有机质柄，已腐朽不见踪迹。【浙江省博物馆：《史前双璧》，浙江古籍出版社，2009 年版，第 121—122 页。】

六、玉权杖

新石器时代

良渚文化

钺高 15.9 厘米，最宽 10 厘米

瑁高 4 厘米，宽 9.3 厘米，厚 1.2 厘米

镦高 2.6 厘米，宽 7.5 厘米，厚 2.1 厘米

上海市青浦区福泉山 65 号墓出土

上海博物馆藏

自上而下由瑁、柄、钺和镦组成。现存瑁、钺和镦，均为玉质。柄应为木质，因长期埋藏于地下而腐朽不存。根据瑁、钺和镦在墓中分布的位置推算，总长度为 60—70 厘米。亦称瑁镦组合玉钺，为权力的象征物，在良渚文化遗址的高等级墓葬中多有出土。【上海市文化广播影视管理局、上海市文物局：《上海出土文物精品选》，上海古籍出版社，2015 年

图 3–5 余杭反山良渚文化遗址出土玉钺

版，第 41 页；上海博物馆：《春风千里：江南文化艺术展特集》，上海书画出版社，2020 年版，第 93 页。】

图 3-6 玉权杖

七、双孔玉钺

新石器时代

龙山文化

长 11.3 厘米，宽 8.5 厘米，厚 0.7 厘米

山东省日照市两城镇大孤堆 2 号墓出土

台湾“史语所”藏

淡绿色，双孔，形制简洁，制作精美。两城镇大孤堆 2 号墓共出土陪葬品九件，这件玉钺出土于墓主骨盆右侧。【台湾“史语所”：《来自碧落与黄泉：中央研究院历史语言研究所文物精选录》,1998 年版，第 16、154 页。】

图 3-7 双孔玉钺

八、青玉钺

新石器时代

龙山文化

长 15.6 厘米，上宽 9.8 厘米，下宽 10.6 厘米，厚 1.5 厘米，上孔径 1.5 厘米，下孔径 2.25 厘米

1966 年山东省日照市东港区秦楼街道刘家楼村采集

日照博物馆藏

器身扁平，呈长方形，通体磨光，一面青色，另一面被蚀为黄褐色。刃部锋利。上部有一大一小两个圆孔，小孔为单面钻，大孔为双面钻。【董书涛：《日照博物馆馆藏文物集》，齐鲁书社，2010 年版，第 47 页。】

图 3-8 青玉钺

图 3-9 石戈

九、石戈

新石器时代

凌家滩文化

尺寸不详

安徽省含山凌家滩遗址出土

安徽省文物考古研究所藏

墓葬出土，应为具有礼器性质的随葬品，非实战兵器。【安徽博物院：《安徽文明史陈列》，文物出版社，2012 年版，上册，第 51 页。】

十、石矛

新石器时代

龙山文化

长 10.7 厘米，底部等边三角形边长 2.5 厘米

日照博物馆藏

石质，三棱，磨制。矛头呈锥形，底部截面为等边三角形，底部中间有銎孔。【董书涛：《日照博物馆馆藏文物集》，齐鲁书社，2010 年版，第 52 页。】

图 3-10 石矛

十一、陶文灰陶尊

新石器时代

大汶口文化

高 63 厘米，口径 39 厘米，壁厚 2.4 厘米

1960 年山东省莒县凌阳河遗址出土

莒县博物馆藏

通体饰篮纹。口沿下和腹下各饰有两道凹弦纹，两弦纹之间饰两周圆形纹。腹上有形如一长柄大斧、涂朱红色的陶文即刻画符号。该刻画符号是战争指挥者将兵器的形状刻画下来，用以祭祀战争胜利的祭文，古文字学家唐兰将其释读为“钺”。【苏兆庆：《古莒遗珍》，人民美术出版社，2003 年版，第 5 页。】

图 3–11 陶文灰陶尊

十二、陶文灰陶尊

新石器时代

大汶口文化

高 54 厘米，口径 37 厘米，壁厚 1.2 厘米

1962 年山东省莒县凌阳河遗址出土

莒县博物馆藏

腹上刻有形如一带刃兵器的陶文即刻画符号，其形状与实用的鹿角镐和带柄的石锛相近，可释读为“斤”字。腹下饰有两道凸弦纹。【苏兆庆：《古莒遗珍》，人民美术出版社，2003 年版，第 6 页。】

图 3–12 陶文灰陶尊

十三、镶嵌十字纹方钺

夏

长 35.6 厘米

中心圆孔，直径6.1厘米

上海博物馆藏

形体较大，体形厚实，装饰华丽。周围环列两圈用绿松石嵌成的十字纹。十字纹内外环列绿松石圈，深度约2毫米，用胶质黏合。十字纹、圆圈纹与中心镂孔形成方圆相间的图案，排列整齐有序又富于变化，体现了虚实融合的和谐形式感。钺身上开两个长方形孔，用于安装木柄时穿过皮条。

钺是长柄弧刃的砍杀兵器，同时也是刑具，青铜铭文中有很多用钺砍头的象形文字说明了这一功用。然而，也有一些钺，大而重，刃部平口无锋，没有任何实用痕迹，应当是礼仪用器。这种钺是一种君权或军事权力的象征，一般都出土于随葬有精美礼器的墓葬，墓主人一般是地位较高的贵族、军事首领。《尚书·牧誓》就有“王左杖黄钺”的记载。这件钺不具备锋利的刃部，应为具有仪仗性质的兵器。

这件钺的年代曾被定为商代晚期。后来，有学者注意到，这件钺的绿松石十字形纹样，与二里头出土的青铜镶嵌圆形饰件的纹样几乎完全相同。绿松石镶嵌的十字纹样仅见于二里头时期的青铜饰件，而且这种装饰工艺也仅见于二里头时期的青铜饰牌、饰件。因此，这件钺应为二里头时期的青铜器。这一意见在学术界得到广泛认可。据此，上海博物馆将其时代更正为二里头文化时期。这件青铜钺具有仪仗性质，意味着二里头时期已经具有比较明确的权力意识。结合二里头遗址发掘的宫殿遗址、青铜礼器等考古资料，它对了解二里头时期的社会性质具有重要价值。【上海博物馆网站；周亚：《上博青铜器考古》，《中国社会科学报》，2012年8月29日，第5版；陈佩芬：《镶嵌卉纹方钺》，上海博物馆藏宝录编辑委员会：《上海博物馆藏宝录》，上海文艺出版社，1989年版，第93页。】

图3-13 镶嵌十字纹方钺

十四、鸾纹青铜戈

商

长42厘米，宽9.3厘米

河南安阳小屯殷墟出土

台北“历史博物馆”藏

援较宽，刃长如舌，前锋弧尖；内后段微曲，上有圆形穿，并饰以凹铸之鸾凤纹，故称之为鸾纹戈。援和内之间设有“一”字形的长

图3-14 鸾纹青铜戈

阑。器型完整，具有商代中晚期兵器的典型特征。【台北“历史博物馆”网站】

十五、铜内玉戈

商

通长 33.9 厘米，援长 22.3 厘米，宽 6.8 厘米

河南安阳殷墟小屯 311 号墓出土

台湾“史语所”藏

援身前段为玉质，援身后段与“内”为铜质，装饰兽面纹与鸟首纹，镶嵌绿松石。【台湾“史语所”：《来自碧落与黄泉：中央研究院历史语言研究所文物精选录》，1998 年版，第 44、159 页。】

十六、镶嵌绿松石驼首刀

商

通长 31.9 厘米

河南安阳殷墟西北冈墓 1311 出土

台湾“史语所”藏

兽首刀是商代武士的基本配备之一，可作为近身搏斗时使用的利器，亦可作为工具。本件兽首刀之首头为骆驼头，眼、鼻及耳部特别突出，眼下各有一环，其中一侧的环上尚存一节双孔环。驼眼及柄两侧六个圆形中空凸起都镶嵌绿松石。【台湾“史语所”：《来自碧落与黄泉：中央研究院历史语言研究所文物精选录》，1998 年版，第 43、159 页。】

十七、青铜戈

商

通长 25 厘米，援长 18 厘米，銎径 2.8 × 1.9 厘米

1976 年山东济南市天桥区刘家庄遗址出土

济南市博物馆藏

兵器。呈长条三角形，前锋较锐利。椭圆

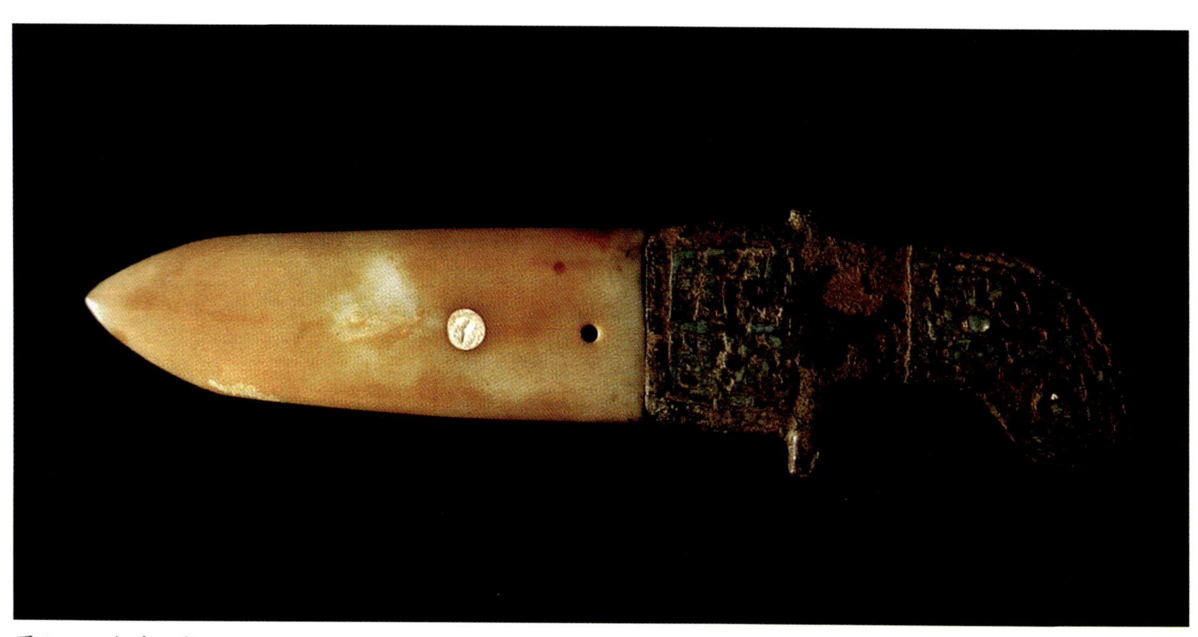

图 3-15 铜内玉戈

图 3-16　镶嵌绿松石驼首刀

图 3-17　青铜戈

形銎，梯形内，内上为阴刻兽面纹。【济南市文物局、济南市考古研究所、济南市博物馆：《济南文物精粹·考古卷》，文物出版社，2018年版，第163页。】

十八、错金目纹铜戈

商

长25厘米，宽9.02厘米，厚0.9厘米

济南市博物馆藏

兵器。戈体宽厚，援为舌条状，呈等腰三角形，中间起脊，无胡无穿，銎内。援末与銎内连接处，正反两面各有两个错金环目状纹饰，灿然夺目。【济南市文物局、济南市考古研究所、济南市博物馆：《济南文物精粹·馆藏卷》，文物出版社，2018年版，第114页。】

图 3-18　错金目纹铜戈

十九、亚醜钺

商

通长32.7厘米，宽34.5厘米

1965年山东青州苏埠屯1号商墓出土

山东博物馆藏

国家一级文物

山东博物馆十大镇馆之宝之一

方内，双穿，两肩有棱，器身透雕人面纹，人面五官微突出，双目圆睁，嘴角上扬，口中露出城墙垛口似的牙齿，狰狞中透出威严。因其口部两侧对称地铭有“亚醜”二字，故得名“亚醜钺”。亚醜钺出土于山东青州苏

图 3-19 亚醜钺

图 3-20 方内铜钺

埠屯 1 号商墓的墓道内，与其同时出土的还有另外一件形制相近的大钺。由于这两件钺都是难得一见的珍品，出土后不久，第二件即被调往北京，由中国国家博物馆收藏，亚醜钺则留在了山东博物馆。铸有“亚醜”铭文的青铜器很早就引起了人们的重视，关于亚醜器的出土地点，曾经众说纷纭。苏埠屯 1 号商墓出土了包括亚醜钺在内的多件“亚醜”青铜器，使“亚醜”青铜器的出土地点逐渐清晰，被基本确定在青州一带。【鲁文生：《山东省博物馆馆藏精品》，山东友谊出版社，2008 年版，第 160—161 页；山东博物馆官方网站。】

二十、方内铜钺

商

通高 36.5 厘米，肩宽 26.7 厘米，刃宽 36.3 厘米

1989 年江西省新干县大洋洲出土

江西省博物馆藏

身较宽，刃微弧，整体形制刃宽大于肩宽。长方形内。内部无穿，仅一侧有长方形缺口，两肩有对称的矩形穿，器身中间上部有一形近阔嘴的长方形镂空，露出两排 11 颗三角形利齿，环饰燕尾纹一周，肩下及周边均饰以云雷纹带，纹中宽凹线之中有嵌红铜的痕迹。出土时器表有明显的织物包裹痕迹。该器具有典型的融合风格。【中国国家博物馆、江西省文化厅：《商代江南：江西新干大洋洲出土文物辑萃》，中国社会科学出版社，2006 年版，第 106—107 页。】

二十一、直内铜戈

商

通长 28.7 厘米，内长 7.2 厘米，宽 4.4 厘米，援宽 4.9 厘米

1989 年江西省新干县大洋洲出土

江西省博物馆藏

前部援长，上下平行，前聚角锋，边刃锋利，中脊凸起呈尖状，侧旁有前凹槽。上下阑残，近下阑有一小圆孔。直内作长方形，内端

图 3–21　直内铜戈

1989 年江西省新干县大洋洲出土

江西省博物馆藏

此戈内部的末端两面均阴刻双人首纹，除鼻省去之外，其余四官俱全，头竖四根羽毛状装饰，颇为奇异。【中国国家博物馆、江西省文化厅：《商代江南：江西新干大洋洲出土文物辑萃》，中国社会科学出版社，2006 年版，第 96—97 页；江西省博物馆、首都博物馆：《赣水流韵　辉耀千载——江西古代文物精品》，文物出版社，2014 年版，第 55 页。】

下侧有一刺。通体乌黑发亮，没有一点绿锈，为新干大洋洲出土铜戈之中最精美的一件，也是唯一出土于棺内的铜戈。具有典型的中原商晚期风格。【中国国家博物馆、江西省文化厅：《商代江南：江西新干大洋洲出土文物辑萃》，中国社会科学出版社，2006 年版，第 96 页。】

二十二、双首纹直内青铜戈

商

通长 26.1 厘米，内长 7 厘米，援长 6 厘米

图 3–22　双首纹直内青铜戈

二十三、直内铜戈

商

残长 22.8 厘米，内长 3.9 厘米，宽 3.5 厘米，阑宽 1.6—2 厘米，援宽 5.5 厘米

1989 年江西省新干县大洋洲出土

江西省博物馆藏

长胡，直援，双面平刃，三角形锋。援本部有一圆形穿，有上下阑，上阑残，留一长方形穿。下阑特别长，有三个方形穿。内窄而短，有一个圆形穿，端部残断。援体中脊部饰多道血槽式剑翼纹。内和阑部残留捆扎痕迹。此件戈的阑部特别长，可能是为了更好地固定戈头而专门设计的。【中国国家博物馆、江西省文化厅：《商代江南：江西新干大洋洲出土文物辑萃》，中国社会科学出版社，2006 年版，第 263 页。】

图 3–23 直内铜戈

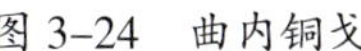
图 3–24 曲内铜戈

二十四、曲内铜戈

商

通长 25.3 厘米，内长 6.7 厘米，宽 3.3 厘米，阑宽 7.2 厘米，援宽 5.4 厘米

1989 年江西省新干县大洋洲出土

江西省博物馆藏

直援近三角形，凸脊，两侧有凹槽，后有一圆形穿，穿两侧各饰一变体卷尾龙纹。上阑短，下阑长。内部狭窄，中有圆孔，端上角弯曲，呈上卷鸟喙状，两面均饰目雷纹。出土时，内之近阑部残留木质。此戈基本造型与纹饰均为典型的殷墟风格，但其鸟喙状曲内融入了鲜明的地方特色。【中国国家博物馆、江西省文化厅：《商代江南：江西新干大洋洲出土文物辑萃》，中国社会科学出版社，2006 年版，第 98—99 页。】

二十五、有阑曲内虎首铜戈

商

通长 26.5 厘米，内长 7 厘米，宽 3.1—3.8 厘米，阑宽 6.1 厘米，援宽 4.8 厘米

1989 年江西省新干县大洋洲出土

江西省博物馆藏

三角形，长条状援，刃微凹，上下有阑，虎首形曲内，内中有一穿。援后近阑处的两面饰以三角形蕉叶状纹，内的两面饰阴线变形兽面纹。内首弯曲，雕刻成虎首形状，圆眼（原嵌有绿松石），张口露齿。此件铜戈并非普通士兵的兵器，而是贵族的装备。【中国国家博物馆、江西省文化厅：《商代江南：江西新干大洋洲出土文物辑萃》，中国社会科学出版社，2006 年版，第 250—251 页。】

图 3-25 有阑曲内虎首铜戈

二十七、多棱锥形铜镈

商

通长 22.1 厘米，径 2.2 厘米

1989 年江西省新干县大洋洲出土

江西省博物馆藏

此为戈镈。外呈倒置的六棱锥形，上开口，下钝闭，近銎口一段加厚为圆形。内中空，呈圆锥形，安于柲下端。春秋晚期以前的铜镈实物极少见，此件铜镈的年代为商代，尤显珍贵。【中国国家博物馆、江西省文化厅：《商代江南：江西新干大洋洲出土文物辑萃》，中国社会科学出版社，2006 年版，第 99 页。】

二十六、兽面纹青铜镈

商

长 11.7 厘米，銎口径 3.6 × 1.8 厘米

1989 年江西省新干县大洋洲出土

江西省博物馆藏

形如芭蕉叶，中空，口沿下加厚一匝，上端有一圆形穿。两面饰芭蕉叶状兽面纹。此为戈镈，安装在戈柲下端以起到保护作用，可插立在地上，便于拿取。【中国国家博物馆、江西省文化厅：《商代江南：江西新干大洋洲出土文物辑萃》，中国社会科学出版社，2006 年版，第 269 页；江西省博物馆、首都博物馆：《赣水流韵　辉耀千载——江西古代文物精品》，文物出版社，2014 年版，第55 页。】

图 3-26 兽面纹青铜镈

图 3-27 多棱锥形铜镈

二十八、嵌绿松石铜内戈

商代晚期

长 27.3 厘米，宽 7.3 厘米

上海博物馆藏

仪仗器。内部（即柄部）由青铜制成，上嵌绿松石，规格较高，为王室之物。【上海博物馆网站】

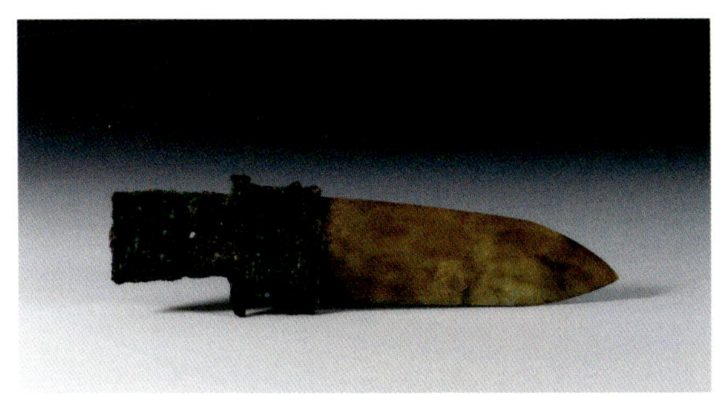

图 3-28　嵌绿松石铜内戈

二十九、鸟纹青铜曲内戈

商代晚期

长 24.8 厘米

上海博物馆藏

内部弯曲，装饰鸟纹。【上海博物馆：《柏林·上海：古代埃及与早期中国文明》，上海书画出版社，2017 年版，第 122 页。】

图 3-29　鸟纹青铜曲内戈

三十、兽面纹青铜戈

商代晚期

长 25.9 厘米

上海博物馆藏

内部装饰兽面纹。【上海博物馆：《柏林·上海：古代埃及与早期中国文明》，上海书画出版社，2017 年版，第 122 页。】

图 3-30　兽面纹青铜戈

三十一、鸟纹戈

商代晚期

青铜

长 30.5 厘米

台北“故宫博物院”藏

直内无胡戈类，内部尾端铸刻鸟纹，援中间有棱脊。全器覆绿色、蓝色铜锈。【台北“故宫博物院”网站】

图 3-31　鸟纹戈

三十二、青铜矛

商

通长 24.1 厘米

2011 年山东济南刘家庄遗址出土

济南市考古研究所藏

兵器。双叶底部各有一个近三角形穿孔。【济南市文物局、济南市考古研究所、济南市博物馆：《济南文物精粹·考古卷》，文物出版社，2018 年版，第 183 页。】

图 3-32　青铜矛

三十三、双系六棱短骹青铜矛

商

通长 14.3 厘米，骹长 1.5 厘米，叶宽 4.3 厘米

1989 年江西省新干县大洋洲出土

江西省博物馆藏

柳叶形，截面为六边形，骹部极短，两侧弧刃较直，前锋尖锐，叶面带有血槽。叶面中脊处的骹部镂空处一排燕尾纹，原嵌有的绿松石已脱失。两侧有环钮状小系。形制富有特色。【中国国家博物馆、江西省文化厅：《商代江南：江西新干大洋洲出土文物辑萃》，中国社会科学出版社，2006 年版，第 278 页；江西省博物馆、首都博物馆：《赣水流韵　辉耀千载——江西古代文物精品》，文物出版社，2014 年版，第 53 页。】

图 3-33　双系六棱短骹青铜矛

三十四、四棱锥形青铜矛

商

通长 16 厘米，骹长 6.1 厘米，叶宽 1.8 厘米

1989 年江西省新干县大洋洲出土

江西省博物馆藏

呈细长的四棱锥形，四面平直，汇成尖锐前锋。骹圆内空，骹端截面呈六边形。穿刺力强，适于对付披挂甲胄的目标，设计先进。【中国国家博物馆、江西省文化厅：《商代江南：江西新干大洋洲出土文物辑萃》，中国社会科学出版社，2006 年版，第 105 页；江西省博物馆、首都博物馆：《赣水流韵　辉耀千载——江西古代文物精品》，文物出版社，2014 年版，第 53 页。】

图 3-34　四棱锥形青铜矛

三十五、叶槽菱形长骹铜矛

商

通长 30.5 厘米，骹长 14 厘米，宽 2.9 厘米，叶末宽 4.7 厘米

1989 年江西省新干县大洋洲出土

江西省博物馆藏

体形修长，近柳叶，叶边刃微弧，后刃圆弧。骹约与叶等长，截面呈菱形。正中有隆脊，叶后有柳叶形浅槽，槽中留有朱红色痕迹。【江西省博物馆、首都博物馆：《赣水流韵 辉耀千载——江西古代文物精品》，文物出版社，2014 年版，第 53 页；中国国家博物馆、江西省文化厅：《商代江南：江西新干大洋洲出土文物辑萃》，中国社会科学出版社，2006 年版，第 105 页。】

图 3–35 叶槽菱形长骹铜矛

三十六、叶槽菱形长骹铜矛

商

通长 21 厘米，骹长 9.5 厘米，宽 3.4 厘米，叶末宽 4.7 厘米

1989 年江西省新干县大洋洲出土

江西省博物馆藏

形体较为宽扁。叶上部的花瓣形血槽直通骹部，使骹两侧和下端形成一周凸边。骹部较长，截面呈菱形。形制别致，尖部锐利。【江西省博物馆、首都博物馆：《赣水流韵 辉耀千载——江西古代文物精品》，文物出版社，2014 年版，第 53 页。】

图 3–36 叶槽菱形长骹铜矛

三十七、包金雷纹铜矛

商代晚期

长 23.2 厘米

上海博物馆藏

短叶，叶两侧为刃，向前渐收呈尖状的锋。銎口由粗渐细，与脊相通。銎部一侧设有一系。叶部与銎部饰以雷纹。【上海博物馆：《柏林·上海：古代埃及与早期中国文明》，上海书画出版社，2017 年版，第 121 页。】

图 3–37 包金雷纹铜矛

三十八、铜勾戟

商

通长 27.4 厘米，内长 6.6 厘米，宽 6.6 厘米，胡长 10.7 厘米，援宽 7 厘米

1989 年江西省新干县大洋洲出土

江西省博物馆藏

三角形长援，援的两面中部均有箭翼状宽血槽，长胡，有两穿，向上延伸的刺反卷成钩状。长方形内，中有一圆形穿孔。出土时器身有布纹印痕。这种形状的勾戟是直内戈和竖状长条形带穿刀浑铸而成的新式兵器，兼具两种兵器功能，可能是兵器改进过程中的试验品。此种造型的戟不见于中原地区，偶见于殷商周边地区的先周文化。【中国国家博物馆、江西省文化厅：《商代江南：江西新干大洋洲出土文物辑萃》，中国社会科学出版社，2006 年版，第 264 页；江西省博物馆、首都博物馆：《赣水流韵　辉耀千载——江西古代文物精品》，文物出版社，2014 年版，第 55 页。】

图 3-38　铜勾戟

三十九、长条带穿铜刀

商

通长 25.7 厘米，刀身宽 3 厘米

1989 年江西省新干县大洋洲出土

江西省博物馆藏

竖状长条形，脊部一侧平齐，刃部一侧微弧，刀首弯卷，脊上下两端各有方耳式穿一个，当为固定柲之用。此刀为兵器，但并非短兵器，而是捆绑在柲上的长兵器。这种青铜刀多见于晋陕之间，具有先周风格。【中国国家博物馆、江西省文化厅：《商代江南：江西新干大洋洲出土文物辑萃》，中国社会科学出版社，2006 年版，第 265 页。】

图 3-39　长条带穿铜刀

四十、宽体青铜剑

商

通长35.7厘米，体宽8.4厘米

1989年江西省新干县大洋洲出土

江西省博物馆藏

剑体扁阔，前宽后收，两刃平直，前端弧刃相接成锋。体一面中线凸起成脊，另一面平，前中部有浅平槽，呈尖尾鱼状。茎窄短，可安装木柄。形状罕见，具有明显的地方特色。南方山区多山近水，战争中以步兵交战为主，这种轻巧短小且可双刃砍杀的兵器非常实用。【中国国家博物馆、江西省文化厅：《商代江南：江西新干大洋洲出土文物辑萃》，中国社会科学出版社，2006年版，第111页；江西省博物馆、首都博物馆：《赣水流韵 辉耀千载——江西古代文物精品》，文物出版社，2014年版，第59页。】

图3-40 宽体青铜剑

四十一、曲柄铃首短剑

商代晚期

青铜

长23.4厘米

台北“故宫博物院”藏

剑首为中空圆铃，近柄处有小环，柄梢长稍弯，刃细长，柱状脊。柄饰几何纹。【台北“故宫博物院”网站】

图3-41 曲柄铃首短剑

四十二、卷云纹青铜匕首

商代

通长19.5厘米，茎长1.6厘米，宽1.2厘米，厚0.15厘米

1989年江西省新干县大洋洲出土

江西省博物馆藏

器身扁薄轻巧，体窄长。近柄处饰三角形

图3-42 卷云纹青铜匕首

阳线卷云纹。【中国国家博物馆、江西省文化厅：《商代江南：江西新干大洋洲出土文物辑萃》，中国社会科学出版社，2006年版，第112页；江西省博物馆、首都博物馆：《赣水流韵　辉耀千载——江西古代文物精品》，文物出版社，2014年版，第62页。】

四十三、蝉纹短柄翘首铜刀

商

通长67.9厘米，柄长11.4厘米

1989年江西省新干县大洋洲出土

江西省博物馆藏

平背，短柄，翘首，薄刃，脊部加厚起棱。背脊饰菱形网格纹，双面刀身本部和上侧近脊处，饰带状蝉纹十一组，首尾衔接，间隙处填充细线卷云纹。器型线条流畅，纹路清晰。出土时断为七段，拼接后仍通体光滑，特别是刃部光滑闪亮，锋锐如故。此刀是新干大洋洲出土兵器之中形制最大的一件，为对开范一次成形。应为标志器主社会地位和等级特权的礼器。蝉纹是新干大洋洲出土青铜器纹饰之中比较特殊的一种。此件铜刀的蝉纹其蝉身是高度简练的三角形，上端有特大的双目，腹部有条纹。蝉因其居高食露，有清洁淡雅之态，自古为人喜爱。商代有玉石或宝石雕成的蝉作为饰品（如殷墟妇好墓所出），周代和汉代皆有蝉形玉，放在死者口中作为随葬品，即所谓琀玉。【中国国家博物馆、江西省文化厅：《商代江南：江西新干大洋洲出土文物辑萃》，中国社会科学出版社，2006年版，第280—281页。】

四十四、夔纹短柄翘首铜刀

商

通长37.5厘米，本宽6.6两面，柄长7.5厘米

1989年江西省新干县大洋洲出土

江西省博物馆藏

长条形，曲脊，刀口平齐，刀身最宽处近柄，自柄向前锋渐窄，至刀身中部持平，前锋起翘。脊部加厚起棱。脊部饰锯齿线纹。两面刀身近脊饰五组展体夔纹带，张口，凸目圆睛，展体，上卷尾，头上及脑后有环柱形角，身上及背外侧空隙处填卷云纹；近刀锋处一组简化

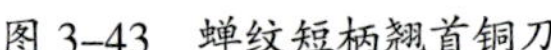

图3-43　蝉纹短柄翘首铜刀

图 3-44　夔纹短柄翘首铜刀

图 3-45　短柄翘首铜刀

夔纹，呈三角形。【中国国家博物馆、江西省文化厅：《商代江南：江西新干大洋洲出土文物辑萃》，中国社会科学出版社，2006 年版，第 288—289 页。】

四十五、短柄翘首铜刀

商

通长 29 厘米，本宽 4.3 厘米，柄长 5.3 厘米

1989 年江西省新干县大洋洲出土

江西省博物馆藏

呈长条形，短柄，前锋上翘，薄刃，脊部加厚起棱，背脊饰燕尾纹，刀身两面近脊处饰粗线条的云纹，组成勾喙、方目、上卷尾的展体夔纹，两面本部饰简体方目兽面纹。出土时，伴有铜环，当为固定刀把之用。【中国国家博物馆、江西省文化厅：《商代江南：江西新干大洋洲出土文物辑萃》，中国社会科学出版社，2006 年版，第 108—109 页。】

四十六、夔纹直脊翘首铜刀

商

通长 31.8 厘米，本宽 4.2 厘米，柄长 7.5 厘米

1989 年江西省新干县大洋洲出土

江西省博物馆藏

此刀外形与中原殷墟文化铜刀基本一致，但局部体现了土著文化的因素，如刀首宽而

图 3-46　夔纹直脊翘首铜刀

平，刀背装饰蝉形纹。【江西省博物馆、首都博物馆：《赣水流韵　辉耀千载——江西古代文物精品》，文物出版社，2014 年版，第 60 页。】

四十七、曲脊翘首铜刀

商代

通长 43.4 厘米，本宽 7 厘米，柄长 9.9 厘米

1989 年江西省新干县大洋洲出土

江西省博物馆藏

刀口平齐，刀首翘起，刀口的前端呈尖嘴靴形。柄较长，脊厚，脊背饰网格纹。出土时伴有铜环。【中国国家博物馆、江西省文化厅：《商代江南：江西新干大洋洲出土文物辑萃》，中国社会科学出版社，2006 年版，第 110 页；江西省博物馆、首都博物馆：《赣水流韵　辉耀千载——江西古代文物精品》，文物出版社，2014 年版，第 61页。】

图 3–47　曲脊翘首铜刀

四十八、铃首曲背弯刀

商代晚期

通长 28.3 厘米

台北“故宫博物院”藏

刀首为中空圆铃，近柄处有小环，柄稍长，柄刃间有突栏，刀背稍弯。柄上饰几何纹。【台北“故宫博物院”网站】

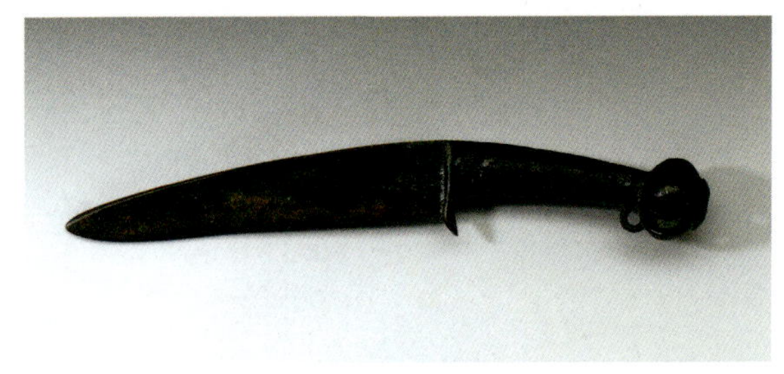

图 3–48　铃首曲背弯刀

四十九、镂空铜锋刃器

商

通长 25.8 厘米，体宽 4.4 厘米

1989 年江西省新干县大洋洲出土

江西省博物馆藏

体扁长弧曲，自后向前略收，至末端收成三角形的尖峰，体中部镂空，形成六组燕尾状孔。后部为中空的椭圆形銎，銎口沿加粗一周，并有一穿。銎表两面满饰一蕉叶纹，纹内填充阳线卷云纹组成的兽面，线条粗犷流畅。器型奇特罕见。具体功用不明，可能是兵器。【中国国家博物馆、江西省文化厅：《商代江南：江西新干大洋洲出土文物辑萃》，中国社会科学出版社，2006 年版，第 198—199 页。】

图 3-49　镂空铜锋刃器

五十、“成周”戈

西周早期

通长 24.1 厘米

台北“故宫博物院”藏

青铜质。内上有铭“成周”二字。【台北“故宫博物院”网站】

图 3-50　“成周”戈

五十一、三角援无胡有穿戈

西周早期

通长 19.6 厘米

台北“故宫博物院”藏

三角援戈，援呈三角形，援部中脊三道，无胡，有穿。一侧刃部残伤。【台北“故宫博物院”网站】

图 3-51　三角援无胡有穿戈

五十二、吐舌夔纹戈

西周早期

通长 21.3 厘米

台北“故宫博物院”藏

青铜质。援部刻吐舌夔纹。【台北“故宫博物院”网站】

图 3-52　吐舌夔纹戈

五十三、青铜戈

西周

援长 14.1 厘米，内长 5.3 厘米，胡长 9.5 厘米

1975 年江苏溧水吴山二号西周墓出土

镇江博物馆藏

三角形援尖，援中起脊，内下角有缺口，

中有一未穿透的方孔。【杨正宏、肖梦龙：《镇江出土吴国青铜器》，文物出版社，2008 年版，第 55 页。】

图 3-53　青铜戈

五十四、麋鹿骨戈

西周

长 13.7 厘米，援宽 3.4 厘米，内宽 4 厘米

1995 年江苏省仪征市陈集乡丁桥村神墩遗址出土

仪征博物馆藏

以麋鹿骨磨制而成，极为罕见。锋较圆润，援身起脊，长胡三穿，阑部凸起，内为不规则形，上有长方形和圆形穿各一个。【扬州市文物局：《韫玉凝晖：扬州地区博物馆藏文物精粹》，文物出版社，2015 年版，第26 页。】

图 3-54　麋鹿骨戈

五十五、青铜矛

西周

长 24 厘米，宽 4.5 厘米

1966 年江苏高淳固城出土

镇江博物馆藏

矛身前部聚收，中脊起棱，叶末带锋，菱形长骹，骹上一侧附半环纽，骹的銎口端为燕尾形。脊部饰云雷纹。【杨正宏、肖梦龙：《镇江出土吴国青铜器》，文物出版社，2008 年版，第 171 页。】

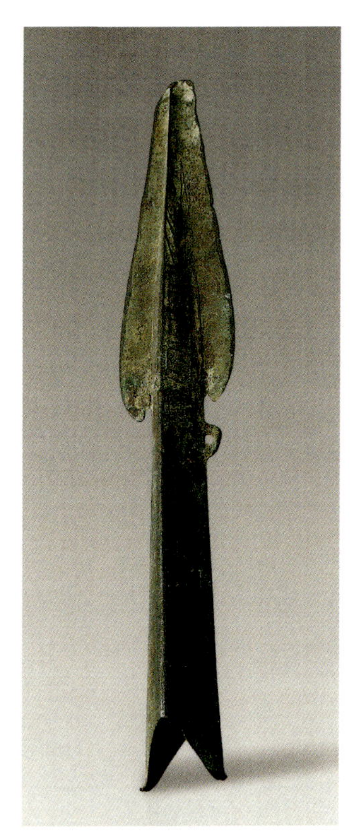

图 3-55　青铜矛

五十六、"侯"戟

西周早中期

通长 26.8 厘米

台北"故宫博物院"藏

青铜质。十字形。内部有铭"侯"字。【台北"故宫博物院"网站】

图 3-56 "侯"戟

五十七、"侯"戟

西周早期

高 27 厘米，长 18.9 厘米

刘晦之先生捐赠

上海博物馆藏

青铜铸造。形制为戈、矛同体。长方形直内，短胡，长阑起脊直通矛尖，设有三穿。戈体的援部起脊，有一圆形穿孔，刃部斜直内收至圆锋。内部铸铭"侯"字。【上海博物馆：《柏林·上海：古代埃及与早期中国文明》，上海书画出版社，2017 年版，第 123 页。】

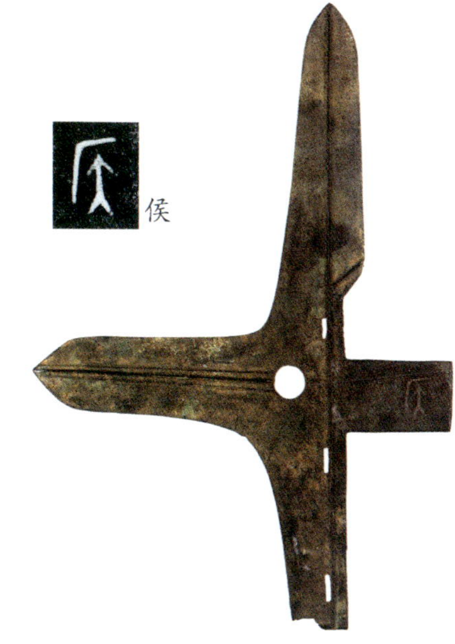

图 3-57 "侯"戟

五十八、"射"戟

西周早期

高 24.1 厘米，长 16.8 厘米

刘晦之先生捐赠

上海博物馆藏

图 3-58 "射"戟

青铜铸造。内部铸铭“射”字。【上海博物馆：《柏林·上海：古代埃及与早期中国文明》，上海书画出版社，2017年版，第123页。】

五十九、人面纹扁茎青铜剑

西周

长18.7厘米，宽3厘米，厚1厘米

1980年江苏省仪征市新城镇破山口征集

仪征博物馆藏

扁平茎，剑身狭长，剑脊稍有隆起。茎上部铸有凹字形格及人面纹。人面呈心形，圆眼，三角形鼻，双耳上翘，线条简洁，十分传神。【扬州市文物局：《韫玉凝晖：扬州地区博物馆藏文物精粹》，文物出版社，2015年版，第92页。】

图3-59 人面纹扁茎青铜剑

六十、青铜戈

春秋

内长7.1厘米，援长12.9厘米，胡长6厘米

福建博物院藏

青铜铸造。【福建博物院：《博·戏：中国古代体育文物展》，译林出版社，2015年版，第121页。】

图3-60 青铜戈

六十一、三穿青铜戈

春秋晚期

高19.3厘米

台北“故宫博物院”藏

戈，援部中脊略隆，长胡、长内、下栏外突，栏下有三穿，内有方孔。【台北“故宫博物院”网站】

图3-61 三穿青铜戈

六十二、吴王诸樊铜戈

春秋

长 17 厘米，宽 11.3 厘米

安徽六安金安区九里沟窑厂 41 号墓出土

皖西博物馆藏

宽援有脊。援前段呈尖叶状，中后段上刃平直，下刃微向上曲，援基一小穿，胡基二穿，阑末端微折。长方形内，微上翘，中间一穿，后下角微内收，两面均饰以双线勾画的变形鸟纹。穿侧胡上刻铭文两行：工虞王姑发者反自作元用。【浙江省博物馆：《越王时代：吴越楚文化精粹》，中国书店，2019 年版，第 193 页。】

六十三、王子于铜戈

图 3-63　王子于铜戈

春秋

长 25 厘米，宽 15.5 厘米，厚 0.8 厘米

无锡博物馆藏

错金鸟虫书铭文“王子于之用戈”，为吴王僚即位前制作。同样的铜戈，在山西省万荣县庙前村亦出土一件。【浙江省博物馆：《越王时代：吴越楚文化精粹》，中国书店，2019 年版，第 192 页。】

图 3-62　吴王诸樊铜戈

六十四、吴王光铜戈

春秋晚期

长 25.2 厘米，宽 11 厘米

上海博物馆藏

援部狭长略上扬，有中脊，中胡，阑侧三穿，内上有一横穿。援部和胡部的正背面铸有铭文三行八字："大王光桓，自作用戈。"吴王光即吴王阖闾（一作阖庐），公元前 514—前 496 年在位，春秋五霸之一，吴王夫差之父，也是《史记·吴太伯世家》中的"公子光"。【浙江省博物馆：《越王时代：吴越楚文化精粹》，中国书店，2019 年版，第 191 页；上海博物馆：《春风千里：江南文化艺术展特集》，上海书画出版社，2020 年版，第 58 页。】

图 3-64 吴王光铜戈

六十五、周王戈

春秋晚期

通长 18.1 厘米，援长 11 厘米，援宽 4.8 厘米，援厚 0.5 厘米

1935 年河南省汲县(今卫辉市）山彪镇一号墓出土

台湾"史语所"藏

青铜质，以块范法制成。全器大致可分为戈头的援、援下方成弯曲状下垂处称胡、与后部固定木柄（柲）的"内"三个部分。此铜戈援短且宽，呈三角形，胡下部残、存有半穿，内前端为圆銎形，前后各有两条平行裂缝，内末平扁，带有一环。铜色红，胎厚，表皮色灰，带紫斑。援面刻两行七字"周王叚之元用戈"，戈字有剔损。援周边上下刃有宽约 1 厘米的封涂，疑为戈鞘的残迹。据研究，此器原属于周敬王的戈，而山彪镇一号墓的墓主的身份属于晋国大夫，与周敬王对抗王子朝时有功而获赠此戈。此与玄夫戈同出于墓的东北隅，是非常重要的兵器。【台湾"史语所"网站；陈昭容：《论山彪镇一号墓的年代及国别》，《中原文物》，2008 年第 3 期，第 58—66 页。】

图 3-65 周王戈

六十六、交龙纹矛

春秋早期

长 26.2 厘米

上海博物馆藏

青铜铸造。矛叶狭长，銎部装饰交龙纹。【上海博物馆：《柏林·上海：古代埃及与早期中国文明》，上海书画出版社，2017 年版，第 121 页。】

图 3–66 交龙纹矛

六十七、“余昧”矛

春秋

长 27.4 厘米，宽 4.7 厘米

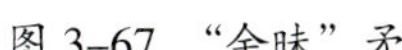

图 3–67 “余昧”矛

1984 年江苏丹徒北山顶春秋墓出土

南京博物院藏

青铜质。矛体狭长，三角形锋，刃中部呈弧形内收，刃口锋利。两侧有血槽，椭圆形銎。骹端如燕尾外撇。矛身饰以黑色菱形暗花纹。骹部有铭文二行八字：“余自作□工其元用。”器主为吴王余昧。【杨正宏、肖梦龙：《镇江出土吴国青铜器》，文物出版社，2008 年版，第 153 页；浙江省博物馆：《越王时代：吴越楚文化精粹》，中国书店，2019 年版，第 180 页。】

六十八、越王大子不寿铜矛

春秋战国

长 30.5 厘米，重 0.56 千克

孙鼎先生捐赠

上海博物馆藏

两翼呈凹弧形面，刃狭长，刃下部为圆弧形。骹较宽，正面设一小系，口呈凹弧形。中

图 3–68 越王大子不寿铜矛

脊较宽。骹上部饰三角形纹，内有相背两龙，下部饰龙纹，口沿饰卷龙纹一周。正背面的中脊两侧分铸十六字鸟虫书铭文：“於越嗣王旨於之大子不寿，自作元用矛。”该铜矛应为越王不寿继位前使用的兵器，是研究越王世系的重要实物。【浙江省博物馆：《越王时代：吴越楚文化精粹》，中国书店，2019 年版，第 181 页；上海博物馆：《春风千里：江南文化艺术展特集》，上海书画出版社，2020 年版，第 60 页。】

六十九、青铜剑

春秋

长 34.4 厘米，宽 3.6 厘米

2002 年马鞍山霍里镇五担岗遗址出土

马鞍山市博物馆藏

斜宽从，前锷收狭，甚锋利。圆茎上有两道凸箍，厚格，剑身有脊。【马鞍山市文物管理所、马鞍山市博物馆：《马鞍山文物聚珍》，文物出版社，2006 年版，第 42 页。】

七十、铜剑

春秋

长 38.3 厘米，宽 2.92 厘米，厚 0.72 厘米

吴江宛坪东太湖边出土

苏州博物馆藏

圆茎实心上有双箍，首呈喇叭形，饰有弦纹。宽锷，有脊，“从”面处铸有暗纹。剑身剖面呈三角棱形。【苏州博物馆：《苏州博物馆藏出土文物》，文物出版社，2009 年版，第 119 页。】

图 3-69　青铜剑　　图 3-70　铜剑

七十一、铜剑

春秋

通长 34.9 厘米，格宽 3.5 厘米，首径 2.7 厘米

浙江德清上柏联丰出土

浙江省博物馆藏

剑体较短，中起脊，斜宽从，狭长锷，前锷收狭成锋。倒“凹”字形厚格，饰兽面纹。圆茎中空，茎上有两道凸箍，箍饰勾连云纹。圆首，上饰数周同心圆。【浙江省博物馆：《越地范金》，浙江古籍出版社，2009 年版，第 74 页。】

图 3-71　铜剑

七十二、吴太子诸樊剑

春秋

通长 36.4 厘米，锋刃长 27.9 厘米，最宽 3.8 厘米

1959 年安徽省淮南市蔡家岗二号墓出土

安徽博物院藏

柄呈喇叭形，中空其半，剑格为环形，脊隆起呈三棱形。剑身近剑格处有两行铭文。诸樊是吴王寿梦之子，公元前 560 至前 548 年为吴王。此剑为诸樊为太子时所制。【安徽博物院：《安徽文明史陈列》，文物出版社，2012 年版，上册，第 152、154 页；安徽省文化局文物工作队（马道阔执笔）：《安徽淮南市蔡家岗赵家孤堆战国墓》，《考古》，1963 年第 4 期，第 204—212 页。】

图 3-72　吴太子诸樊剑

七十三、吴王光剑

春秋

长 54 厘米

1974 年安徽省庐江县汤池公社边岗大队出土

安徽博物院藏

1974 年，安徽省庐江县汤池公社边岗大队开挖水渠时，在距地表 1 米多深处，发现该剑。出土时无锈，有光泽，剑外还残留腐朽的纺织物。柄为椭圆柱形，上有两道箍棱。剑首出土时被损坏，剑格较宽厚，上有镶嵌绿松石花纹，绿松石已脱落。茎部较宽，中有脊，近剑格处有大篆铭文两行十六字，或释读为“攻吴王光自作用剑，恒余以至，克戕多攻”。吴王光即吴王阖闾（一作阖庐），公元前 514—前

图 3-73　吴王光剑

496 年在位，春秋五霸之一。此剑保存基本完好，至今依然十分锋利。【安徽博物院：《安徽文明史陈列》，文物出版社，2012 年版，上册，第 153—154 页；马道阔：《安徽庐江发现吴王光剑》，《文物》，1986 年第 2 期，第 64 页；石晓：《吴王光剑铭补正》，《文物》，1989 年第 7 期，第 81 页。】

七十四、吴王光剑

春秋

通长 77.3 厘米，剑体长 65 厘米，剑格宽 4.8 厘米，重 1 千克

上海博物馆藏

剑身修长，剑刃锋芒犀利，剑格饰变形兽面纹，镶嵌物已脱落。铸造精良，剑体铸铭文为鸟虫书，字体较大，每字长度为 2.5—3.2 厘米不等，共二行八字："攻吾王光；自作用佥（剑）。"意思是它是吴王光，即吴王阖闾所使用的剑，也因此而得名。【上海博物馆网站】

七十五、吴王夫差青铜剑

春秋

通长 59.5 厘米，宽 5.4 厘米

山东邹城市朱山村征集

图 3–75 吴王夫差青铜剑

邹城市博物馆藏

剑首为圆箍形，茎为圆柱形，有双箍，镡为倒凹字形，饰兽面纹，脊呈直线，斜丛而宽，前锷收狭。剑身有十字铭文"功吾王夫差自作其元用"。吴王夫差为春秋晚期的吴国国君，公元前 495—前 475 年在位，曾伐鲁。【济宁市文物局：《济宁文物珍品》，文物出版社，2010 年版，第 81 页。】

七十六、复合铜剑

春秋战国

通长 47.5 厘米，格宽 5.1 厘米，首径 4.3 厘米

2007 年征集

图 3–74 吴王光剑

浙江省博物馆藏

剑作宽从厚格式，中起脊，两从斜弧，双刃呈弧形于近锋处收狭，刃薄而锋利。剑格为倒凹字形，饰兽面纹并镶嵌绿松石。圆茎，有两道凸箍，箍饰以绿松石。圆盘形剑首，中空留有范土，边饰 11 道同心圆，槽底有细密绳纹。这柄青铜剑采用了复合铸造技术，剑的中脊及两从由不同成分的青铜嵌铸而成，因而硬度高，杀伤力强。复合铸造技术说明古代匠师对铜剑合金成分的比例的控制达到了极高的水平。【浙江省博物馆：《越地范金》，浙江古籍出版社，2009 年版，第 73 页。】

图 3-76　复合铜剑

七十七、菱格纹铜剑

春秋末期

通长 52.5 厘米，宽 4.5 厘米

1998 年江苏省南京市六合区程桥 M3 东周墓出土

南京市博物馆藏

青铜质。剑身较长，刃薄锋利，剑茎有两道箍凸起，剑格有镶嵌的空槽，其中镶嵌的物体已经缺失。剑身为圆形，内有数道同心圆。剑身饰以墨色菱格纹。【南京市博物馆：《故都神韵：南京市博物馆文物精华》，文物出版社，2013 年版，第 43 页。】

图 3-77　菱格纹铜剑

七十八、玉剑格

春秋末期

通高 2 厘米，宽 4.7 厘米

2003 年浙江东阳六石街道前山土墩墓出土

东阳市博物馆藏

玉质白中泛青，夹杂较多黑斑。一对两片，每片分为两小片拼接，当系两面对称的镶嵌式玉剑格。扁薄而宽，两侧斜拱起中脊。上侧有长凹口，下侧中脊下垂。剑格为剑柄与剑身之间的装饰物。该墓为一座春秋晚期的越国高级贵族墓葬，出土大量玉石器，其中的剑饰除了这件玉剑格，还有玉剑首一件、绿松石剑首两件、绿松石剑格一件，这些剑饰均不见剑身与之相连，或为木质已经腐朽，应不是实用兵器上的装饰物。【浙江省博物馆：《越王时代：吴越楚文化精粹》，中国书店，2019 年版，第 110 页；浙江省文物考古研究所、东阳市博物馆：《浙江东阳前山越国贵族墓》，《文物》，2008 年第 7 期，第 4—22 页。】

图 3–78 玉剑格

七十九、双环柄首短剑

春秋晚期至战国中期

台北“故宫博物院”藏

双环首、长柄，刃部脊线明显。柄与剑格均饰几何纹。春秋时剑可分为长剑和短剑，短剑即匕首。【台北“故宫博物院”网站】

图 3–79 双环柄首短剑

八十、金柄铜短剑

春秋晚期

剑柄 10.7 厘米，剑身 22.6 厘米

河南辉县琉璃阁卫国国君墓出土

台湾历史博物馆藏

剑身狭长，中脊突起，两锷极窄而尖薄。茎与首皆属金质。格饰兽面纹，茎作螺旋状纹，首为椭圆形，饰蟠螭纹，剑首中空，首边缘饰三角云纹。这种春秋时代的金柄短剑，精致华美，出土数量稀少，十分珍贵，可能是春秋卫国国君防身之物。【台湾历史博物馆网站】

图 3–80 金柄铜短剑

八十一、凤头斤

春秋晚期

斤长 11.1 厘米，宽 2.9 厘米，斤刃至羽尾部之末端长 20.7 厘米，冠顶至銎底沿长 11.6 厘米

1982 年山东临沂凤凰岭东周墓出土

凤首，鼠形冠，鸟尾。斤从凤嘴中吐出，刃部圆钝。椭圆形銎，銎内残存木柄。造型奇特，制作精致。斤为先秦的一种兵器，此器并

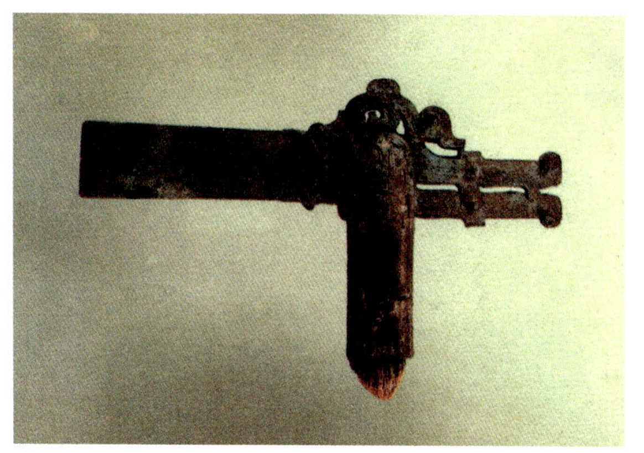
图 3-81 凤头斤

非实用兵器，应为墓主生前使用的象征权力的礼器。【山东省兖石铁路文物考古工作队：《临沂凤凰岭东周墓》，齐鲁书社，1987 年版，第 28—29 页，图版十六，封面彩照。】

八十二、靴形钺

春秋

通高 16 厘米，刃长 21 厘米，銎口 47.2 × 2 厘米

2010 年浙江绍兴出土

图 3-82 靴形钺

绍兴博物馆藏

扁平，靴形。半月形长弧刃，刃角上翘。背部中间延伸出长方形銎把，銎把略向后倾，两侧成弧形肩。銎部两面各饰五枚三角纹。此钺为越人典型器物。【苏州博物馆：《大邦之梦：吴越楚青铜器》，上海古籍出版社，2017 年版，第 60 页。】

八十三、水陆攻战纹鉴

春秋晚期

高 30.1 厘米，口径 54.5 厘米，底径 29.1 厘米

1935 年河南省汲县（今卫辉市）山彪镇 1 号墓出土

台湾“史语所”藏

出土一对。大口，平底，具两两相对的四兽首带环耳，腹部作水陆攻战图，口沿及腹部上下皆饰以斜角云雷纹。本器物以镶嵌的水陆攻战纹而闻名于世。它不仅显示出古代各种战争场面，兵士手中所持的戈、矛、戟，更是研究古代兵器史的重要材料。山彪镇 1 号墓是整个山彪镇墓地中规模最大、出土器物最丰富的大墓，是个近方形的竖穴墓，墓的上口东西 7.8 米，南北 7.2 米，深达 11.49 米，属于东周时代的中大型墓葬。随葬遗物以铜器为主，包括礼器、乐器、兵器、车马器、工具等，种类繁多，反映出东周贵族“钟鸣鼎食”的大排场与当时工艺美术的高度成就。其中成套出土的水陆攻战纹鉴与八瓣华盖立鸟圆壶是铸造最讲究、纹

图 3-83 水陆攻战纹鉴

饰最精美的青铜水器。除了铸造精美的鉴壶组合，水器还有椭方壶、匏壶、提梁壶以及瓿、盘、匜等。食器则有鬲、甗、豆、簠、簋与鼎等，但是这些青铜食器多半铸造粗糙，纹饰也简单。根据出土器物的风格，本墓年代大概在春秋晚期。此墓虽然被盗，且随葬的钟、鼎数量可能不及琉璃阁 60 号墓，但镈钟的制作精美，推测墓主的身份亦不低，至少属于大夫一级的人物。山彪镇 1 号墓出土铜器展现出晋国“新田风格”鼎盛时期的样貌。“新田风格”是山西侯马出土的东周青铜作坊所展现的风格，器型比例、纹饰浑厚典雅、沉稳庄重，反映出晋国迁都新田后，因经济发达而显现的积极进取精神。山彪镇 1 号墓出土器物中有许多能对应到侯马作坊相似之陶范，例如：蟠螭纹编镈、散虺纹编镈、水陆攻战纹鉴与八瓣华盖立鸟圆壶等。【台湾“史语所”网站；刘弘、李克能：《水陆攻战纹臆释》，《中原文物》，1994 年第 2 期，第 97—100 页。】

八十四、青铜戈

战国

通长 30 厘米

2004 年山东章丘马安遗址出土

章丘博物馆藏

兵器。直内，长援上扬，弧锋，上下两侧有刃。胡上 3 穿，内上 1 穿。【济南市文物局、济南市考古研究所、济南市博物馆：《济南文物精粹·考古卷》，文物出版社，2018 年版，第 202 页。】

图 3-84 青铜戈

八十五、襄城楚境尹铜戈

战国

通长 22.3 厘米，援宽 1.8 厘米，周长 10.6 厘米，周宽 2.5 厘米，内长 8.2 厘米，内宽 2.4 厘米

1990 年连云港市海州区锦屏镇陶湾村岗嘴锦华石油化工厂战国墓出土

连云港博物馆藏

国家一级文物

战国时期，连云港处于南方吴楚和北方齐鲁的交替控制地带，是南北方争夺的焦点，也是南方北征的必经之路。这一组三枚铜戈，推测应为行伍中用于陪葬的器物。三戈中，最小的一件在内部有镌刻铭文两行，右起竖读为："都寿之岁，襄城楚尹所造。"其中"都寿之岁"当指公元前 241 年楚国迁都安徽省寿县之年。襄城，据《汉书·地理志》记载，辖境约当今河南省襄城、郏县、舞阳一带，春秋早期为楚国所有，到战国中期为魏国所占，后来疆境不断变化，曾为秦地。楚考烈王二十二年，楚国又据有襄城，成为"楚境"。"楚境尹"当为边境襄城的守官，戍卒除职守边疆外，有可能还兼顾作战武器的制造。这件行戟的价值在于戈上的十个铭文，是一件极为罕见的有绝对纪年的楚国晚期的标准器，对研究当时楚国舆地、列国关系、楚文字以及楚兵北上灭莒、灭鲁的时间都提供了重要的实物资料，被认定为国家一级文物。【连云港博物馆网站；连云港博物馆：《连云港馆藏文物精粹》，荣宝斋出版社，2006 年版，第 45 页。】

图 3-85 襄城楚境尹铜戈

八十六、蔡侯产铜戈

战国

长 21.6 厘米，宽 10 厘米

安徽六安裕安区城西窑厂出土

皖西博物馆藏

宽援有脊，援前段呈尖叶状，中后段上刃

平直，下刃微曲，援基一小穿，胡基二穿。阑末端方折。内呈长方形，上有二穿，前穿为长方形，后穿为圆形，内里均饰有双钩鸟纹。穿侧胡上有错金铭文两行“蔡侯产之用戈”。蔡侯产是蔡国国君（前471—前457年在位）。【浙江省博物馆：《越王时代：吴越楚文化精粹》，中国书店，2019年版，第194页。】

图 3-86 蔡侯产铜戈

八十七、铜戈铜镦

战国

铜戈通长22.9厘米，援长15.5厘米，内长7.4厘米，阑高10.2厘米；铜镦通长14.4厘米，直径2厘米

2011年9月江苏扬州西湖镇蜀岗村润扬路西延工地出土

扬州市文物考古研究所藏

铜戈：短胡三穿；直内三面有刃，刃上有一长三角形穿孔；窄援微向内弧，前宽后窄。铜镦：长筒形，中间饰箍状纹，中空，銎内残存木屑。内刻有铭文。【扬州市文物考古研究所：《广陵遗珍：扬州出土文物选粹》，江苏凤凰美术出版社，2018年版，第2页。】

图 3-87 铜戈铜镦

八十八、蛇纹铜镦

战国

长10厘米，直径3厘米

浙江绍兴越城区皋埠镇上将村凤凰山出土

绍兴博物馆藏

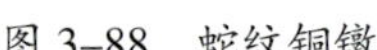

图 3-88 蛇纹铜镦

与戈同时出土，应为戈柲的底端。镦上铸有相互缠绕的蛇纹，表现了越人的蛇（龙）崇拜。【浙江省博物馆：《越王时代：吴越楚文化精粹》，中国书店，2019年版，第49页。】

八十九、鸟纹铜戈镦

战国

长14.5厘米，宽4.5厘米

安徽六安金安区九里沟窑厂195号墓出土

皖西博物馆藏

銎口呈前扁后圆的椭圆形，上部有两只对穿孔，孔下方铸鸟纹，鸟纹以下銎身渐敛。鸟喙尖，昂首直颈，展翅，尾下卷，羽毛丰满。銎下方的六棱实心体形似连蹄的兽肢，踝关节形象清晰。鸟纹上下分别饰花叶纹、草叶纹、减地三角纹。【浙江省博物馆：《越王时代：吴越楚文化精粹》，中国书店，2019年版，第195页。】

九十、“元年闰”铜矛

战国

长11.4厘米，宽2厘米

济南市博物馆藏

兵器。细圆锥状，前锋较尖锐。有穿。三条窄长薄片凸棱将器身分隔为三个小的平面，其中一面的中间部位有十字铭文“元年闰再十二月丙午关”。【济南市文物局、济南市博物馆、济南市考古研究所：《济南文物精粹·馆藏卷》，文物出版社，2018年版，第123页。】

九十一、“河南”青铜矛

战国

通长12.1厘米

台北“故宫博物院”藏

矛头，骹上有一孔。骹上有铭“河南”二字。【台北“故宫博物院”网站】

图3-89　鸟纹铜戈镦

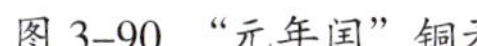

图3-90　“元年闰”铜矛

图3-91　“河南”青铜矛

九十二、王字纹铜矛

战国

长 21.7 厘米

江苏苏州吴中区跨塘收购站收购

苏州市吴中区文管办藏

矛身较长，呈柳叶形，中部起脊不通骹，中脊两侧对称饰有多组羽翼状纹饰，狭刃，两侧锋利，近本的部位稍向外扩成锐角形，前锋为凹弧形，一侧有桥形系纽。身与骹的连接处铸有一“王”字。【浙江省博物馆：《越王时代：吴越楚文化精粹》，中国书店，2019 年版，第 185—186 页。】

九十三、长骹铜矛

战国

通长 29.8 厘米，骹长 12.5 厘米

杭州西湖出土

浙江省博物馆藏

冲刺兵器。矛体瘦长，似柳叶状，叶长而窄，向上渐收呈锋。骹细长，截面为圆形，骹口深凹似燕尾，内中空，使用时安装有木柄。【浙江省博物馆：《越地范金》，浙江古籍出版社，2009 年版，第 76 页。】

九十四、越王玉矛

战国

长 23.5 厘米

浙江绍兴柯桥出土

浙江省博物馆藏

仪仗器或明器。柳叶形。骹中空，用以插柲。玉石呈褐色，富有玉质感。通体饰勾连云纹，中脊两侧刻有鸟虫书“戉戉戉王戉王”六字，可知此矛为越王之物。【浙江省博物馆：《越王时代：吴越楚文化精粹》，中国书店，2019 年版，第 184—185 页。】

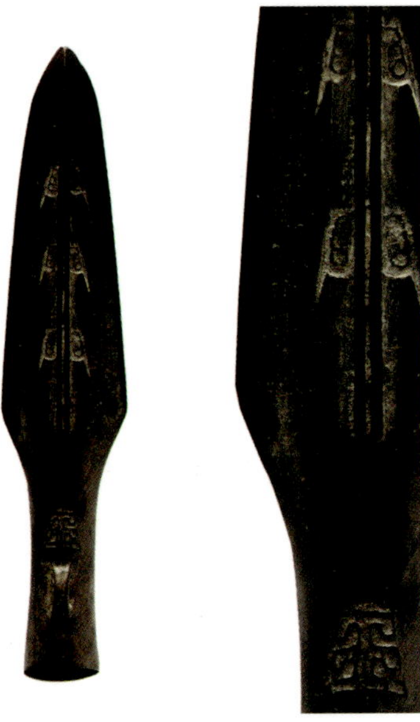

图 3-92 王字纹铜矛

图 3-93 长骹铜矛

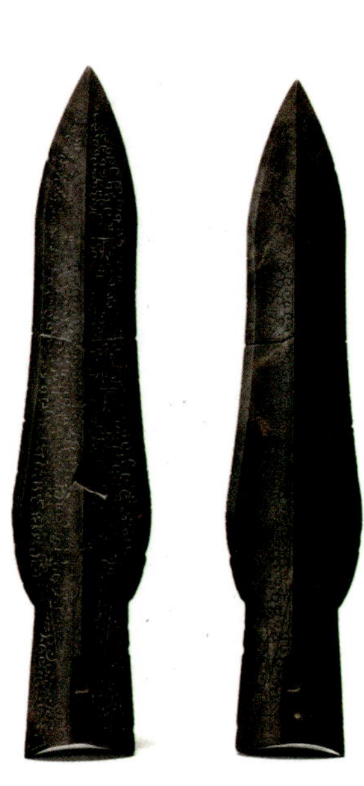

图 3-94 越王玉矛

九十五、越王铜铍

战国

通长 32 厘米，最宽处 3 厘米，茎长 3.5 厘米

1972 年杭州第九中学陈湘生捐赠

浙江省博物馆藏

柳叶形，身短而细，中起脊，刃部锈蚀严重，锋尖。茎扁平，略有残损。两叶对称饰六组鸟翼形细纹，两面纹饰相同。上端中脊两侧，正面和背面各铸有鸟虫书铭文“戉王”二字，字迹略残。铍与矛相近，是一种具有剑的特征、植柄如矛的刺杀兵器，其柄有长有短。如果在铍头下部按照犹如剑格的镡，则为铩，其柄亦有长短之分。铍出现于春秋，流行于春秋战国和秦汉时期。【浙江省博物馆：《越地范金》，浙江古籍出版社，2009 年版，第 78 页；孙机：《汉代物质文化资料图说》（增订本），上海古籍出版社，2008 年版，第 148—149 页；杨泓：《古代兵器通论》，紫禁城出版社，2005 年版，第 72 页。】

图 3–95　越王铜铍

九十六、铜铍

战国

通长 24.4 厘米，最宽 3.5 厘米，茎长 5.5 厘米

浙江省博物馆藏

刺杀兵器。身较宽扁，中脊凸起，双刃斜收。茎扁平，上有一穿。【浙江省博物馆：《越地范金》，浙江古籍出版社，2009 年版，第 78 页。】

图 3–96　铜铍

九十七、包金铜镦铜披

战国晚期

铍长 26.6 厘米，宽 5 厘米，镦长 12.3 厘米，径 2.1—3 厘米

1992 年山东临淄商王墓地 M2 出土

淄博市博物馆藏

国家一级文物

铜质，包金。镦呈椭圆柱形，两侧面刻阴浅重环纹，前后两面饰浅浮雕对称的龙凤纹。龙凤时隐时现，互相穿梭，动感强烈，刻画生动。【张永政：《淄博市博物馆馆志》，文物出版社，2008 年版，彩色插页（无页码），第 94 页。】

图 3-97　包金铜镡铜披

九十八、蟠虺纹殳

战国

1959 年安徽淮南市蔡家岗二号墓出土

安徽博物院藏

先秦兵器。殳头为三棱矛形。根据已知材料，殳大多出土于楚文化的高等级墓葬，例如曾侯乙墓出土了八件殳且带有自名，说明殳主要以此来表示高贵的身份，不是一般常用的兵器。【安徽博物院：《安徽文明史陈列》，文物出版社，2012 年版，上册，第 138 页。】

图 3-98　蟠虺纹殳

九十九、"平阿右同"戟

战国

长 27 厘米，宽 10.4 厘米，厚 0.8 厘米

济南市博物馆藏

兵器。援狭长锋利，有中脊。内刀形，三面刃，末端为斜刃，内上一穿。胡二穿。有铭文"平阿右同戟"五字。"平阿"为齐国邑名。【济南市文物局、济南市考古研究所、济南市博物馆：《济南文物精粹·馆藏卷》，文物出版社，2018 年版，第 124 页。】

图 3-99　"平阿右同"戟

一百、"黄"戟

战国

长 26.8 厘米，宽 11 厘米，厚 0.8 厘米

济南市博物馆藏

兵器。援较长，上下皆有刃，内上一穿。胡三穿，有铭文"黄戟"二字。"黄"为地名，先秦"黄"地有多处，此为齐国"黄"地。【济南市文物局、济南市考古研究所、济南市博物馆：《济南文物精粹·馆藏卷》，文物出版社，2018 年版，第 125 页。】

图 3-100　"黄"戟

一百〇一、蔡侯产剑

战国

通长 59.4 厘米，锋刃长 50.7 厘米，最宽处 4.8 厘米

1959 年安徽省淮南市蔡家岗二号墓出土

安徽博物院藏

柄呈喇叭形，中空为柄长的三分之一，柄中空部分用黄金堵塞。隔狭窄，亦为黄金质。缺剑格。一面腊上有错金鸟篆体铭文两行六字“蔡侯产之用剑”。蔡侯产是蔡国国君(前 471—前 457 在位)。鸟篆文是一种近于图案的古文字，起源于春秋时代长江中下游的吴越地区，流行于古代越、吴、楚、蔡等国，因其形与鸟、虫相似，又称“鸟虫书”。鸟篆书字体整体非常优美，被誉为“中国最早的美术字”。【安徽博物院：《安徽文明史陈列》，文物出版社，2012 年版，上册，第 139 页；安徽省文化局文物工作队（马道阔执笔）：《安徽淮南市蔡家岗赵家孤堆战国墓》，《考古》，1963 年第 4 期，第 204—212 页。】

图 3-101　蔡侯产剑

一百〇二、越王者旨於睗剑

战国早期

通长 52.4 厘米，剑格宽 5 厘米，首径 3.6 厘米

1995 年香港征集

浙江省博物馆藏

国家一级文物

浙江省博物馆十大镇馆之宝之一

剑作宽从厚格式，中起脊，两从斜弧，双刃呈弧形于近锋处收狭。倒凹字形剑格，两面铸双钩鸟虫书铭文八字，正面为“戉（越）王戉（越）王”，反面为“者旨於睗”，字口间镶嵌薄如蝉翼的绿松石，现有部分脱落，脱落处地纹上显示红色黏结材料痕迹。圆茎上有两道圆箍，箍上铸勾连云纹，茎上绕丝质缠缑。圆盘形剑首，饰五道同心圆。剑鞘木胎，长条形，用两块薄木片分别制作后黏合而成，鞘内有依据剑身的形制与大小挖制而成的凹槽，使剑身紧凑地套入鞘内，鞘身每 0.21 厘米处缠缚一道丝线用以加固，最后髹以黑漆。剑鞘无剑璏，表面此剑是插入腰带之内佩戴的。者旨於睗为越王勾践之子。此剑铸造极其精致，反映了吴越工匠的高超技艺，虽经历 2400 余年的岁月，全剑依然完整无缺，毫无锈蚀，保存状况极佳，剑身呈金黄色，磨砺光洁，光泽如新，刃锋犀利，寒芒泠泠，缠缑完整，剑鞘齐全，乌黑发亮，在出土或传世的吴、越剑之中

可谓绝无仅有，实为剑中之极品，稀世之珍宝，对于我国兵器史、武术史、文字史、冶金史、漆器史、丝绸史等领域的研究都具有极高价值。【浙江省博物馆：《越地范金》，浙江古籍出版社，2009年版，第70页；浙江省博物馆：《越王时代：吴越楚文化精粹》，中国书店，2019年版，第170—171页；曹锦炎、马承源、李学勤等：《浙江省博物馆新入藏越王者旨於睗剑笔谈》，《文物》，1996年第4期，第4—12页。】

一百〇三、越王者旨於睗剑

战国早期

长54.7厘米

安徽寿县出土

上海博物馆藏

青铜铸造。剑作斜宽从厚格式，剑首中部起脊，刃部微弧收于近锋处，剑格两面分铸鸟虫书铭文“越王越王”“者旨於睗”，字口间镶嵌绿松石。圆柱形剑茎，上饰两道箍，圆形

图3-102 越王者旨於睗剑

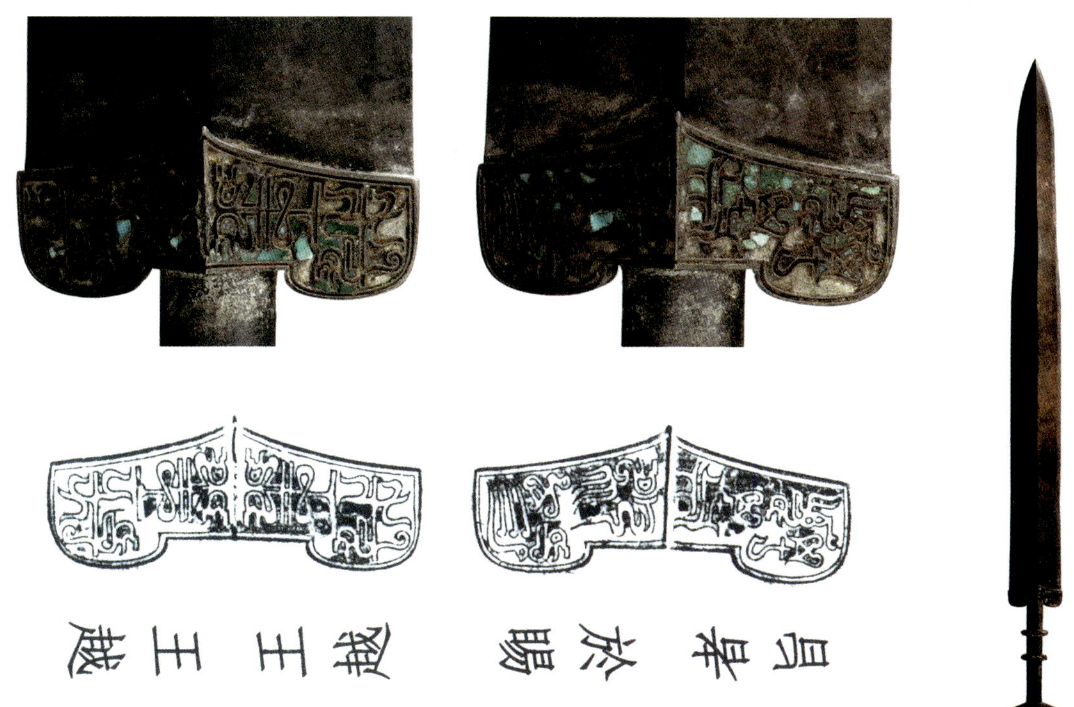

图 3-103 越王者旨於睗剑

剑首饰同心圆。者旨於睗为越王勾践之子。【浙江省博物馆：《越王时代：吴越楚文化精粹》，中国书店，2019 年版，第 110 页；上海博物馆：《柏林·上海：古代埃及与早期中国文明》，上海书画出版社，2017 年版，第 124 页。】

一百〇四、越王亓北古剑

战国早期

通长 64 厘米，茎长 9.6 厘米，剑格宽 5.2 厘米，首径 8.8 厘米

1987 年安徽省安庆市王家山第二自来水厂工地战国墓出土

安庆市博物馆藏

剑从厚格式，近锋处收狭，前锋尖锐，中起脊线。倒凹字形格，圆茎，内实，有凸圆箍二道，箍上饰突起的云雷纹。圆盘形首。剑格、剑首有铸、错金鸟篆铭文 32 字。剑格两面各有铭文 10 字，剑首有铭文 12 字，共 22 字，均为鸟篆体阴文，隔字错金，每隔一字，错金一字，共有 16 字错金。剑格正面铭文左右两边各五字，对称分布，释读为“古北丌王越 越王丌北古”。剑格背面铭文亦为左右两边各五字，对称分布，释读为“自剑用作自 自作用剑自”。剑首铭文释读为“唯越王丌北自作元之用之剑”或“唯越王丌北自作公之用之剑”。铸造精湛，通体无锈蚀，刃锋锐利。鸟篆铭文字迹清晰，细如毫发，金光灿然。【安徽博物院：《安徽文明史陈列》，文物出版社，2012 年版，上册，第 154—155 页；黄光新：《安庆王家山战国墓出土越王亓北古剑等器物》，《文物》，2000 年第 8 期，第 84—88 页；马承

图 3-104 越王亓北古剑

源：《越王剑、永康元年群神禽兽镜（上海博物馆藏）》，《文物》，1962 年第 12 期，第 51—55 页；何国俊、支艳杰：《重器灵光 千年奇珍——国家文物局调拨海南省博物馆的三件珍贵文物》，《文物天地》，2017 年第 6 期，第 4—7 页。】

一百〇五、越王州句错金铜剑

战国早期

通长 57 厘米，剑身宽 4 厘米，格宽 4.5 厘米，首径 3.7 厘米，剑鞘长 49 厘米，宽 4—5 厘米，剑匣长 68 厘米，宽 8 厘米，高 9.5 厘米

2002 年征集

浙江省博物馆藏

国家一级文物

剑作宽从厚格式，中起脊，两从斜弧，双刃呈弧形于近锋处收狭。剑格为倒“凹”字形，格上阴刻兽面纹，兽面以绿松石镶嵌，部分脱落。圆茎，剑首为圆盘形，其上饰 11 道同心圆，槽底有细密绳纹。剑首满饰交织的波状暗纹。近格处错鸟虫书铭文八字“戉（越）王州句自乍（作）用剑”。剑锋犀利异常。有完整的剑鞘与剑匣。剑鞘木胎，长条形，上宽下窄，鞘面朱绘神人操蛇图，通体髹黑漆，色泽鲜艳，宛如新造。剑匣木质，长方形，带盖，匣内挖空，匣身有朱绘纹饰，依稀难辨。剑主越王州句为勾践曾孙，公元前 448 年至前 412 年在位，是继勾践之后武功最为显赫的越国国王。【浙江省博物馆：《越地范金》，浙江古籍出版社，2009 年版，第 71 页；浙江省博物馆网站。】

一百〇六、越王州句剑

战国早期

长 63.6 厘米

上海博物馆藏

剑作斜宽从厚格式。剑身宽长，近锋处略收狭，前聚成锋，两从斜弧。剑格为倒凹字形。圆茎实心。圆盘形剑首，铸数道同心圆。剑格两面铸鸟虫书铭文十四字，记越王州句自

图 3-105 越王州句错金铜剑

作用剑，其中“州句”“自作用剑”均有重文。【浙江省博物馆：《越王时代：吴越楚文化精粹》，中国书店，2019 年版，第 174 页；上海博物馆：《柏林·上海：古代埃及与早期中国文明》，上海书画出版社，2017 年版，第 125 页。】

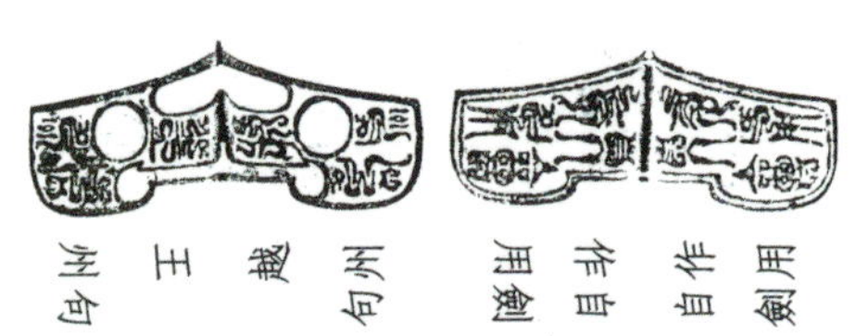

图 3-106 越王州句剑

一百〇七、越王州句铜剑

战国早期

通长 57 厘米，格宽 4.5 厘米，首径 3.4 厘米

原藏北京尊古斋

故宫博物馆拨

浙江省博物馆藏

仅存剑格，剑身后配。剑格为倒凹字形，较厚。格上铸鸟虫书铭文共十四字，正面六字“戉王州句州句”，背面八字“自乍（作）用剑自乍（作）用剑”。铭文间填细密斜线纹。剑格含铅量较高，呈银灰色。【浙江省博物馆：《越地范金》，浙江古籍出版社，2009 年版，第 72 页。】

图 3-107 越王州句铜剑

一百〇八、越王州句剑

战国早期

长 49.5 厘米

台北“故宫博物院”藏

剑柄与剑身相接的剑格两面，有铭文十四字。剑格以中脊为界，分成相背的两个单位，一面的一个单位为“戊州句”，另一为“王州句”；背面的二个单位分别为“自作用剑”，说明此剑为越王州句（约公元前 448—前 441 年）所用的剑。【台北“故宫博物院”网站】

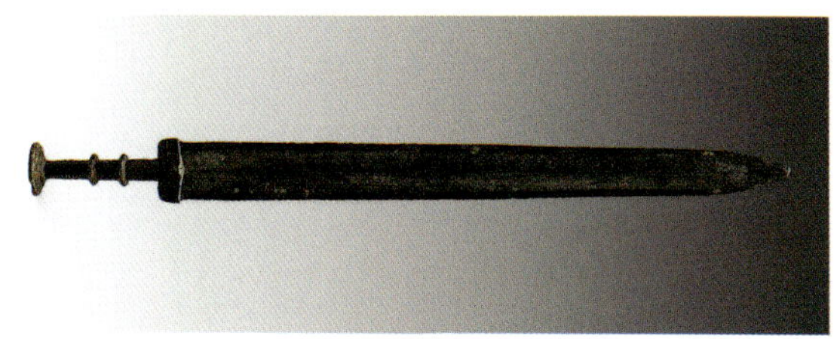

图 3-108 越王州句剑

一百〇九、越王不光剑

战国

长 57 厘米

上海博物馆藏

剑身中部起脊，近锋处弧形内收，截面呈菱形。菱形薄剑格，圆管状剑茎，圆形剑首。剑格两面和剑首共有错金鸟虫书铭文二十字。剑首铭文十二字环列，多字重文难辨。剑格正面铭文为“戉王戉王”，背面为“不光不光”。【浙江省博物馆：《越王时代：吴越楚文化精粹》，中国书店，2019 年版，第 179 页。】

图 3-109 越王不光剑

一百一十、越王嗣旨不光剑

战国早期

青铜

全长 40.7 厘米，剑首宽 4.3 厘米

台北“故宫博物院”藏

铭文十二字，在剑柄尾端，铸铭嵌金银丝，为南方盛行的变体篆书，即美术化的战国古文形式。本件铭文辨识不易。剑格饰曲折线纹，无铭文。【台北“故宫博物院”网站】

图 3-110 越王嗣旨不光剑

一百一十一、青铜剑

战国

通长 33.2 厘米，剑身长 33.2 厘米，最宽处 4 厘米

2004 年山东章丘马安遗址出土

章丘博物馆藏

兵器。剑身棱形窄格，有首，无箍，圆空心茎，中间起脊，脊柱明显，刃部略有缺口。【济南市文物局、济南市考古研究所、济南市博物馆：《济南文物精粹·考古卷》，文物出版社，2018 年版，第 202 页。】

图 3-111 青铜剑

一百一十二、铜剑

战国

通长 46.9 厘米，剑身宽 4.3 厘米，剑柄长 9.2 厘米

1991 年 8 月江苏省扬州市杨庙乡燕庄西汉墓出土

扬州市邗江区文物管理委员会藏

剑身修长，剑脊挺直，两侧出刃，刃口锋利。剑柄圆形中空，剑格呈“凹”字形，剑首外翻呈圆箍形，剑格、剑首之间有两道圆箍。【张元华：《邗江出土文物精粹》，广陵书社，2005 年版，第 95 页。】

图 3–112　铜剑

一百一十三、青铜剑

战国

青铜

高 50.2 厘米

台北“故宫博物院”藏

礼器，圆茎上下等粗，中有两平行凸箍，宽格，圆首。【台北“故宫博物院”网站】

一百一十四、铜剑

战国

长 45.6 厘米，宽 4.5 厘米，厚 0.8 厘米

吴江宛坪出土

苏州博物馆藏

圆茎，一字形格，中有凸柱状脊，两面刃，自剑身三分之二处起弧收锋，前锋尖锐。【苏州博物馆：《苏州博物馆藏出土文物》，文物出版社，2009 年版，第 119 页。】

一百一十五、几何纹平脊铜剑

战国

长 41.5 厘米，宽 4.35 厘米，厚 0.8 厘米

1987 年杭州市余杭区吴山乡出土

杭州博物馆藏

这把战国青铜剑色泽黑中泛青，有光泽。短腊，斜宽从，厚格呈倒凹字，格两面各铸阴阳简易兽面纹。圆茎，有两道箍，剑首铸饰几何纹。【杭州博物馆网站；杭州博物馆：《最忆是杭州》，浙江人民出版社，2015 年版，第 18 页。】

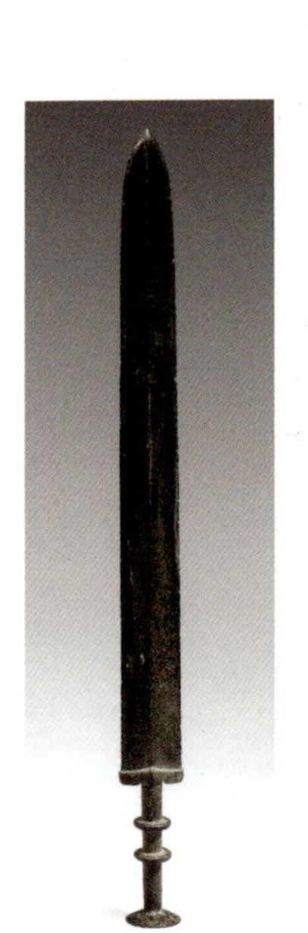

图 3–113　青铜剑

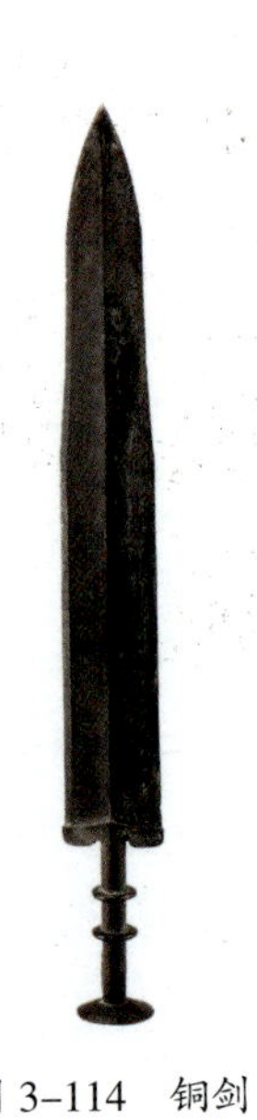

图 3–114　铜剑

图 3–115　几何纹平脊铜剑

一百一十六、铜剑

战国

长 56.4 厘米，宽 5.4 厘米，茎长 8.7 厘米

图 3-116 铜剑

1972 年江苏仪征龙合乡马坝村魏庄出土

仪征博物馆藏

剑身较宽，斜从，剑脊挺直，前锷收狭，刃部锋利，剑格较薄，剑茎为圆柱形，剑首为圆形。此剑具有战国早期的风格特点。【扬州市文物局：《韫玉凝晖：扬州地区博物馆藏文物精粹》，文物出版社，2015 年版，第 30 页。】

一百一十七、神兽纹剑饰

战国

通长 31.4 厘米，宽 4.9 厘米，厚 3.5 厘米

1999 年杭州半山石塘镇 T13：M2 出土

杭州博物馆藏

这套玉剑饰颜色青黄，分剑鞘、剑格、剑璏、剑珌四部分。其中，玉剑鞘的琢制最为精彩。剑鞘分上下两片，内部中空，套在剑身之外，起装饰和保护作用。剑鞘平面上大下小，下部弧收，利用斜线及三角等几何纹带区分多个区域，刻画蟠螭、蟠虺、卷云、涡纹纹饰。利用浮雕技巧法雕琢出（蟠螭）神兽或两两相对或相向环绕，极富勇健、阳刚之美。剑格俯视呈菱形，中间有一穿孔，以供剑柄插入。剑璏造型为长条形，截面近长方，底面平滑，表面略有弧突。剑珌位于剑鞘底端。每件饰件均装饰有卷云纹，体现了整体的和谐统一。【杭州博物馆网站；高敏：《杭州博物馆藏战国玉器赏析》，《文物天地》，2020 年第 6 期，第 6—12 页。】

图 3-117 神兽纹剑饰

一百一十八、白玉剑格

战国晚期

高 3.4 厘米，宽 6 厘米，厚 2.2 厘米

1992 年山东临淄商王墓地出土

淄博市博物馆藏

国家一级文物

白玉质，土沁泛白，山字形，銎嵌铁剑残体。饰浅浮雕卷云纹，边缘阴刻轮廓线。【张永政：《淄博市博物馆馆志》，文物出版社，2008 年版，彩色插页（无页码）。】

图 3-118 白玉剑格

一百一十九、白玉剑璏

战国晚期

长 13.9 厘米，宽 2.4 厘米，高 1.5 厘米

1992 年山东临淄商王墓地出土

淄博市博物馆藏

国家一级文物

白玉质，长方形，两端勾卷，背有长方形銎，表面饰整齐的蚕纹。【张永政：《淄博市博物馆馆志》，文物出版社，2008 年版，彩色插页（无页码）。】

图 3–119 白玉剑璏

一百二十、白玉剑珌

战国晚期

长 8.3 厘米，宽 5—6.6 厘米，厚 1.5 厘米

1992 年山东临淄商王墓地出土

淄博市博物馆藏

国家一级文物

束腰梯形，饰左右对称的浅浮雕兽面纹和几何云纹。【张永政：《淄博市博物馆馆志》，文物出版社，2008 年版，彩色插页（无页码）。】

图 3–120 白玉剑珌

一百二十一、铜铍（一对）

秦

上长 46.8 厘米，宽 3 厘米，茎长 12 厘米；下长 45.5 厘米，宽 3.1 厘米，茎长 10.5 厘米

1993 年江苏仪征陈集乡杨庄村詹庄汉墓出土

仪征博物馆藏

铍窄薄身，起脊，两侧八个面，刃部锋利，前锋尖锐，茎扁平，有一孔用以穿钉固柲，出土时木柲已残。其中一铍一面茎浅刻十五字铭文“十五年寺工武光□作府吉工方山拜”；另一面身浅刻六字铭文“十五年寺工缮”。“十五年”为秦始皇纪年，即公元前 232 年。“寺工”是秦朝主造兵器的官署机构，或官名。铍身所配“山”字形格，尺寸较大，与铍身铜色及铸造工艺不一致，应为西汉时另配。这两件铜铍铸造精湛，锋利光亮，镌刻金文，有明确的年代、机构、工匠名称，尤显珍贵。【仪征博物馆网站；仪征博物馆：《仪征出土文物集萃》，文物出版社，2008 年版，第 32 页。】

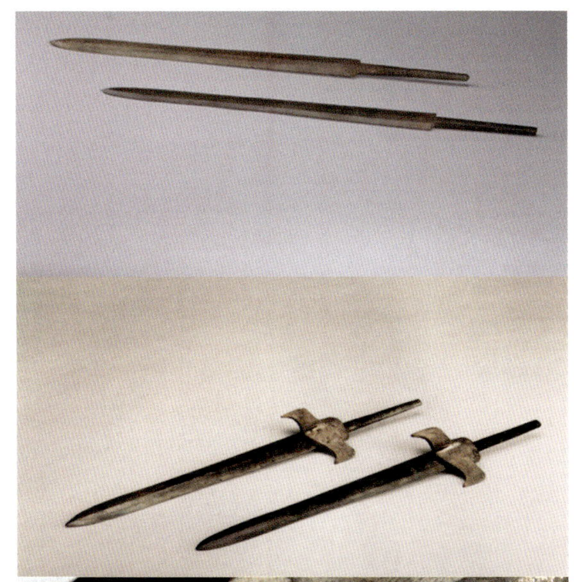

图 3-121 铜铍（一对）

一百二十二、错金银鸟形饰戈

西汉

通长 185 厘米，戈长 28 厘米，宽 16.5 厘米，内长 11.6 厘米，阑高 16.3 厘米，铜镈长 11.6 厘米，鸠鸟长 8.7 厘米，宽 2.7 厘米

2003 年徐州翠屏山刘治墓出土

徐州博物馆藏

一套。应为仪仗器。由戈、木柲、铜镈及顶部的鸟形装饰等部分组成。戈援狭长，上下均有刃，剖面略呈椭圆形。内为长条形，里侧部分无刃，外侧部分三面刃，中间偏里处有一横的长条形穿。胡较长，上有四个长方形穿。上阑顶部装有一铜质鸠鸟，卧姿回首，表面有极细的阴刻花纹，鎏金错银。木柲已朽，尾部装有铜镈。铜镈剖面为椭圆形，上有阴刻细线纹，表面错银，纹饰分为上下两部分，均为相对的戈龙形图案，上部略窄，龙呈卧状，下部略宽，龙呈站立状，周围饰卷云纹，上下两部分纹饰以宽带卷云纹隔开。【徐州市文物局：《揽珍：徐州市第一次全国可移动文物普查》，江苏凤凰美术出版社，2016 年版，第 292 页；徐州博物馆（执笔：原丰、耿建军、周波）：《江苏徐州市翠屏山西汉刘治墓发掘简报》，《考古》，2008 年第 9 期，第 11—24 页；赵敏：《徐州考古发现的汉代金器》，《文物天地》，2019 年第 5 期，第 67—72 页。】

图 3-122 错金银鸟形饰戈

一百二十三、镈铜戈

西汉

戈长 22.5 厘米，镈长 11.9 厘米，銎径 3 厘米

1978 年山东省淄博市临淄区大武乡窝托村

齐王墓5号随葬坑出土

淄博市博物馆藏

国家一级文物

应为仪仗器。长胡，三穿，筒形金柄，顶部饰一只回首鸳鸯。云纹金镈，銎孔呈杏仁形。造型优雅，装饰豪华，展示了西汉发达的金器细工工艺。【张永政：《淄博市博物馆馆志》，文物出版社，2008年版，彩色插页（无页码）；吕章申：《秦汉文明》，北京时代华文书局，2017年版，第78—79页。】

图3-123 镈铜戈

一百二十四、错金银嵌绿松石铜矛

西汉

长15.4厘米，宽2.5厘米，銎径2.4厘米

1994—1995年徐州狮子山楚王陵出土

徐州博物馆藏

应是仪仗器。器身有残损。【徐州市文物局：《揽珍：徐州市第一次全国可移动文物普查》，江苏凤凰美术出版社，2016年版，第292页；赵敏：《徐州考古发现的汉代金器》，《文物天地》，2019年第5期，第67—72页。】

图3-124 错金银嵌绿松石铜矛

一百二十五、螭首纹铜矛

西汉

长23.2厘米，宽2.4厘米

1992年江苏仪征陈集乡杨庄村詹庄汉墓出土

仪征博物馆藏

铜质。叶狭，起脊，直刃前聚为锋，刃锋锐利。骹口为圆弧形，骹上部和中部各有一个

图 3-125 螭首纹铜矛

凸出宽箍带，分别饰以螭首纹、网纹，螭首部位有漆痕。造型独特，纹饰精细。【仪征博物馆：《仪征出土文物集萃》，文物出版社，2008年版，第 34 页。】

一百二十六、彩绘云气纹矛

西汉

通长 238.5 厘米，直径 2.8 厘米

2010 年江苏仪征新集国庆前庄 12 号汉墓出土

仪征博物馆藏

由铜矛、木柲、铜镦等部分组成。矛身略呈菱形，顶端较平。木柲细长，通体涂黑漆，中部及尾部以朱、黄漆绘两组云气纹。【仪征博物馆：《仪征出土汉代漆木器》，江苏凤凰美术出版社，2015 年版，第 156 页。】

一百二十七、铜铍

西汉

长 33—51.6 厘米

1994—1995 年狮子山楚王墓出土

徐州博物馆藏

这些铜铍出土于西面第 1 侧室，有大、中、小三种形制。均由铍头及鞘、柲、镈三部分组成。有的铍锋前窄后宽，前端弧收，中间起脊，前锋弧锐。一字形格，断面呈菱形，格后接细茎。入葬时铍头套有鞘，已朽毁，仅存上端的

图 3-126 彩绘云气纹矛

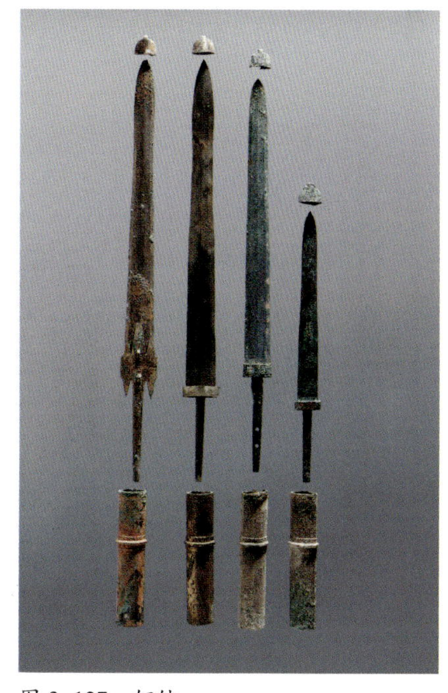

图 3-127 铜铍

鎏金铜帽及鞘口的铜饰件。有的铍从上有两条点状装饰条带，铍鞘鞘口为锯齿状，中齿稍长。格的一侧有一小圆钮用来系缨。铍下接木质柲，已朽毁，柲下端套镈。镈作圆筒形，中有箍节，表面鎏金。【徐州博物馆网站】

一百二十八、彩绘陶戴帽执兵俑

西汉

高 50 厘米，宽 13 厘米

1986 年江苏省徐州市北郊铜山县（今铜山区）茅村乡洞山村北洞山西汉楚王墓出土

徐州博物馆藏

俑戴帽，帽带系结于颌下。面部眉目细长，留有八字胡须。身穿二重右衽曲裾深衣，胸前佩有长剑。腰间束带并悬挂组带和绶带。双手半握拳置于右肋，左拳在上，右拳居下，所执兵器为木质长戟，仅剩朽痕。下身穿肥袴，足蹬双尖翘首履。在北洞山楚王墓出土的彩绘执兵陶俑形式中，各异的眉、须，五颜六色的服饰，各不相同的剑鞘纹饰和玉具剑，不同的组带、绶带系结的形式等，都超过以往发现的帛画、壁画、木俑和服饰等，极大地丰富了汉代早期的服饰资料。陶俑的服饰、形制的不同表明其身份亦有差异。相当一部分彩绘陶俑所佩绶带下端均有半通印，印文多为郎中，少数为中郎。“郎中”，即廊中，指宫廷之廊，战国即有，秦设郎中令，“掌宫廷掖门户”。这批彩绘陶俑都应是楚王的宿卫侍从。【徐州博物馆网站；徐州博物馆、南京大学历史学系考古专业：《徐州北洞山西汉楚王墓》，文物出版社，2003 年版，第 83—89、98—100 页，彩版三一—三六。】

图 3-128 彩绘陶戴帽执兵俑

一百二十九、鸡鸣戟

西汉

通长 52 厘米，援长 16 厘米，镦长 14

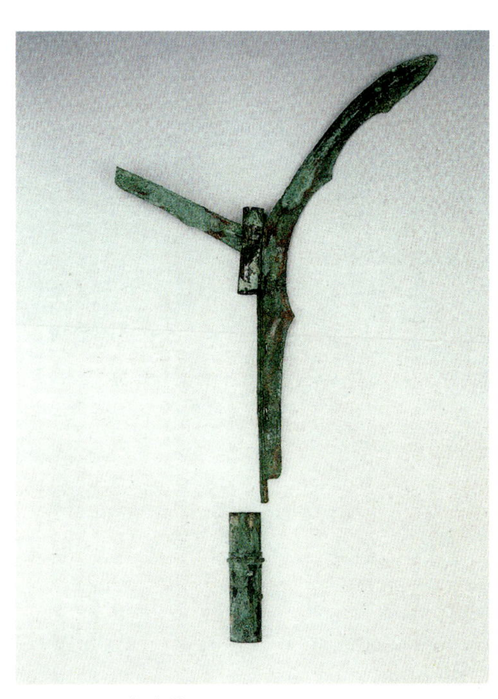

图 3-129 鸡鸣戟

厘米

1978年山东省淄博市临淄区大武乡窝托村齐王墓随葬器物坑出土

淄博市博物馆藏

鸡鸣状，长胡四穿，援内之间有一管形冒。竹节状镦。銎如杏仁状。【张永政：《淄博市博物馆馆志》，文物出版社，2008年版，彩色插页（无页码）。】

图 3-130 “卜”字形铜戟

一百三十、“卜”字形铜戟

西汉

通长30.2厘米，宽13.6厘米

2002年10月江苏扬州西湖镇蜀岗东陈出土

扬州市文物考古研究所藏

铜质，呈“卜”字形，刺尖而细长，胡上有三个圆形穿，援垂直横出，狭长尖利，上置一个圆形穿。造型别致。【扬州市文物考古研究所：《广陵遗珍：扬州出土文物选粹》，江苏凤凰美术出版社，2018年版，第6页。】

一百三十一、“卜”字形铜戟

西汉

长31.9厘米，宽14.5厘米，厚0.5厘米

1992年江苏仪征陈集乡杨庄村詹庄汉墓出土

仪征博物馆藏

铜质，呈“卜”字形，刺尖而长，胡上有两个圆形和两个方形穿，援上有一个圆形穿，刺和援均为柳叶形，中部起脊。【仪征博物馆：《仪征出土文物集萃》，文物出版社，2008年版，第34页。】

一百三十二、木雕剑盾

西汉

盾高20厘米，剑长30厘米

江苏泗阳县泗水王陵出土

南京博物院藏

随葬明器。【庄天明、吴为山：《泗水王陵出土西汉木雕》，天津人民美术出版社，2003年版，第96页。】

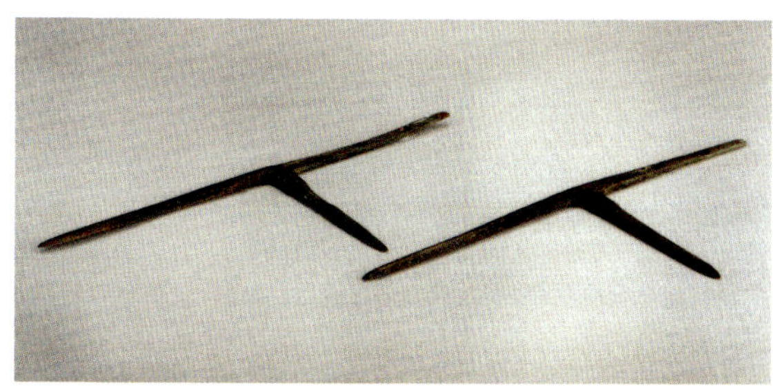

图 3-131 “卜”字形铜戟

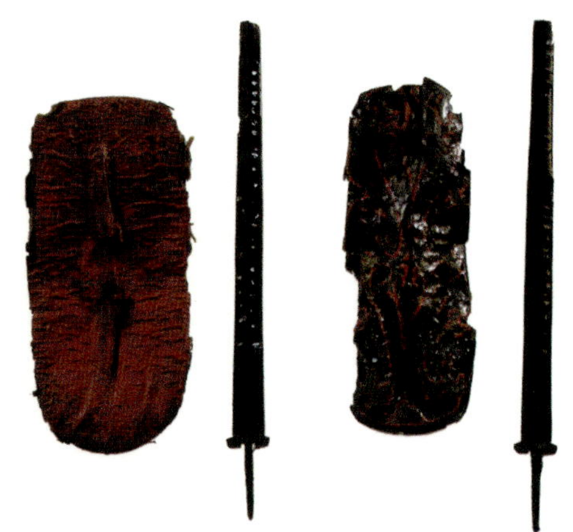

图 3-132 木雕剑盾

一百三十三、木盾

西汉

长 79.4 厘米，宽 38.2 厘米

1984 年江苏仪征胥浦姜林汉墓出土

仪征博物馆藏

两件。木胎。表面涂黑漆，已剥落。呈上窄下宽的梯形，上下边沿为圆弧形，中心凸出。背面正中三角形处装盾柄，已佚失。【仪征博物馆：《仪征出土汉代漆木器》，江苏凤凰美术出版社，2015 年版，第 157 页。】

图 3-133 木盾

一百三十四、木持盾立俑

西汉

高 36.4 厘米

2007 年江苏仪征新城烟袋山 4 号车马坑出土

仪征博物馆藏

共出土四件，形制相同，大小略有差别。此为其中的一件。木胎，以灰白作底，头发、眼睛、眉毛、嘴巴及盾牌皆以墨绘。武士身穿裤装，体格健壮，表情威严，双腿直立，右臂下垂，右手中空，用以握持兵器，左臂持盾于胸前。盾上圆下方，正面中部有一条凸起的脊，背部以木榫与武士之手相连接。【仪征博物馆：《仪征出土汉代漆木器》，江苏凤凰美术出版社，2015 年版，第 190 页。】

图 3-134 木持盾立俑

一百三十五、陶持盾立俑

西汉

通高 41 厘米，通长 12.6 厘米，通宽 2 厘米

2003 年山东章丘危山汉墓出土

章丘区博物馆藏

泥质灰陶。头戴冠巾，目视前方，着束腰长袍至膝盖处，双手做持盾状。【济南市文物局、济南市考古研究所、济南市博物馆：《济南文物精粹·考古卷》，文物出版社，2018 年版，第 72 页。】

图 3-135　陶持盾立俑

一百三十六、铜剑

西汉

通长 40.4 厘米，剑身宽 433 厘米，剑柄长 8.8 厘米

1991 年 8 月江苏省扬州市酒甸乡酒甸西汉墓出土

扬州市邗江区文物管理委员会藏

剑身瘦长，中间为一道凸起的棱脊，脊两侧有凹槽。两侧出刃，刃口锋利。【张元华：《邗江出土文物精粹》，广陵书社，2005 年版，第 95 页。】

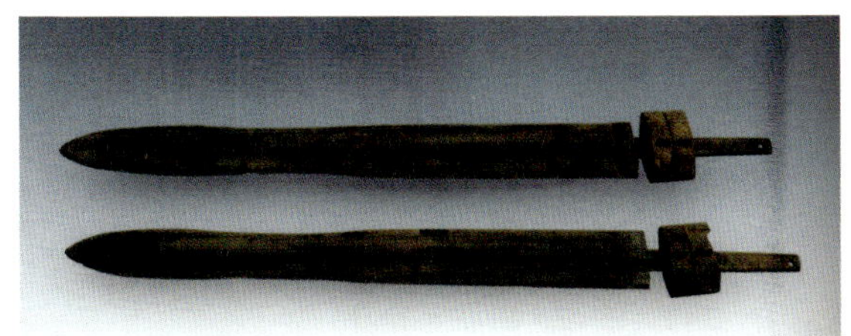

图 3-136　铜剑

一百三十七、漆鞘铁剑

西汉

剑长 107 厘米，宽 4.5 厘米，厚 2 厘米

2007 年江苏仪征新城镇官胜村 2 号汉墓出土

仪征博物馆藏

剑鞘木胎，斫制。通体涂黑色漆。上附有木剑璏、剑首及铜剑格。鞘内置一铁剑，剑柄外缠有麻绳。保存完好。【仪征博物馆：《仪征出土文物集萃》，文物出版社，2008 年版，第 51 页。】

图 3-137　漆鞘铁剑

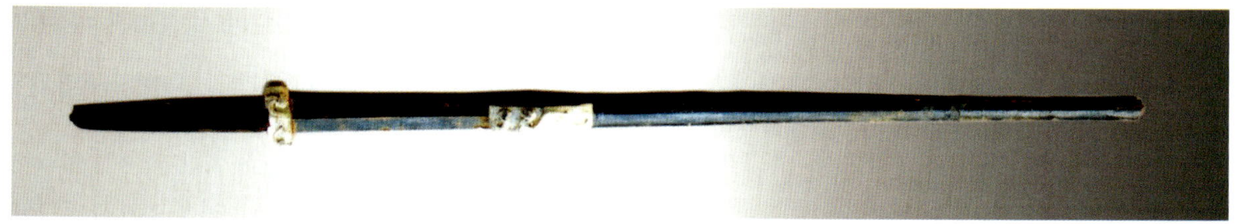
图 3-138 漆鞘铁剑

一百三十八、漆鞘铁剑

西汉

长 95 厘米，宽 4.8 厘米

2002 年山东省日照市海曲汉墓出土

日照市博物馆藏

鞘身遍髹黑褐漆。剑鞘之上镶嵌有玉剑饰。【董书涛：《日照博物馆馆藏文物集》，齐鲁书社，2010 年版，第 116 页。】

一百三十九、永光元年“河内黑头”剑

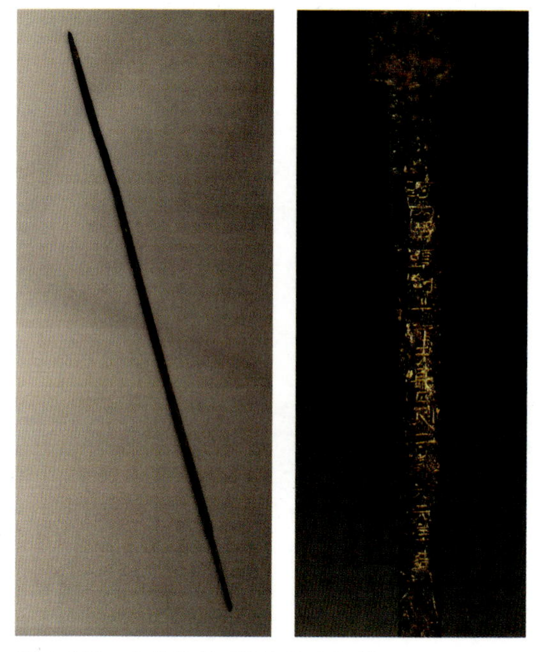
图 3-139 永光元年“河内黑头”剑

西汉

长 114.5 厘米，宽 3.2 厘米

1987 年江苏省仪征市古井乡利民村汉墓出土

仪征博物馆藏

含碳量较高的炒钢原料生铁锻造而成。表层泛黑色。扁长茎，身长而扁，中部起脊。径末端有一圆穿孔。颈部阴刻隶书铭文“河内黑头剑光硕天长四尺二寸永光元年造”。永光为汉元帝年号，永光元年为公元前 43 年。此剑保存完好，韧性好、弹性强，冶炼精良，有明确的地点、名称、尺寸和纪年，是研究西汉冶金技术和度量制的珍贵实物资料。【仪征博物馆：《仪征出土文物集萃》，文物出版社，2008 年版，第 51 页。】

一百四十、铁剑

西汉

长 98 厘米

1985 年江苏省连云港市锦屏黄石崖西郭宝墓出土

连云港博物馆藏

剑身有锈蚀，仍有寒光，剑口锋利。出土时有漆剑鞘，置于墓主左手部，剑首朝上。【周锦屏：《连云港馆藏文物精粹》，荣宝斋出版社，

图 3–140 铁剑

2006 年版，第 92 页；连云港博物馆：《连云港市陶湾黄石崖西汉西郭宝墓》，《东南文化》，1986 年第 2 期，第 17—21 页。】

一百四十一、玉剑饰

西汉

剑格长 5.7 厘米，宽 2.6 厘米，剑璏长 10.6 厘米，宽 2.6 厘米，厚 1.7 厘米，剑珌长 3.2 厘米，宽 2.3 厘米，厚 1.1 厘米

1988 年江苏省扬州市邗江区甘泉乡姚庄 102 号西汉墓出土

扬州博物馆藏

图 3–141 玉剑饰

玉质，呈奶黄色，包括剑格、剑璏、剑珌，与剑身组合在一起，既起到重要的装饰作用，又体现了剑主的高贵身份和显赫地位。剑格和剑珌的两面、剑璏的正面饰有减地线雕饕餮如意纹。张元华：《邗江出土文物精粹》，广陵书社，2005 年版，第 58 页。】

一百四十二、玉剑饰

西汉

剑格长 4.1 厘米，宽 1.9 厘米，剑璏长 8.7 厘米，宽 2.6 厘米

1985 年江苏省扬州市甘泉乡姚庄 101 号汉墓出土

扬州博物馆藏

采用上等和田白玉制成，玉质微密温润，做工精良。由剑格、剑璏组成。剑格以中脊为轴，中部凸棱处饰圆眼兽面纹，两侧饰勾连云纹。中部上段有凹，并有一长方形穿孔。两面纹饰相同。剑璏呈长方形，两端下卷，表面饰勾连云纹，一端饰圆眼兽面纹。下部一侧有长方形穿孔。《邗江出土文物精粹》，广陵书社，2005 年版，第 48 页。】

图 3–142　玉剑饰

一百四十三、谷纹玉剑首

西汉

直径 5.3 厘米，厚 1.4 厘米

2007 年徐州市东郊上甸子村黑头山 1 号墓出土

徐州博物馆藏

白玉质，表面有黄色沁斑。扁圆形。正面分为内外两区：内区圆凸，中间刻弧边菱格纹，周围为四组双旋涡纹；外区呈环状，稍内斜，饰谷纹。侧面稍斜，内小外大。内面周围呈斜坡状，中间为凸起的平台，平台上有环形槽。【徐州博物馆网站；徐州市文物局：《揽珍：徐州市第一次全国可移动文物普查》，江苏凤凰美术出版社，2016 年版，第 38 页。】

一百四十四、玉剑首

西汉

径 6.4 厘米，高 3.8 厘米

台北“故宫博物院”藏

白玉沁褐。圆座上雕一圆钮状物，上刻云形纹，并有一桥型环；周围有三只螭龙环绕，头型略方，身躯长而圆润。圆座的侧边及底部均阴线刻云雷纹，底面外缘阴线刻云纹，中央有一环状沟。【台北“故宫博物院”网站】

图 3-143 谷纹玉剑首

图 3-144 玉剑首

一百四十五、蟠龙纹异形玉剑首

西汉

长 21 厘米，宽 4.2—7.2 厘米，厚 0.57 厘米

1995 年江苏徐州狮子山楚王墓出土

徐州博物馆藏

以新疆和田白玉雕琢，色泽泛青，局部有沁斑。造型略呈铲形，周廓以阴线刻双线“S”纹，线条流畅自然。玉饰前端透雕螭龙，龙身弯曲于铲身方框内。龙首与龙身虬曲翻转成“S”形，龙身浑圆健硕，具有挣脱外框束缚的内在张力，与铲形框内外形成动与静、力与美的和谐统一。铲形体前端和一侧透雕变形卷云纹图案。铲形体后端有短柄，柄上有一圆孔，孔为饕餮纹图案之口，饕餮眼鼻清晰，另一侧阴刻花纹图案。造型特殊，玉质优良，雕琢工艺精湛，实为汉代玉器中的精品。【徐州博物馆网站；海蔚蓝：《楚王梦：玉衣与永生——徐州博物馆汉代珍藏》，江苏凤凰美术出版社，2017 年版，第 133 页；孙机：《汉代物质文化资料图说》（增订本），上海古籍出版社，2008 年版，第 154—158 页。】

图 3-145 蟠龙纹异形玉剑首

一百四十六、异形玉剑首

长 9.9 厘米，宽 3.8 厘米，厚 0.9 厘米

1995 年江苏徐州狮子山楚王墓出土

徐州博物馆藏

玉色白润，局部有沁色。梯形，素面。上端略宽，一角内凹为半圆弧形；中部隆起；两侧稍薄，截面略呈椭圆形；下端中部有一方形柱榫。该玉剑首与剑柄以榫卯相连，较为独特。【徐州博物馆网站；海蔚蓝：《楚王梦：玉衣与永生——徐州博物馆汉代珍藏》，江苏凤凰美术出版社，2017 年版，第 143 页；徐州市文物局：《揽珍：徐州市第一次全国可移动文物普查》，江苏凤凰美术出版社，2016 年版，第 38 页。】

图 3-146　异形玉剑首

一百四十七、玉剑璏

西汉

长 8 厘米，宽 2.3 厘米

2009 年山东济南魏家庄遗址出土

济南市考古研究所藏

图 3-147　玉剑璏

透闪石质。平面圆角长方形，两端向下卷曲。【济南市文物局、济南市考古研究所、济南市博物馆：《济南文物精粹·考古卷》，文物出版社，2018 年版，第 149 页。】

一百四十八、玛瑙剑璏

西汉

长 7 厘米，宽 2.5 厘米，厚 2.6 厘米

2002 年江苏省连云港市海州区双龙村花园路西汉墓 M1 二号棺出土

连云港博物馆藏

这件玉剑璏是镶嵌于剑鞘上，供穿戴佩系之用的剑饰。玛瑙质地，保存较完整，底部稍有残缺。剑璏呈半透明状，利用玛瑙表面的自然红色纹理巧雕成突起的峰峦状，做工考究，

图 3-148　玛瑙剑璏

色彩艳丽，是一件不可多得的珍品。【连云港市博物馆：《江苏连云港海州西汉墓发掘简报》，《文物》，2012 年第 3 期，第 4—17 页，彩图 1、2；连云港博物馆：《连云港馆藏文物精粹》，荣宝斋出版社，2006 年版，第 6 页。】

一百四十九、玉剑璏

西汉

长 10.7 厘米，宽 2.5 厘米，厚 1.7 厘米

1996 年 5 月马鞍山金家庄区寺门口汉墓出土

马鞍山市博物馆藏

青白玉。正面剔地浅雕，一端刻有饕餮纹，背上纹饰以中轴线分隔，左右对称，饰连云纹，线条精细流畅。【马鞍山市文物管理所、马鞍山市博物馆：《马鞍山文物聚珍》，文物出版社，2006 年版，第 32 页。】

图 3–149　玉剑璏

一百五十、玉剑璏

西汉

长 7.3 厘米，宽 2 厘米，厚 1.4 厘米

1996 年 5 月马鞍山金家庄区寺门口汉墓出土

马鞍山市博物馆藏

图 3–150　玉剑璏

青玉。玉面泛浆有沁色。背面有浮雕蟠龙一只，龙身周围衬托有数条阴刻纹饰。【马鞍山市文物管理所、马鞍山市博物馆：《马鞍山文物聚珍》，文物出版社，2006 年版，第 32 页。】

一百五十一、螭纹玉剑璏

西汉

长 8.7 厘米，宽 2.5 厘米

1992 年江苏仪征陈集乡杨庄村詹庄汉墓

图 3–151　螭纹玉剑璏

出土

仪征博物馆藏

剑璏为青玉琢制，表面有黄、灰黑色沁斑，面上一浮雕手法雕刻一螭。螭首正面，头为方形，圆眼前凸，耳大，身瘦，长尾分叉、上卷。【仪征博物馆：《仪征出土文物集萃》，文物出版社，2008 年版，第 90 页。】

一百五十二、母子螭纹玉剑璏

西汉

长 5.5 厘米，宽 3.1 厘米

1999 年江苏仪征新城镇丁冲村烟袋山汉墓出土

图 3-152　母子螭纹玉剑璏

仪征博物馆藏

青玉琢制，有土黄色沁斑。面上浮雕一“S”形身正面螭，尾部有一小螭，与母螭相向而戏。母螭局部镂雕。玉质莹润，设计独特，纹饰逼真。【仪征博物馆：《仪征出土文物集萃》，文物出版社，2008 年版，第 91 页。】

一百五十三、螭首谷纹玉剑璏

西汉

长 7.3 厘米，宽 2 厘米

2002 年江苏仪征新集镇国庆村龙王 2 号汉墓出土

仪征博物馆藏

青玉琢制，局部有黑色沁斑。正面琢雕纹饰分为两部分，在规则的蒲纹山饰饱满的谷纹，排列整齐，在其一端饰一螭首纹。雕琢浅细。【仪征博物馆：《仪征出土文物集萃》，文物出版社，2008 年版，第 91 页。】

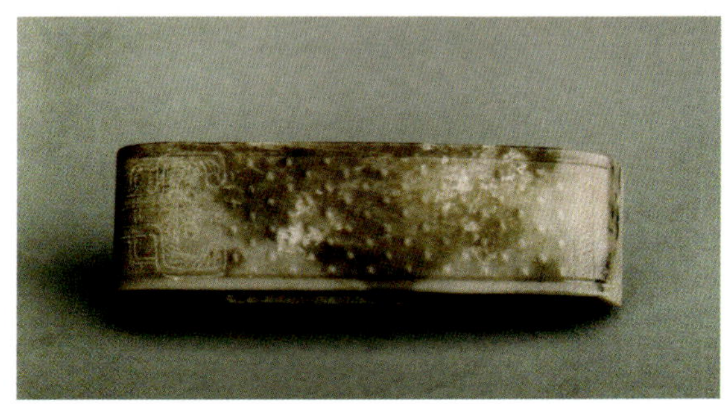

图 3-153　螭首谷纹玉剑璏

一百五十四、玉剑璏

汉

长 8.2 厘米，宽 2.5 厘米，高 1.8 厘米

台北“故宫博物院”藏

图 3-154　玉剑璏

白玉，有大片赭斑。面琢乳丁纹。玉璏原为汉代剑鞘上的饰件，全器呈长方板形，板面略平，其两端向内卷，下端有一方形穿带孔。器表雕勾连云纹，呈圆形小粒排列整齐。【台北“故宫博物院”网站】

图 3-155　玉剑摽

一百五十五、玉剑摽

西汉

全高 5.1 厘米，上宽 4.2 厘米，下宽 5.28 厘米

台北“故宫博物院”藏

服饰、佩饰。玉质。有赭斑，两面均琢云纹为饰，器顶有一圆槽及二穿。剑摽乃剑鞘末端的包尾，一般作成梯形，长边平整，短边作出一较深的凹槽，便于将鞘末端嵌入。【台北“故宫博物院”网站】

一百五十六、漆剑鞘

西汉

长 107 厘米，宽 4.5 厘米，厚 2 厘米

2007 年江苏仪征新城官胜 2 号汉墓出土

仪征博物馆藏

剑为铁质，外有漆鞘。鞘为木胎，通体涂黑色漆，鞘上附有木质剑璏、剑首及铜剑格。剑柄外缠有麻绳，保存完好。【仪征博物馆：《仪征出土汉代漆木器》，江苏凤凰美术出版社，2015 年版，第 154 页。】

图 3-156　漆剑鞘

一百五十七、漆鞘环首铁刀

西汉

长 110 厘米，宽 5 厘米

2002 年山东省日照市海曲汉墓出土

日照市博物馆藏

鞘身遍髹黑褐漆。【董书涛：《日照博物馆馆藏文物集》，齐鲁书社，2010 年版，第 131 页。】

一百五十八、《武库永始四年兵车器集簿》木牍

西汉

长 23 厘米，宽 7 厘米

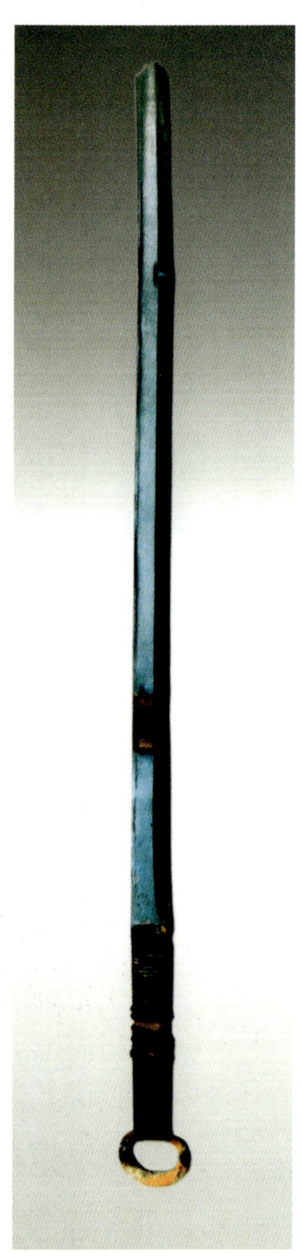

图 3–157 漆鞘环首铁刀

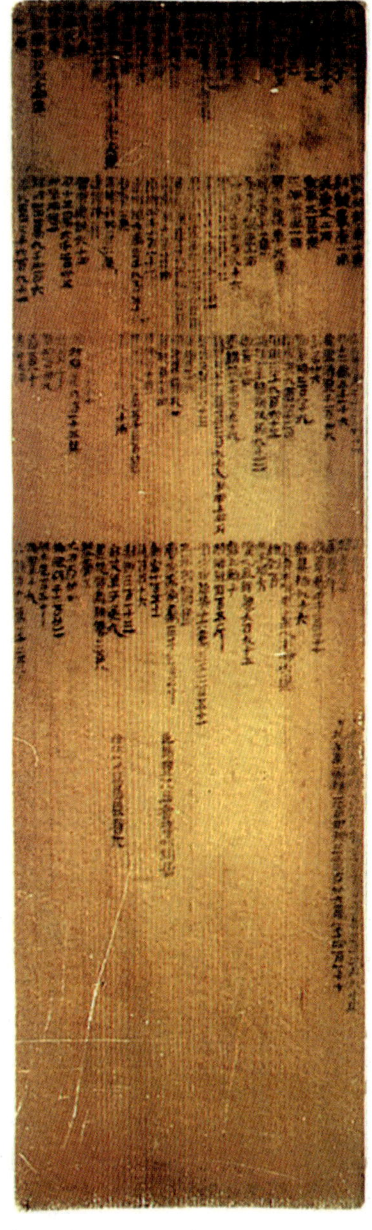

图 3–158 《武库永始四年兵车器集簿》木牍

1993年连云港市东海县温泉镇尹湾汉墓6号墓出土

连云港博物馆藏

平息七国之乱后，西汉政府在全国多地设立武库以拱卫京师，同时维护地方统治。该木牍逐项记录一个郡级武库中所收藏兵车器的名称和数量，最后还有总数统计。共计240种，23268487件。木牍正反面均用隶书书写，正面六排，背面五排，每排21—26行不等。《武库永始四年兵车器集簿》是我国迄今为止有关汉代武库建设的记载中时代最早、内容最完备的统计报告，而且是发现在内郡政府文书档案上，其文献价值非同寻常，对我们深入了解汉代武器装备的情况，提供了弥足珍贵的原始资料。【连云港博物馆网站】

一百五十九、庆云山二号石椁墓西壁画像（摹本）

西汉武帝时期(前140—前87年)

椁壁纵70厘米，横220厘米，厚13厘米

1985年5月山东省临沂市罗庄区册山乡庆云山南坡出土

临沂市博物馆藏

画面自左至右分为三格。中格刻一屋宇，檐下悬挂垂幛，屋内二武士对练，左者持戟冲刺，右者执刀、盾抵挡，屋外两侧各植一棵常青树。左右两格中部均刻谷璧纹。【杨爱国：《中国画像石精粹》（第一卷），山东美术出版社，2019年版，图版第71—72页、目录和图释第33页；临沂市博物馆：《临沂的西汉瓮棺、砖棺、石棺墓》，《文物》，1988年第10期，第68—75页。】

一百六十、武士对练画像石

西汉元帝至平帝时期（公元前48年至公元5年）

纵89厘米，横270厘米

1981年山东省金乡县城东香城堌堆石椁墓出土

山东石刻艺术博物馆藏

画面自左至右分为三格。左格刻二武士对练，右边武士挺矛前刺，左边武士一手持盾上托长矛，一手举剑劈刺。中格为璧纹。右格刻三武士，中间一武士头戴山形冠，挽袖瞪目，

图3-159　庆云山二号石椁墓西壁画像（摹本）

图 3-160 武士对练画像石

双手握剑，正面站立，左右各一武士执矛相向站立。【杨爱国：《中国画像石精粹》（第三卷），山东美术出版社，2019 年版，图版第 22 页、目录和图释第 10 页；山东石刻艺术博物馆：《山东鄄城、成武、金乡石刻调查》，《考古》，1996 年第 6 期，第 22—29 页。】

一百六十一、东安汉里石椁持刀神人图画像石

西汉晚期至东汉早期

纵 84 厘米，横 212 厘米，厚 27 厘米

1937 年山东曲阜县城窑瓦头村或韩家铺出土

原石藏山东曲阜孔庙

四周无边饰。刻二神人执刀弓步相对，瞠目张口，威猛有力：左者右手执刀，左手执树枝状物体，似为桃梗；右者右手持刀，左手手掌前伸。此二人应为古代传说善治恶鬼、世人奉为门神的神荼、郁垒。王充《论衡·订鬼》说："《山海经》又曰'沧海之中，有度朔之山，上有大桃木，其屈蟠三千里，其枝间东北曰鬼门，万鬼所出入也。

上有二神人，一曰神荼，一曰郁垒，主阅领万鬼。恶害之鬼，执以苇索，而以食虎。于是黄帝乃作礼以时驱之。立大桃人，门户画神荼、郁垒与虎，悬苇索以御。'"从此椁是南北形的形制来看，墓的方向是朝南的。因此，椁的南段壁板象征大门，在大门上刻画善治恶鬼的神荼、郁垒形象，和汉代的神话传说和生活习俗相符合，正是为了防御凶鬼，画像内容和布局位置是相统一的。【蒋英炬：《略论曲阜"东安汉里画像"石》，《考古》，1985 年第 12

图 3-161 东安汉里石椁持刀神人图画像石

期，第1130—1135页；杨爱国：《中国画像石精粹》（第一卷），山东美术出版社，2019年版，图版第84页、目录和图释第38页；傅惜华、陈志农：《山东汉画像石汇编》，山东画报出版社，2012年版，第73—74页。】

一百六十二、持斧盾武士壁画

新莽

宽100厘米，高约75厘米

2007年山东东平后屯汉代壁画墓M1出土

山东省博物馆藏

位于西壁南侧。绘一武士，发须张立，眉毛斜竖，大眼圆睁，阔鼻大口，上身穿绿色交衽长衫，黑色宽边，阔袖半挽，下身穿绿色长裤，右手执斧，左手执盾，身材魁梧，面目狰狞。【山东省文物考古研究所、东平县文物管理所：《东平后屯汉代壁画墓》，文物出版社，2010年版，第24—26页，图十八，彩版十五。】

一百六十三、戏虎图壁画

新莽

高39厘米

2007年山东东平后屯汉代壁画墓M13出土

山东省博物馆藏

北侧墓室门楣画像。在白壁之上用白灰涂抹白色底彩，其上涂红彩，在红彩上用墨线勾勒人物和动物图像。左侧绘一人，左腿前弓，右腿后蹬；足穿长靴，身着交衽长袍；右手持长剑，左手执盾牌；头向后仰，面带微笑，戏要猛虎。右侧绘一虎昂首翘尾，大步向前，威风凛凛。【山东省文物考古研究所、东平县文物管理所：《东平后屯汉代壁画墓》，文物出版社，2010年版，第70页，图五八，彩版七六。】

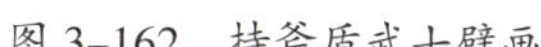

图3-162 持斧盾武士壁画

图 3-163　戏虎图壁画

一百六十四、青铜环首刀

新莽

通长 80.6 厘米，环首长 4 厘米，宽 5.6 厘米，柄长 12.4 厘米，宽 2.3 厘米，刀身长 64.2 厘米，宽 2.77 厘米，刀背宽 0.3—0.9 厘米

2012 年 7 月江苏扬州宝女墩汉墓被盗，后公安追缴

图 3-164　青铜环首刀

扬州市文物考古研究所藏

环首、刀背、刀身以错银工艺满饰细密的纹饰。环首及刀背饰云气纹，刀身一面饰双虎纹，一面饰双龙纹。纹饰细腻流畅，工艺精湛，制作精美。【扬州市文物考古研究所：《广陵遗珍：扬州出土文物选粹》，江苏凤凰美术出版社，2018 年版，第 5 页。】

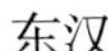

一百六十五、“五十炼”铭钢剑

东汉

长 109 厘米，宽 3.1 厘米，厚 0.9厘米

徐州曹山汉墓出土

徐州博物馆藏

剑柄正面错金铭文“建初二年蜀郡西工官王愔造五十湅□□□孙

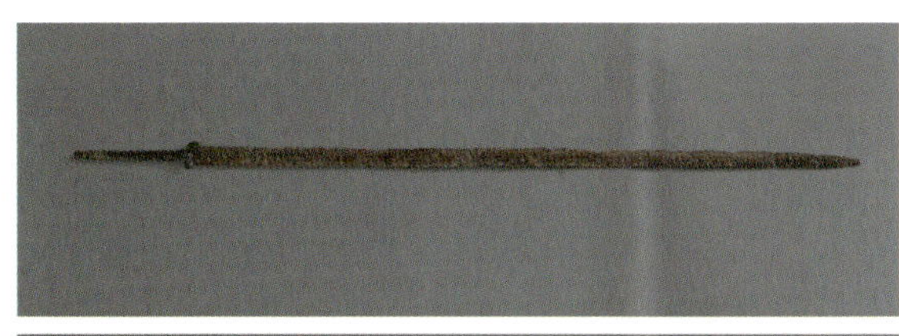

图 3-165 “五十炼”铭钢剑

剑□”；剑格一面阴刻隶书“直千五百”。东汉建初二年为公元 77 年。铭文记录了钢剑铸制的具体年代、制造地、作坊、工匠、锻造工艺等。《汉书·杨仆传》：“欲请蜀刀，问君贾几何？对曰率数百。”可见此剑价格极昂贵。从“五十湅”可见成语“百炼成钢”渊源有自。【徐州博物馆网站】

一百六十六、玉剑饰

东汉

剑首直径 4 厘米，厚 0.4 厘米，剑格长 5.6 厘米，宽 2 厘米，剑璏长 6.5 厘米，宽 2.4 厘米，厚 1.5 厘米

1984 年江苏省扬州市邗江区老虎墩东汉墓出土

扬州博物馆藏

玉质。包括剑首、剑格和剑璏。剑首为灰白色，局部有黑斑，圆形，外区饰谷纹，内区用阴线刻勾云纹。剑格主体为白色，局部有褐斑，一面运用高浮雕和透雕手法雕琢一蟠龙，另一面浮雕兽面纹和勾云纹，形象逼真。剑璏白色中有红斑，长方形，表面浮雕一蟠螭，四周饰云气纹。【张元华：《邗江出土文物精粹》，

图 3-166 玉剑饰

广陵书社，2005 年版，第 133 页。】

一百六十七、玉剑首

东汉早期

直径 4.62 厘米，厚 0.62 厘米

1992 年山东济南市萧王庄墓群一号墓出土

济南市任城王墓管理所藏

图 3-167 玉剑首

白玉质，圆形，局部边缘呈褐色，通体光滑，正面雕刻花纹，中间凸起，刻卷云纹。背面中间有凹槽一周，两侧各有一小孔与之斜通，以供插系剑柄首之用。山东济南市萧王庄墓群一号墓的墓主为东汉任城国王刘尚。【济宁市文物局：《济宁文物珍品》，文物出版社，2010 年版，第 170 页。】

一百六十八、玉剑首

东汉

通高 5 厘米，直径 6 厘米

山东邹城市千泉街道十里铺村出土

邹城市博物馆藏

青白玉质，正中呈圆形凸起，上饰以水涡纹，外圈高浮雕双螭纹，其中一螭形体微残。【济宁市文物局：《济宁文物珍品》，文物出版社，2010 年版，第 172 页。】

图 3-168 玉剑首

一百六十九、玉剑珌

东汉早期

上宽 4.59 厘米，下宽 4.05 厘米，厚 1.55 厘米

1992 年山东济南市萧王庄墓群一号墓出土

济南市任城王墓管理所藏

白玉质，梯形，宽端呈褐色，光泽度强，两面均浅浮刻纹饰，窄端中间刻双鸟纹，器身至宽端刻卷云纹。窄端顶中心有插孔，两侧各一小孔与插孔斜通，以供剑鞘末端插系榫之用。横断面为橄榄形，适于手握。山东济南市萧王庄墓群一号墓的墓主为东汉任城国王刘尚。【济宁市文物局：《济宁文物珍品》，文物出版社，2010 年版，第 169 页。】

图 3-169 玉剑珌

一百七十、铁钩镶

东汉

长 90 厘米，宽 17 厘米，高 14 厘米

徐州博物馆藏

兵器。铁质。上下有钩，中部是后有把手的小型铁盾。上钩顶端尖锐，下钩末端为小球，两钩中间连接盾后的把手，即镶鼻。盾为圆角方形薄铁板，用圆盖钉固定在钩架上。盾上部有一刺。钩镶是由一种钩、盾结合的复合兵器，镶用以推挡和击刺，主要起盾的作用，钩用以钩束对方兵刃，以利于自己的兵刃杀出。与单纯防御的盾相比，钩镶能够起到主动积极的攻防作用。《释名·释兵》指出："钩镶，两头曰钩，中央曰镶，或推镶，或钩引，用之宜也。"钩镶通常与刀、剑等兵器配合使用。一手持钩镶挡钩对方的兵器，另一手持刀、剑砍刺对方。钩镶创制于汉代，当时盛行铁戟，而钩镶对于抵抗戟的进攻较为有效。戟有横出

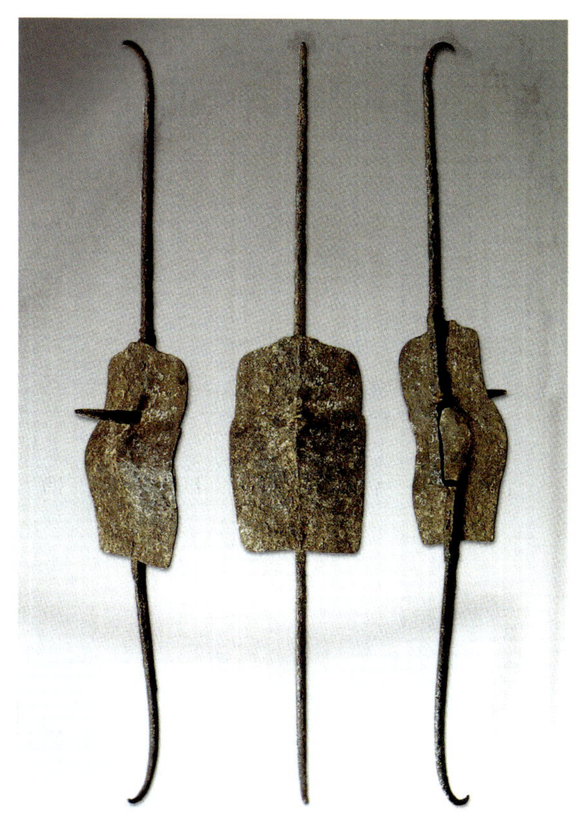

图 3-170 铁钩镶

的小枝，被钩束后，很难迅速抽回，持钩镶者即可乘机砍刺对手。汉晋以后，戟逐渐退出战场变为仪仗用器，钩镶也随之衰微以至绝迹。【徐州市文物局：《揽珍：徐州市第一次全国可移动文物普查》，江苏凤凰美术出版社，2016年版，第198页；尹钊、乐凯、黄伟：《徐州汉代铁兵器赏析》，《东方收藏》，2015年第4期，第46—49页。】

一百七十一、鲁迅藏秋胡山画像石斗剑图拓本

东汉

纵54.7厘米，横58厘米

山东嘉祥城南六十里秋胡山出土

拓片藏北京鲁迅博物馆

原石现藏地不详

原石早年被发现，现不知流落何处。画面分为两层。第一层，刻二人斗剑，两个武士身体前倾，手中利剑指向对方鼻尖。第二层，刻车马出行，右方一辆单马轺车，上乘二人，向左行驶，前有一导骑。拓本背面注“城南六十里秋胡山一石”。【北京鲁迅博物馆：《鲁迅藏拓本全集·汉画像卷Ⅰ》，西泠印社出版社，2014年版，第126—127页。】

一百七十二、武术对练画像石

东汉

纵46厘米，横143厘米，厚11厘米

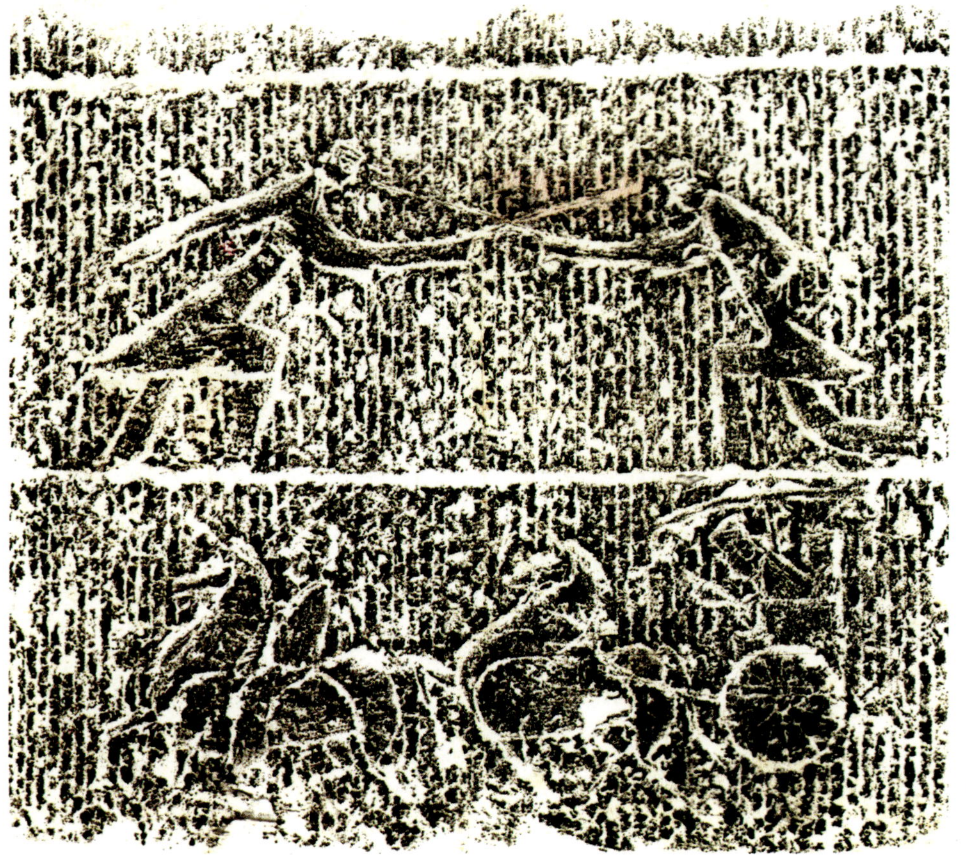

图3-171　鲁迅藏秋胡山画像石斗剑图拓本

安徽省宿州市埇桥区出土

宿州市博物馆藏

残石，呈长方体。使用剔地浅浮雕技法刻制。残存画面分为两层。上层画面仅可辨四人，下层刻五人。画面左端两人相向持兵器对练，最左侧一人右手执钩镶，左手执剑，与其对练者右手执剑。【宿州市博物馆：《宿州市博物馆文物集萃》，文物出版社，2018 年版，第 26—27 页。】

一百七十三、孝堂山石祠东壁比武图

东汉早期

孝堂山石祠位于山东济南市长清区孝里铺孝堂山。东壁画面高 1.92 米，宽 2.1 米，由上下两石构成，自上而下分为七区，一至四区位于上石，五至七区位于下石。比武图位于下石七区北组。两人持兵器比武，一人右手持钩镶，左手持剑，与之相对者左手持剑。左侧有四人观看，其中前两人持杖。【山东省石刻艺术博物馆、山东省文物考古研究所：《孝堂山石祠》，文物出版社，2017 年版，第 29—33 页。】

一百七十四、孝堂山石祠西壁胡汉战争图

东汉早期

孝堂山石祠位于山东济南市长清区孝里铺孝堂山。西壁画面高 1.8 米，宽 2.11 米。自上而下分为六区。胡汉战争图位于四区。南段为

图 3-172 武术对练画像石

图 3–173　孝堂山石祠东壁比武图

图 3–174　孝堂山石祠西壁胡汉战争图

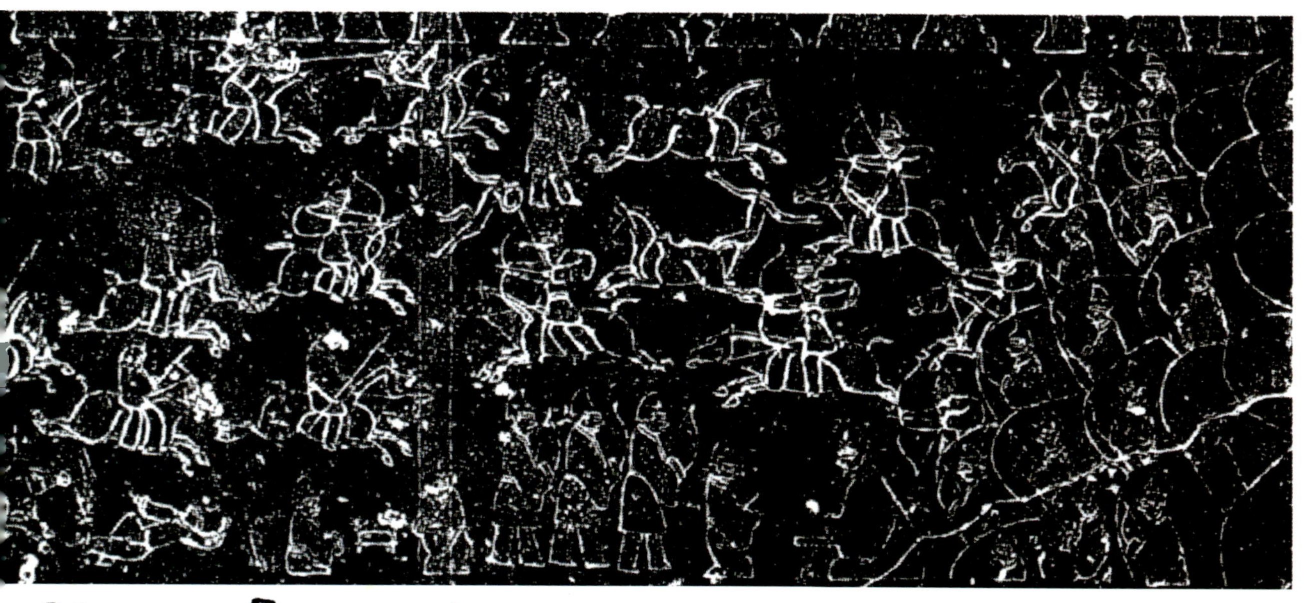

胡王

一座两层高楼阁，上层有五人就座，下层正中一人面北凭几而坐，宽袍大袖，头戴弁帽，应为军队将领，其前有两人持板作禀报状。楼外有两人站立。楼前为献俘场面，三个被俘胡人反手被绑，依次跪地。被俘胡人的下面有一架，上树斧钺，架上悬有人头，架南侧有一人持刀站立。北端为一山，山中刻有持弓兵士十余人。山前有一人凭几面南而坐，头戴尖顶帽，背后刻“胡王”二字，其前有一人跪地禀报。禀报者身后有三人持弓而立。持弓者身后有两人对坐，头戴尖顶帽，每人手中持两支肉串，中间有火盆，当在烤肉。中间部分为人马奔驰的胡汉战争场面，共有二十骑，其中着弁及帻者有十二人，有的持弓箭，有的持戟，皆为汉兵，着尖顶帽者全部持弓箭，皆为胡兵。战场上人仰马翻，众箭齐发。有三个胡兵已被击落马下，其中两人的头已被斩，其坐骑空鞍逃窜。另有一位胡兵被一持戟汉兵击中，摇摇欲坠。战场中间有一汉兵持刀站立，其下有一胡兵头部中箭。战场南段一骑，鞍鞯华美，骑者头戴弁帽，身佩长剑，为汉军将领。【山东省石刻艺术博物馆、山东省文物考古研究所：《孝堂山石祠》，文物出版社，2017 年版，第 39—43 页。】

一百七十五、风伯胡汉战争献俘画像石

东汉早期

纵 107 厘米，横 67 厘米

1981 年山东省嘉祥县城东北五老洼出土

山东石刻艺术博物馆藏

画面共分为四层。自上而下，第一层为风伯图，风伯口吹劲风，一房屋被吹得柱折顶斜，堂内二人披头散发，惊恐万分；第二层为胡汉战争图，六人手持长矛对刺，二人弯弓对射；第三层为献俘图，汉将凭几而坐，两汉军兵士绑来一胡人俘虏；第四层刻一胡将侧面坐，一胡兵跽坐，禀报战况，其后侧二胡兵败归，扛弩持箭。【杨爱国：《中国画像石精粹》(第四卷)，山东美术出版社，2019 年版，图版第 23 页，目录和图释第 9 页。】

图 3-175　风伯胡汉战争献俘画像石

一百七十六、风伯胡汉战争画像石

东汉早期

纵 107 厘米，横 67 厘米

1981 年山东省嘉祥县城东北五老洼出土

山东石刻艺术博物馆藏

画面共分为三层。自上而下，第一层为风伯图，风伯口吹劲风，一房屋被吹得柱折顶斜，堂内三人惊慌失措；第二层刻二车、一步卒；第三层为胡汉战争图，图像自上而下又分为五排：第一排为三胡兵、三汉兵持箭、勾戟厮杀，第二排为胡汉双方的骑兵交战，汉军骑兵追击胡军骑兵；第三排为胡汉兵卒持长戟厮杀；第四排为胡兵向主将禀报战况；第五排为汉军兵卒携胡军俘虏拜见将领。【杨爱国：《中国画像石精粹》（第四卷），山东美术出版社，2019 年版，图版第 25 页，目录和图释第 9 页。】

一百七十七、延光元年画像石

东汉延光元年(122)

纵 138 厘米，横 75 厘米

山东滕州西户口出土

山东博物馆藏

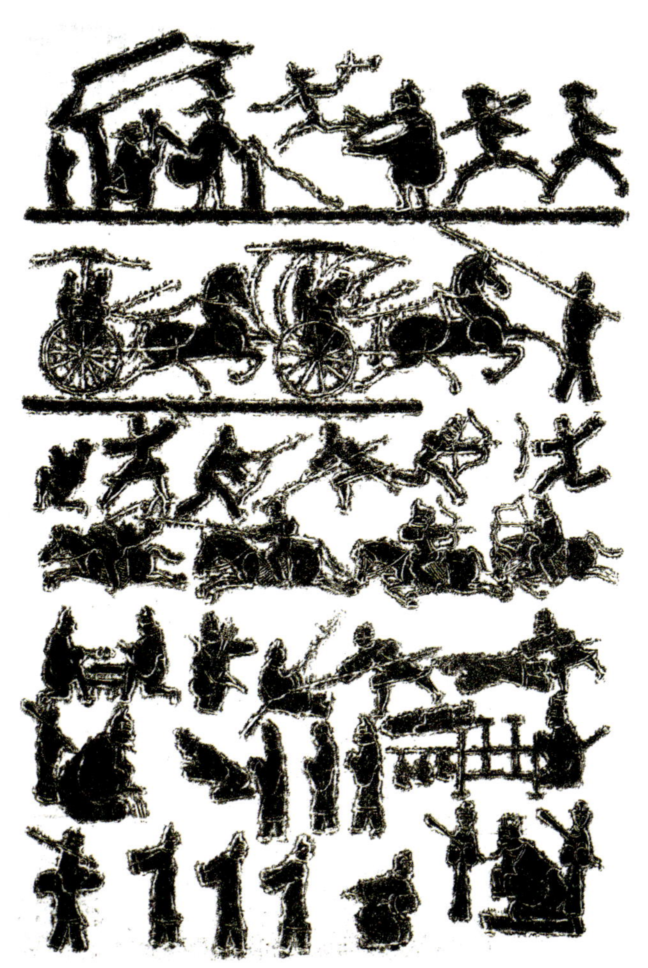

图 3-176　风伯胡汉战争画像石

图 3-177　延光元年画像石

画面构图饱满生动，从上至下分为七层。一层九头人面兽；二层为乘坐鹿车、骑鹿出行的升仙场景；三层为格斗场面；四层有六人执戟侧立；五层有九位人物相向而立；六层为牛车和从骑；七层为蹶张图。右上方原有隶书题刻两行，其中刻有延光元年年号。【鲁文生：《山东省博物馆馆藏精品》，山东友谊出版社，2008 年版，第 272—273 页。】

一百七十八、七女为父报仇图画像石

东汉光和元年（178）

高 170 厘米，宽 68 厘米，厚 37 厘米

1993 年山东莒县东莞镇南出土

莒县博物馆藏

四面有雕刻，采用平面减低和细部阴线刻技法，刻工精美。正面画像自上而下共分六层。第一层刻云纹、大鸟和羽翼仙人，为羽人戏凤图。第二层刻胡汉战争图，立柱上刻“隸（隶）胡”二字。第三层中间刻一方孔，边长 14.5 厘米，深 6 厘米，方孔左右各有三人，面向方孔而坐，每人头部一侧各有一榜，榜上无题。第四层刻七女为父报仇的故事。画像采取中央对称的构图，以桥为中心展开，其主体可分为桥上、桥下两个部分。桥上中央有一辆向左行的轺车，拉车的马因遭受前方两位持盾和剑的女子的攻击，脱离车轭，似乎要下桥而无法前进。车辕上伫立着一只凤鸟，车顶和车盖前方各有一只凤鸟飞翔。车上有一人戴冠，面朝右扬手，右侧桥上有一人似为攻击他的一个女子。这女子身后另有一人正引马上桥。轺车的两端各有一位相向而行的骑士，他们正面对一位持盾女子的攻击。右端骑士后背上方以隶书刻“七女”二字，字迹清晰。桥下中央有一戴冠者掉落水中，两侧各有一女子乘船向他进逼，画面中央空隙之处则有渔人捕鱼。第五层有两条相对的渔船，船上各有两人正在以叉捕鱼。第六层刻大鱼、小鱼各三条。刻工借用鱼、渔船及人物的大小，作远大近小的安排，成功地营造出视觉上由近及远的立体景深效果。该画像石有明确纪年，对于研究汉代历史和绘画、书法均有重要价值。【刘云涛：《山东莒县东莞出土汉画像石》，《文物》，2005 年第 3 期，第 81—87 页；苏兆庆：《古莒遗珍》，人民美术出版社，2003 年版，第 100—101 页；邢义田：《画为心声：画像石、画像砖与壁画》，中华书局，2011 年版，第 92—137 页。】

一百七十九、执刀武士画像石

东汉

1972 年山东临沂吴白庄出土

临沂市博物馆藏

此画像石位于墓室中室，是南壁横额的执刑图的局部。刻四位武士左向而行，前有一人。左侧的两位戴冠武士荷戟，腰间佩环首刀。右侧两位武士戴斜顶冠，执环首刀，其中一人右手持有钩镶。【杨爱国：《中国画像石精粹》（第五卷），山东美术出版社，2019 年版，图版第 4 页、目录和图释第 5 页；管恩洁、霍启明、尹世娟：《山东临沂吴白庄汉画像石

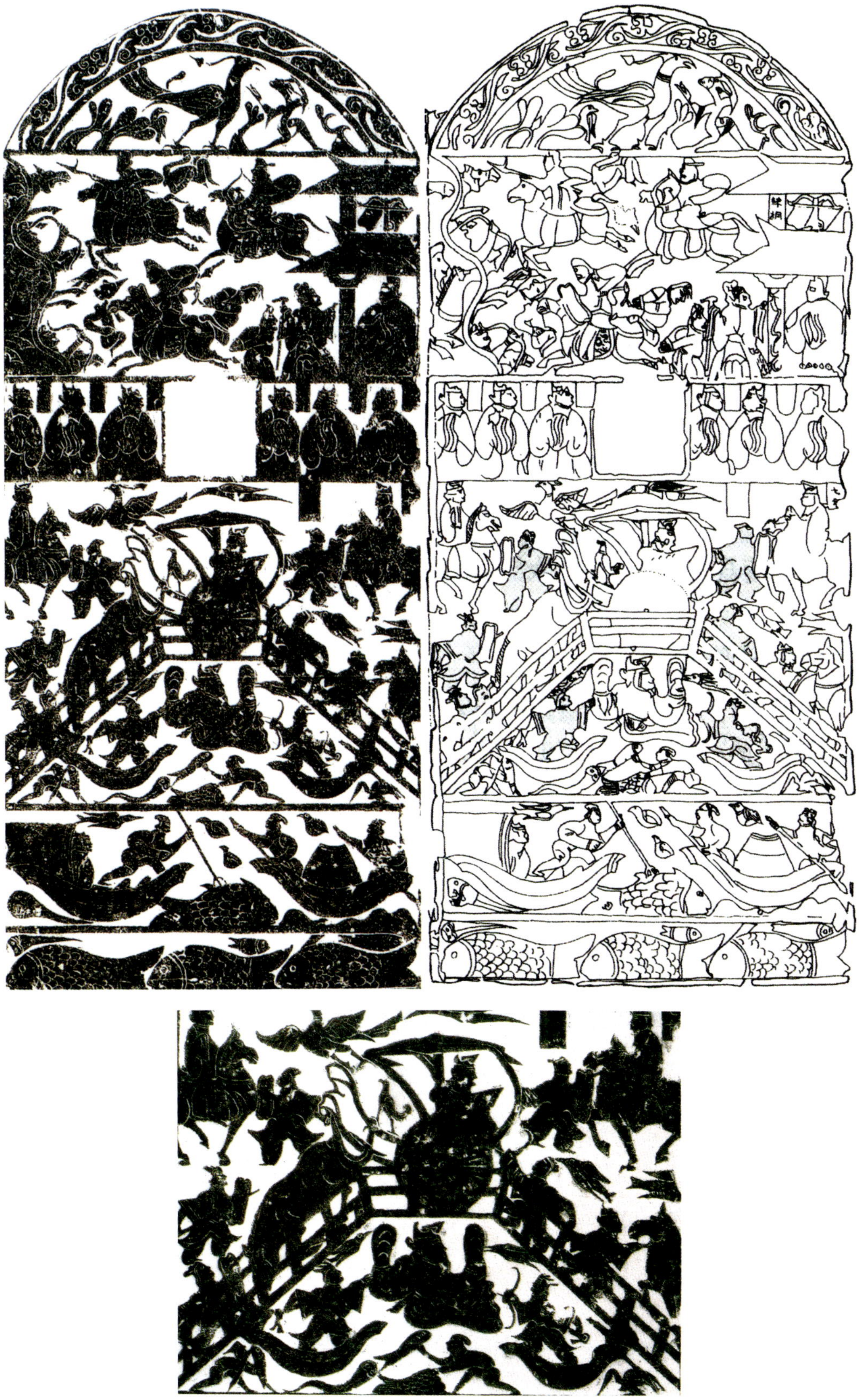

图 3-178　七女为父报仇图画像石

图 3-179 执刀武士画像石

墓》，《东南文化》，1999 年第 6 期，第 45—55 页；孙机：《汉代物质文化资料图说》（增订本），上海古籍出版社，2008 年版，第 154—158 页。】

一百八十、胡汉战争图画像石

东汉

纵 24 厘米，横 155 厘米，厚 36 厘米

山东滕州山亭西户口出土

滕州汉画像石馆藏

祠堂盖顶石。画面右端汉军设瞭望楼，楼前二弓箭手，二骑兵追赶胡兵，二胡骑回头张弓远射。左端一胡兵向胡军将领报告战况，身后起伏的山峦之中埋伏着众胡兵。下方步卒列队对峙。【中国滕州汉画像石馆、美国威廉帕特森大学中国艺术中心：《汉人之魂：中国滕州汉画像石》，中国滕州汉画像石馆、美国威廉帕特森大学中国艺术中心，2017 年版，第 106—107 页。】

一百八十一、胡汉战争图画像石

东汉

纵 83 厘米，横 228 厘米

1973 年山东省苍山县（今兰陵县）向城镇前姚村出土

原地保存

画面为胡汉两军在桥头交战，中部为一座有三座桥墩的木桥，桥上一辆四维轺车，乘者戴武冠，佩长刀，车顶上方有一只飞鸟。桥前汉军步卒持刀盾与胡兵交战，二胡兵跪地投降，二胡兵张弓欲射。桥后三骑兵执矛、弓前来，一辆车露出一半。桥下二人捕鱼，一人撑

图 3-180 胡汉战争图画像石

图 3–181 胡汉战争图画像石

船。【杨爱国：《中国画像石精粹》（第五卷），山东美术出版社，2019 年版，图版第 100 页、目录和图释第 38 页。】

一百八十二、沂南北寨汉墓中室西壁北侧侠客故事图画像石（局部）

东汉晚期

纵 120 厘米，横 72 厘米

1954 年山东省沂南县界湖镇北寨村汉墓出土

沂南北寨汉画像石博物馆藏

画面分为上下两层。上层刻二人相斗，左者向左跨步，面朝右方，右手举长剑上扬刺向右者；右者跃起，惊恐万分，地上有一双鞋，似表现聂政刺杀韩相侠累故事。下层刻荆轲刺秦王故事，左者右手握长剑，左手前伸，应为秦王，右者赤裸上身，佩环首长刀，双手执梃，应为荆轲，二人之间立有一柱，一把匕首穿透柱身，匕尖朝向左者，地上有一开启的盒子。【杨爱国：《中国画像石精粹》（第二卷），山东美术出版社，2019 年版，图版第 73 页，目录和图释第 30 页；山东省沂南汉墓博物馆：《山东沂南汉墓画像石》，齐鲁书社，2001 年版，第 51 页（图四十三），第 80 页；山东博物馆：《沂南北

图 3–182 沂南北寨汉墓中室西壁北侧侠客故事图画像石（局部）

寨汉墓画像》，文物出版社，2015年版，第73页（图49）。】

一百八十三、沂南北寨汉墓前室南壁中柱兵器库画像石（局部）

东汉晚期

原石纵123厘米，横46厘米

1954年山东省沂南县界湖镇北寨村汉墓出土

沂南北寨汉画像石博物馆藏

画面分为上下两层。上层刻兵器库，其中有两个兵器架。上方的兵器架置放三矛、二戟，矛和戟的上端均有带缨的弢。下方的兵器架的横木中间悬挂一件鱼鳞铠甲，两侧各悬挂一个盾牌，这个兵器架的两侧各立一柱，柱顶放置盔甲。武器库墙壁的右上角挂有一张弩弓，上方的兵器架之后的墙壁上悬挂两张弩弓。下层刻两个人物及楹柱、角柱、斗拱等。两人各站在楹柱的一侧，相背而立，均佩剑持盾，似为看守兵器库的小吏。我国汉代文献中称置放兵器的架子为“兰锜”，如《文选·西京赋》曰：“武库禁兵，设在兰锜。”【杨爱国：《中国画像石精粹》（第二卷），山东美术出版社，2019年版，图版第47页，目录和图释第20页；山东省沂南汉墓博物馆：《山东沂南汉墓画像石》，齐鲁书社，2001年版，第21页（图十一），第78页；山东博物馆：《沂南北寨汉墓画像》，文物出版社，2015年版，第24页（图11）；孙机：《汉代物质文化资料图说》（增订本），上海古籍出版社，2008年版，第159—164页。】

一百八十四、沂南北寨汉墓后室南侧隔墙西面兵器库画像石

东汉晚期

纵118厘米，横49厘米

1954年山东省沂南县界湖镇北寨村汉墓出土

沂南北寨汉画像石博物馆藏

画面分为上下两层。上层刻兵器库，其中有三个兵器架。上方的兵器架置放二剑、二刀、一戟。下方左侧的兵器架插二棨戟和二小戟。下方右侧的兵器架横置三矛、二戟，架下倚立二盾和一箭箙。下层刻二侍者向右行，左者捧篋，右者执便面和马颈套。侍者左侧有一兵器架，其上置二长矛，矛的上端有带缨的弢。侍者下方放置一壶、一提梁壶、一罐和一灯台。【杨爱国：《中国画像石精粹》（第二卷），山东美术出版社，2019年版，图版第80页，目录和图释第32页；山东省沂南汉墓博物馆：《山东沂南汉墓画像石》，齐鲁书社，2001年版，第77页（图七十一），81页；山东博物馆：《沂南北寨汉墓画像》，文物出版社，2015年版，第101页（图71）。】

一百八十五、季札挂剑、二桃杀三士画像石

东汉晚期

纵69厘米，横64厘米

1979年山东省嘉祥县满硐乡宋山出土

图 3–183　沂南北寨汉墓前室南壁中柱兵器库画像石（局部）

图 3-184　沂南北寨汉墓后室南侧隔墙西面兵器库画像石

山东石刻艺术博物馆藏

画面自上而下分为四层。按照自上而下的顺序，第一层为西王母图，第二层为季札挂剑图和邢渠哺父图，第三层为二桃杀三士图，第四层为车马出行图。第二层图像中间有一座坟堆，其上有一剑一盾，前置一案，案上有樽、耳杯等，案右有两人跪拜施礼，此为表现季札挂剑故事。第三层表现二桃杀三士故事，右侧刻一高柄豆，有两个桃子置于其上，高柄豆左右各有一武士（应为公孙接、田开缰），右侧武士左手持刀，右手欲取桃，左侧武士右手持刀，左手欲抢桃，其后一武士双手握刀（应为

图 3-185 季札挂剑、二桃杀三士画像石

古冶子），其后持板者应为齐景公派遣的赐桃使者。【杨爱国：《中国画像石精粹》（第三卷），山东美术出版社，2019 年版，图版第 88 页，目录和图释第 32 页；嘉祥县武氏祠文管所（执笔：朱锡禄）：《山东嘉祥宋山发现汉画像石》，《文物》，1979 年第 9 期，第 1—6 页；蒋英炬：《汉代的小祠堂——嘉祥宋山汉画像石的建筑复原》，《考古》，1983 年第 8 期，第 741—751 页。】

一百八十六、武氏祠前石室西壁下石画像石

东汉晚期

清乾隆五十一年（1786）山东嘉祥县纸坊

集武宅山村北武氏墓群出土

嘉祥武氏墓群石刻博物馆藏

画面上下分为两层，有横栏相隔。上层为车骑图，下层为水陆攻战图。下层画面中部有一座带护栏的大桥，全图以此桥为中心展开。交战一方是官府的车骑、步卒，车骑有汉代职官的榜题，官吏戴斜顶的进贤冠或平顶网纹的武弁大冠，士卒和骑吏戴弧形圆顶巾帻；另一方是身穿平民服饰的男女混合步伍。双方在桥上、陆地和桥下交战。整个画面似在表现官府追捕和剿杀盗贼之事。【蒋英炬、吴文祺：《汉代武氏墓群石刻研究》（修订本），人民美术出版社，2014 年版，第 91—92、127 页（图版 5.12）。】

一百八十七、武氏祠前石室后壁下部小龛西侧刺客故事图

东汉晚期

清乾隆五十一年（1786）山东嘉祥县纸坊集武宅山村北武氏墓群出土

嘉祥武氏墓群石刻博物馆藏

本图为武氏祠前石室后壁下部小龛西侧画像石的一部分。刻刺客故事。右边一人戴进士冠，手上扬，左向做追逐状，其左上榜题“荆轲”。其后一人一手抱持荆轲腰，一手伸向右边手持刀、盾的卫士。荆轲足旁有一人惊伏于地，榜题“秦武阳”，其前地上有一盒，盒盖半启，盒内有一人头。中部立有一柱，一带缨

图 3–186　武氏祠前石室西壁下石画像石

图 3–187　武氏祠前石室后壁下部小龛西侧刺客故事图

匕首穿透柱身。柱右有一断袖，柱左虚设一榻座，座前有双履。左边一人，左向奔逃，回首右顾，右手似举一璧，应为秦王。秦王右一武士执刀、盾右向，惊坐地上。秦王左一人执棨戟惊扑于地，另有一人坐卧于地。此画像应为荆轲刺秦王的故事，盒内当为樊於期头。【蒋英炬、吴文祺：《汉代武氏墓群石刻研究》（修订本），人民美术出版社，2014年版，第96、138页（图版5.24）。】

一百八十八、铜山苗山汉墓比武图画像石

东汉晚期

纵59厘米，横150厘米，厚24厘米

1956年江苏铜山县小李庄苗山一号墓出土

徐州汉画像艺术馆藏

位于后室第二室西壁。刻两人比武，一方手持长戟，一方左手拿钩镶，右手执剑。右侧一人双手捧环首刀，左侧有观者。空处缀鸟兽。【徐州市博物馆：《徐州汉画像石》，江苏美术出版社，1985年版，图93。】

一百八十九、铜山洪楼汉墓七力士图画像石

东汉晚期

纵66厘米，横216厘米

图3-188　铜山苗山汉墓比武图画像石

图3-189　铜山洪楼汉墓七力士图画像石

1956年江苏铜山县单集区洪楼村汉墓出土

徐州汉画像艺术馆藏

铜山洪楼汉墓有祠堂和墓室。祠堂画像出土时散落在外。该画像石为祠堂画像，两面及侧面均有图像，此为其中一面。刻力士七人，分别持剑、驯虎、拔树、背牛、扛鼎、抱鹿、捧壶，画面生动。【徐州市博物馆：《徐州汉画像石》，江苏美术出版社，1985年版，图82。】

一百九十、海宁中学画像石墓武士斩蛇图画像石

东汉晚期至三国

1973年浙江省海宁县长安镇海宁中学画像石墓出土

原址保存

该图位于墓室前室北壁门楣自上而下第二层画像石东段。左侧刻一条巨蛇盘曲腾起，其右有五人，其中四人持有兵器（两人持刀，另外两人持刀和盾），正欲斩杀巨蛇。可能表现高祖斩蛇故事。【嘉兴地区文管会、海宁市博物馆：《浙江海宁东汉画像石墓发掘简报》，《文物》，1983年第5期，第1—20页；岳凤霞、刘兴珍：《浙江海宁长安镇画像石》，《文物》，1984年第3期，第47—53页；黄雅锋：《海宁汉画像石墓研究》，浙江大学出版社，2009年版，第33页，图版七十九、八十。】

一百九十一、季札挂剑图漆盘

三国吴

盘径24.8厘米

1984年安徽马鞍山雨山区朱然墓出土

马鞍山市三国朱然家族墓地博物馆藏

国家一级文物

第三批禁止出国（境）展览文物

木胎。敞口，浅腹。盘内外圈黑红漆地上绘狩猎纹。向内一圈红漆地上绘莲蓬、鲤鱼、

图3-190 海宁中学画像石墓武士斩蛇图画像石

图 3-191 季札挂剑图漆盘

图 3-192　童子对棍图漆盘

鳜鱼、白鹭啄鱼、童子戏鱼等图案。盘中心绘春秋时期吴公子“季札挂剑，徐君冢树”故事。【马鞍山市文物管理所、马鞍山市博物馆：《马鞍山文物聚珍》，文物出版社，2006 年版，第 69 页。】

一百九十二、童子对棍图漆盘

三国吴

盘径 14 厘米

1984 年安徽马鞍山雨山区朱然墓出土

马鞍山市三国朱然家族墓地博物馆藏

国家一级文物

木胎。敞口，浅腹。外壁及底髹黑红漆。盘内外圈黑红漆地上饰云龙纹。向内一圈红漆地上饰鱼、莲蓬、水波纹。盘中心黑红漆地上部绘山峰，山前空地上有两童子持棍对舞。【马鞍山市文物管理所、马鞍山市博物馆：《马鞍山文物聚珍》，文物出版社，2006 年版，第 68 页。】

一百九十三、白玉剑具

东晋

剑首高 1.8 厘米，长 3.5 厘米，宽 1.7 厘米

剑格高 2 厘米，长 6 厘米，宽 2 厘米，剑璏高 2.3 厘米，长 9.6 厘米，宽 2.3 厘米，剑珌高 1.9 厘米，长 3.2 厘米，宽 2.1 厘米

1998 年江苏省南京市栖霞区仙鹤观 M6 东晋墓出土

南京市博物馆藏

玉质，白色，局部土沁泛褐色。包括剑首、剑格、剑璏、剑珌，组成一套完整的剑具。剑首和剑格均饰以卷云纹和螭龙纹，剑璏和剑珌均饰以螭龙纹。【南京市博物馆：《故都神韵：南京市博物馆文物精华》，文物出版社，2013 年版，第 73 页。】

图 3-193 白玉剑具

一百九十四、白玉蟠螭纹剑璏

东晋

纵 4.7 厘米，横 2.7 厘米，高 2.2 厘米

1989 年杭州老东岳鲜于枢墓出土

杭州博物馆藏

该器通体呈鸡骨白色，顶为拱形，正面卧一蟠螭。蟠螭脸部正视，双角后伸，螭体呈“S”形弯曲的爬行状，尾巴卷曲下垂，仿佛在腾云驾雾。另一侧刻有花蕊云纹。器表呈现美妙的玻璃光泽，线条圆润流畅，富有动感。【杭州博物馆网站】

一百九十五、彩绘陶武士俑

北朝

高 60 厘米

图 3-194 白玉蟠螭纹剑璏

山东博物馆藏

泥质灰陶，身着红彩，以绿、黑勾画，戴盔穿甲，形象生动。【鲁文生：《山东省博物馆馆藏精品》，山东友谊出版社，2008 年版，第 62—63 页。】

图 3-195 彩绘陶武士俑

一百九十六、彩绘陶甲胄武士俑

北朝

高 23 厘米，宽 6.5 厘米

徐州狮子山北齐墓出土

徐州汉兵马俑博物馆藏

陶制。右手举至胸前，应持有武器（已腐朽）。背负箭箙。【徐州市文物局：《揽珍：徐州市第一次全国可移动文物普查》，江苏凤凰美术出版社，2016 年版，第 198 页。】

图 3-196　彩绘陶甲胄武士俑

一百九十七、陶明光铠持盾武士俑

北齐

高 50 厘米，宽 10 厘米

1996 年徐州东甸子北齐一号墓出土

徐州博物馆藏

灰陶模制。身躯魁伟，肩阔腰圆，全副戎装，抚盾肃立，注视前方。丰颐隆额，深目高鼻，张口咧齿。头戴圆顶盔，后部有护颈，两侧有突出护耳。身穿明光铠甲，腰束革带，下着大口缚裤，足蹬圆头战靴。右臂贴附身侧自然下垂，小臂微前伸，手中空做握物状，所握武器已朽。左手平举身前，按住长方形盾牌。盾面中部饰一虎头纹图案，虎眦目裂口，面目狰狞可怖。虎头上下各有二舞人相对而舞。一舞者一手上举，一手向下做跳跃状；另一舞者单足而立，挥动双臂而舞。神态威武，体魄健壮，眉宇间洋溢着一股赳赳武夫的英气。墓中共出同类武士俑两件，从其放置于墓室的位置看，其性质应属镇墓俑。“明光铠”是武士身穿的铠甲的名称。这种铠甲身前及背后各有圆护，这种圆护大多以铜铁等金属制成，打磨极为光滑，颇似镜子，在阳光的照射下，发出耀

图 3-197　陶明光铠持盾武士俑

眼的明光，故名“明光铠”。【徐州博物馆网站；徐州博物馆：《江苏徐州市北齐墓清理简报》，《考古学集刊》（第13集），中国大百科全书出版社，2000年，第222—237页；祝静、郁明：《徐州博物馆藏北朝俑》，《文物世界》，2013年第3期，第7—10、30页。】

一百九十八、彩绘陶按盾武士俑

北齐

铜高41厘米

1988年济南东八里洼北齐陈三墓出土

济南市博物馆藏

高鼻，双目圆睁，身穿盔甲，左手扶大型猛兽盾牌，右手前屈握长兵器（兵器已腐朽），形象凶悍威武。【济南市文物局、济南市考古研究所、济南市博物馆：《济南文物精粹·考古卷》，文物出版社，2018年版，第90页。】

图3-198 彩绘陶按盾武士俑

一百九十九、守门按盾武士俑

隋

高50厘米

1973年安徽合肥郊区隋开皇六年（586）墓出土

安徽博物院藏

此俑出土于墓中，该墓共出土了近四十件陶塑，为研究隋代的墓葬习俗和陶塑艺术提供了宝贵的实物资料。用陶俑陪葬在秦至唐代贵族墓葬中较流行，主要根据各时期官吏的形象雕塑而成，以显示死者生前显赫的地位。在出

图3-199 守门按盾武士俑

土的陶俑中，只有两件为守门武士俑，他们一手按盾，一手执兵器（所执兵器已脱落）。一为张口鼓目，面带笑容；一为竖眉鼓眼，脸为怒容。【安徽博物院网站】

二百、彩绘陶按盾武士俑

隋

通高 56 厘米

1976 年山东嘉祥徐敏行墓（英山一号墓）出土

济宁市博物馆藏

泥质灰陶，原有大红、粉红、深绿、白、黑等彩绘，现已斑驳。武士为胡人形象，深目高鼻，体态雄壮，左手执盾，右手握兵。长盾中间有一凸出兽面。头部可分置。【济宁市文物局：《济宁文物珍品》，文物出版社，2010 年版，第 11 页。】

二百〇一、彩绘灰陶执盾武士俑

唐

通高 38.5 厘米，宽 13 厘米，厚 6.7 厘米

2013 年 3 月江苏扬州隋炀帝萧后墓出土

扬州市文物考古研究所藏

武士浓眉圆目，方脸阔鼻，颧骨鼓凸，头戴兜鍪，身穿铠甲，颈部围项护，两肩有覆膊。甲身胸前各有一小圆护，腰束带，左手握拳器，上举于胸前，右臂弯曲于腹部，右手执盾，盾牌置于右靴之上。铠甲、盾牌、兜鍪前脸饰朱砂。【扬州市文物考古研究所：《广陵遗珍：扬州出土文物选粹》，江苏凤凰美术出版社，2018 年版，第 164 页。】

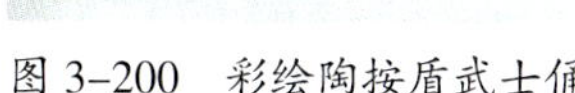

图 3–200　彩绘陶按盾武士俑

图 3–201　彩绘灰陶执盾武士俑

二百○二、三彩武士俑

唐

通高 68 厘米，俑高 60 厘米，底座高 8 厘米，长 17 厘米，宽 17 厘米

1986 年山东莘县黄庙唐代张弘墓出土

莘县文物管理所藏

立姿，微面向左侧。束发，高髻。怒目圆睁，表情凶恶。左手叉在腰间，右手握拳。身穿甲衣，胸前凸起的为护胸和护心，下身穿护膝战服，足蹬尖长靴。足部下方为长方形带孔台座。胎呈灰白色，除头部以外，俑身及台座施白、黄、绿釉。根据该墓出土墓志，墓主人张弘生活于武则天执政时期（690—705），卒于唐景龙三年（709），曾任齐州祝阿县丞。从造型、釉色来看，该俑应非山东当地所产，很可能来自洛阳或长安。【莘县文物管理所（执笔：李洪冰）：《山东莘县黄庙唐代张弘墓发掘简报》，《文物》，2017 年第 4 期，第 13—20 页。】

二百○三、三彩武士踏牛俑

唐

高 90 厘米

1959 年陈嘉庚先生征集

华侨博物院藏

俑怒目圆睁，阔口，八字胡须，身穿铠甲。左腿直立，右腿微曲，右手握拳上扬，做持弓欲射状，脚踏在卧牛之上。神态威武凶猛，甲胄装饰华丽，体态雄伟生动。首冠素

图 3-202　三彩武士俑

图 3–203　三彩武士踏牛俑

面，余通体施三彩釉，釉色鲜艳明亮。【华侨博物院网站】

二百〇四、武士俑（一组四件）

五代

宽 2.9 厘米，高 11.5 厘米

杭州市第十五中学出土

浙江省博物馆藏

俑呈站姿，身穿盔甲，双手拄剑，表情严肃。【浙江省博物馆：《槁木奇功》，浙江古籍出版社，2009 年版，第 153 页。】

二百〇五、李纲锏

宋

通长 96.5 厘米，厚 0.4 厘米，重 3.5 公斤

图 3–204　武士俑（一组四件）

福建博物院藏

钢制。锏身为菱形，四面刃。锏茎为花梨木，刻斜旋纹，锏首呈瓜楞状。近格处嵌金篆书“靖康元年李纲制”。李纲（1083—1140），福建邵武人，宋代著名政治家、抗金名将，高宗时期为相。该锏是靖康元年（1126）李纲率领京师汴梁军民与金兵交战时打造。锏是一种近战兵器，宋代一般为高级将领专用。【福建博物院：《博·戏：中国古代体育文物展》，译林出版社，2015 年版，第 129 页。】

图 3–205　李纲锏

二百〇六、三彩武士俑

金

高 16.8 厘米

淄博市博物馆藏

博山窑。武士头戴圆形冠，身披铠甲，双手交于腹前，怒目圆睁，表情夸张。方形座。全器施黄釉，腹、肩、冠处施绿釉，足及座无釉。【张永政：《淄博市博物馆馆志》，文物出版社，2008 年版，彩色插页（无页码）。】

图 3–206　三彩武士俑

二百〇七、“三保大人”铁刀

明

长刀长 32 厘米，最宽处 3.7 厘米，短刀长 29.7 厘米，最宽处 3.6 厘米

20 世纪 50 年代印尼华侨蔡焕三捐赠

华侨博物院藏

铁质。在印尼发现，相传是郑和船队到爪哇岛的遗留物。其中一件刀身一面有 5 个涡纹，铭文“三保大人”，另一面有 5 个涡纹，铭文“三保公”；另一件刀身一面为一条龙，铭文“三保公”；另一面为一位文官人像，铭文“三保大人”。【华侨博物院网站；国家文物局：《海上丝绸之路》，文物出版社，2014 年版，第 185 页。】

图 3–207　“三保大人”铁刀

二百〇八、玉剑璏

明

长 10.4 厘米，宽 2.2 厘米

临沂市博物馆藏

乳白色，有黄色沁。面呈长方形，饰有兽纹。下有长方形穿孔，边缘略鼓。【郑西溪：《临沂市博物馆馆藏集萃》，山东美术出版社，2011 年版，第 198 页。】

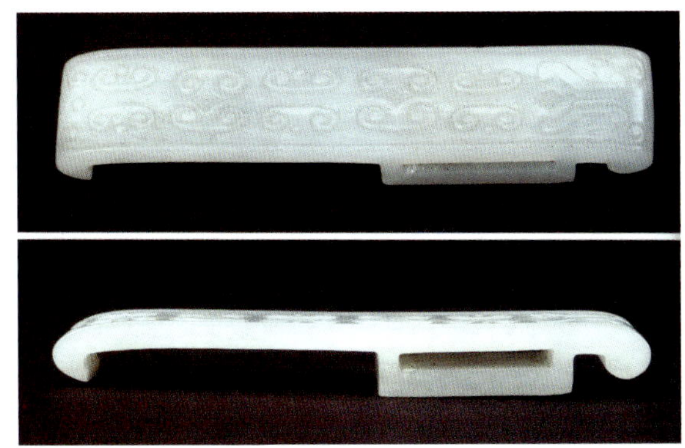

图 3-208 玉剑璏

日照市博物馆藏

长而无刃，有四棱。截面为菱形。锏身和锏柄的龙吞呈龙口状。器身为黑色，身、格和柄部饰有极细的阴刻纹饰。【董书涛：《日照博物馆馆藏文物集》，齐鲁书社，2010 年版，第 106 页。】

二百〇九、铜锏

明

长 71.5 厘米，锏身宽 2.1 厘米，柄径 3.1 厘米

二百一十、明仇英《清明上河图》卷（局部）

绢本 设色 青绿

纵 34.8 厘米，横 804.2 厘米

台北“故宫博物院”藏

绘校场演武。【台北“故宫博物院”网站】

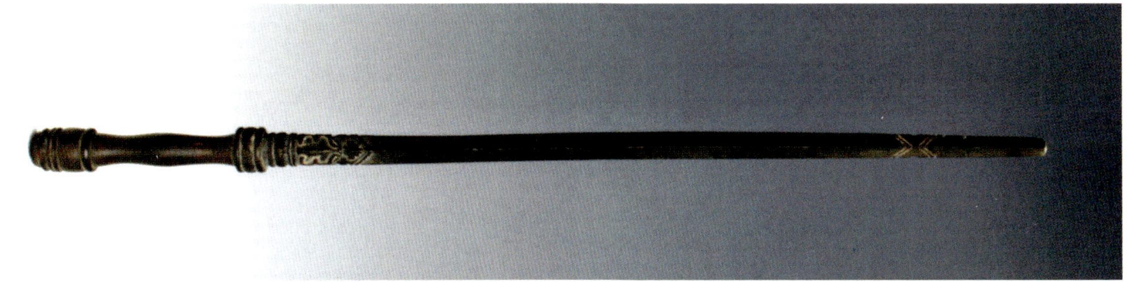

图 3-209 铜锏

图 3-210 明仇英《清明上河图》卷（局部）

二百一十一、明仇英《清明上河图》卷（局部）

绢本　设色　青绿

纵 34.8 厘米，横 804.2 厘米

台北“故宫博物院”藏

绘四人赤裸上身，表演各式武艺，众人围观。【台北“故宫博物院”网站】

二百一十二、泗河镇水铁剑

清康熙年间

长 750 厘米，重 1539.2 公斤

1988 年春山东兖州城南泗河河底出土

兖州博物馆藏

剑刃为扁菱形，锋尖呈椭圆形，剑格为圆形，剑柄近似方形，剑柄尾部铸有穿孔。剑的

图 3–211　明仇英《清明上河图》卷（局部）

图 3-212 泗河镇水铁剑

两面均铸有水神睚眦，用作镇水。其上有十七字铭文“康熙丁酉二月，知兖州府事山阴金一风置”。由铭文可知，该剑系清康熙丁酉年（1717）由兖州知府金一风命人铸造。据地方志记载，在兖州城外的泗河上有一座南大桥，是通往鲁南的咽喉要道，始建于明万历年间，后屡屡被洪水冲毁。1712 年夏，泗河再次发洪水，南大桥中间的三个拱洞再次被毁，数年后得以重建。为镇住水怪，时任兖州知府金一风命人铸造了这把铜剑，立于南大桥中洞旁边，以求大桥不再被洪水冲垮。后来，该剑被大水冲倒，没于河底。因体长身重，十分罕见，有“天下第一剑”之誉。【济宁市文物局：《济宁文物珍品》，文物出版社，2010 年版，第 279 页。】

二百一十三、清院本《清明上河图》卷（局部）

清高宗乾隆元年（1736）

绢本　设色

纵 35.6 厘米，横 1152.8 厘米

台北“故宫博物院”藏

绘两人赤裸上身表演武艺，吸引众人围观。【台北“故宫博物院”网站】

图 3-213 清院本《清明上河图》卷（局部）

二百一十四、清郎世宁《阿玉锡持矛荡寇图》卷

清高宗乾隆二十年（1755）

纸本　设色

纵 27.1 厘米，横 104.4 厘米

台北"故宫博物院"藏

阿玉锡（生卒年不详），蒙古准噶尔部人。他原是蒙古准噶尔部的一名小吏，雍正十一年（1733）转向清廷投效。乾隆十五年（1750）准噶尔来归附的萨拉尔推荐阿玉锡善战，高宗因而召见，赐银，擢侍卫。乾隆二十年（1755）平定伊犁时，准噶尔汗达瓦齐与沙俄勾结，在清军夹击下，逃往伊犁西北格登鄂拉，据险顽抗。阿玉锡率骑兵夜袭叛军营地，达瓦齐大溃逃遁，后为霍集斯擒获。阿玉锡立下战功，高宗为之作歌，七月命阿玉锡入觐，召郎世宁为之作持矛荡寇图。郎氏十天画完此卷，时年六十七岁。此卷后有乾隆乙亥年所书《阿玉锡歌》。图中阿玉锡头戴孔雀翎暖帽，身着箭衣，背挂火枪，腰系箭囊，左手执缰，右手紧握腋下长矛，双腿紧夹马腹，全速前进。阿玉锡唇上蓄小髭，表情专注果敢，英姿焕发。画家舍去背景处理，生动写实地表现出主角人物的外貌特征和骑马奋勇冲杀的景象。【台北"故宫博物院"网站】

二百一十五、清王素《学剑图》

纸本　设色

纵 36.3 厘米，横 49 厘米

南京博物院藏

王素《山水花鸟图》册第十开。钤印"竹里"（朱文）。王素（1794—1877），清代画家，字小梅，晚号逊之，甘泉（今江苏扬州）人。

图 3–214　清郎世宁《阿玉锡持矛荡寇图》卷

图 3-215 清王素《学剑图》

【南京博物院：《清代扬州绘画》，江苏凤凰美术出版社，2014 年版，第 268 页。】

二百一十六、剔红山水人物图炕几

清中期

长 53.2 厘米，宽 27.2 厘米，高 22.2 厘米

2012 年曹其镛曹罗碧珍夫妇捐赠

浙江省博物馆藏

木胎，通体髹朱漆。几面菱形开光内雕刻武将战阵故事图案，其中两位武将，一位骑马持长柄刀，一位骑马，双手持短柄圆捶，激战正酣。开光外及桌腿雕刻缠枝莲花纹。该器工艺精湛，人物形象生动。【陈丽华：《重华绮芳：曹氏藏元明清漆器》，紫禁城出版社，2010 年版，第 266—269 页。】

二百一十七、三国人物梁枕

清

长 75 厘米，宽 48 厘米，高 53 厘米

安徽博物院藏

表现“赵子龙单骑救阿斗”的场景。赵子龙怀抱阿斗，与曹军大将张郃战于长坂坡，曹操在山上观战，人物主次分明。梁柁

图 3-216 剔红山水人物图炕几

置于梁枋之间，与梁枋共同承重。这种构件是由唐宋建筑的“间柱”演变而来，徽州古建中梁柁为木雕的主要构件。【安徽博物院网站】

二百一十八、黄培松状元木匾

清

长 173 厘米，宽 83 厘米，最厚处 6 厘米

福建博物院藏

图 3-217　三国人物梁柁

黄培松（1855—1925），福建南安人。早年弃文从武，拜名家为师，勇武过人。清光绪六年（1880）钦点武状元，授御前一等侍卫。后在广西、广东等地担任总兵、提督等高级将领，曾以军功获卓勇巴图鲁封号。【福建博物院：《博·戏：中国古代体育文物展》，译林出版社，2015 年版，第 141 页。】

图 3-218　黄培松状元木匾

二百一十九、黄杨木雕故事纹花板（一组四件）

清

每件长 33.4 厘米，宽 2.6 厘米，高 16.3 厘米

浙江省博物馆藏

正中多层次镂雕古典戏剧故事，人物众多，层次分明，雕刻细致。上下部透雕如意纹、“寿”字、石榴等象征吉祥如意的纹饰。每件花板均有底座。【浙江省博物馆：《槁木奇功》，浙江古籍出版社，2009 年版，第 177—178 页。】

图 3–219 黄杨木雕故事纹花板（一组四件）

中国古代体育文物·华东卷

第四章 御术与马术

本卷收录古代御术与马术题材文物77件，时代上至战国，下至清代，主要包括陶车、玉马、铜马、陶马、御车俑、骑兵俑、骑马俑、牵马俑、漆绘木尺、画像镜、画像石、砖雕、绘画以及木雕鼓车、马饰、马镫等实用器物。

2004年江苏淮安运河村一号战国墓出土的“木雕鼓车”，车舆前侧装置有建鼓且装饰有精美雕花板，是目前我国商周考古发现的唯一一辆完整实用鼓车，对于研究古代车制和建鼓具有重要价值，被定为国家一级文物。

2002年江苏连云港双龙汉墓出土的彩绘木尺，正反两面均为黑漆上加以彩绘图案，主题纹样为一幅描绘护送墓主人灵魂升天的车马出行图，体现了汉代的宇宙观，布局规整，构思精妙。

孝堂山石祠、沂南北寨汉墓、武氏祠的车骑出行图画像石，人物车马数量众多，车辆种类丰富，气势恢宏，是汉代车马出行画像石的代表作。

浙江省博物馆藏东汉神仙骑兽乐舞百戏画像镜刻有神仙骑兽并作追逐、游戏状，还刻有东王公、西王母以及玉女、侍者、乐舞百戏表演等人物，内容丰富，画面饱满，在画像镜中极为罕见。

1970年南京象山7号墓出土的东晋双镫陶马俑，一般认为是我国年代最早的证实使用双马镫骑马的实物和艺术作品，在马具和马术发展史上具有标志性意义。

1950年出土于南京市明沐英墓的元青花萧何月下追韩信图梅瓶，人物神情生动，画面具有中国水墨丹青的神韵，纹饰又体现出对外来文化的吸收，造型规整，线条流畅，胎质细腻，釉色莹润，是元青花瓷的杰出代表，堪称绝世珍品、国之瑰宝，是国家一级文物和国家文物局确定的禁止出国（境）展览的文物。

台北“故宫博物院”藏清郎世宁《百骏图》卷，绘姿态各异之骏马百匹，放牧游息于草原的场面，融合中西画法，全幅色彩浓丽，构图繁复，形象逼真，既是郎氏早期典型代表作品之一，亦为古代画马名作。

一、木雕鼓车

战国

车轴，通长206厘米

车辕，通长300厘米

车毂，通长38厘米

车辐，通长39.2厘米

车辋，高7.5厘米

2004年江苏省淮安市运河村一号战国墓出土

淮安市博物馆藏

国家一级文物

单轴、独辕、双轮马车，装饰华丽、制作精巧，因车舆前侧装置有建鼓且装饰有精美雕花板而得名“木雕鼓车”。该车是一辆实用车辆，是墓主指挥作战所乘之车，也是礼仪身份的象征。该车是目前商周考古发现的唯一一辆完整鼓车实物，是研究古代车制和建鼓的珍贵实物资料，具有重要的价值。【淮安市博物馆：《江苏淮安市运河村一号战国墓》，《考古》，

图 4-1 木雕鼓车

2009 年第 10 期，第 3—20、97—104 页；张万辉：《江苏淮安运河村出土战国木雕鼓车形态设计特点研究》，《文物天地》，2020 年第 5 期，第 106—111 页。】

二、黄玉马

战国

通高 5.7 厘米，长 5.8 厘米，宽 1.7 厘米

1978 年山东曲阜鲁国故城遗址 3 号墓出土

曲阜市文物局孔府文物档案馆藏

黄玉质，晶莹剔透，有褐色沁斑。马身健硕，双耳直立，眼神专注，做静立状。运用圆雕、俏色技法制作，工艺水平精湛。【济宁市文物局：《济宁文物珍品》，文物出版社，2010 年版，第 157 页。】

图 4-2 黄玉马

图 4-3 铜立马

三、铜立马

战国

高 15 厘米，长 15 厘米

平阴县博物馆藏

束尾仰首，立姿。饰卷云纹。腹下部有大篆铭文（左“马”右“土”）。制作精美，造型生动。【济南市文物局、济南市考古研究所、济南市博物馆：《济南文物精粹·馆藏卷》，文物出版社，2018 年版，第 127 页。】

四、青铜马

战国

高 60 厘米

福建博物院藏

马的身形矫健，四蹄伫立，昂首嘶鸣。【福建博物院：《博·戏：中国古代体育文物展》，译林出版社，2015 年版，第 99 页。】

图 4-4 青铜马

五、彩绘漆木马

西汉

高 78 厘米，通长 84 厘米

2007 年江苏仪征新城烟袋山 4 号车马坑出土

仪征博物馆藏

共出土十四件，结构基本相同，分为雌马、雄马两种，此为其中一件。木胎，由头、颈、躯干、四腿和尾巴八个部分组成，以木榫连接，以生漆黏合。马的身形矫健，四蹄伫立，低头颔首，张口嘶鸣，马尾扎束成结。马身原有灰白漆，眼眶以红彩勾线，现已脱落。【仪征博物馆：《仪征出土汉代漆木器》，江苏凤凰美术出版社，2015 年版，第 168—169 页。】

图 4–5 彩绘漆木马

六、彩绘陶马

西汉

高约 60 厘米，长约 65 厘米

2003 年山东章丘危山汉墓出土

章丘博物馆藏

泥质灰陶。马身健壮有力，头部轮廓清晰，双耳直立，眼神专注，做静立状。【济南市文物局、济南市考古研究所、济南市博物馆：《济南文物精粹·考古卷》，文物出版社，2018 年版，第 70 页。】

图 4–6 彩绘陶马

七、陶马

西汉

高 64 厘米

2005 年羊鬼山陪葬坑出土

徐州博物馆藏

羊鬼山陪葬坑共出土 4 匹陶马。这些陶马与狮子山兵马俑坑出土的陶马形制几乎相同，

图 4-7 陶马

灰色泥质陶制成，均立姿，形制相似，应为两骖两服。陶马形体健壮，额头上的鬃毛呈圆形，双目突出，尖耳直竖，双唇微合，唇后端有一贯穿两侧的圆孔，应为装马衔处。马颈部剪鬃，臀部浑圆，身下部两端各做成椭圆形平台，以便黏接马腿。马尾下垂，梢部挽结。【徐州博物馆网站】

八、陶骑兵俑

西汉

通高 59 厘米，长 65 厘米

1987 年徐州狮子山汉兵马俑五号坑出土

徐州博物馆藏

一武吏跨骑于马背上，脸部五官较平，表情威严，头发中分拢于脑后。上身着双层右衽交领衣服，双臂下垂，小臂处断残。武吏下身与马身塑为一体，马腹两侧塑有裤纹折痕，小腿下垂于马身之外，着长筒战靴。陶马体形健硕，额头上鬃毛呈圆形，双眼暴突，鼻翼鼓张，双唇微合。马身脊背微凹，臀部宽厚，前腿直立，后腿稍屈，马尾下垂，梢部挽结。人与马分模合制而成，并非一次成型。这件骑兵俑的马下腹部有刻文“衣驹”二字，表示初上缰绳的少壮马匹。有的文献将“衣驹”误释为“飞骑”，因此称这件骑兵俑为“飞骑俑”。楚国当时有一支骁勇善战的骑兵队伍，史书记载“楚

图 4-8 陶骑兵俑

兵剽轻，难与争锋”。【徐州博物馆网站；徐州市文物局：《揽珍：徐州市第一次全国可移动文物普查》，江苏凤凰美术出版社，2016 年版，第 152 页；海蔚蓝：《楚王梦：玉衣与永生——徐州博物馆汉代珍藏》，江苏凤凰美术出版社，2017 年版，第 92—93 页；周波、刘聪、邱永生：《江苏徐州狮子山汉兵马俑五号坑的发现与认识》，《东南文化》，2019 年第 4 期，第 18—22 页；杜益华：《徐州博物馆藏汉代器物铭文考释》，《文物天地》，2019 年第 5 期，第 26—31 页。】

九、彩绘陶骑马俑

西汉

通高 31 厘米，长 48 厘米，宽 24 厘米

徐州博物馆藏

一武吏跨骑于马背上，武吏下身与马身塑为一体，马腿残缺。【徐州博物馆网站】

图 4–9　彩绘陶骑马俑

十、彩绘漆木骑马俑

西汉

高 30 厘米

2007 年江苏仪征新城烟袋山 4 号车马坑出土

仪征博物馆藏

木胎。梳发髻，以刀刻五官及衣饰，以墨绘头发。身穿右衽短袍，双臂平举做持缰绳状。以灰白做底，身绘红彩，多已脱落。【仪征博物馆：《仪征出土汉代漆木器》，江苏凤凰美术出版社，2015 年版，第 193 页。】

图 4–10　彩绘漆木骑马俑

十一、彩绘陶骑兵俑

西汉

通高 59.7 厘米，通长 62.2 厘米

2007—2008 年山东省淄博市临淄区山王村出土

齐文化博物馆藏

骑兵跨于马上，扭身昂首，弓背前倾，双臂举起，似为拉弩之姿。马挺胸站立。俑身彩绘脱落殆尽，马身残留红色和白色彩绘，头部有白色勾勒缰绳线条。【山东省文物考古研究所、临淄区文物管理局、韩伟东、魏成敏、王会田：《临淄山王村汉代兵马俑》，文物出版社，2017 年版，第 29 页，彩版三五。】

十二、彩绘陶骑兵俑

西汉

通高 62.7 厘米，通长 58.2 厘米

2007—2008 年山东省淄博市临淄区山王村出土

齐文化博物馆藏

骑兵跨于马上，身披铠甲。马高大威猛，造型俊朗。铠甲彩绘仅存甲衣上一部分金属泡钉的白色圆点。马身彩绘脱落殆尽。【山东省文物考古研究所、临淄区文物管理局、韩伟东、魏成敏、王会田：《临淄山王村汉代兵马俑》，文物出版社，2017 年版，第 29 页，彩版三七。】

图 4-11　彩绘陶骑兵俑

图 4-12　彩绘陶骑兵俑

十三、彩绘陶骑兵俑

西汉

通高 63.7 厘米，通长 60.2 厘米

2007—2008 年山东省淄博市临淄区山王村出土

齐文化博物馆藏

骑兵跨于马上，身披铠甲，左臂自然下垂，右臂举起，紧贴腹部，双手握拳，拳心有孔，应为拉缰绳之状。马高大威猛，造型俊朗。铠甲彩绘仅存甲衣上少量金属泡钉的白色圆点。马身饰有朱、白色彩绘。【山东省文物考古研究所、临淄区文物管理局、韩伟东、魏成敏、王会田：《临淄山王村汉代兵马俑》，文物出版社，2017 年版，第 29—30 页，彩版三八。】

图 4–13　彩绘陶骑兵俑

十四、彩绘陶骑马俑

西汉

高约 60 厘米，长约 65 厘米

2003 年山东章丘危山汉墓出土

章丘博物馆藏

泥质灰陶。骑手头戴软帽，身穿短袍，一手牵缰勒马，一手持兵器（兵器已腐朽），神情严肃，目视前方，体态端庄。【济南市文物局、济南市考古研究所、济南市博物馆：《济南文物精粹·考古卷》，文物出版社，2018 年版，第 64 页。】

图 4–14　彩绘陶骑马俑

十五、彩绘陶骑马俑

西汉

高约 45.5 厘米

2003 年山东章丘危山汉墓出土

章丘博物馆藏

图 4-15 彩绘陶骑马俑

泥质灰陶。骑手头戴软帽，身穿短袍，面部凸鼓。【济南市文物局、济南市考古研究所、济南市博物馆：《济南文物精粹·考古卷》，文物出版社，2018 年版，第 65 页。】

十六、鎏金铜当卢

西汉

长 16.5 厘米，宽 7.8 厘米，厚 1.4 厘米

1999 年山东章丘洛庄汉墓出土

济南市考古研究所藏

马具。装饰在马头之上的器具。上部呈圆弧形，下部为锐三角形，镂空透雕，纹样为一匹四足腾飞的骏马。【济南市文物局、济南市考古研究所、济南市博物馆：《济南文物精粹·考古卷》，文物出版社，2018 年版，第 220 页。】

十七、彩绘陶御车俑

西汉

高 19.2 厘米，宽 9.2 厘米，厚 6.5 厘米

图 4-16 鎏金铜当卢

1990 年山东平阴县西汉汉墓出土

济南市考古研究院藏

泥质灰陶，面部丰满，施粉彩。着长袍，交领右衽，窄袖，跽坐，双手低垂，呈持缰状。【济南市文物局、济南市考古研究所、济南市博物馆：《济南文物精粹·考古卷》，文物出版社，2018 年版，第 60 页。】

图 4-17 彩绘陶御车俑

十八、彩绘陶御车俑

西汉

通高 34.7 厘米，通长 15.9 厘米，通宽 17.6 厘米

2003 年山东章丘危山汉墓出土

章丘博物馆藏

泥质灰陶，略施红彩。头戴软帽，面部圆润。跽坐，身穿宽袖重襟衣，双手呈持缰状。【济南市文物局、济南市考古研究所、济南市博物馆：《济南文物精粹·考古卷》，文物出版社，2018 年版，第 69 页。】

十九、临淄山王村汉代兵马俑坑 1 号陶车

西汉

通长 105.9 厘米，通宽 75 厘米，通高 44.5 厘米

2007—2008 年山东省淄博市临淄区山王村出土

齐文化博物馆藏

临淄山王村汉代兵马俑坑共出土陶车 11 辆（包括独辕车 8 辆、双辕车 1 辆、牛车 2 辆），均为模型，车长约为汉代实用车的三分之一。

图 4–18 彩绘陶御车俑

8辆独辕车均驾四马，包括战车和安车。1 号车为独辕车中的战车，亦为所有车的主车，驾四马。车舆长 50 厘米、进深 19 厘米、高 24.5 厘米；后车门上宽 47.4 厘米、下宽 38.6 厘米；车轮直径 40.8 厘米，辐条 24 根。车舆内中间为主乘者，身材高大，左侧为个体较小的护卫俑，右侧为驭手，三者均站立在车中。该车前后左右共有 26 名骑兵俑护卫，其中车前左右两侧各有 2 名骑兵护卫，车舆左右两侧各有 5 名骑兵护卫，车的后部有 12 名骑兵护卫，可见其主人的重要地位。【山东省文物考古研究所、临淄区文物管理局、韩伟东、魏成敏、王会田：《临淄山王村汉代兵马俑》，文物出版社，2017 年版，第 73—83、258—259 页，彩版一四三。】

二十、临淄山王村汉代兵马俑坑 8 号陶车

西汉

通长 110 厘米，通高 72 厘米，通高 61.8 厘米

2007—2008 年山东省淄博市临淄区山王村出土

齐文化博物馆藏

安车。驾四马，两服马之前有一名形体较小的牵马俑，车舆内右侧有 1 人，坐姿，应为驭手，中间有车伞，左侧应为车主的位置。车舆长 51.2 厘米，进深 19.8 厘米，高 21 厘米；后车门上宽 47.2 厘米，下宽 38.9 厘米；辕长 94.8 厘米，车横长 38.4 厘米；车轮直径 41.2 厘

图 4–19 临淄山王村汉代兵马俑坑 1 号陶车

图 4–20　临淄山王村汉代兵马俑坑 8 号陶车

图 4–21　临淄山王村汉代兵马俑坑 10 号陶车

米，辐条 24 根；车伞高 39.6 厘米，伞盖直径 39.6 厘米。【山东省文物考古研究所、临淄区文物管理局、韩伟东、魏成敏、王会田：《临淄山王村汉代兵马俑》，文物出版社，2017 年版，第 73—83、260—261 页，彩版一四四。】

二十一、临淄山王村汉代兵马俑坑 10 号陶车

西汉

通长 99.8 厘米，通宽 75 厘米，通高 53.9 厘米

2007—2008 年山东省淄博市临淄区山王村出土

齐文化博物馆藏

安车。驾四马。两服马之前有牵马俑。车舆内侧有一人站立，应为驭手。车舆左侧有箭箙。车舆、车辕、车横、车轮以及箭箙均饰有彩绘或红色。车舆长 51 厘米，高 26.4 厘米，

进深 23 厘米；车门上口宽 46.2 厘米，下口宽 39.6 厘米；车辕长 96.4 厘米，车横长 38.6 厘米；车轮直径 39.6 厘米，辐条 24 根。【山东省文物考古研究所、临淄区文物管理局、韩伟东、魏成敏、王会田：《临淄山王村汉代兵马俑》，文物出版社，2017 年版，第 73—83、265—269 页，彩版一四八、一四九、一五〇。】

二十二、漆绘木尺

西汉

长 22.5 厘米，宽 1.8 厘米

2002 年江苏省连云港市海州区双龙村花园路西汉墓 M1 三号棺出土

连云港博物馆藏

木胎。左侧有一圆孔。正面刻有度标，以短线标明。西汉木尺平均长度为 23.2 厘米，该尺略小，应与脱水收缩有关。

正反两面均为黑漆上加以彩绘图案，彩绘内容有车马出行、象车、仙人、云纹、菱形纹等，主题纹样为车马人物出行图；色彩包括红、黑、蓝、白、青等，以黑红为主；绘画方法为先用墨线勾勒人物或者物体的轮廓，再以彩色填涂。

正反两面的图案布局基本相同，每一面均可分为七格，格与格之间以双竖线分隔，中间的一格为车马出行图，车马出行图的两侧各有三格，呈对称分布。

正面左侧三格的布局为：外侧的一格无图案；中间一格绘有云气纹和人物，该人物为一位凭几而坐、云气环绕的仙人，头戴高冠，宽衣博带，长袖下垂，双手合在胸前，面向左侧观看，神态安详，应为西王母；里面的一格绘有菱形纹，四角各绘一圆形，菱形纹中间有两条细线，上面的细线之上绘有“人”字纹，下面的细线之下绘有倒置的“人”字纹，细线中间绘有一树叶形图形，这使得菱形纹被分为上下对称的山形图案，让人联想到西王母居住的昆仑仙山；三格的长度比例大体上为 1∶3∶2，即绘有云气纹和人物的一格的长度为无图案的一格的三倍，绘有菱形纹的一格的长度为无图案的一格的两倍。正面右侧三格的布局为：外侧的一格无图案；中间一格漫漶不清，应绘有人物和云气纹；里面的一格绘有菱形纹，图案布局与左侧对称的一格相同；三格的长度比例与左侧相同。反面两端对称的三格之中，左侧的中间一格的人物形象模糊，其残存的冠饰与正面的西王母形象不完全相同，应为东王公。

正面的车马出行图的最左边是两位在云气纹中持戟奔跑、作为前导的伍伯，两人步调一致，动态十足。其后是一辆白马单驾的轺车，车上有两人，前面一人戴冠，手持圭板，神态谦恭；后面的坐者为驭者，身体后靠，左手搭在扶手之上，右手控制车辆。再其后是一匹黑马单驾的轺车，车上有两人，一人面向车的正前方，挥鞭策马，应为驭者；其后的坐者为正面像，形象和坐姿都显得十分安闲，应为出行队伍的主人，其前置有一案，案为白色，其上置物，或为食物。主车之后的图案漫漶不清，仅残存云气纹。反面的车马出行图的最左边的图案比较模糊，应为跟随在正面的主车之后的

图 4-22 漆绘木尺

一辆单驾的轺车，其上乘坐的应为扈从。其后为一辆象车。拉车的大象身披朱色斗篷，垂鼻低首，缓步前行。象车车厢为长方形，敞口平底，周围有低檐，正中竖立一座建鼓。建鼓的主体由大鼓和立柱组成。大鼓的鼓身绘有对称的菱形纹，造型优美；上方两侧各有一个圆形的小鼓，使用条形物固定在大鼓和立柱之上；立柱顶端饰有华盖和羽葆。建鼓之下左右各坐一人，似为奏乐者；建鼓两侧各有一鼓手，双手各执一桴，弓步压胯，奋力扬臂擂鼓，动作优美。车厢四角各竖一个棨戟；建鼓的两侧各竖一面旌旗。象车之后有两骑吏跟随，手持缰绳与马鞭，身体后仰，动作一致。

从正反面的图像布局和整体风格分析，这件漆绘木尺两面所绘图像应为按照分段方式绘制、前后关联的连环画，是一幅描绘护送墓主人灵魂升天的车马出行图。

该木尺的彩绘图像布局规整，构思精妙，反面的象车在汉代图像资料中非常罕见，具有较高的研究价值。【连云港博物馆：《江苏连云港海州西汉墓发掘简报》，《文物》，2012 年第 3 期，第 4—17 页，彩图 1、2；连云港博物馆：《连云港馆藏文物精粹》，荣宝斋出版社，2006 年版，第 74—77 页；陈松长：《连云港海州双龙汉墓出土汉代漆尺彩绘图像解读》，《中国汉画学会第十二届年会论文集》，成都，2010 年，第 121—124 页；马振林：《连云港双龙汉墓汉尺考》，《苏州文博论丛》（总第 1 辑），文物出版社，2010 年，第 70—73 页；马振林：《从连云港双龙汉尺看汉代建鼓艺术》，《淮海工学院学报》（人文社会科学版），2012 年第 4 期，第 92—94 页；郑彤：《汉代的鼓吹车和戏车》，《中国文物报》，2012 年 6 月 22 日第 6 版。】

二十三、透雕神人骑虎饰

汉

纵 2.7 厘米，横 3.8 厘米

上海博物馆藏

镂空雕刻，工艺精湛。【上海博物馆网站】

图 4–23　透雕神人骑虎饰

二十四、车马出行图画像石

东汉

长 210 厘米，高 42—61 厘米，厚 20 厘米

徐州大庙汉画像石墓出土

徐州博物馆藏

刻车马出行图。【徐州博物馆网站】

二十五、太守出行图石案

汉

长 192 厘米，宽 83 厘米，高 21.4 厘米

1986 年安徽凤台征集

淮南市博物馆藏

石灰岩质。案面呈长方形，有学者认为是石榻。案面表现了汉代太守出行的场面，前方卫兵开道，太守乘坐于轺车之上，车后刻“太守”二字。环石案共有 25 个人物（包括家眷、奴婢、卫兵等）、18 匹马、5 辆以及 16 组纹饰。石案侧面饰浅浮雕连环纹、水波纹和细线阴刻云龙纹。制作规整，工艺精湛。【淮南市博物馆：《淮南市博物馆文物集珍》，文物出版社，2010 年版，第 136—137 页。】

二十六、孝堂山石祠西壁车骑出行图

东汉早期

孝堂山石祠位于山东济南市长清区孝里铺孝堂山。西壁画面高 1.8 米，宽 2.11 米。自上而下分为六区。车骑出行图位于二区。上边有一排北飞的大雁，下有两排出行的行列向北行进。两排行列北段各有两人荷戟，其后各随九骑，排列整齐，骑者皆着弁，马昂首阔步向前；两排最后的骑者之后各有軿车一辆，车内有二夫人对坐。行列的最后各有一骑殿后。【蒋英炬等，山东省石刻艺术博物馆、山东省文物考古研究所编：《孝堂山石祠》，文物出版社，2017 年版，第 29—51 页，图 22、23。】

图 4-24　车马出行图画像石

图 4–25 太守出行图石案

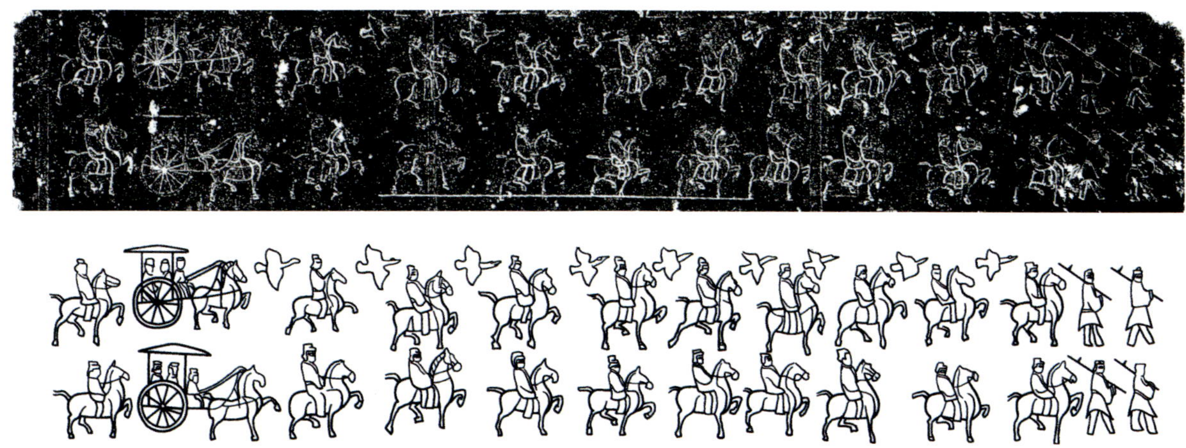

图 4–26 孝堂山石祠西壁车骑出行图

二十七、沂南北寨汉墓车骑出行图画像石

纵 50 厘米，横 192 厘米

1954 年山东省沂南县界湖镇北寨村汉墓出土

沂南北寨汉画像石博物馆藏

中室北壁横梁西段画像。减地平面线刻。刻车骑出行图。与自左至右依次排列四辆轺车。第三辆为主车，有四维，其前有二人持便面、长梃，再前有二人持弓箭，最前为并辔而行的二导骑。主车之后有从车一辆。从车前有二导骑，后有二伍伯。【山东省沂南汉墓博物馆：《山东沂南汉墓画像石》，齐鲁书社，2001 年版，第 46—47 页（图 38）、第 80 页。】

二十八、沂南北寨汉墓车骑出行图画像石

纵 50 厘米，横 189 厘米

1954 年山东省沂南县界湖镇北寨村汉墓出土

沂南北寨汉画像石博物馆藏

中室北壁横梁东段画像。减地平面线刻，刻车骑出行图。左端刻双阙，阙前二吏执笏恭

图 4–27 沂南北寨汉墓车骑出行图画像石

图 4–28 沂南北寨汉墓车骑出行图画像石

迎车辆。自左至右排列轺车、軿车、辎车各一辆，轺车前有二导吏，执便面、长梃，后有二从骑，軿车、辎车后各有二从骑。【山东省沂南汉墓博物馆：《山东沂南汉墓画像石》，齐鲁书社，2001 年版，第 46—47 页（图 39）、第 80 页。】

二十九、武氏祠前石室后壁横额车骑出行图

东汉晚期

清乾隆五十一年（1786）山东嘉祥县纸坊集武宅山村北武氏墓群出土

嘉祥武氏墓群石刻博物馆藏

画面可分为两栏。上栏刻车骑出行图。左端一人冠服执笏，右向躬迎迎面而来的车骑。车骑队伍包括五辆轺车以及导骑、伍伯。右端一人冠服，右手前伸，左向躬送。下栏刻鸟、兽、云龙纹和连弧纹。【蒋英炬、吴文祺：《汉代武氏墓群石刻研究》（修订本），人民美术出版社，2014 年版，第 94、132 页。】

三十、铜山茅村汉墓车骑出行图画像石

东汉晚期

纵 55 厘米，横 272 厘米

1952 年江苏铜山县（今铜山区）茅村汉墓出土

徐州汉画像艺术馆藏

位于中室北壁。前有二人持棨戟前导，軿车、轺车各有一辆，軿车前有一导骑，轺车前

图 4–29 武氏祠前石室后壁横额车骑出行图

图 4–30 铜山茅村汉墓车骑出行图画像石

有二导骑，后有一导骑。途中与另一辆轺车相遇。【徐州市博物馆：《徐州汉画像石》，江苏美术出版社，1985 年版，图 64。】

三十一、铜山洪楼汉墓车骑出行图画像石

东汉晚期

纵 25 厘米，横 106 厘米

1956 年江苏铜山县单集区洪楼村汉墓出土

徐州汉画像艺术馆藏

铜山洪楼汉墓有祠堂和墓室。祠堂画像出土时散落在外。该画像石为祠堂画像，刻车骑出行图。前有导骑一，后有轺车两辆，軿车一辆。【徐州市博物馆：《徐州汉画像石》，江苏美术出版社，1985 年版，图 72。】

三十二、铜山台上车骑出行图画像石

东汉晚期

纵 38 厘米，横 220 厘米

江西铜山县台上出土

徐州汉画像艺术馆藏

图 4–31 铜山洪楼汉墓车骑出行图画像石

图 4–32 铜山台上车骑出行图画像石

刻车骑出行图。前为导骑，后有軿车、轺车、辎车各一辆，车前均有驭者。【徐州市博物馆：《徐州汉画像石》，江苏美术出版社，1985年版，图175。】

三十三、神人车马画像镜

东汉

直径21.2厘米，重1047千克

浙江省博物馆藏

圆形，半圆钮，连珠纹钮座。主体纹饰左为东王公，两旁各有三羽人，右为西王母，左旁有三羽人，右旁有一侍者。上下方均为五马驾车，昂首飞驰。车舆有卷棚式顶棚，车厢两侧开窗，车厢的前部下方有长方形栏。车后有一人侧身向外探望，车内有一人凭栏外眺。【浙江省博物馆：《越地范金》，浙江古籍出版社，2009年版，第120、139页。】

三十四、尚方神人车马画像镜

东汉

直径20.5厘米，重978克

浙江省博物馆藏

圆形，半圆钮，连珠纹钮座。主体纹饰左为东王公，两旁有羽人和侍者，旁有榜题误作“王母”两字。右为西王母，其左有一侍者，其右有两羽人。上下方均为三马驾车，骏马或昂首飞驰，或回头嘶鸣，并驾齐驱，一毂统辐。车舆有卷棚式顶棚，车厢两侧开窗。主纹之外有铭文一周：尚方作竟四夷服，多贺国家人民息，胡虏殄灭天下复，风雨时节五谷熟，长保二亲得天力，传告。【浙江省博物馆：《越地范金》，浙江古籍出版社，2009年版，第140页。】

图4-33 神人车马画像镜

图 4-34　尚方神人车马画像镜

三十五、神仙骑兽乐舞百戏画像镜

东汉

直径 21 厘米，重 1060 克

浙江省博物馆藏

圆形，半圆钮，草节纹钮座。以内区的四枚为界，主体纹饰分为四组图像：上为东王公，其左有一侍者和一羽人，其右有二侍者，旁有榜题“东王公”；下为西王母，其右有二玉女和数位侍者，其左有二人表演杂技，榜题“西王母”；右为二人舞蹈，旁有人奏乐和表演叠案，旁有榜题“玉女作□”；左为神仙骑兽，做追逐、游戏状。该镜刻画内容丰富，画面饱满，在画像镜中极为罕见。【浙江省博物馆：《越地范金》，浙江古籍出版社，2009 年版，第 142—143 页。】

图 4-35　神仙骑兽乐舞百戏画像镜

三十六、铜骑马俑

西晋

通高 17.2 厘米，长 15.7 厘米

绍兴出土

浙江省博物馆藏

骑俑跨坐于马鞍之上，粗眉大眼，阔口闭唇，头戴圆冠，上身裸露，下身着裙，身体挺直，双臂张开，左手执圆盘，右手空握。马体壮膘肥，昂首站立，双耳竖起。推测该器物为灯座。【浙江省博物馆：《越地范金》，浙江古籍出版社，2009 年版，第 92 页。】

三十七、双镫陶马俑

东晋

长 38.5 厘米，高 34.5 厘米

1970 年南京象山 7 号墓出土

南京市博物馆藏

通身涂白粉，鞍涂朱红色（部分脱落），两侧均装饰有一个近三角形是泥塑马镫。使用双镫骑马，骑乘者在马上可以获得稳固的承托，能够有效地控制马匹。双镫的出现和推广为骑马技术的普及奠定了重要的物质基础，在人类骑术发展史上具有划时代的意义。一般认

图 4–36 铜骑马俑

为，这是我国年代最早的被证实使用双马镫骑马的实物和艺术作品，在马具和马术发展史上具有标志性意义。【南京市博物馆：《六朝风采》，文物出版社，2004 年版，第 313 页；南京市博物馆：《南京象山 5 号、6 号、7 号墓清理简报》，《文物》，1972 年第 11 期，第 23—41 页；孙机：《汉代物质文化资料图说》（增订本），上海古籍出版社，2008 年版，第 139—140 页；孙机：《中国古舆服论丛》（增订本），上海古籍出版社，2013 年版，第 95 页；骆晓平：《中国马镫何时出现》，《大众考古》，2015 年第 5 期，第 41—44 页。】

图 4-37　双镫陶马俑

三十八、陶骑俑

北朝

通长 6 厘米，通宽 9 厘米，通高 19 厘米

徐州云龙区狮子山乡东甸子村北朝墓出土

徐州博物馆藏

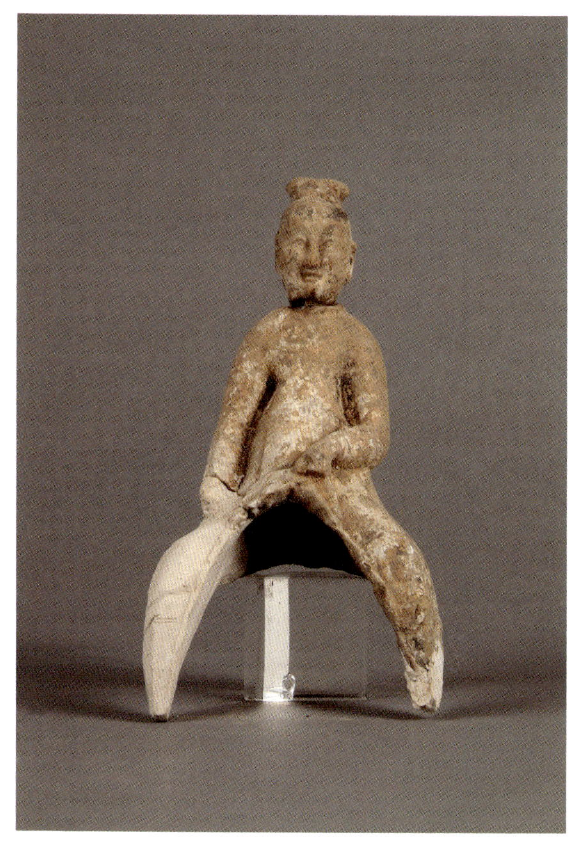

图 4-38　陶骑俑

陶质。骑俑呈跨坐姿，目视前方，神态安闲。【徐州博物馆网站】

三十九、彩绘陶马

北朝

通高 27 厘米

1988 年济南东八里洼北朝墓出土

山东省文物考古研究所藏

马身白色，鬃毛赭色。鞍具俱全，装饰华丽，身系璎珞，脖系銮铃，分别绘红、绿、黑、赭色。曲颈低首，形态生动。【济南市文物局、济南市考古研究所、济南市博物馆：《济南文物精粹·考古卷》，文物出版社，2018 年版，第 89 页。】

图 4-39 彩绘陶马

四十、鞴马出行图画像砖

南朝

长 26 厘米，宽 15.5 厘米，厚 5 厘米

2014 年江苏扬州杨庙镇双墩张巷南朝砖室墓出土

扬州市文物考古研究所藏

砖面模印牵马图，采用浅浮雕技法。画面主体为一马三人，一人牵马，二人相随其后，手中高举仪仗旗旌。行进中的一马三人运动感十足，线条流畅。【扬州市文物考古研究所：《广陵遗珍：扬州出土文物选粹》，江苏凤凰美术出版社，2018 年版，第 112 页。】

四十一、灰陶彩绘甲骑具装俑

隋

通高 26.2 厘米，长 22.3 厘米，宽 11.4 厘米

2013 年 12 月江苏扬州隋炀帝墓出土

扬州市文物考古研究所藏

武士头戴风帽，跨骑于马鞍之上，表情平和，手执缰绳，右侧斜挎箭箙。马垂首昂颈，目视前方，强健有力。武士上身、上肢及马铠甲底饰朱砂。甲骑具装是指人和马皆披铠甲的重骑兵，是我国古代军队的主力。隋炀帝墓出土的这件甲骑具装俑，为研究隋唐时期我国骑兵编制和武器装备提供了重要的实物资料。【扬州市文物考古研究所：《广陵遗珍：扬州出土文物选粹》，江苏凤凰美术出版社，2018 年版，第 113 页。】

四十二、灰陶彩绘骑马俑

隋

通高 26.5 厘米，长 22.5 厘米，宽 10.7 厘米

2013 年 12 月江苏扬州隋炀帝墓出土

扬州市文物考古研究所藏

武士头戴风帽，帽上饰朱砂。跨骑于马鞍之上，表情平和，手执缰绳，目视前方，右侧斜挎箭箙。马垂首昂颈，强健有力。【扬州市文物考古研究所：《广陵遗珍：扬州出土文物选粹》，江苏凤凰美术出版社，2018 年版，第 115 页。】

图 4-40 鞴马出行图画像砖

图 4–41　灰陶彩绘甲骑具装俑

图 4–42　灰陶彩绘骑马俑

四十三、彩绘陶骑马俑

隋

通高 27.2 厘米

1976 年山东嘉祥徐敏行墓（英山一号墓）出土

济宁市博物馆藏

灰陶，通体施红、白两色釉。马昂首挺立，鞍上一武士。【济宁市文物局：《济宁文物珍品》，文物出版社，2010 年版，第 12 页。】

四十四、米黄釉骑马俑

隋

高 18 厘米

福建博物院藏

马昂首挺立，双耳竖起，马尾上翘。鞍上一武士，深目高鼻，注视前方。【福建博物院：《博·戏：中国古代体育文物展》，译林出版社，2015 年版，第 106 页。】

四十五、唐韩干《牧马图》

绢本　设色

纵 27.5 厘米，横 34.1 厘米

台北“故宫博物院”藏

收在《名绘集珍》册第三开。画奚官身骑白马，另牵一匹黑骏，并辔而行。韩干是唐玄宗（712—756，在位）时期的画马名家。从画风来看，奚官相貌、马匹圆臀短腿，均与唐代的墓室壁画相同，造型确具唐画人马雄健、肥壮的特征。唯线条细致挺劲，几处方折之连续用笔，与马鞍上的锦垫色彩，已属徽宗时代作风，故本幅应是北宋末期的摹古精绝之作。幅

图 4-43　彩绘陶骑马俑

图 4-44　米黄釉骑马俑

上有宋徽宗题："韩干真迹。丁亥御笔。押。"【台北"故宫博物院"网站；台北"故宫博物院"：《画马名品特展图录》，台北"故宫博物院"1990 年版，第 7、81 页。】

四十六、唐韦偃《双骑图》

绢本　设色

纵 31 厘米，横 44.5 厘米

台北"故宫博物院"藏

选自《墨林拔萃》册第二幅。绘双骑并辔奔驰，马匹健壮，饶有古风。韦偃，唐代画家，善鞍马、松石。幅上有韦偃年款：唐贞观年春韦偃画。该题款存有疑点。韦偃与杜甫（712—770）为同时代人士，两人交好，杜甫曾数次写诗相赠，韦偃不应有早至贞观（627—649）年之作，似转摹自唐人稿本。【台北"故宫博物院"：《画马名品特展图录》，台北"故宫博物院"1990 年版，第 9、82 页。】

四十七、彩色釉陶骑马男俑

唐

通高 39 厘米，马长 38.3 厘米

重 2725 克

上海博物馆藏

灰白色陶胎，男俑黄衫、绿襟、黑靴，端坐于马上，双手抬起，做勒缰绳状，除俑头、颈及手为彩绘外，周身均施彩色釉。马身施褐釉，间施绿釉，四足及底板施白釉。造型生动逼真，人物和马的塑造、刻画达到极高的艺术

图 4–45　唐韩幹《牧马图》

图 4–46　唐韦偃《双骑图》

图 4-47 彩色釉陶骑马男俑

图 4-48 彩色釉陶骑马女俑

水准，是唐代彩色釉陶器中的上品。【上海博物馆网站】

四十八、彩色釉陶骑马女俑

唐

重 2730 克

通高 42.9 厘米，马长 38.5 厘米

上海博物馆藏

白胎，施釉。马伸头昂首，双耳竖起，四足直立，体态雄伟，是典型的唐代良马。鞍上坐一仕女，头戴黑色防风凉帷帽，身穿黄色袒胸上衣，内穿白色窄袖衫，束蓝色百褶长裙，左手勒缰绳，右手下垂，做出行状，神态娴雅，反映了唐代妇女的生活场景，非常写实。【上海博物馆：《上海博物馆藏品精华》，上海书画出版社，2004 年版，第 86—87 页。】

四十九、陶牵马胡人俑

唐

长 54.5 厘米，高 39.5 厘米

苏州市横塘新兴大队唐墓出土

苏州博物馆藏

人、马均为红陶合范制成。胡人高鼻深目，头戴幞头，身着翻领紧袖长衫，腰扎革带，脚穿高筒皮靴，做牵马状。马体型健硕，站立在长方形踏板上。【苏州博物馆：《苏州博物馆藏出土文物》，文物出版社，2009 年版，第 181 页。】

图 4–49　陶牵马胡人俑

五十、灰陶彩绘骑马俑

唐

男俑高 58 厘米，女俑高 59 厘米

1977 年扬州城东乡唐墓出土

扬州博物馆藏

女骑俑头梳单发髻，丰满清秀，唇涂朱红；左手扶马鞍，右手下垂，神态悠闲；上穿翠绿绸衫，配以披帛拖至身后，下着红色高鞠长裙，长裙虽覆盖腿部，但仍能看出女骑俑足穿长筒靴。男骑俑面中部鼻梁内陷，而颧骨高突，下巴前伸，酷似小丑；两臂与左腿残缺；脚穿长筒鞋，头戴幞帽，身着左右下摆开叉长衫，具有胡服风格；身体前倾，向左侧扭头窥望；双臂一前一后，似策马前行。女骑俑所骑之马四腿直立，头部向下；男骑俑所骑之马伸头向前，短尾，四腿挺立。【扬州博物馆网站】

五十一、木雕贵妇出游俑

唐

女坐骑俑，宽 8.6 厘米，高 24.5 厘米

牵马男俑，宽 7.4 厘米，高 26.5 厘米

左侍女俑，宽 6.7 厘米，高 22 厘米

右侍女俑，宽 6.5 厘米，高 23 厘米

马俑，长 31 厘米，高 29 厘米

1979 年连云港市海州区果园唐墓出土

连云港博物馆藏

图 4-50 灰陶彩绘骑马俑

该组木俑共五件，由女坐骑俑、牵马男俑、两件侍女俑从以及马俑组成，构成一幅“游春图”，生动地再现了唐代贵妇出游的场景。木俑造型生动，细致刻画了唐代服饰、发髻，颇具艺术感染力。骑马女俑梳高髻，身披风衣，贵妇打扮。牵马男俑戴幞头，衣短袍，腰束带，左手握拳于胸前，右手置于身后做牵马状。两个随从女俑中，较矮的头梳高髻，双手放于胸前，侍立于骑马女俑之后。较高的头梳平髻，双手合握于胸前，侍立于骑马女俑之后。马的体形高大，昂扬挺拔，四肢壮硕有力。该组俑在艺术造型上已摆脱了盛唐以胖为美的风韵，丰满而不臃肿，纤巧多于朴实，是难得一见的晚唐工艺品。【连云港博物馆网站；连云港博物馆：《连云港馆藏文物精粹》，荣宝斋出版社，2006 年版，第 79—81 页。】

五十二、三彩女骑马俑

唐

通高 42 厘米，俑高 28 厘米，马长 37 厘米，颈长 9 厘米

1986 年山东莘县黄庙唐代张弘墓出土

莘县文物管理所藏

女俑束发，高髻，神态悠闲。穿窄袖长衫，双手置于马鞍处。头部无釉，双臂施白釉，上身施黄釉，双腿施绿釉。马束尾，低头，微向左侧，立于长方形托板之上。马面、马尾鞍施白釉，马身施赭色釉，四肢有脱釉，

图 4–51　木雕贵妇出游俑

图 4–52　三彩女骑马俑

露白胎。根据该墓出土墓志，墓主人张弘生活于武则天执政时期（690—705），卒于唐景龙三年（709），曾任齐州祝阿县丞。从造型、釉色来看，该俑应非山东当地所产，很可能来自洛阳或长安。【莘县文物管理所（李洪冰）：《山东莘县黄庙唐代张弘墓发掘简报》，《文物》，2017 年第 4 期，第 13—20 页。】

五十三、三彩牵马胡人俑

唐

通高 35 厘米，俑高 34 厘米

1986 年山东莘县黄庙唐代张弘墓出土

莘县文物管理所藏

俑立于方形托板之上，深目高鼻，昂首挺胸，头微仰起，面部饱满，神情怡然。右臂屈抬于腰前，右手握拳，左臂屈伸，作牵马状。头戴幞头，上身穿绿色长袍，大翻领，领部施赭色釉。腰系绿色束带，头、手及袍下均无釉，露白胎。根据该墓出土墓志，墓主人张弘生活于武则天执政时期（684—704），卒于唐景龙三年（709），曾任齐州祝阿县丞。从造型、釉色来看，该俑应非山东当地所产，很可能来自洛阳或长安。【莘县文物管理所（李洪冰执笔）：《山东莘县黄庙唐代张弘墓发掘简报》，《文物》，2017 年第 4 期，第 13—20 页。】

五十四、石雕女骑马俑

唐

左俑，高 32.2 厘米

图 4–53　三彩牵马胡人俑

图 4–54　石雕女骑马俑

右俑，高 35.2 厘米

山东济南出土

山东博物馆藏

二女头梳高髻，面带微笑。右俑仰首用力，内着紧袖衫，外着翻领宽袖长裙。左俑低头俯视，内着紧袖衫，外穿开领交衽宽袖长裙。胯下奔马，背覆鞍具，胸带和鞧带系铜铃与杏叶，做疾驰中骤停状，造型生动逼真，雕刻技法纯熟细腻。【鲁文生：《山东省博物馆馆藏精品》，山东友谊出版社，2008 年版，第 300—301 页。】

五十五、彩绘陶马

唐

高 19 厘米

青岛市博物馆藏

泥质褐陶，马耳竖立，马头转向左边，双目圆睁，剪鬃缚尾，马背上有马鞍，马尾粗短上翘。腹部中空，四蹄腾跃，做奔跑状，栩栩如生。【青岛市博物馆网站】

图 4-55 彩绘陶马

五十六、三彩胡人骑马俑

唐

高 6.8 厘米，长 5.5 厘米

2009 年山东章丘女郎山出土

济南市考古研究所藏

图 4-56 三彩胡人骑马俑

白胎，蓝、绿、黄、白四色釉。骑马者为胡人形象。【济南市文物局、济南市考古研究所、济南市博物馆：《济南文物精粹·考古卷》，文物出版社，2018 年版，第 102 页。】

五十七、三彩骑马俑

唐

高 10.9 厘米

山东省济宁市兖州区小孟乡李海村出土

兖州博物馆藏

马头稍偏，做站立状。马鞍上跨坐一人，头戴冠，双手握住缰绳。【济宁市文物局：《济宁文物珍品》，文物出版社，2010 年版，第 14页。】

图 4-57 三彩骑马俑

五十八、“万上”铭铜马镫

唐

上宽 5.2 厘米，下款 13.9 厘米，高 30.5 厘米

1978 年江苏省扬州市汶河路 782 人防工程工地出土

扬州博物馆藏

上部为长方形柄，有长方形穿孔。下部为踏镫，宽而平。柄上刻“万上”二字。【扬州市文物局：《韫玉凝晖：扬州地区博物馆藏文物精粹》，文物出版社，2015 年版，第133 页。】

图 4–58 “万上”铭铜马镫

五十九、五代梁赵岩《八达春游图》轴

绢本　设色

纵 161.9 厘米，横 102 厘米

台北“故宫博物院”藏

画八名贵族男士，骑骏马出游，园中草木呈新绿之色，马匹踏着轻步，表现出春游的愉悦气氛。本画人马、树石笔调之精致细腻，超过唐与五代之作，似北宋的风貌，但它又保存了部分唐画之意，如主题放置于画面中央，前、中、远景采取层层而上的方式，来代表深度空间。此外，背景庭园中之巨型太湖石也是出现在古画中极早之例。【台北“故宫博物院”网站】

六十、青白釉骑马俑

北宋

高 16 厘米

1983 年仪征市铝器厂工地出土

仪征博物馆藏

一戴冠男子侧坐于马背上。人物面带微笑，五官清晰，左手持物扶于马背，右手上举于胸部。马站立，头微扬，侧视。瓷胎白洁细腻，通体施青白釉，釉色莹润。器型规整，小巧精致。【仪征博物馆网站；仪征市博物馆：《仪征出土文物集萃》，文物出版社，2008 年版，第 121 页。】

图 4–59　五代梁赵岩《八达春游图》轴

图 4-60　青白釉骑马俑

六十一、青白釉胡人牵马俑

北宋

高 21.9 厘米，底长 11.5 厘米，底宽 10.1 厘米

1970 年江西省景德镇市郊洋湖大队出土

江西省博物馆藏

长方板形底座之上，骏马一匹，昂首、龇牙、翘尾，两侧各立一位圆目、高鼻、八字长胡、发髻高挽、脚蹬长靴、身着胡裙、头仰天空的胡人，其中一人手做牵引状。马上马鞍绳套齐全，骏马做嘶鸣长啸状，俨然整装待发。牵马俑胎质白细，底座之外满施青白釉，釉质莹润，光洁透亮，是青白瓷的绝好佳作。【李

图 4-61　青白釉胡人牵马俑

玉英：《江右瑰宝——馆藏文物精华》，江西人民出版社，2011年版，第53页；江西省博物馆、首都博物馆：《赣水流韵 辉耀千载——江西古代文物精品》，文物出版社，2014年版，第116页。】

六十二、褐彩骑马俑

宋

通高8.2厘米，宽4厘米

吉安市博物馆藏

瓷质。吉州窑捏塑制品，应为儿童玩具。马昂首挺胸，鼓目圆睁，双耳竖立，张开大口嘶鸣，正在奋力奔跑。马背上的男子，目视前方，表情严肃。【钟平：《吉州窑捏塑瓷器的艺术特征和价值初探》，《文物天地》，2019年第3期，第35—38页。】

图4–62 褐彩骑马俑

六十三、宋陈居中《平原试马图》

绢本 设色

纵30.5厘米，横31.2厘米

台北“故宫博物院”藏

一人骑马，并牵引一匹骏马驰骋于平原上。骑者红衫白须，应是身份尊贵者，衣冠为唐代款式。马匹壮硕，举步稳健，似经良好之调教。陈居中，南宋时期著名画家，擅人物、蕃马、走兽等。【台北“故宫博物院”网站】

图4–63 宋陈居中《平原试马图》

六十四、景德镇窑青花萧何月下追韩信图梅瓶

元

高44.1厘米，口径5.5厘米，足径13厘米

1950年江苏省南京市江宁区将军山明洪武二十五年(1392年）明沐英墓出土

南京市博物馆藏

图 4-64 景德镇窑青花萧何月下追韩信图梅瓶

国家一级文物

第三批禁止出国（境）展览文物

瓷质，白胎，白釉青花，底露胎。无盖，小口，平沿，短颈，丰肩，深腹，胫部瘦长，近底部外撇，浅圈足。腹部描绘“萧何月下追韩信”的历史故事，韩信、萧何、艄公三个人物形象精彩，神情生动。萧何策马疾驰，焦虑的眼神和飘扬的胡须，反映出其急切的心情。岸边的韩信徘徊不定。老艄公持桨而立，等待韩信上船。画面背景绘松、竹、梅、芭蕉、山石，错落有致地点缀其中，颇有中国水墨丹青的神韵。造型规整，线条流畅，胎质细腻洁白，釉色均匀莹润，是元代青花瓷的杰出代表，堪称绝世珍品、国之瑰宝。【南京市博物馆：《故都神韵：南京市博物馆文物精华》，文物出版社，2013 年版，第 174—176 页；周明、中国文物交流中心：《在兹中国》，文物出版社，2019 年版，第 190—191 页；郑岩：《年方六千：文物的故事》，中信出版社，2019 年版，第 176—179 页。】

六十五、元赵孟頫《画马》轴

绢本　设色

纵 52.5 厘米，横 48.2 厘米

台北“故宫博物院”藏

绘一白一黑两匹骏马，两位骑者牵马交谈。赵孟頫（1254—1322），字子昂，湖州（今属浙江）人，宋宗室。1286 年被举荐入朝，宋亡之后仕元，官至翰林学士承旨。画艺广博，山水、人马、竹石无不精湛。右上有乾隆

图 4-65 元赵孟頫《画马》轴

图 4-66 元赵孟頫《进马图》

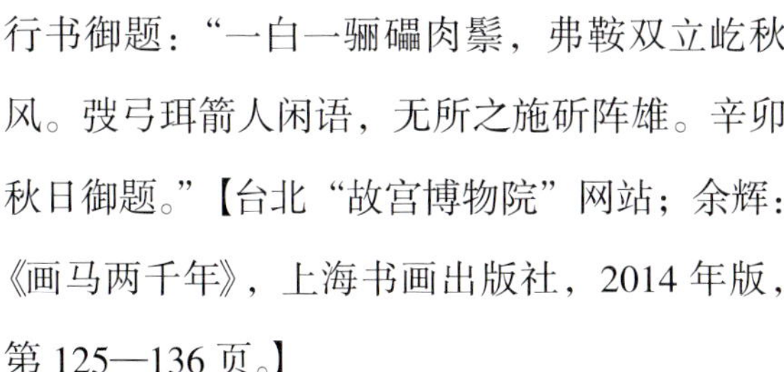

行书御题："一白一骊礧肉鬃，弗鞍双立屹秋风。弢弓珥箭人闲语，无所之施斫阵雄。辛卯秋日御题。"【台北"故宫博物院"网站；余辉：《画马两千年》，上海书画出版社，2014 年版，第 125—136 页。】

六十六、元赵孟頫《进马图》

绢本 设色

纵 32.5 厘米，横 30.4 厘米

台北"故宫博物院"藏

绘奚官执鞭调教马匹，似疾驰中骤然令止，情态甚为生动。旧传赵孟頫之作，无款印。选自《宋元名绘》册第十五幅。【台北"故宫博物院"：《画马名品特展图录》，台北"故宫博物院"1990 年版，第 35、92—93 页。】

六十七、白釉"跨马封侯"人物俑

明

通高 16.5 厘米

1987 年江苏省扬州市西游幻宫工地明代纪年墓出土

扬州唐城遗址博物馆藏

陶瓷器，通体施白釉，胎体细腻。釉色纯正，造型别致。整器为一位头戴官帽的封侯跨坐于马背上。人物身体稍向左，左手执鞭，右手执剑向上置于胸前。马昂首翘盼。寓意美好。【扬州市文物局：《韫玉凝晖：扬州地区博物馆藏文物精粹》，文物出版社，2015 年版，第 72 页。】

图 4–67 白釉“跨马封侯”人物俑

六十八、彩绘骑马男陶俑

明

高 38.9 厘米，长 30.2 厘米，底长 19.8 厘米，底宽 10.3 厘米

1959 年陈嘉庚先生征集

华侨博物院藏

陶质。头松动，彩绘剥落。明代陶俑多以模制，俑首及身分制，再插合成型，此器物以彩绘装饰，色彩鲜艳夺目。在造型上，人俑体型较大，底座的马俑体型较小，但形象逼真，反映出明代高超的雕塑水平和制陶技艺。【华侨博物院网站】

图 4–68 彩绘骑马男陶俑

六十九、玉堂金马图砖雕

明

安徽博物院藏

徽州古民居建筑上的装饰材料。砖雕以万字纹为背景，上刻一匹骏马，雍容而悠闲，立于树影掩映的大堂前，营造出富贵的氛围。图中的大堂指汉代的玉堂殿，“金马”即象征着未央宫的金马门，整个砖雕蕴含有高官显贵之意。【安徽博物院网站】

七十、清禹之鼎《雪山归马图》卷

1697 年

纸本 设色

纵 50.3 厘米，横 86 厘米

南京博物院藏

绘戴帽披红斗篷的长须老者骑马形象。题识：“雪山归马图。少詹学士江村高老大人，扅奉邑从塞外归来，属绘记事，丁丑秋月，后学禹之鼎谨志。”钤印：慎斋禹之鼎印（朱白文）、广陵涛上渔人（朱文）。禹之鼎（1647—1716），清代宫廷画家，擅人物、山水、花鸟、走兽，尤其精于肖像画。【南京博物院：《清代扬州绘画》，江苏凤凰美术出版社，2014 年版，第 22 页。】

图 4–69　玉堂金马图砖雕

图 4–70　清禹之鼎《雪山归马图》卷

七十一、清郎世宁《百骏图》卷

清

绢本　设色

纵 94.5 厘米，横 776.2 厘米

台北“故宫博物院”藏

绘百匹骏马，放牧游息的场面。马匹们或卧或立、或嬉戏、或觅食，自由舒闲，聚散不一，姿态各异；在具体的表现手法上，运用了西洋画法中常应用的前重后轻、前实后虚、前大后小等写景方法，使画面产生空旷深远的景界，草木、山水、人物无不写实精致。全幅色彩浓丽，构图繁复，形象逼真。

本幅《百骏图》的马匹、人物、树木、土坡皆应用了光的原理，使物象极富立体感；而如松针、树皮、草叶等使用墨线勾勒，石块土坡的皴擦等仍含有中国传统手法，即使是马匹及树干上的阴影表现，亦是以中国传统的渲染方法来完成。

此图开始绘制于雍正二年（1724），完成于雍正六年（1728），由郎世宁一人独立完成，堪称郎氏早期典型代表作品之一。【台北“故宫博物院”网站；聂崇正：《郎世宁与中西美术交流》，《郎世宁全集》（上卷），天津人民美术出版社，2015 年版，第 7—21 页；聂崇正：《郎世宁〈百骏图〉卷及其稿本和摹本》，《郎世宁全集》（上卷），天津人民美术出版社，2015 年版，图版第 8—11 页；聂崇正：《郎世宁全集》（上卷），天津人民美术出版社，2015 年版，图版第 12—25页；台北“故宫博物院”：《画马名品特展图录》，台北“故宫博物院”1990 年版，第 100—101 页。】

图 4-71　清郎世宁《百骏图》卷（局部）

七十二、清郎世宁《八骏图》轴

绢本　设色

纵 139.3 厘米，横 80.2 厘米

台北“故宫博物院”藏

本幅虽用中国传统颜料作画，但在马匹、人物和柳树的表现上，却融入西洋画所注重的光影表现，极具立体感。树下牧马题材早为中国画家所熟悉，但是郎世宁在构图的处理上更加强调物象的空间感，也为此种画题增添许多新的西洋元素。此作无纪年，右下角的签名，用极工整的仿宋体书写。根据研究归纳，郎世宁作品在雍正年间多以仿宋体题款。据此推测，此画应是郎世宁来华初期，亦即雍正年间（1723—1735）的作品。【台北“故宫博物院”网站】

图 4-72　清郎世宁《八骏图》轴

七十三、清郎世宁《十骏图》雪点雕轴

清高宗乾隆八年（1743）

绢本　设色

纵 237 厘米，横 268.5 厘米

台北“故宫博物院”藏

“雪点雕”为进贡骏马，高四尺三寸，长七尺，图上有汉、满、蒙文标明马的身长、高度及由何人进贡。郎世宁奉旨写生，他运用西洋油画技法（如焦点透视、色调明暗深浅变化），真实生动地表现出马的体积感，相异于中国画用线条来塑造马的外貌，而以碎细的笔触来表现毛和尾鬃的质感，更将颈部、腿部肌肉的皱褶与皮下筋、血管都表现出来，大小尺寸与真马近似，生动而逼真。【台北“故宫博物院”网站】

图 4–73　清郎世宁《十骏图》雪点雕轴

七十四、清郎世宁《十骏图》霹雳骧轴

清高宗乾隆八年（1743）

绢本　设色

纵 239.3 厘米，横 270.1 厘米

台北“故宫博物院”藏

霹雳骧为喀尔喀亲王固伦额驸策楞进贡，高四尺三寸，长七尺二寸。【台北“故宫博物院”网站】

七十五、清郎世宁《十骏图》如意骢轴

清高宗乾隆十三年（1748）

绢本　设色

纵 230.5 厘米，横 297 厘米

台北“故宫博物院”藏

乾隆时，边疆藩臣进贡良马一批，郎氏奉

图 4–74　清郎世宁《十骏图》霹雳骧轴

敕写生。准噶尔部是厄鲁特蒙古的一支部落，位于天山以北的伊犁地区。乾隆八年（1743）台吉噶尔旦策凌遣使以良驹进献。乾隆皇帝依其习性、毛色，赐名为“如意骢”，命郎世宁绘为巨幅，再由翰林官员题赞，并以汉、满、蒙文书写马匹名称、尺寸与来源。画上录有乾隆十三年（1748）御题诗，郎氏以精湛的西洋技法，描绘藩部进献高大骏马，颇有纪实意义。【台北“故宫博物院”网站】

七十六、清郎世宁《十骏图》大宛骝轴

清高宗乾隆十三年（1748）

绢本　设色

纵 231 厘米，横 274 厘米

台北“故宫博物院”藏

此马名为“大宛骝”，准噶尔台吉策汪多尔济那木扎尔进。高四尺八寸。长七尺。【台

图 4–75　清郎世宁《十骏图》如意骢轴

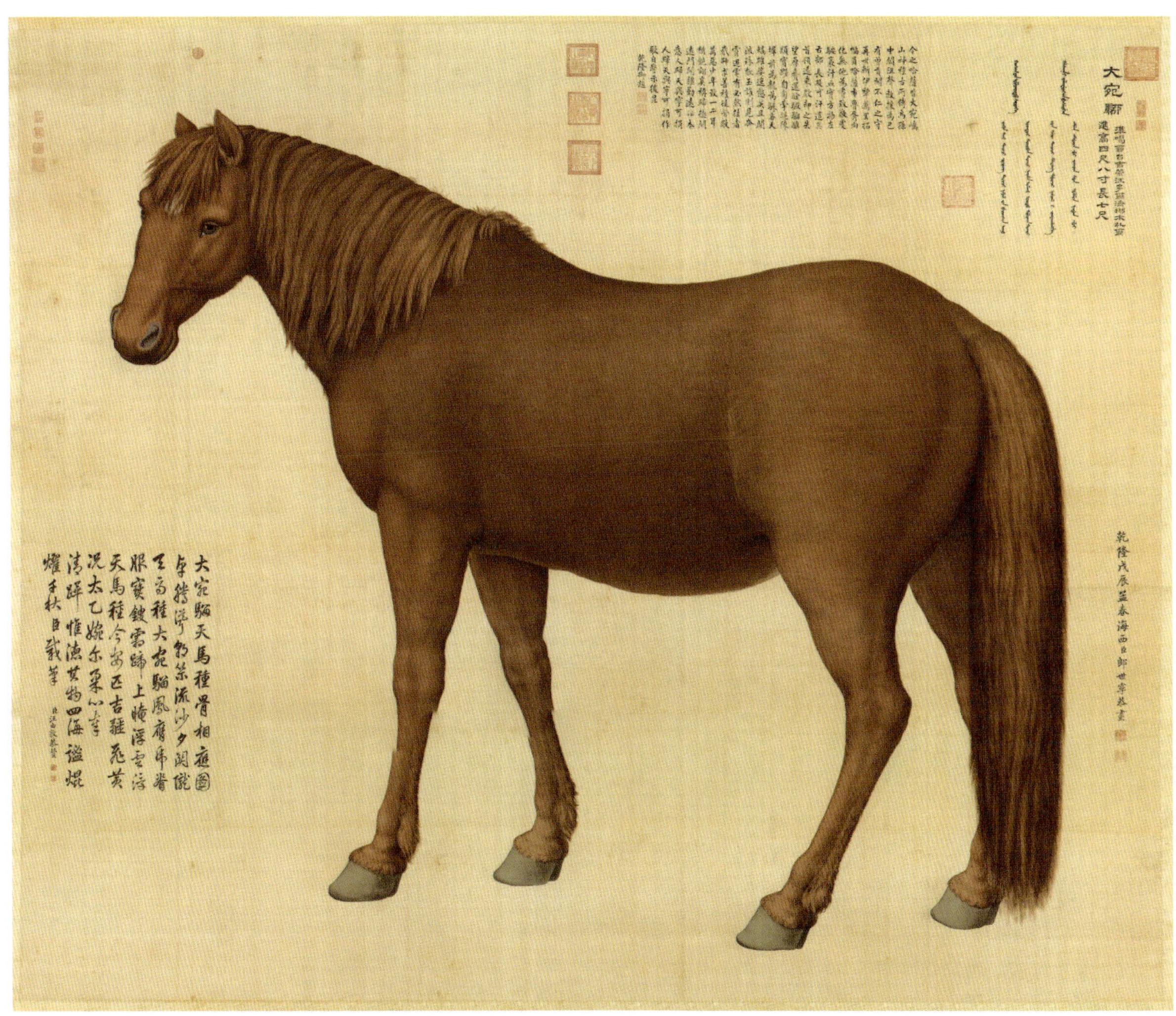

图 4-76 清郎世宁《十骏图》大宛骝轴

北“故宫博物院”网站】

七十七、清黄慎《伯乐相马图》轴

清 乾隆

纵 131.5 厘米，横 171 厘米

邓永清先生捐赠

徐州博物馆藏

绘伯乐相马。黄慎（1687—1768），字恭懋，一字恭寿，号瘿瓢子，福建宁化人。“扬州八怪”之一。工草书，善画，以怀素狂草入画，自创一派。《伯乐相马图》轴是黄氏师从上官周而初具自家面目的过渡时期的精品。【徐州博物馆网站】

图 4–77　清黄慎《伯乐相马图》轴

第五章 乐舞百戏与杂技

本卷收录乐舞百戏与杂技文物33件，时代上至战国，下至清代，以汉代文物为主，包括玉舞人、陶俑、画像石、漆盘、绘画等。

1969年山东济南市北郊无影山西汉墓出土的彩绘乐舞百戏陶俑群，包括舞蹈、杂技、奏乐、观赏陶俑20余件，另有大型建鼓、扁形小鼓、瑟、钟及钟架等乐器，均为泥质灰陶并加以彩绘，全部固定在一个长67.5厘米、宽47.5厘米的长方形陶制底盘之上，组成乐舞百戏场面，生动形象地反映了当时乐队组合及其演奏实况，是国家一级文物。

1989—1990年驮篮山西汉楚王墓出土的陶绕襟衣舞俑、陶曲裾衣舞俑，舞姿轻盈，潇洒飘逸，动感十足，表现了当时楚王宫舞者的形象，是了解西汉早期舞蹈造型的重要实物资料，弥足珍贵。

2007年山东东平后屯汉代壁画墓M1发现的盘鼓舞图壁画，绘有一表演盘鼓舞的女伎，双臂伸展，挥舞长袖，在盘与鼓之间翩翩起舞，姿态优美，是山东博物馆镇馆之宝之一。

孝堂山石祠、沂南北寨汉墓、安丘董家庄汉墓的乐舞百戏图画像石，画幅巨大，表演项目多样，人物形象生动，是汉代乐舞百戏图画像石的杰作，堪称中国古代乐舞百戏的百科全书。

1984年安徽马鞍山三国朱然墓出土的宫闱乐舞百戏图漆案，绘五十五个人物，大都附有榜题，形象地展示了帝王宴请诸侯及其夫人观赏百戏的场面，表演项目丰富多彩，包括弄丸、弄剑、舞蹈、幢戏、连倒、转车轮等，是三国漆器的经典之作。

一、海昏侯墓出土舞人玉佩

战国

高9.3厘米，最宽处3厘米，重量17.5克

2015年江西南昌西汉海昏侯刘贺墓西藏椁娱乐用具库出土

江西省文物考古研究院藏

根据有关研究，应为战国器物。一组玉佩之中的一件。白玉质，有褐色沁，片状镂雕。造型飘逸，线条流畅。舞者身穿宽袖曲裾长裙，左袖舞至头顶，右袖横于腹前，舞姿优美。顶部和底部各有一穿孔，用以穿系佩戴。造型飘逸，线条流畅。【江西省文物考古研究所、首都博物馆：《五色炫曜：南昌汉代海昏侯国考古成果》，江西人民出版社，2016年版，第164页；樊文杰、张杰：《南昌汉代海昏侯国刘贺墓出土玉舞人年代考》，《南方文物》，2018年第2期，第156—160页。】

二、彩绘乐舞百戏陶俑群

西汉

俑通高22.7厘米，座长67.5厘米，宽47.5厘米

1969年山东济南市北郊无影山西汉墓出土

济南市博物馆藏

国家一级文物

包括舞蹈、杂技、奏乐、观赏陶俑，现存21件（原为22件），另有大型建鼓、扁形小鼓、瑟、钟及钟架等乐器，均为泥质灰陶并加

图 5-1 海昏侯墓出土舞人玉佩

图 5-2 彩绘乐舞百戏陶俑群

以彩绘。所有陶俑和乐器均固定在一个长 67.5 厘米、宽 47.5 厘米的长方形陶制底盘之上，组成乐舞百戏场面。舞蹈、杂技表演者位于陶盘中间。

台前左侧有一立俑，昂首，伸展双臂做歌唱状，似为主要的演唱者，或为整场表演的主持人。左侧立俑身后有两个舞者，一位身穿红衣，一位身着白裙，两人相对而舞，观其舞姿，似为长袖舞。左侧立俑身后右侧有 4 人，前面两人双脚相对做倒立式，后面两人，一人亦做倒立表演，一人作舞蹈状。乐舞和杂技表演者的两侧排列观赏者 7 人，左四右三，拢手而立。

后侧是一排乐队，其中专为表演者伴奏的乐俑一列 7 人（原为 8 人，残缺 1 人）。左起 2 人为女子，身穿绕襟花衣，长髻垂于身后，长跪吹笙。其余 5 人，均为男性。紧靠吹笙的乐俑，发束呈环形，高起于头顶，前面置有一瑟，双手似抬起而又欲下抚。次为钟鼓乐。有钟 2 件，悬于架上，乐俑双手各持一槌做敲击状。钟架旁 1 人，似正在击打扁形小鼓。右侧树立的一座大型建鼓之前，一乐俑执桴欲敲击。场面形象生动地反映了当时乐队组合及其演奏实况。【《中国音乐文物大系》总编辑部：《中国音乐文物大系·山东卷》，大象出版社，2001 年版，第 209—210 页；济南市博物馆：《试谈济南无影山出土的西汉乐舞、杂技、宴饮陶俑》，《文物》，1972 年第 5 期，第 19—24 页。】

三、舞人玉佩

西汉

长 3.1 厘米，宽 1.4 厘米

1977 年江苏省扬州市邗江区甘泉乡“妾莫书”西汉墓出土

扬州博物馆藏

玉质，表面光润，扁平片状，双面雕刻成舞人形状。下方有一穿孔。舞人面部和衣纹细部均采用阴线浅刻技法雕琢。舞人身穿交领长

图 5-3 舞人玉佩

袖衣，束腰带，右臂衣袖上扬过头顶，甩向身侧，左臂衣袖弯曲长垂，翩翩起舞，姿态优美。【张元华：《邗江出土文物精粹》，广陵书社，2005 年版，第 37 页。】

四、舞人玉佩

西汉

长 5 厘米，宽 3 厘米，厚 0.3 厘米

1977 年江苏省扬州市邗江区甘泉乡“妾莫书”西汉墓出土

扬州博物馆藏

和田白玉质，表面光润，扁平状。上下各有一个小孔。舞人面部和衣纹细部均采用阴线浅刻技法雕琢，做工精致。舞人着束腰长裙，腰微曲，一支舞袖绕过头顶，甩向身侧，姿态优美。【张元华：《邗江出土文物精粹》，广陵书社，2005 年版，第 38 页。】

图 5-4 舞人玉佩

五、舞人玉佩

西汉

左高 4.2 厘米，宽 2.1 厘米，厚 0.2 厘米，右高 3.4 厘米，宽 1.5 厘米，厚 0.1 厘米

2007 年 10 月江苏扬州西湖镇经圩村蚕桑砖瓦厂董汉墓出土

扬州市文物考古研究所藏

佩饰。白玉质，扁平状，双面线雕。上下均有一穿孔。舞人身穿交领长袖衣，舞袖上扬过头顶，甩向对侧。另一袖或卷于胸前，或垂于腰下，形体古拙。【扬州市文物考古研究所：《广陵遗珍：扬州出土文物选粹》，江苏凤凰美术出版社，2018 年版，第 61 页。】

图 5-5 舞人玉佩

六、陶绕襟衣舞俑

西汉

高 44.7 厘米

1989—1990 年驮篮山西汉楚王墓出土

徐州博物馆藏

舞者为女性，身着绕襟深衣，顶发中分，于脑后挽成发髻，眉目清秀，身姿娇柔，身体随着舞步的变化呈现出“S”形。双臂上举，左、右上臂前后各刻有一“五”字，长长的衣袖从空中向身后飘下，动感十足。从造型看，舞者所表演的应为汉代盛行的长袖折腰楚舞。北洞山楚王墓出土有 20 件类似舞俑，手臂弯肘处也刻有“五”字，笔画内填红彩。舞俑的手臂呈曲尺形，为单独烧制。这样的绕襟衣陶舞俑在其他地区未见出土，是了解西汉早期舞蹈造型的重要实物资料，弥足珍贵。【徐州博物馆网站】

七、陶绕襟衣舞俑

西汉

高 45 厘米，宽 42 厘米

1989—1990 年驮篮山西汉楚王墓出土

徐州博物馆藏

舞者身着绕襟深衣，顶发中分，于脑后挽成发髻，眉目清秀，身姿娇柔，身体随着舞步的变化呈现“S”形。双臂上举，左、右上臂前后各刻有一“五”字，长长的衣袖从空中向身后飘下，动感十足。从造型看，舞者所表演的应为汉代盛行的长袖折腰楚舞。北洞山楚王墓出土有 20 件类似舞俑，手臂弯肘处也刻有“五”字，笔画划内填红彩。舞俑的手臂呈曲尺形，为单独烧制。这样的绕襟衣陶舞俑在其他地区未见出土，是了解西汉早期舞蹈造型的重要实物资料，弥足珍贵。【徐州博物馆网站】

图 5-6　陶绕襟衣舞俑

八、陶曲裾衣舞俑

西汉

高 47 厘米，宽 22 厘米

1989—1990 年狮篮山西汉楚王墓出土

徐州博物馆藏

舞者顶发中分，脑后挽髻，身着右衽曳地长袍，上体前倾，左臂自然垂于体侧，右臂高高上举，长长的衣袖如瀑布般垂落，双腿微微前曲，好似一个舞蹈结束后的施礼动作。舞姿轻盈，潇洒飘逸，右腿略前，左腿稍后，腰肢自然摆动，使身体保持重心平衡，反映出汉代工匠高超的审美情趣和炉火纯青的雕塑技艺。俑为头、身分制，颈下端有圆锥形插榫，可插入空洞的体腔内。原施有彩绘，出土时彩绘鲜明，现已大部剥落。这些舞俑的形象与北洞山楚王墓出土的曲裾衣舞俑几乎相同，表现的应是当时楚王宫舞者的形象。【徐州博物馆网站】

图 5-7　陶绕襟衣舞俑

图 5-8　陶曲裾衣舞俑

九、东安汉里乐舞六博图画像石

西汉晚期至东汉早期

纵 84 厘米，横 232 厘米，厚 27 厘米

1937 年山东曲阜县城窑瓦头村或韩家铺出土

原石藏山东曲阜孔庙

四周刻有整齐的花纹边饰，由外及里为重菱纹、素面、錾点纹，总宽约 15 厘米。画面中央刻一建鼓，上饰羽葆飘带，两侧各有一人，双手执桴，相对且舞且击。左边有一人长袖起舞，另有两人坐地吹奏。右边二人跽坐相对，玩六博戏，中间放有方席、博盘，居右者右臂上举，张开手掌。【蒋英炬：《略论曲阜“东安汉里画像”石》，《考古》，1985 年第 12 期，第 1130—1135 页；傅惜华、陈志农：《山东汉画像石汇编》，山东画报出版社，2012 年版，第 57—59 页。】

十、盘鼓舞图壁画

新莽

宽 96 厘米，高约 60 厘米

2007 年山东东平后屯汉代壁画墓 M1 出土

山东博物馆藏

位于前庭南壁。画面分为两层。上层绘人物四个，两两对坐。下层绘乐舞女伎四人：左侧为一跳盘鼓舞女伎，头梳高髻，着蓝色长裙、白色长裤，双臂伸展，挥舞长袖，面带微笑，身体前倾，在盘与鼓之间翩翩起舞，姿态

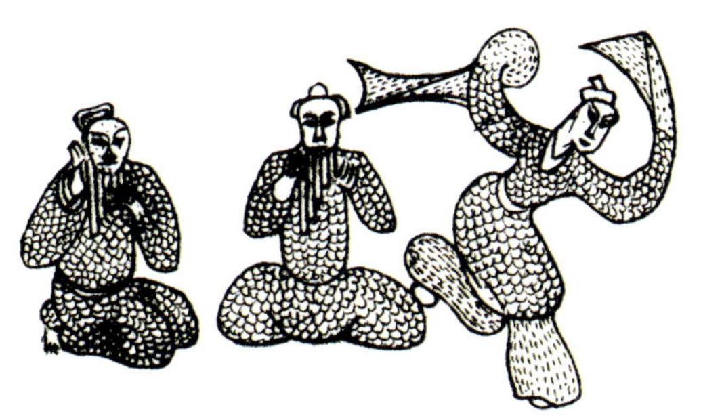

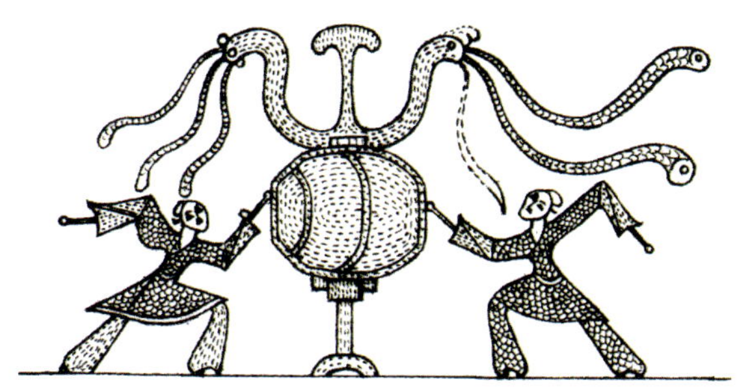

图 5-9 东安汉里乐舞六博图画像石

图 5-10 盘鼓舞图壁画

优美。右侧三位女伎，双手斜抱于身后，徐徐慢行，轻盈前来。【山东省文物考古研究所、东平县文物管理所：《东平后屯汉代壁画墓》，文物出版社，2010 年版，第 26 页，图十九，彩版二二。】

十一、舞蹈杂技图壁画

新莽

宽 100 厘米，高约 60 厘米

2007 年山东东平后屯汉代壁画墓 M1 出土

山东博物馆藏

位于西壁南侧。画面分为两层。上层绘人物四个，两两相对而坐。下层绘女伎四人：左侧女伎头梳高髻，后垂长发，着蓝色长裙，手挥白色舞巾，双臂前低后高，表演舞蹈；右侧女伎头梳高髻，着蓝色长裙，黑色软披，右手长袖飞舞；居中两位女伎合作表演倒立。【山东省文物考古研究所、东平县文物管理所：《东平后屯汉代壁画墓》，文物出版社，2010 年版，第 24 页，图十八，彩版十五。】

图 5-11　舞蹈杂技图壁画

十二、孝堂山石祠东壁乐舞百戏图

东汉早期

孝堂山石祠位于山东济南市长清区孝里铺孝堂山。东壁画面高 1.92 米，宽 2.1 米，由上下两石构成，共分为七区，一至四区位于上石，五至七区位于下石。乐舞百戏图位于上石四区南组。画面中央为一伏兽座建鼓，两旁各有一鼓手，双手执桴，且舞且鼓。建鼓左侧有乐队伴奏，有的吹奏，有的击鼓，另有一人站立，或在讴歌。建鼓右侧有幢戏表演，一人跪

图 5-12　孝堂山石祠东壁乐舞百戏图

地，右手持一“丁”字形杆，横杆上一人倒立，杆下一人倒挂，左旁有一人手握其足，另有一人单臂正挂，持杆人身后有一人击鼓，身前有一人左手持鼗鼓，右手持击鼓小棍。执鼗鼓者上方有掷丸表演，表演者将七丸轮次抛在空中，左右手中各有一丸。画面右侧为观众。【蒋英炬，山东省石刻艺术博物馆、山东省文物考古研究所编：《孝堂山石祠》，文物出版社，2017 年版，第 29—51 页，图 18、19。】

十三、元和三年画像石墓乐舞百戏庖厨图画像石

东汉早期　元和三年（86）

纵 77 厘米，横 71 厘米，厚 23 厘米

1986 年江苏省徐州市铜山县汉王乡东沿村出土

徐州汉画像石艺术馆藏

弧面浅浮雕，四周饰以波浪纹。分上、中、下三栏。上栏高 15 厘米，有 7 人跽坐，戴冠、穿袍服。下栏高 24 厘米，为庖厨图。中栏高 30 厘米，为乐舞百戏图。中栏画面中心有二人双手执桴击建鼓，建鼓下有虎形跗座，上有三层幢，饰以羽葆。左边有两人，一人击磬，一人吹竽。右边亦有两人，上有一人击钟，下部有一身材纤细的女伎双手倒立，昂首与鼓座虎口相对。

1986 年发现于江苏省徐州市铜山县汉王乡东沿村一座东汉画像石墓。该墓共出土有画像的墓石十方，这是其中的一方。据该墓另一方画像石的铭文可知，该墓为死者之子于东汉元和三年（86 年）三月七日建造。【徐州博物馆（执笔：李银德）：《徐州发现东汉元和三年画像石》，《文物》，1990 年第 9 期，第 64—73 页；《中国音乐文物大系》总编辑部：《中国音乐文物大系·上海卷·江苏卷》，大象出版社，1996 年版，第 278—279 页，图 2·3·1a。】

图 5–13 元和三年画像石墓乐舞百戏庖厨图画像石

十四、元和三年画像石墓乐舞百戏庖厨图画像石

东汉早期 元和三年（86）

纵 69 厘米，横 71 厘米，厚 20 厘米

1986 年江苏省徐州市铜山县汉王乡东沿村出土

徐州汉画像石艺术馆藏

1986 年发现于江苏省徐州市铜山县汉王乡东沿村一座东汉画像石墓。该墓共出土有画像的墓石十方，这是其中的一方。其右侧面刻有双层门阙，门阙左侧的外部上方刻有铭文。根据铭文可知，该墓为死者之子于东汉元和三年（86 年）三月七日建造。

出土时已断裂为两块，复原后画面完整。弧面浅浮雕，四周饰以水波纹。画面分为上、中、下三栏。上栏高 18 厘米，自左至右一人吹笙，一人吹箫，一人倒立，一人舞蹈。中栏高 18 厘米，画面主体为建鼓舞。建鼓下有兽形跗座，上有幢，饰流苏羽葆，鼓两侧各有一人双手执桴，边舞边击鼓。左侧一人弹瑟。右侧一人击铙、磬。下栏高 27 厘米，为庖厨图。【徐州博物馆（执笔：李银德）：《徐州发现东汉元和三年画像石》，《文物》，1990 年第 9 期，第 64—73 页；《中国音乐文物大系》总编辑部：《中国音乐文物大系·上海卷·江苏卷》，大象出版社，1996 年版，第 278—279 页，图 2·3·1b。】

图 5-14　元和三年画像石墓乐舞百戏庖厨图画像石

十五、沂南北寨汉墓乐舞百戏图画像石

东汉

纵 50 厘米，横 190 厘米

1954 年山东省沂南县界湖镇北寨村汉墓出土

沂南北寨汉画像石博物馆藏

中室东壁横额画像石。减地平面线刻。自左至右分为三组。第一组刻掷丸、幢戏、盘鼓舞。右边为伴奏乐队，乐队分为上下两队。上队为击建鼓、撞编钟、敲石磬，下队为吹排箫、击铙、抚琴等。第二组刻鱼龙曼衍（亦作曼延）之戏。上边是绳技，右有三人吹箫伴奏，下边是龙戏、鱼戏、豹戏和雀戏。第三组刻马戏和戏车，车后有三人击小鼓。【《中国画

图 5-15　沂南北寨汉墓乐舞百戏图画像石

像石全集》编辑委员会：《中国画像石全集·第3卷·山东汉画像石》，山东美术出版社2000年版，第152—153页（图203）；山东省沂南汉墓博物馆：《山东沂南汉墓画像石》，齐鲁书社，2001年版，第42—43、79、84—102页。】

十六、武氏祠前石室东壁下石乐舞画像拓片

东汉

清乾隆五十一年（1786）山东嘉祥县纸坊集武宅山村北武氏墓群出土

嘉祥武氏墓群石刻博物馆藏

位于武氏祠前石室东壁下石画像石第三层右段。一头戴尖顶帽者踏鼓长袖舞，一头戴巾帻者双手倒立鼓上，两人之间一物似盘。【蒋英炬、吴文祺：《汉代武氏墓群石刻研究》（修订本），人民美术出版社，2014年版，第93、129页（图版5.14）。】

十七、武氏祠左石室东壁下石乐舞画像拓片

东汉

清乾隆五十一年（1786）山东嘉祥县纸坊集武宅山村北武氏墓群出土

图5-16 武氏祠前石室东壁下石乐舞画像拓片

图 5-17 武氏祠左石室东壁下石乐舞画像拓片

嘉祥武氏墓群石刻博物馆藏

位于武氏祠左石室东壁下石画像石第一层左段。左边三人作踏鼓舞，地上排列五只鼓，中间一人于鼓上腾跃，长袖飞舞，其左右各有一人执桴，相向而跪，配合击鼓。右边六人相对而坐，中间置杯、盘，其中左三人为冠服男子，右向，前者昂首，似在高歌，其后一人吹长箫，一人吹排箫，右三人为女性，左向，前者抚琴，后二女拍掌。【蒋英炬、吴文祺：《汉代武氏墓群石刻研究》（修订本），人民美术出版社，2014 年版，第 93、129 页（图版 5.14）。】

十八、嘉祥隋家庄关庙乐舞百戏车骑出行图画像石

东汉

纵 48 厘米，横 170 厘米，厚 30 厘米

山东嘉祥隋家庄关庙出土

山东博物馆藏

凸面线刻。画面分为上下两层。上层为乐舞杂技，右侧为正在宴饮的观看者，左侧有盘舞、鼓舞、扇舞，掷剑跳丸，还有敲鼓的乐人。画面上方垂有长长的帷帐，表明乐舞表演应是在户外进行。下层为车骑出行图。【鲁文生：《山东省博物馆馆藏精品》，山东友谊出版社，2008 年版，第 270—271 页。】

十九、乐舞百戏图画像石

东汉

纵 147 厘米，横 60 厘米，厚 22 厘米

山东省滕州市龙阳店黄家岭出土

滕州市汉画像石馆藏

图 5-18 嘉祥隋家庄关庙乐舞百戏车骑出行图画像石

图 5-19　乐舞百戏图画像石

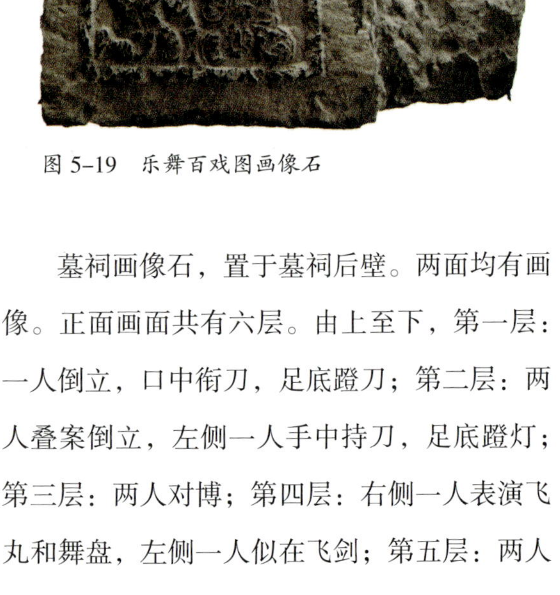

墓祠画像石，置于墓祠后壁。两面均有画像。正面画面共有六层。由上至下，第一层：一人倒立，口中衔刀，足底蹬刀；第二层：两人叠案倒立，左侧一人手中持刀，足底蹬灯；第三层：两人对博；第四层：右侧一人表演飞丸和舞盘，左侧一人似在飞剑；第五层：两人演奏音乐，另有一人似在表演舞蹈；第六层：一人吹奏，一人敲打奏乐。【中国滕州汉画像石馆、美国威廉帕特森大学中国艺术中心：《汉人之魂：中国滕州汉画像石》，中国滕州汉画像石馆、美国威廉帕特森大学中国艺术中心，2017 年版，第 118—119 页。】

二十、乐舞百戏格斗图画像石

东汉

纵 94 厘米，横 123 厘米，厚 16 厘米

山东省滕州市滨湖镇西古村出土

滕州市汉画像石馆藏

祠堂后壁画像石。画面中央树一建鼓、二小鼓，左右各有一人一边击打，一边舞蹈。左有抚琴、倒立、弄丸者，左上有七首神兽。右有羽人格斗，右上有一树，树上栖有凤鸟，树旁有一人、一猴。【中国滕州汉画像石馆、美国威廉帕特森大学中国艺术中心：《汉人之魂：中国滕州汉画像石》，中国滕州汉画像石馆、美国威廉帕特森大学中国艺术中心，2017 年版，第 150—151 页。】

图 5-20 乐舞百戏格斗图画像石

二十一、嘉祥宋山乐舞车骑出行图画像石

东汉

纵 73 厘米，横 68 厘米

1978 年山东嘉祥县满硐乡宋山村古墓出土

山东省石刻艺术博物馆藏

凸面线刻。自上而下分为四层。第一层中为东王公，两侧有羽人和人首鸟身侍者。第二层为乐舞图，左边三人，中间为一女子抚瑟。右边三人舞蹈，中间的舞者左手执桴、横卧踏鼓。第三层为庖厨图。第四层为车骑出行图。【《中国音乐文物大系》：《中国音乐文物大系·山东卷》，大象出版社，2001 年版，第 298 页，图 2·5·18；嘉祥县武氏祠文管所（执笔：朱锡禄）：《山东嘉祥宋山发现汉画像石》，《文物》，1979 年第 9 期，第 1—6 页。】

图 5-21 嘉祥宋山乐舞车骑出行图画像石

二十二、庭院、人物图画像石

东汉

纵 116.5 厘米，横 78.5 厘米

山东省曲阜市城关镇旧县村出土

曲阜孔庙藏

画面刻庭院、人物。堂前院中伎人表演倒立，两侧有人奏乐助兴。【杨爱国：《中国画像石精粹》（第三卷），山东美术出版社，2019 年版，图版第 19 页，目录和图释第 9 页。】

图 5-22　庭院、人物图画像石

二十三、车马出行、拜谒、乐舞百戏图画像石

东汉

拓本纵 84 厘米，横 161 厘米

1954 年山东省安丘市王封村发现

原地封存

画面分上中下三栏。上栏刻车马出行图。中栏刻拜谒图，男女主人分别端坐于榻上，周有屏风，男主人的屏风上刻兰锜，上置兵器，女主人的榻上立小儿，榻外侍者站立，左边一棵连理树，一人拥慧，三人执笏跪拜，右边有题刻一行“此上人马皆食于天仓”。下栏刻乐舞百戏图，一人执长巾，表演踏鼓舞，一人跳丸，周围有乐人抚琴、击鼓、吹竽，左右有坐立观者。【杨爱国：《中国画像石精粹》（第六卷），山东美术出版社，2019 年版，图版第 23 页，目录和图释第 10 页。】

二十四、安丘董家庄汉墓乐舞百戏图画像石（局部）

东汉晚期

整石纵 103 厘米，上横 126 厘米，下横 204 厘米

1959 年山东省安丘县（今安丘市）董家庄出土

安丘市博物馆藏

石面呈梯形，位于中室室顶北坡西部。画面为浅浮雕，内容为乐舞百戏表演。左上方为二人对舞，一舞者执便面，扬长巾，足下踏鼓。两侧有一支五人组成的乐队伴奏。舞者下面有六人对博，其右有二人跪地，前者的姿态与对博者相同，其左亦有三人，一羽人两臂上举，手中持球，另两人一跪一立，不知何意。画面右边有幢戏，举幢的力士双手紧握“干”字形竖杆，抬头注视杆上的九个伎儿的表演：

图 5-23　车马出行、拜谒、乐舞百戏图画像石

图 5-24 安丘董家庄汉墓乐舞百戏图画像石（局部）

二伎手足攀缘，正顺杆上爬，正是“都卢迅足，缘修竿而上下”（傅玄《正都赋》），四伎倒悬于横杆之上，其中居于两端者单足倒挂，居内者则用双足，又有三伎翻身倒立于横木和幢顶之上，正是“侲僮程材，上下翩翻，突倒投而跟絓，譬陨绝而复联”（张衡《西京赋》）。杆戏右边有一人在作飞剑掷丸，三把剑正腾空飞舞，十一个圆球轮回从手中和足上抛起，剑丸交错，极为精彩。其下一人倒立，一人和一兽相对翻腾。幢戏右边有四人，席地而坐，或为乐队。画面下部刻龙衔鱼、羽人戏龙等戏。此外，在画的中部有一骑奔驰，骑者头戴斜顶冠，后跟两侍从，皆一手执管，一手执殳。【《中国音乐文物大系》总编辑部：《中国音乐文物大系·山东卷》，大象出版社，2001 年版，第 325 页，图 2·7·6；安丘县文化局、安丘县博物馆：《安丘董家庄汉画像石墓》，济南出版社，1992 年版，第 13—15 页，图版 30、31。】

二十五、铜山利国墓乐舞百戏图画像石（局部）

东汉晚期

纵 100 厘米，横 72 厘米

1963 年江苏徐州市利国镇利国画像石墓出土

徐州汉画像艺术馆藏

位于中室北壁。刻乐舞百戏图。中央置一建鼓，两侧各有一人服饰相同，姿势对称，头戴进贤冠，身穿大袖交领上衣，下配笼裤，双腿呈弓步，一手执桴击向鼓面，一手执桴甩向身后。画面上部有四位伎人，做倒立状，两杆将其斜向分开，两两对称，服饰冠带相近，似为表演幢戏。【江苏省文物管理委员会、南京博物院(执笔:石祚华、郑金星)：《江苏徐州、铜山五座汉墓清理简报》，《考古》，1964 年第 10 期，第 504—519 页；《中国音乐文物大系》总编辑部：《中国音乐文物大系·上海卷·江苏卷》，大象出版社，1996 年版，第 288—289 页，图 2·3·9。】

二十六、铜山洪楼汉墓乐舞百戏纺织图画像石

东汉晚期

原石纵 98 厘米，横 221 厘米，厚 22 厘米

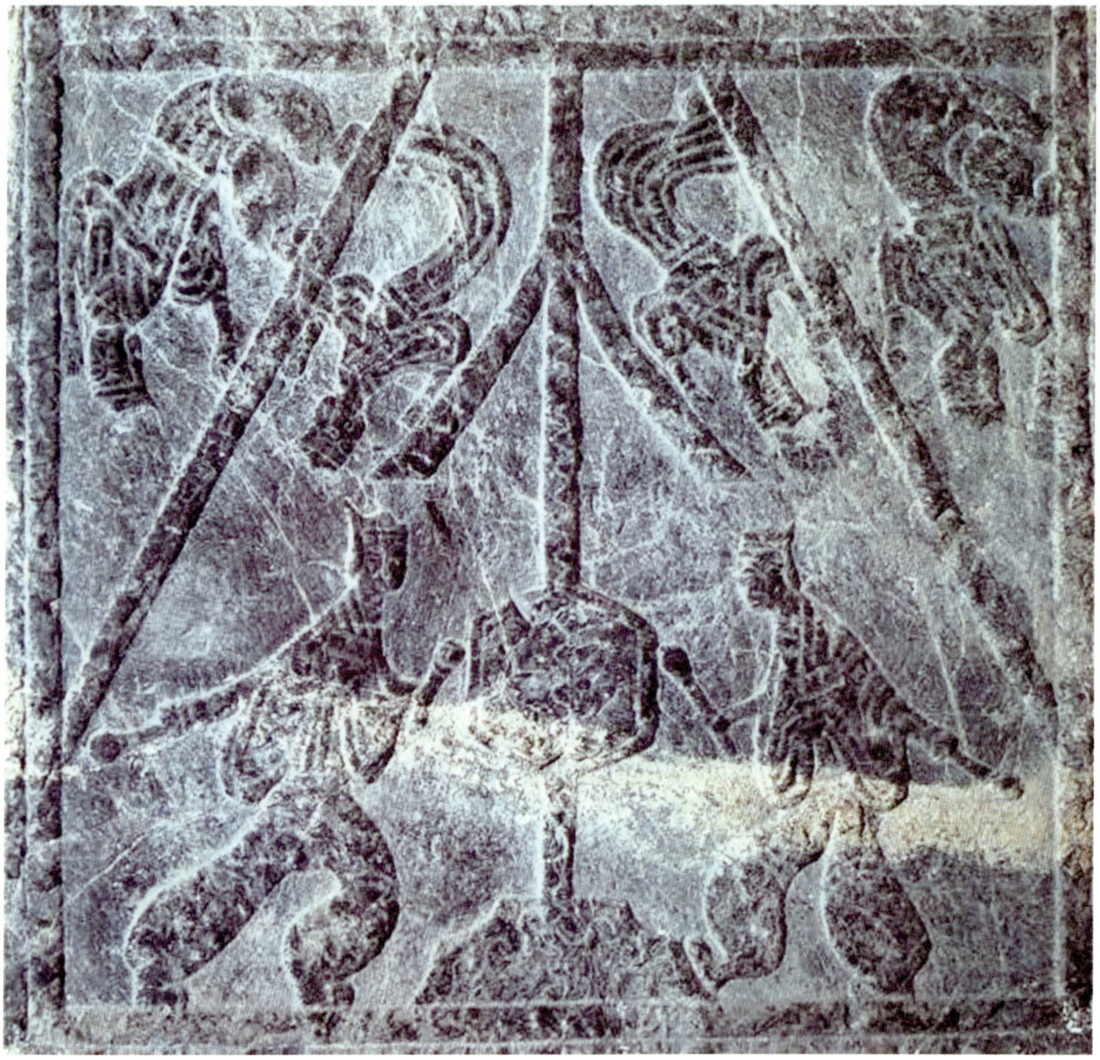

图 5-25　铜山利国墓乐舞百戏图画像石（局部）

图 5-26　铜山洪楼汉墓乐舞百戏纺织图画像石

1956年江苏省徐州市铜山县单集区洪楼村汉墓出土

徐州汉画像艺术馆藏

铜山洪楼汉墓有祠堂和墓室。祠堂画像出土时散落在外。上部左侧有残缺。画面分为上下两栏。上栏为人物图，下栏刻庄园生活图。下栏右边为乐舞百戏表演，一座建鼓立于庭院，一楹穿鼓而出，鼓上羽葆繁盛，二人峨冠宽衣，双手各执一桴，弓步相向，击鼓而舞，其前有一伎作舞蹈状，双手上举，脚下有一物为盘或鼓，其后跽坐有两位乐师，峨冠宽袍，执排箫吹奏，另有做倒立、跳丸等戏者。主人、宾客在右边的房间里观看，侍者在旁边站立。左边的一个房间里，劳动者在从事纺织生产，有的纺纱，有的络纱，有的摇纬，有的织布。两个房间的房顶之上停歇有许多瑞兽祥鸟。【徐州市博物馆：《徐州汉画像石》，江苏美术出版社，1985年版，图77；《中国音乐文物大系》总编辑部：《中国音乐文物大系·上海卷·江苏卷》，大象出版社，1996年版，第284—285页，图2·3·5b。】

二十七、宫闱乐舞百戏图漆案

三国吴

图5–27　宫闱乐舞百戏图漆案

高 3.8 厘米，长 82 厘米，宽 56.5 厘米

1984 年安徽马鞍山雨山区朱然墓出土

马鞍山市三国朱然家族墓地博物馆藏

木胎，髹黑中偏红漆地，案面长方形。正面主体图案为宫闱宴乐场面，绘五十五个人物，大都附有榜题。上排左起帷帐中皇帝、嫔妃并坐，宫女侍立；其右依次为皇后、子本、平乐侯及夫人、都亭侯及夫人、长沙侯及夫人等跽坐于席上，席前置矮足圆盘，盘中盛食物。下方左起绘虎贲持钺、黄门侍郎举案、侍者恭立。中下排大部分为百戏场面，有弄丸、弄剑、舞蹈、幢戏、连倒、转车轮等表演，左侧有鼓乐伴奏。上部绘有窗，窗外有人观看。左下角绘“大官门”、值门人、女值使和“大官食具”。右下角绘羽林郎持弓守卫。主体图案四周由内及外共有五层纹饰带，绘云气、禽兽、菱形、蔓草等。【马鞍山市文物管理所、马鞍山市博物馆：《马鞍山文物聚珍》，文物出版社，2006 年版，第 70 页。】

二十八、白陶舞俑

北朝

通高 18.8 厘米

1972 年山东平邑出土

临沂市博物馆藏

泥质白陶。舞俑高鼻，戴冠，身穿长袍，腰间束长条腰带，面带微笑，跪在不规则底座之上，作后仰状。【郑西溪：《临沂市博物馆馆藏集萃》，山东美术出版社，2011 年版，第 49 页。】

图 5-28　白陶舞俑

二十九、彩绘男女舞俑

五代

高 49 厘米

1950—1951 年江苏省南京市江宁牛首山南唐李昪永陵出土

中国国家博物馆藏

泥质夹砂灰陶，模制而成，分别立于一方形台板上。原有彩绘多已脱落。女俑身绘朱色，五官秀丽，面露微笑，身躯右弯，腰胯左倾，右手叉腰，左手甩袖，翩翩起舞，所跳之舞似南唐宫廷时兴的莲花舞。男俑身涂朱彩，硕目长须，笑容可掬，袒露胸腹，左手上举置于头顶，右手叉腰，扭腰摆胯，作起舞之势，舞姿质朴诙谐，似唐代宫廷盛行的胡腾舞。二俑面

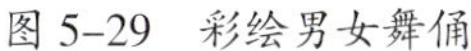
图 5-29　彩绘男女舞俑

目清晰，神采奕奕，栩栩如生，颇具特色，应为南唐宫廷伶人。【中国国家博物馆：《中国国家博物馆馆藏文物研究丛书·陶俑卷》，上海古籍出版社，2015 年版，第 213 页。】

三十、清程荣《三十六行图》轴

纸本

纵 66.5 厘米，横 124.2 厘米

1959 年购于苏州玄妙观画片店

南京博物院藏

清代风俗画。表现民间各行各业的形态。画面的重心为杂技表演：一女子高架走索，旁边有蹬凳的、顶刀的、耍链锤的、顶碗钻板凳的、练拳的、耍猴的、弄蛇的等。另有一支组合乐队，这应为当时民间杂技艺术常见的乐队班子。画中也描绘了其他行业，主要有耍木偶、卖药、行医、算卦、相面以及僧人化缘等。画面内容丰富，笔法细腻写实。画上作者自题“庚寅冬日春樵程荣写”。程荣，字炳堂，号春田，又号炳烛老人。浙江人。乾隆五十四

图 5-30 清程荣《三十六行图》轴

年（1789 年）贡生，官石门训导。画工山水。【《中国音乐文物大系》总编辑部：《中国音乐文物大系·上海卷·江苏卷》，大象出版社，1996 年版，第 264 页，图 2·1·5。】

三十一、明仇英《清明上河图》卷（局部）

绢本　设色　青绿

纵 34.8 厘米，横 804.2 厘米

台北“故宫博物院”藏

绘一女子走索，众人围观。此《清明上河图》卷旧传仇英所作，观其用笔设色应是明代后期，所谓“苏州片”的作坊作品。【台北“故宫博物院”网站；柯继承：《大明苏州：仇英〈清明上河图〉中的社会风情》，古吴轩出版社，2018 年版，第 225—226 页。】

三十二、明仇英《清明上河图》卷（局部）

绢本　设色　青绿

纵 34.8 厘米，横 804.2 厘米

台北“故宫博物院”藏

绘一女子仰卧桌上，双腿竖起，表演弄甏（耍花坛），同时左手持锣，右手持棒，敲击奏乐，另有三位男子赤裸上身，在一旁助阵，其中两位分别执大刀和流星锤，做绕行状，另一位执红缨枪站立，吸引众人观看。此《清明上河图》卷旧传仇英所作，观其用笔设色应是明代后期，所谓“苏州片”的作坊作品。【台北“故宫博物院”网站；柯继承：《大明苏州：仇英〈清明上河图〉中的社会风情》，古吴轩出版社，2018 年版，第 224—225 页。】

图 5-31　明仇英《清明上河图》卷（局部）

图 5-32　明仇英《清明上河图》卷（局部）

三十三、清院本《清明上河图》卷（局部）

清高宗乾隆元年（1736）

绢本　设色

纵 35.6 厘米，横 1152.8 厘米

台北“故宫博物院”藏

此局部近景绘一位女子走索，众人围观。【台北“故宫博物院”网站。】

图 5-33　清院本《清明上河图》卷（局部）

第六章 保健养生体育

本卷收录保健养生体育文物 1 件，即台北“故宫博物院”藏清佚名绘《八段锦》册。

此图册描绘的是站式八段锦的动作要领，包括封面、目录和表示“双手托天理三焦”“左右开弓如射雕”等动作要领的十张设色示范图。

清佚名绘《八段锦》册

设色

装订成册，蝴蝶装，方幅式

纵 23.9 厘米，横 14.5 厘米

台北“故宫博物院”藏品

八段锦一般是由八种动作组成，每种动作称为一“段”。每种动作都要反复多次，并配合气息调理（如舌抵上颚、意守丹田）。八段锦的动作一般比较舒缓，适合各年龄段的人锻炼。在姿势上分为站式和坐式两种，站式要求双脚微分与肩同宽，坐式要求盘膝正坐，具体动作各不相同。站式和坐式都分别由八句话总结动作要领。此图册描绘的是站式八段锦的动作要领，共有十张图，次序为：双手托天理三焦，左右开弓如射雕，调理脾胃须单举，五劳七伤往后瞧，攒拳怒目增气力，背后七颠百病消，摇头摆尾去心火，双手鞠躬固肾腰。【台北“故宫博物院”网站】

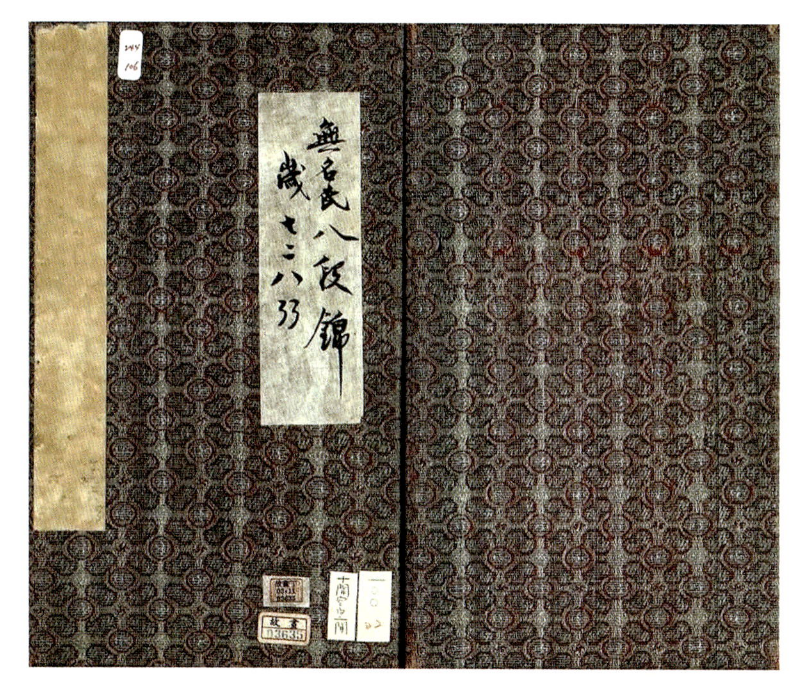

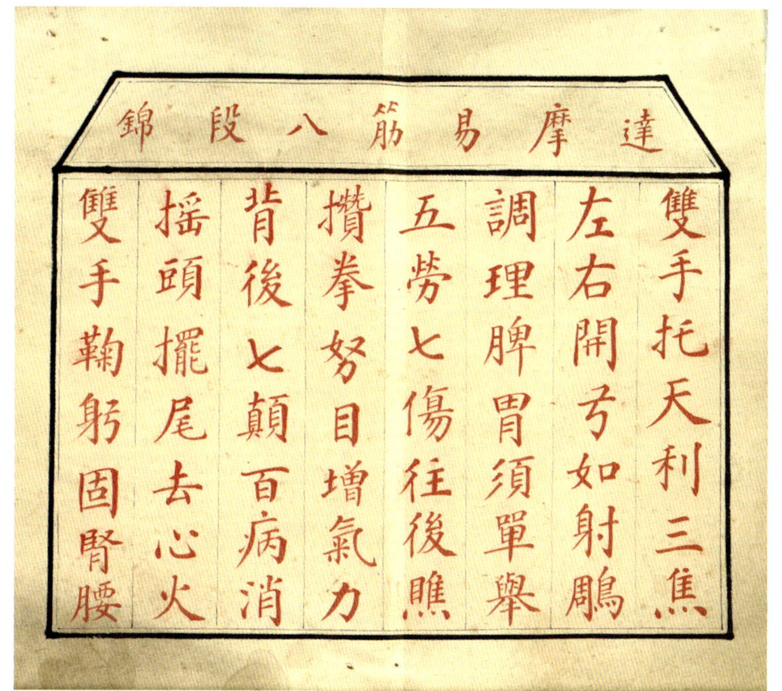

達摩易筋八段錦

雙手托天利三焦
左右開弓如射鵰
調理脾胃須單舉
五勞七傷往後瞧
攢拳努目增氣力
背後七顛百病消
搖頭擺尾去心火
雙手鞠躬固腎腰

图 6-1　清佚名绘《八段锦》册之一

图 6-2　清佚名绘《八段锦》册之二

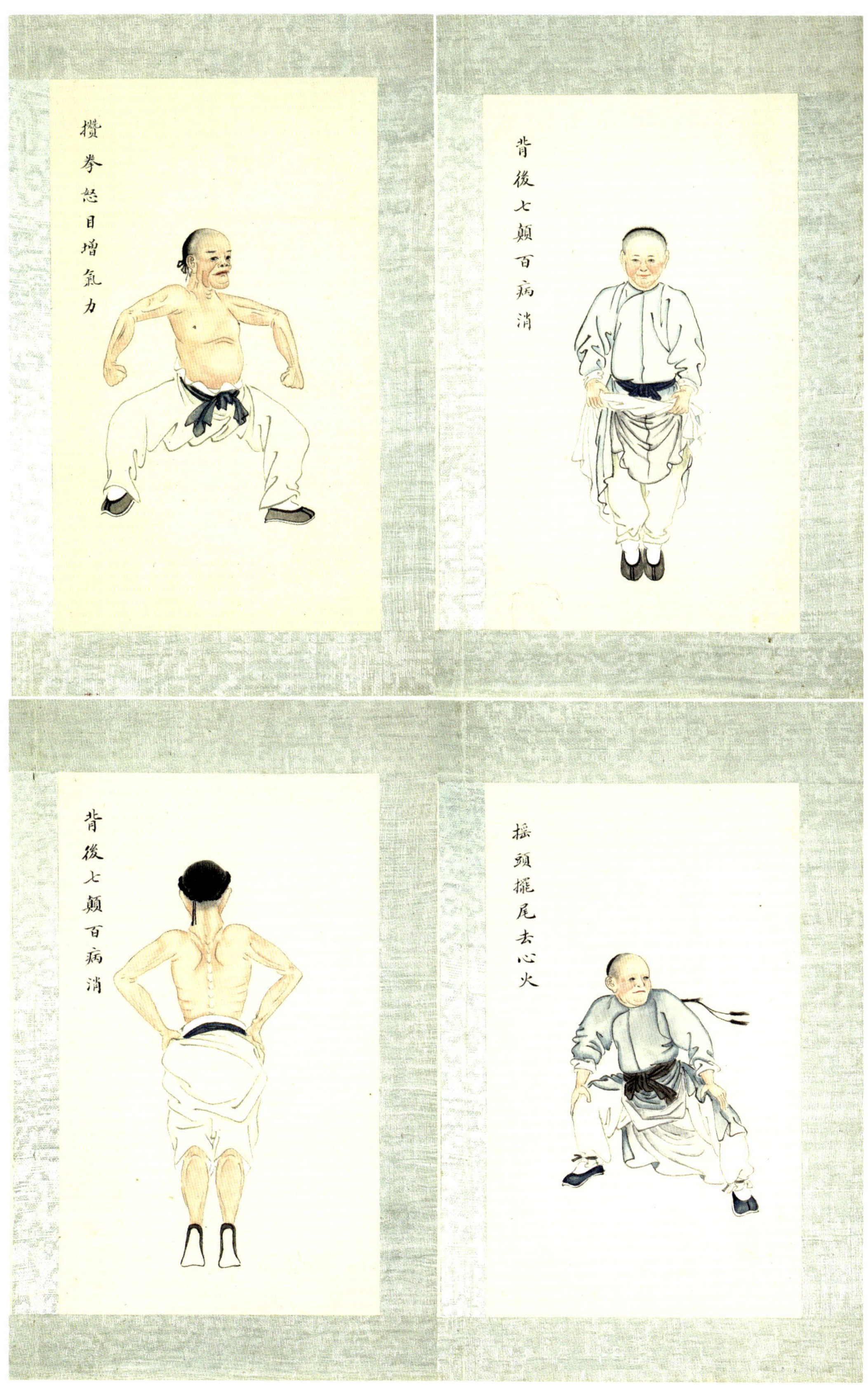

图 6-3 清佚名绘《八段锦》册之三

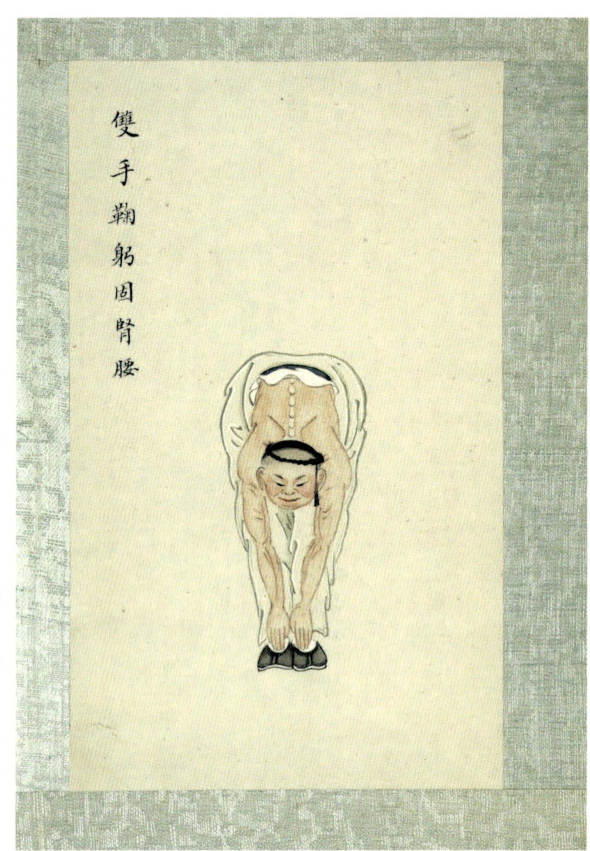

图 6-4　清佚名绘《八段锦》册之四

第七章 棋牌博弈

本卷收录古代棋牌博弈文物 134 件，时代上至战国，下至清代，主要包括棋牌博弈用具(棋盘、棋子、围棋罐、骰子、博箸、酒令筒、酒令筹等)、棋谱竹简、木牍、铜镜、画像石、漆盘、瓷器、陶范、绘画等。文物图版按照围棋、六博、双陆、象棋、蒙古象棋、其他（酒令等）等古代棋盘博弈活动类型排序。

近年发掘的江西南昌西汉海昏侯刘贺墓出土了 1 件漆木围棋盘的 4 块残器，正面髹黑漆，绘朱线方格形棋路，反面髹青灰色漆，并且刻画文字和线条流畅、形态优美的动物图案，这是迄今为止经过考古发掘和科学研究确认的我国历史上最早的围棋盘，对于研究围棋历史具有重大意义。

1974 年发掘的山东省邹城市郭里公社独山村西北西晋刘宝墓，该墓纪年明确，出土了一个圆形灰陶围棋盒，盒内盛有 310 个围棋子，分为黑白两色，黑子 145 枚，白子 165 枚，极为罕见，被定为国家一级文物。

台北“故宫博物院”藏明仇英《汉宫春晓图》卷，以春日晨曦中的汉代宫廷为题，用长卷的形式描绘包括对弈在内的各项女性休闲活动，生动地再现了汉代宫女的生活情景，画中人物众多，设色青绿重彩，浓丽典雅，为我国传世名画之一，亦被誉为中国“重彩仕女第一长卷”。本卷收录了该卷的对弈局部，人物姿态各异，栩栩如生，用笔清劲而赋色妍雅，是古代围棋题材的经典绘画作品。

1966 年上海宝山朱守诚墓出土的朱缨款刘阮入天台竹香筒，出自明代嘉定竹刻名家朱缨之手，器身运用浅雕、浮雕、透雕、留青等技法，以“刘阮入天台”故事为题材，图画布局精妙，人物形象生动，技法精湛，是罕见的艺术珍品。

海昏侯刘贺墓出土的六博棋谱竹简，数量达 1000 余枚，是首次发现的六博棋谱。这些竹简可与以往所见“六博”类文献基本对应，结合既往所见六博棋局实物与图像资料，不仅能够有力推进汉代六博游戏规则的研究，而且对于研究汉代思想文化和社会生活也有重要意义。

临淄齐王墓 5 号随葬坑出土的两件圆形铜骰子，运用错银方法在其十八个面上分别刻字，既体现了西汉发达的金器细工工艺，也是研究西汉博弈文化的珍贵资料，被定为国家一级文物。

江苏仪征出土的彩绘神兽纹漆六博盘，盘面棋路清晰可辨，边缘和四足纹饰丰富多彩，同时出土的还有十二块完整的木质长方块棋子和六根残存的金属博箸，对于研究汉代六博的棋具和行棋规则具有重要价值。

台北“故宫博物院”藏唐周昉绘《内人双陆图》卷，绘两位贵族女性对弈双陆，内容写实，设色浓艳，体现了唐代仕女画的风格，对于研究唐代丝绸之路体育文化的交流融合，双陆棋的棋具、玩法以及唐代家具和女性服饰、发型，都具有极高的价值，既是我国古代仕女画的典范，也是古代双陆题材文物的杰作。

1982 年江西省安义县长埠公社出土的一套

北宋时期的铜象棋子，原为32枚，今存30枚（2枚缺失复制），红黑各半，一面铸单个阳文楷书文字，另一面配有与文字相对应的形象图案，包括“将”2枚、“士”4枚、“象”4枚、“马”4枚、“车”4枚、“炮”4枚、“卒”10枚，非常罕见，是我国迄今出土的年代较早且完整的象棋子。

江西景德镇湖田窑遗址出土的宋代象棋子，兵种有7种，即“将”“士”“象”“马”“车”“炮”“卒”及“弩”。湖田窑遗址出土的“弩”字棋子，应属于宋代的七国象棋和广象戏的棋子，可证实南宋时期使用围棋盘游戏的七国象棋及广象戏与使用三十二子的定型象棋是并存的，对于研究中国象棋的演变具有重要价值。

1982年发现的江苏省镇江市丹徒丁卯桥唐代银器窖藏之中的一套完整的银鎏金龟负“论语玉烛”酒令器具，由酒令筒、酒令筹、酒令旗、酒纛组成，造型奇巧，工艺精湛，纹饰繁美，富丽堂皇，是出土的唐代文物中的孤品，有助于进一步了解唐代酒令的内容、制度及规范等，也有助于研究唐代的审美情趣和古代金银器的制作工艺，被国家文物局列为禁止出国（境）展览文物。

一、围棋

1. 海昏侯墓出土漆木围棋盘残器

西汉

2015年江西南昌西汉海昏侯刘贺墓出土

江西省文物考古研究院藏

棋盘1件。木胎，正面髹黑漆，绘朱线方格，反面髹青灰色漆，刻画有文字与图案。残器为4大块，列为4个编号：M1：3—1、M1：3—2、M1：3—4、M1：3—10。图片所示为标本M1：3—1，长方形，长42厘米、宽19厘米、高2厘米，重955克；正面尚存经线14条、纬线6条；反面刻画有马一匹，以单线描绘，线条流畅，形态优美，两耳竖起，目视前方。标本M1：3—2，长方形，长30厘米、宽18厘米、高2厘米，重1035克；正面尚存经线10条、纬线6条；正面方格上朱漆刻写3列6字，自右至左为“昌邑”“礼乐”“御□”；反面刻画有鹿一只，鹿头上有两角，角干上各附有若干小枝，眼大而圆，目视前方，作行走状，大腿粗壮，小腿纤细，以单线描绘，线条流畅，形态优美。标本M1：3—4，残为长方形，长29厘米、宽20厘米、高2厘米，重770克；正面尚存经线14条、纬线6条；反面用朱漆刻画有一只天鹅，目视前方，天鹅以单线描绘，线条流畅，形态优美。标本M1：3—10，为长方形，长51厘米、宽18厘米、高2厘米，重1075克；正面尚存经线17条、纬线5条；反面无图案。这应是迄今为止经过考古发掘和科学研究确认的我国历史上最早的围棋盘。【江西省文物考古研究院、北京师范大学（执笔：管理、杨军、武家璧、王楚宁、恩子健）：《江西南昌西汉海昏侯刘贺墓出土漆木器》，《文物》，2018年第11期，第45—48页。】

图 7-1-1　海昏侯墓出土漆木围棋盘残器

2. 石质围棋子和灰陶围棋盒

西晋

围棋盒，通高 9 厘米，直径 12.4 厘米

1974 年山东省邹城市郭里公社独山村西北西晋刘宝墓出土

邹城市博物馆藏

国家一级文物

棋子分为黑白两色，共 310 枚，黑子 145 枚，白子 165 枚。黑子石质坚硬，光滑圆润，白子石质稍软，不圆润，有部分已经风化。棋子形制不拘一格，有椭圆形、圆形和不规则形，大小稍有区别，多为 1.1 × 0.7 × 0.5 厘米。

图 7-1-2　石质围棋子和灰陶围棋盒

棋子盛于陶盒之内。陶盒为灰陶质，呈圆筒状，直口、深腹、平底内凹。【济宁市文物局：《济宁文物珍品》，文物出版社，2010 年版，第 254 页；山东邹城市文物局（执笔：胡新立）：《山东邹城西晋刘宝墓》，《文物》，2005 年第 1 期，第 4—26 页。】

3. 五代南唐周文矩（传）《荷亭奕钓仕女图》轴

绢本设色

纵 195.1 厘米，横 98 厘米

台北“故宫博物院”藏

界画亭榭临池，前后碧柳四垂，二女亭中对弈。亭外池荷盛开，翠叶田田。仕女或倚栏垂钓或持扇观荷，一派夏日悠闲景象。通幅屋界、衣饰刻画精细，粉花绿叶着色清丽。本幅旧传为南唐周文矩之作，唯笔墨、器用皆显露出明清习气。周文矩（活跃于公元 10 世纪），句容（今属江苏）人，仕后主李煜为翰林待诏，能画冕服车器，尤工仕女人物。【台北“故宫博物院”网站】

4. 吉州窑釉下褐彩开光梅纹盖盒

南宋

通高 10.8 厘米，盒高 9.5 厘米，口径 9.9 厘米，底径 7.6 厘米

1972 年江西省吉安市青原山出土

围棋盒。一对，其中一只带盖，另一只盖缺失。大口，矮圈足，腹壁近直微鼓。盒口沿内半子口凸起，外边倾斜。配有顶盖，顶面微微隆起，与盒天盖地式相合。盒表面褐釉绘画，腹部两面双线大开光，内绘梅花数枝。盖面绘青竹与梅花，画法简略，主题鲜明，梅花凌霜的风骨、青竹不屈的气节一览无余。【王宁：《吉州永和窑烧制的南宋围棋具》，《收藏家》，2008 年第 6 期，第 28—32 页。】

图 7-1-3　五代南唐周文矩（传）《荷亭奕钓仕女图》轴

图 7-1-4　吉州窑釉下褐彩开光梅纹盖盒

5. 吉州窑白地彩绘围棋桌

南宋

高 5.8 厘米，桌面长 8.3 厘米，宽 6.2 厘米

1980 年江西省吉安县永和镇吉州窑遗址采集

瓷器。围棋桌模型。桌面刻画纵 13、横 16 路方格棋盘，四角各刻一“X”形星位，中央刻“X”形天元位，上置白色棋子两粒。棋盘之下以粗实树桩为座，树桩表面凹凸不平，底足四方伸角加大底座面积。盘面无釉素胎，桌沿和桌角分别施黑釉和酱黑釉，足底红褐色。该围棋桌有明确的窑址、出土地点和时代，具有很高的研究价值。【何江、张文江：《古体博大　精彩纷呈——江西出土古代陶瓷体育文物赏析》，

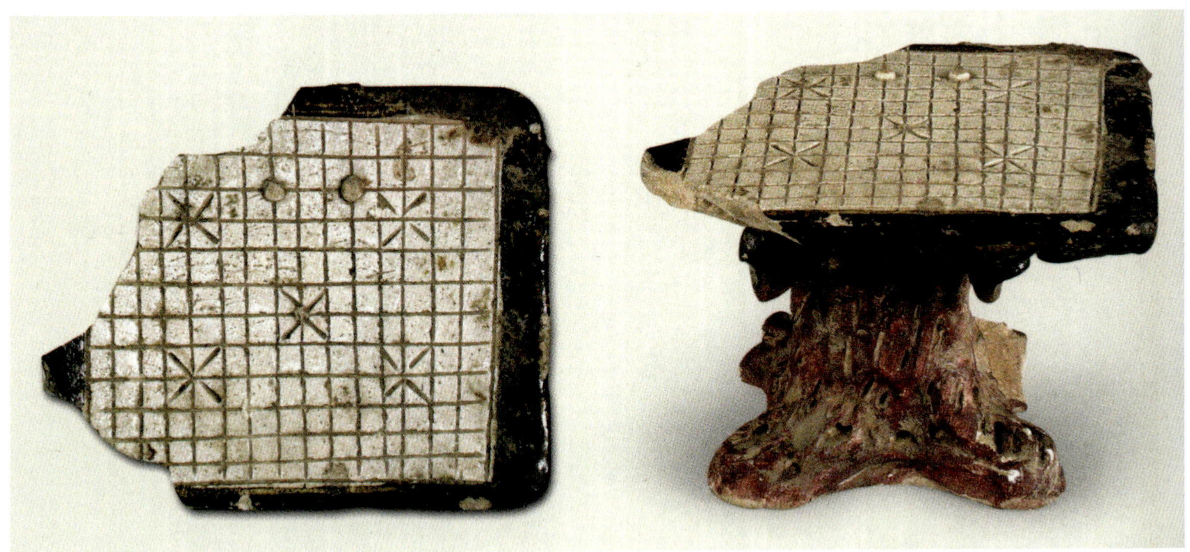

图 7-1-5　吉州窑白地彩绘围棋桌

《南方文物》，2012 年第 4 期，第 198—205 页；王宁：《吉州永和窑烧制的南宋围棋具》，《收藏家》，2008 年第 6 期，第 28—32 页。】

6. 吉州窑围棋子

南宋

直径 1—1.5 厘米

江西省吉安县永和镇吉州窑遗址采集

素胎，扁圆，两面平，有白色、红色、黑色等多种。【何江、张文江：《古体博大　精彩纷呈——江西出土古代陶瓷体育文物赏析》，

图 7-1-6　吉州窑围棋子

《南方文物》，2012 年第 4 期，第 198—205 页；王宁：《吉州永和窑烧制的南宋围棋具》，《收藏家》，2008 年第 6 期，第 28—32 页。】

7. 景德镇湖田窑围棋子、模范

北宋晚期至南宋

江西省景德镇市竟成镇湖田村景德镇湖田窑遗址出土

围棋子在景德镇湖田窑遗址屡有发现，数量较多。大小略有差别，直径为 2 厘米左右。形状可分为三种：圆饼形、椭圆形、馒头形。不同形状的棋子均有黑、白两种颜色。有的素胎无釉，有的外壁施釉，还有的装饰有花纹。湖田窑围棋子采用模范制成。模范平面呈圆形，顶面中间凹下，直腹壁，平底，可分为两类：其一，素面，灰白胎或白胎，直径 3—3.6 厘米、高 1.5—1.8 厘米；其二，内底一周弦纹，内刻画栀子花、梅花纹、钱纹，灰白胎，直径 2.2—3 厘米，高 1.1—1.4 厘米。有些装饰有花纹的围棋子可与模范两相对应。【王宁：《吉州永和窑烧制的南宋围棋具》，《收藏家》，2008 年第 6 期，第 28—32 页；何江、张文江：《古体博大　精彩纷呈——江西出土古代陶瓷体育文物赏析》，《南方文物》，2012 年第 4 期，第 198—205 页。】

图 7-1-7　景德镇湖田窑围棋子、模范

8. 宋人《洛阳耆英会图》轴

绢本　设色

纵 170.8 厘米，横 87.2 厘米

台北“故宫博物院”藏

“洛阳耆英会”是我国古代围棋艺术品常见题材。宋代王安石变法，富弼与其政见相左。富弼称疾告退，回到老家洛阳赋闲养病。富弼退居洛阳期间，和司马光等人，以白居易“九老会”形式，置酒赋诗相乐，谓之“洛阳耆英会”。【台北“故宫博物院”网站】

9. 宋刘松年《九老图》卷（局部）

绢本　设色

纵 26 厘米，横 228.3 厘米

台北“故宫博物院”藏

九老图是我国古代围棋艺术品常见题材。唐代诗人白居易晚年退居香山，与胡杲、吉旼、郑据、刘真、卢真、张浑、狄兼谦谟、卢贞等一同宴游，九人皆高龄，时人称“香山九老”。【台北“故宫博物院”网站】

图 7-1-8 宋人《洛阳耆英会图》轴

10. 宋缂丝《谢安赌墅图》轴

缂绣

纵 59.5 厘米，横 101.3 厘米

台北“故宫博物院”藏

本幅以淝水之战为背景，记述谢安（320—385 年）面对敌方大军压境，犹能从容以对、举重若轻之事。画中二人在奢华高雅的空间里对弈，远方露出建筑一隅，暗示别墅的范围辽阔。黑衣者谢玄甫下子，脚踏木屐的谢安已准备赢得此局胜利，同时前线也传来捷报。缂丝技巧与人物形象不似宋代作品，然画面故事细节着墨较为丰富，或有古老的图像版本依据。【台北“故宫博物院”网站】

11. 松下弈棋图玉板

宋至元

玉石

玉板长 9.4 厘米，宽 7.5 厘米

木座长 11.1 厘米，宽 3.7 厘米，高 7.3厘米

台北“故宫博物院”藏

青玉屏。以多层次镂空、浮雕出一对男女

图 7-1-9 宋刘松年《九老图》卷（局部）

图 7-1-10　宋缂丝《谢安赌墅图》轴

图 7-1-11　松下弈棋图玉板

于松树下对弈的情境，前景为人物、棋盘及松树，女子后方尚有一位随侍的侍女，松树根部生有灵芝，人物上方飘有云朵；背景部分镂空，用以表现树林或山石的景象。附木座一只。【台北“故宫博物院”网站】

12. 元赵孟頫《秋山仙弈图》卷（局部）

绢本　设色　青绿

纵 33.2 厘米，横 255.6 厘米

台北“故宫博物院”藏

绘二人于亭中对弈，亭下水流潺潺。赵孟頫（1254—1322），字子昂，号松雪道人，又号水精宫道人，湖州（今属浙江）人。元代著名画家、书法家，博学多才。【台北“故宫博物院”网站】

图 7-1-12　元赵孟頫《秋山仙弈图》卷（局部）

13. 元人《成功捷报图》轴

绢本　设色　青绿

纵 214.8 厘米，横 210.6 厘米

台北“故宫博物院”藏

绘东晋谢安故事。在淝水之战中，东晋宰相谢安运筹帷幄，在山中与人对弈。图中描绘棋局正酣之际，兵士传来胜利消息的情景。【台北“故宫博物院”网站】

14. 青花龙纹围棋罐

元

1988 年江西省景德镇市珠山北麓元代官窑遗址十四世纪地层出土

高 9.8 厘米，口径 7.2 厘米

景德镇御窑博物馆藏

平盖，鼓形。盖与罐作子母口套合。罐身绘双角五爪龙两条，龙头较短，细颈，长身，鱼鳞状鳞片，整体苍劲有力。据《元史·舆服》记载，元代禁止臣民使用双角五爪龙纹。由此判断，此器可能为御用之物。有研究者认为应为元文宗使用的文房用物。【刘新园：《元文宗——图帖睦尔时代之官窑瓷器考》，《文物》，2001 年第 11 期，第 46—65 页；裴亚静、梁穗：《景德镇出土元明官窑瓷器展精品举要》，《收藏家》，2000 年第 1 期，第 2—9 页。】

图 7-1-13　元人《成功捷报图》轴

图 7–1–14　青花龙纹围棋罐

15. 明鲁荒王朱檀墓出土围棋棋具

明代洪武年间

1970 年山东省邹城明鲁荒王朱檀墓出土

山东博物馆藏

国家一级文物

包括棋盘、棋罐和棋子。围棋子为料制，直径 1.8—2.2 厘米，乳白色棋子 181 枚，黑色棋子 176 枚，扁圆形，底平，分别盛于戗金山字纹黑漆罐内与白纸棋盘合成一副围棋。棋盘正方形，双层纸黏合。在墓中叠成八折，出土后复原成四折。盘面墨绘纵横直线 19 条，有 361 个交叉点，直角内第四个交叉点涂一黑色星位。【杨波、王斌：《走进山东博物馆·鲁荒王墓》，青岛出版社，2011 年版，第 110—111 页。】

16. 明永乐剔红亭阁人物博弈图漆盘

明代永乐年间

口径 22.5 × 17.2 厘米，底径 17.9 × 12.5 厘米，高 3.3 厘米

青岛市博物馆藏

椭圆形，整体雕刻极为细致圆润，漆色润红艳丽。盘中央雕刻有生动的人物图案，花草树木与行云流水相呼应，显示文人士大夫对弈的雅趣。【青岛市博物馆网站】

图 7-1-15 明鲁荒王朱檀墓出土围棋棋具

图 7-1-16 明永乐剔红亭阁人物博弈图漆盘

17. 剔红人物楼台图圆屏

明正德二年（1507）

直径 37.6 厘米

上海博物馆藏

扁圆形，楠木胎，表面髹朱漆。屏面雕楼台人物图，楼内人物有的弈棋，有的展卷，有的观书。台阶之上有两位侍童抱琴而至，门口一人迎侍，河岸边数人骑马前来，后有一抱琴童子跟随。正面左侧有刻款“正德丁卯黄阳柴增造”。“正德丁卯”为正德二年，即 1507 年。【上海博物馆：《千文万华：中国历代漆器艺术》，上海书画出版社，2018 年版，第 132—133 页。】

图 7-1-17　剔红人物楼台图圆屏

18. 青花琴棋书画仕女图罐

明正统至天顺（1436—1464）

高 34.4 厘米，口径 22.1 厘米，底径 21.8 厘米

胡惠春捐赠

上海博物馆藏

圆口、短颈、圆腹，下腹部至底微内收。通体绘青花，人物画面有四组，每组绘两位仕女，分别操琴、对弈、读书、作画。人物神态生动，线条流畅。仕女发样服饰、庭院场景、案几、香炉均为明代风格。【上海博物馆、景德镇市陶瓷考古研究所：《灼烁重现：15 世纪中期景德镇瓷器特集》，上海书画出版社，2019 年版，第 318—319 页；陆明华：《重新领略设计者的艺术匠心——明清瓷画展开图像赏析》，《美术》，1992 年第 1 期，第 68—70 页。】

19. 明刘仲贤《七贤图》卷（局部）

明英宗正统二年（1437 年）

绢本　设色

纵 31.4 厘米，横 128.5 厘米

台北“故宫博物院”藏

刘仲贤，明正统（1436—1449）年间人，画史无传，待考。画竹林七贤，或观书，或抚琴，或对弈，或晤谈。旁有数童仆，往来伺候。此画笔调细致，设色亦清雅可爱。【台北“故宫博物院”网站】

20. 明周臣《松窗对弈图》轴（局部）

纵 84.2 厘米，横 132.2 厘米

台北“故宫博物院”藏

周臣（约 1450—1535），吴县（今江苏苏州）人。字舜卿，善山水人物。本幅画坡上有松数株，二人专心对弈于岸边草庐之中行。全作墨色浓重，笔触锐利，构图层次分明，诚为周臣传世佳作。【台北“故宫博物院”网站】

图 7-1-18　青花琴棋书画仕女图罐

图 7-1-19　明刘仲贤《七贤图》卷（局部）

图 7-1-20 明周臣《松窗对弈图》轴（局部）

21. 明仇英《汉宫春晓图》卷（局部）

绢本 设色

纵 34.2 厘米，横 474.5 厘米

台北“故宫博物院”藏

仇英（1501—约 1551），明代著名画家，字实父，号十洲，原籍太仓（今属江苏），后移居苏州（今属江苏），少时尝为漆工、画瓷匠，后学画于周臣，特工临摹，颇能夺真，精丽艳逸，无惭古人，山水、人物、楼台界画，靡不精细入神，与沈周、文徵明、唐寅合称“吴门四家”。《汉宫春晓图》是仇英的代表作，以春日晨曦中的汉代宫廷为题，用长卷的形式描绘包括装扮、浇灌、折枝、插花、饲养、歌舞、弹唱、围炉、下棋、读书、斗草、对镜、观画、图像、戏婴、送食、挥扇等活动，生动地再现了汉代宫女的生活情景。画中后妃、宫娥、皇子、太监、画师凡一百一十五人，姿态各异，栩栩如生。其用笔清劲而赋色妍雅，林木、奇石与华丽的宫阙穿插掩映，铺陈出宛如仙境般的瑰丽景象，精美绝伦。此局部描绘正屋内外及侧室内，众仕女弈棋、熨练、刺绣、弄儿、斗草、闲

图 7-1-21 明仇英《汉宫春晓图》卷（局部）

谈，各有所事。《汉宫春晓图》人物勾勒笔法秀劲，设色青绿重彩，浓丽典雅，为我国传世名画，亦被誉为中国“重彩仕女第一长卷”。【台北“故宫博物院”网站】

图 7-1-22 明仇英《临宋人画》册高僧观棋图

22. 明仇英《临宋人画》册高僧观棋图

绢本 设色

纵 27.2 厘米，横 25.5 厘米

上海博物馆藏

《临宋人画》册为仇英临摹宋人的集成之作，共 15 开，画风皆为典型的南宋院体风格。此为高僧观棋图，绘三人坐在床榻之上，两人对弈，一人观看。床榻旁有一童子站立，背负斗笠。床榻之后有一高大的屏风，屏风上绘松树。【上海博物馆网站；苏州博物馆：《中国画家·古代卷：仇英》，故宫出版社，2015 年版，第 98、104 页。】

图 7-1-23 明仇英《清明上河图》卷（局部）

23. 明仇英《清明上河图》卷（局部）

绢本 设色 青绿

纵 34.8 厘米，横 804.2 厘米

台北“故宫博物院”藏

绘二仕女对弈，旁有一仕女观看。【台北“故宫博物院”网站】

24. 明仇英《清明上河图》卷（局部）

绢本 设色 青绿

纵 34.8 厘米，横 804.2 厘米

台北“故宫博物院”藏

绘二男子对弈，旁有一小童。【台北“故宫博物院”网站】

图 7-1-24 明仇英《清明上河图》卷（局部）

25. 明冷谦《蓬莱仙弈图》卷

绢本 设色

纵 26 厘米，横 96 厘米

台北“故宫博物院”藏

绘二人对坐弈棋、一人侧卧于榻上观望，表现“蓬莱”与“仙弈”等道教意象明显的神仙题材。冷谦，字起敬，一作启敬，武陵人，一作杭州人，一作嘉兴人，乃元明之间著名的道士。明朝立国之初，冷谦奉朱元璋之命，担任明王朝的首任协律郎，负责皇家乐舞的定声、审音、定舞节和正宫架、持架乐舞之位以及承担教习、考核乐舞生等。该画完成于明嘉靖（1522—1566）年间，乃托名冷谦之作。【台北“故宫博物院”网站；谈晟广：《一件伪作何以改变历史——从〈蓬莱仙弈图〉看明代中后期江南文人的道教信仰》，《中国国家博物馆馆刊》，2018 年第 3 期，第 105—129 页。】

26. 朱缨款刘阮入天台竹香筒

明

高 16.5 厘米，口径 1.6 厘米

1966 年上海宝山顾村明朱守诚墓出土

上海博物馆藏

文房用具。长筒形。两端有盖和底，均为檀木所制，刻有蟠螭纹。器身运用浅雕、浮雕、透雕、留青等技法，以“刘阮入天台”为题材，创作出一幅美妙的图景：古树老藤

图 7-1-25 明冷谦《蓬莱仙弈图》卷

下，一男一女在石案左右盘坐对弈，另有一男子居中观棋；对弈男子右手已落子，左手托起棋盒，对弈女子容貌秀丽，神态安详，右手食指和中指正夹持一枚棋子，侧身沉思，举棋未定，三个人物的注意力都集中在女子右手之下的棋枰一角；松干之后是半开的洞门，洞口一女子执扇俯视仙鹤与鹿，门匾上刻阳文篆书“天台”二字，左侧有阴文“朱缨”款和“小松”篆书印记。朱缨（1520—1587）是明代嘉定竹刻名家朱鹤之子，字清父，号小松，竹刻技法高超，工小篆及行草，其作品为世所珍。此香筒人物形象生动，布局精妙，是罕见的艺术珍品。“刘阮入天台”故事见于南朝宋刘义庆集门客所撰《幽明录》，记东汉人刘晨、阮肇入天台山采药，迷路不得归，后遇见两位仙女，为两仙女所留，在山中享受了半年的快乐生活后下山，至家中方知已过七世。“刘阮入天台”故事本身是当时佛道洞穴故事、道教神仙观念流行的产物，反映了道教或仙道信仰者对乐土世界、幸福生活的想象。在唐以后的文人诗歌和小说戏曲之中，“刘阮入天台”故事的内容多有演变，或者反映了人们对仙人世界美妙生活的幻想，或者表达了人们对黑暗现实的批判、

图 7–1–26 朱缨款刘阮入天台竹香筒

对太平社会的向往、对美好爱情的追求。【上海博物馆：《上海博物馆藏品精华》，上海书画出版社，2004 年版，第 334—335 页；孙维昌：《上海宝山明墓中的文房清供》，《收藏家》，2004 年第 4 期，第 21—27 页；沈金浩：《刘阮入天台故事的文化内涵及其在后世的嬗变》，《浙江学刊》，2019 年第 4 期，第 204—212 页。】

27. 明顾绣《东山图》卷

绢本

横 79.5 厘米，纵 27.1 厘米

上海博物馆藏

以我国古代围棋艺术品常见的“东山再起”典故为题材。《晋书·谢安传》记载，东晋名士谢安辞官隐居东山，后出山任宰相。在指挥与前秦皇帝苻坚的淝水之战中，运筹帷幄，一边与人对弈，一边静候佳音。图中描绘的正是这一情景。山体巍峨，溪水潺潺，古树苍郁，一亭伫立水中，亭内两男子悠闲对弈，两仕女凭栏眺望，石桥边一人一骑匆匆而来。此卷为画、绣结合之作。山石、衣服、树木、马匹、亭子均是先绣轮廓再赋彩，人物五官则是绘画而成。色彩淡雅，画韵浓厚，为顾绣佳品。绣者不详。卷后有董其昌题款，题跋时间为崇祯五年（1632 年）。顾绣又称“露香园顾绣”，是我国传统刺绣工艺之一，因起源于明代松江地区的顾名世家而得名。据传顾绣绣法出自皇宫大内，顾家先后出现了缪氏、韩希孟和顾兰玉等顾绣名手。【上海博物馆网站；友梅：《顾绣〈东山图〉卷小考》，《上海文博论丛》，2013 年第 1 期，第 29 页。】

28. 青花高士图围棋罐

明代万历年间

口径 8.1 厘米，底径 8.7 厘米，通高 9.5 厘米

济南市博物馆藏

子母口盖罐。通体满绘青花纹饰，盖面上绘有山石、花卉，中心绘一瑞兽。罐一周绘坡石花卉，古树下一高士席地而坐，一童相随。青花纹饰使用“淡描法”以细腻的线条勾勒描绘，发色淡雅、柔和，可谓明万历民窑淡描青

图 7-1-27　明顾绣《东山图》卷

图 7-1-28　青花高士图围棋罐

花精品。【济南市文物局、济南市考古研究所、济南市博物馆：《济南文物精粹·馆藏卷》，文物出版社，2018 年版，第 49 页。】

29. 青花围棋盘残片

明代嘉靖年间

残长 15.2 厘米，厚 3.4 厘米

1988 年江西省景德镇市御窑厂遗址出土

景德镇御窑博物馆藏

残缺严重。棋盘正面因施釉不均而略显波浪状，抚摸有凹凸不平之感。青料发色为蓝中微泛紫红的浓艳颜色。【故宫博物院、景德镇市陶瓷考古研究所：《明代嘉靖隆庆万历御窑瓷器》（上册），故宫出版社，2018 年版，第 108 页。】

30. 青花棋盘残片

明代万历年间

残长 14.7 厘米，厚 2.2 厘米

1988 年江西省景德镇市御窑厂遗址出土

景德镇御窑博物馆藏

图 7-1-29　青花围棋盘残片

图 7-1-30　青花棋盘残片

31. 明佚名《十八学士图屏》

绢本　设色

每幅纵 134.2 厘米，横 78.6 厘米

2000 年庄万里文化基金会捐赠

上海博物馆藏

绘唐贞观十八学士故事，共四幅，分别为琴、棋、书、画场景。钤唐寅印，系后人托名，画风近杜堇。庄万里（1899—1965），菲律宾华裔企业家，平生酷爱古代书画，数十年间，悉心搜求流散于海外的历代书画达数百件，庋藏于书斋“两塗轩”，并立志将家藏书画捐赠祖国。2000 年，庄万里先生哲嗣庄长江先生和庄良友女士遵照父亲遗愿，以庄万里文化基金会名义，将“两塗轩”珍藏的 233 件古代书画，慨然捐赠上海博物馆。为表彰庄氏家族保藏祖国文化遗产的功绩，上海博物馆特设“两塗轩”专室，专门展览“两塗轩”藏品之中的部分精品。【计颖媛：《“两塗轩”书画珍品集萃》，《文物天地》，2019 年第 4 期，第 32—40 页。】

图 7-1-31　明佚名《十八学士图屏》

32. 明罗文瑞《洛中九老图》卷（局部）

纸本　墨笔

纵 25.3 厘米，横 198.4 厘米

浙江省博物馆藏

罗文瑞，生卒年不详，字伯符，今安徽歙县人，工诗，能书善画，笔力劲健。图摹宋人《九老图》，作于明万历二十四年（1596 年）。卷后作者手书《洛中尚齿九老会续》，并记绘画缘由。【浙江省博物馆：《丹青万象》，浙江古籍出版社，2008 年版，第 93—94 页。】

图 7-1-32　明罗文瑞《洛中九老图》卷（局部）

33. 粤绣博古图屏（六）轴（局部）

明

纵 215 厘米，横 47.5 厘米

台北“故宫博物院”藏

绣围棋盘一副，围棋罐一对。【台北“故宫博物院”网站】

图 7-1-33　粤绣博古图屏（六）轴（局部）

34. 青花弈棋人物盖罐

明代弘治年间

通高 42 厘米，口径 17.2 厘米，底径 21 厘米

常州博物馆藏

小口，短直径，圆腹，足部外撇，有盖。盖和器身满饰青花缠枝花卉纹。腹部的主题纹饰一面为烂柯观棋图，另一面为孔子拜老子图。两组人物以松树和云气楼阁相隔，显露出浓厚的神话色彩。【扬州博物馆：《生命·运动·乐趣：中华古代体育文物》，译林出版社，2018 年版，第 112 页。】

35. 青花对弈图瓷片

明

扬州博物馆藏

以青花描绘二人于树下对弈，用笔率意。青花发色略灰暗，为明代晚期民窑制品。【扬州博物馆：《生命·运动·乐趣：中华古代体育文物》，译林出版社，2018 年版，第 104 页。】

36. 玻璃围棋子

明

蓝色棋子直径 1.7 厘米，黑色棋子直径 2.3

图 7-1-34　青花弈棋人物盖罐

厘米

南京博物院藏

玻璃制品，一组五粒，分为黑、白、蓝三色，呈扁圆形，大小不一。【扬州博物馆：《生命·运动·乐趣：中华古代体育文物》，译林出版社，2018 年版，第 99 页。】

37. 琉璃围棋子

明至清

扬州博物馆藏

均为琉璃制成，扁圆形，大小不一。【扬州博物馆：《生命·运动·乐趣：中华古代体育文物》，译林出版社，2018 年版，第 113 页。】

38. 剔红松下弈棋图长方盒

明晚期

长 13.4 厘米，宽 10.2 厘米，高 7 厘米

西冈裕子女士捐赠

上海博物馆藏

盒呈长方形，平定，直壁，子母口。盒外髹朱漆。盖面雕松下弈棋图：松树下、石洞旁、小桥边，两位长者弈棋，一位长者观看；

图 7-1-35　青花对弈图瓷片

图 7-1-36　玻璃围棋子

图 7-1-37 琉璃围棋子

图 7-1-38 剔红松下弈棋图长方盒

小桥另一侧有两位侍童，一位身背花篮，一位玩鸟。周围山峦起伏，树木掩映。【上海博物馆：《千文万华：中国历代漆器艺术》，上海书画出版社，2018 年版，第 137 页。】

39. 青花山水人物图笔筒

清代康熙年间

高 16 厘米，口径 19.9 厘米，底径 19.9 厘米

苏州市吴中区文物管理委员会藏

文房用具，直口，圆筒形，内凹底。筒腹以青花绘出一组山水人物图案。旷野山坡之下，一条山溪迂回曲折。溪边巨石下三人坐在石块上，其中两人对弈，旁边一老者伸出右手，手执对弈一人。悬崖下数人站立交谈。山石以斧劈皴绘成，使得远山、近峰极富层次感。这是一件康熙民窑青花瓷的代表性器物。【俞杏楠：《吴中文物》，上海科学技术出版社，2004 年版，

图 7-1-39 青花山水人物图笔筒

第 228—229 页。】

40. 剔红山水人物图圆海棠式盒

清中期

长 22.2 厘米，宽 19 厘米，高 11 厘米

2012 年曹其镛曹罗碧珍夫妇捐赠

浙江省博物馆藏

一对，大小一致。木胎，通体髹朱漆。盖面刻三种锦纹为地。一个盒面刻松树下三位老人围坐对饮，相谈甚欢。另一个盒面刻两位老者对弈，旁有一侍者。立壁开光内回纹锦地上压雕各种花卉。【陈丽华：《重华绮芳：曹氏藏元明清漆器》，紫禁城出版社，2010 年版，第 208—209 页。】

41. 剔红山水人物图圆插屏

清中期

高 43.5 厘米，宽 23 厘米

2012 年曹其镛曹罗碧珍夫妇捐赠

图 7-1-40 剔红山水人物图圆海棠式盒

图 7–1–41 剔红山水人物图圆插屏

浙江省博物馆藏

木胎。屏座线漆刻锦地压雕山水人物图案。屏心正面线漆刻锦地压雕两位老者坐在山间松树之下弈棋，旁有一童子服侍，背面朱漆锦地雕山石花卉。【陈丽华：《重华绮芳：曹氏藏元明清漆器》，紫禁城出版社，2010 年版，第 259 页。】

42. 顾珏竹雕人物笔筒

清

口径 5.5 厘米，底径 5.4 厘米，高 11.9 厘米

苏州博物馆藏

笔筒外壁环雕松竹，林中群贤毕至，一组听琴，一组弈棋。底部有隶书“顾珏”二字款。顾珏是清康熙、雍正年间嘉定竹雕名家。【苏州博物馆：《苏州博物馆藏工艺品》，文物出版社，2009 年版，第 97 页。】

43. 竹雕竹林七贤笔筒

清

高 15.5 厘米，口径 14.7 厘米

台北“故宫博物院”藏

雕刻竹林七贤的故事。【台北“故宫博物院”网站】

44. 竹雕清溪泛舟笔筒

清

图 7-1-42　顾珏竹雕人物笔筒

高 12.8 厘米

青岛市博物馆藏

笔筒正面画图中，作者用浮雕及半浮雕的手法雕刻出崇山峻岭、苍松古树。两山之间的清溪上一轻舟泛于其中，舟上载有五人，一人站于舟头摇橹，两人于舟中对弈，一长髯老者旁观，一小童于舟的另一头执扇煮茗。右侧山岩上刻有“芷岩制”阴文行书款。【青岛市博物馆网站】

图 7-1-43　竹雕竹林七贤笔筒

图 7-1-44　竹雕清溪泛舟笔筒

45. 竹雕人物山景

清

长 12 厘米，宽 2.5 厘米，高 9 厘米

1959 年陈嘉庚先生征集

华侨博物院藏

质地为竹根，圆雕，用透雕、高浮雕、阴刻线，利用竹根自然形状，雕琢出苍松古木、怪石嶙峋、曲径通幽。松阴下，二老对弈，旁有观者，神态各异，情趣盎然，山石“瘦、透、漏、皱”多层交错、参差凹凸，松树枝干屈曲盘旋、松针细密纤秀，具有明显的清代特征。整体构思巧妙，雕工精致，较好地反映出在特定环境中人物动态和自然风貌。情调幽雅，堪称竹雕中的精湛之作。【华侨博物院网站】

46. 镂空雕象牙笔筒

清

口径 5 厘米，高 10 厘米

1959 年陈嘉庚先生征集

华侨博物院藏

清代文人书桌或案几上的文房用具及艺术陈设品。以镂空雕、深浮雕、浅浮雕的手法，雕琢出花钱式锦纹铺底、人物花木在其上、亭台楼阁在其中。众人物在亭台楼阁中或花卉树

图 7-1-45　竹雕人物山景

图 7-1-46 镂空雕象牙笔筒

荫下，或对弈、观看、交谈、漫步、远眺等。整体布局合理，层次井然，形成高低错落、深浅对比、自然连接的艺术效果。较好地反映出特定环境中人物在庭院雅集的场面。雕工一丝不苟、精雕细镂，意境恬淡幽雅犹如世外桃源，具有较高的艺术表现力，为清代象牙笔筒中的精品之作。【华侨博物院网站】

47. 清黄慎《对弈图》扇页

纸本　设色

纵 17.6 厘米，横 51.9 厘米

扬州博物馆藏

绘杜甫《江村》诗之意："清江一曲抱村流，长夏江村事事幽。自去自来梁上燕，相亲相近水中鸥。老妻画纸为棋局，稚子敲针作钓钩。但有故人供禄米，微躯此外更何求。"杜甫夫妇隔案对弈。杜甫身后有一块扁平巨石，石左端立两个小儿，一小儿手捧一块石头作敲击状，另一小儿手持钓竿观看。钤印"躬""懋"。黄慎(1687—1768 后)，清代画家，"扬州八怪"之一。【扬州博物馆：《生命·运动·乐趣：中华古代体育文物》，译林出版社，2018 年版，第 106 页。】

48. 清孙祜《万寿图册·寿翁对弈》

折装　方幅式

绢本　设色

纵 24.7 厘米，横 24.4 厘米

台北"故宫博物院"藏

绘两位老翁席地而坐弈棋，另有六位老翁观战，其中一位拄杖站立。孙祜（生卒年不详）是清康熙、乾隆年间宫廷画家。【台北"故宫博物院"网站】

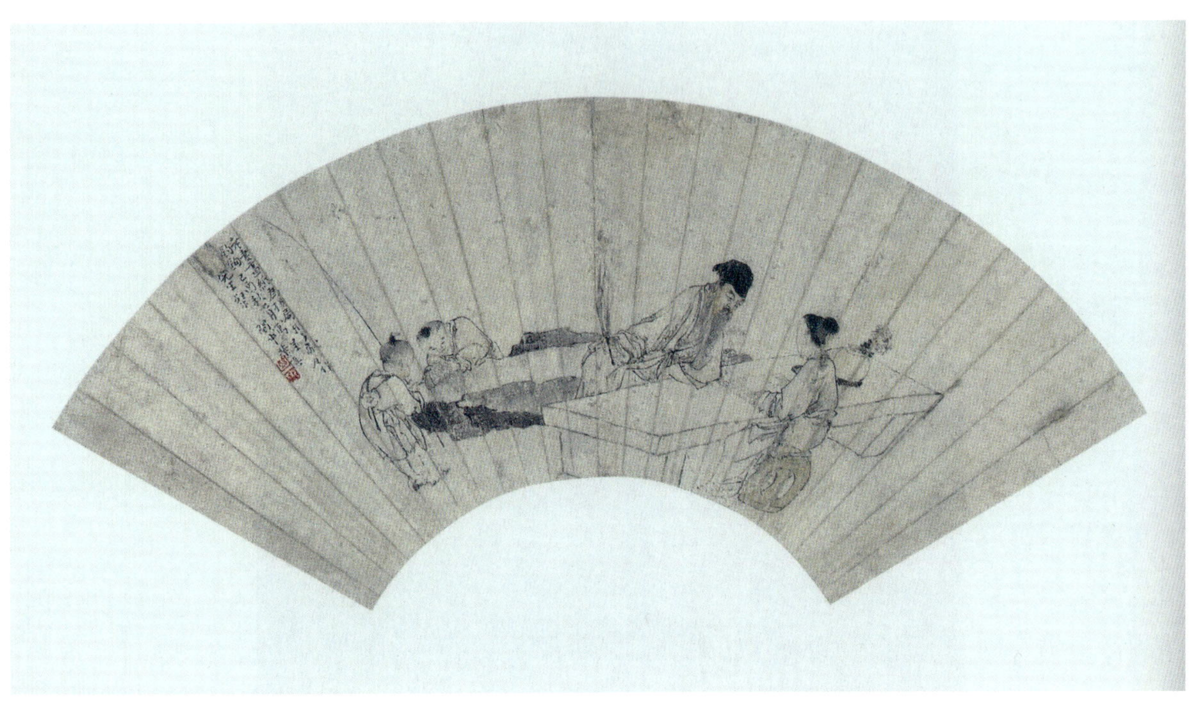

图 7–1–47　清黄慎《对弈图》扇页

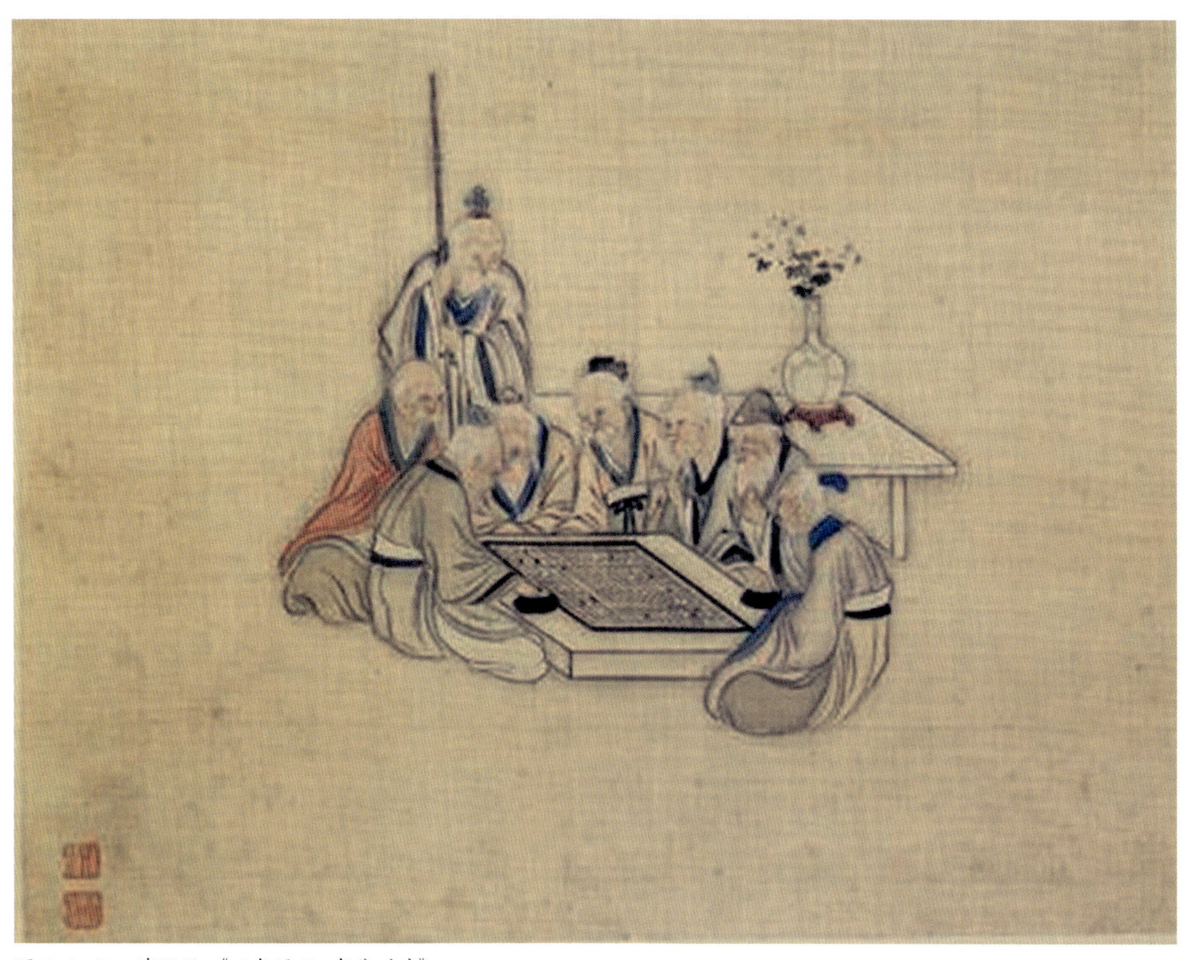

图 7-1-48 清孙祜《万寿图册·寿翁对弈》

49. 清张崟《溪山对弈图》轴

纸本 设色

纵 130 厘米，横 60.5 厘米

南京博物院藏

画中所绘为古人的游乐场景，山清水秀之间有三人临江观景对弈，一老者独坐江边的小舟中垂钓。江面上还有一渔夫手摇橹棹，船载货物，溯流而上。笔清墨润，散发着温雅细腻的气息。张崟（1761—1829），清代画家，善画花卉、竹石及山水。【南京博物院：《清代常州京江绘画》，江苏凤凰美术出版社，2014 年版，第 213 页。】

50. 清院本《十二月月令图十月》轴（局部）

设色 青绿

纵 175 厘米，横 97 厘米

台北“故宫博物院”藏

绘两位仕女对坐弈棋，另有三仕女站立观看。【台北“故宫博物院”网站】

51. 清丁观鹏《仿仇英汉宫春晓图》卷（局部）

清高宗乾隆三十三年（1768 年）

纸本 设色 青绿 描金

纵 34.5 厘米，横 675.4 厘米

图 7-1-49　清张崟《溪山对弈图》轴

图 7-1-50　清院本《十二月月令图十月》轴（局部）

图 7-1-51　清丁观鹏《仿仇英汉宫春晓图》卷（局部）

台北“故宫博物院”藏

绘两位女子于水上亭中对坐弈棋，另有一女子在旁观看，一女子凭栏远眺，亭外走廊上有两位女子闲谈。丁观鹏，清代画家，艺术活动在康熙末期至乾隆中期，顺天府（今北京市）人。【台北“故宫博物院”网站】

52. 清佚名《重屏会棋图摹本》轴（局部）

纸本　设色

纵 122.6 厘米，横 53.8 厘米

南京博物院藏

五代时期画家周文矩《重屏会棋图》的一幅清代摹本。用笔谨细工整，人物色彩明丽。细节与原作有所不同。例如，原作屏风之上四位人物身后还有一座屏风，其上绘有山水，而此摹本屏风人物身后的屏风并无画作。【扬州博物馆：《生命·运动·乐趣：中华古代体育文物》，译林出版社，2018 年版，第 100—101 页。】

53. 清乾隆缂丝博古书幌博轴（局部）

纵 137.5 厘米，纵 60 厘米

台北“故宫博物院”藏

图 7-1-52 清佚名《重屏会棋图摹本》轴（局部）

图 7-1-53 清乾隆缂丝博古书幌博轴（局部）

绘围棋盘、古琴、花瓶等物。【台北“故宫博物院”网站】

54. 缂丝博古花卉册第七帧（左）和第八帧（右）

清

每帧长 31.5 厘米，宽 21.5 厘米

南京博物院藏

册页共十页。其中六页为博古图，图案略有差异，主要有古琴、围棋、古鼎、花瓶、如意、书籍、寿等。第七帧图中有围棋盘、围棋罐。第八帧图中有围棋罐、鼎炉、寿桃等器具。【南京博物院：《历代织绣》，江苏美术出版社，2013 年版，第 99—103 页。】

55. 缂丝唐朝人物故事屏（局部）

清

纵 93 厘米，横 20.1 厘米

南京博物院藏

绘皇帝与一老臣对坐弈棋，一人站立在旁观看，另有一侍者端茶。【南京博物院：《历代织绣》，江苏美术出版社，2013 年版，第 147 页。】

56. 清乾隆珐琅彩仕女四艺图茶壶

清代乾隆年间

通高 12.8 厘米，高 10 厘米，口径 7 厘米底径 7.6 厘米

台北“故宫博物院”藏

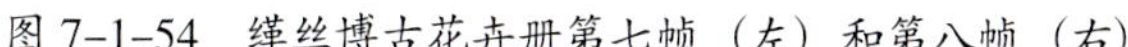

图 7-1-54 缂丝博古花卉册第七帧（左）和第八帧（右）

图 7-1-55 缂丝唐朝人物故事屏（局部）

成对的茶壶两件，皆作直口、短颈、鼓腹、曲流，弓形把、矮圈足的造型，带圆钮拱形盖。全器密布红蓝锦地花纹，壶腹两面开光，各绘女子与闺中友伴共同览阅书籍、援笔绘画、弹琴、对弈的情景；盖顶画莲瓣纹，盖面加饰五蝙蝠，盖沿、底边饰以卷草、莲瓣。壶底蓝料书“乾隆年制”仿宋体双行方框印款。两器锦地勾画细巧，小小器腹开光各布置五六人物及器物陈设、庭院窗花等，用笔纤致，肤色的浓淡晕染，似呈现立体丰润的面庞；略见受西方影响后的人物绘法，是珐琅彩器中的佳作。【台北“故宫博物院”网站】

57. 铜胎画珐琅闷碗

清代乾隆年间

口径 19 厘米

浙江绍兴翰越堂藏

器腹部绘两人对弈。【浙江省博物馆：《吉祥如意：浙江绍兴翰越堂藏古代艺术品精粹》，文物出版社，2013 年版，第 26—27 页。】

58. 裱锦围棋象棋棋盘

清

长 31.7 厘米，宽 32 厘米

台北“故宫博物院”藏

薄木胎，外裱白绢，以墨笔界格，纵横各 19 道，另面则绘象棋盘。可折叠收拢成对开四合的小册页，以便携带出游。【台北“故宫博物院”网站】

图 7-1-56 清乾隆珐琅彩仕女四艺图茶壶

59. 玻璃围棋子 附黑漆描金棋罐

清

棋盒纵 7.3 厘米，横 6.8 厘米，口径 3.9 厘米，高 5.9 厘米，棋子径 1.7 厘米，高 0.7 厘米

台北“故宫博物院”藏

这套玻璃围棋子为清宫用品，透明玻璃为之，晶莹明澈，平底圆项状，一面扁平一面圆鼓，有四种色彩，以黑漆描金盒盛装，色泽剔透柔和，手感沉而不滑，亦为佳品。盒方形鼓腹，外壁黑漆描金团花、菊瓣纹、寿字纹，系明末清初中国受日本漆器风格影响的作品。【台北“故宫博物院”网站】

60. 粉晶围棋子

清

全高 0.6 厘米，径 1.95 厘米

台北“故宫博物院”藏

粉红色水晶制围棋子多粒。圆形棋子中间厚而周围扁平，颗颗雕琢光滑圆润。整组围棋子置放于一木质盖罐中，盖面上刻“白”字。此组围棋子与烟晶围棋子为一组。【台北“故宫博物院”网站】

图 7-1-57　铜胎画珐琅冈碗

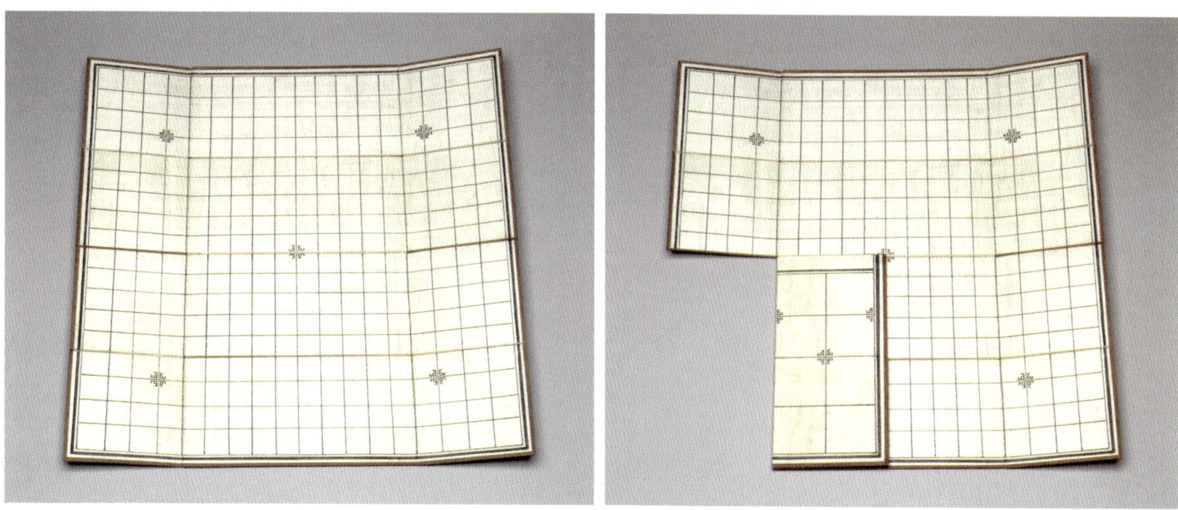

图 7-1-58　裱锦围棋象棋棋盘

图 7-1-59　玻璃围棋子　附黑漆描金棋罐

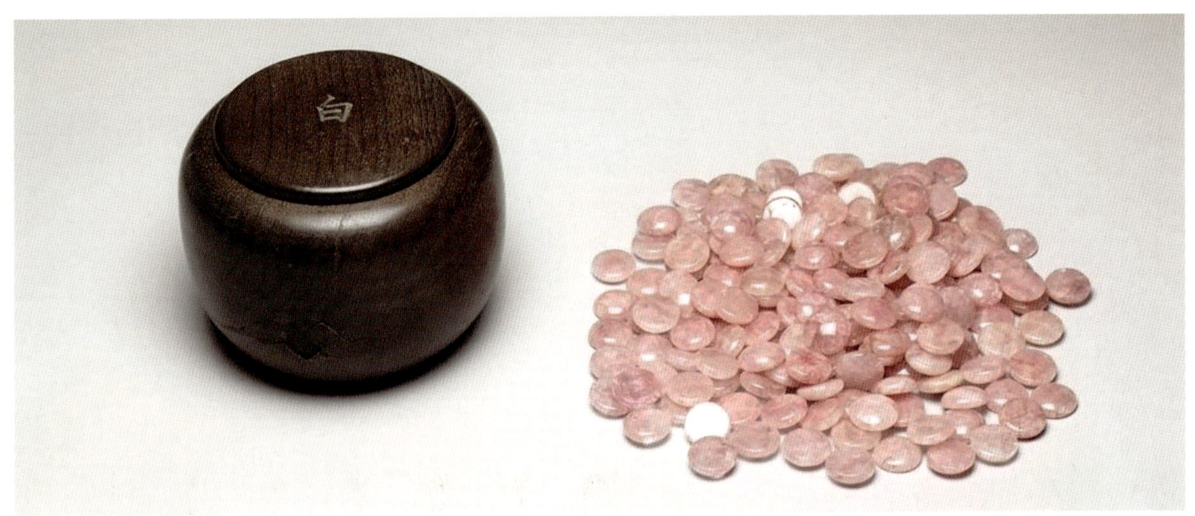

图 7-1-60　粉晶围棋子

61. 烟晶围棋子

清

全高 0.6 厘米，径 1.95 厘米

台北“故宫博物院”藏

浅紫或灰黑色水晶制围棋子，圆形棋子中间厚而周围扁平，颗颗雕琢光滑圆润。整组围棋子置放于一木质盖罐中，盖面刻“黑”字。此组围棋子与粉晶围棋子为一组。【台北“故宫博物院”网站】

62. 掐丝珐琅围棋、象棋盒

清

台北“故宫博物院”藏

铜胎，长方形屉式盒，盒底有一椭圆形孔，方便将内屉顶出（象棋盒系盖盒），盒内置一绸裱之围棋盘（象棋盘）。盒外蓝地，装饰成棋盘式方格，四边掐丝卷须，底光素镀金，贴黄签“秀字五百二十号”，属 18 世纪后期文物。【台北“故宫博物院”网站】

图 7-1-61　烟晶围棋子

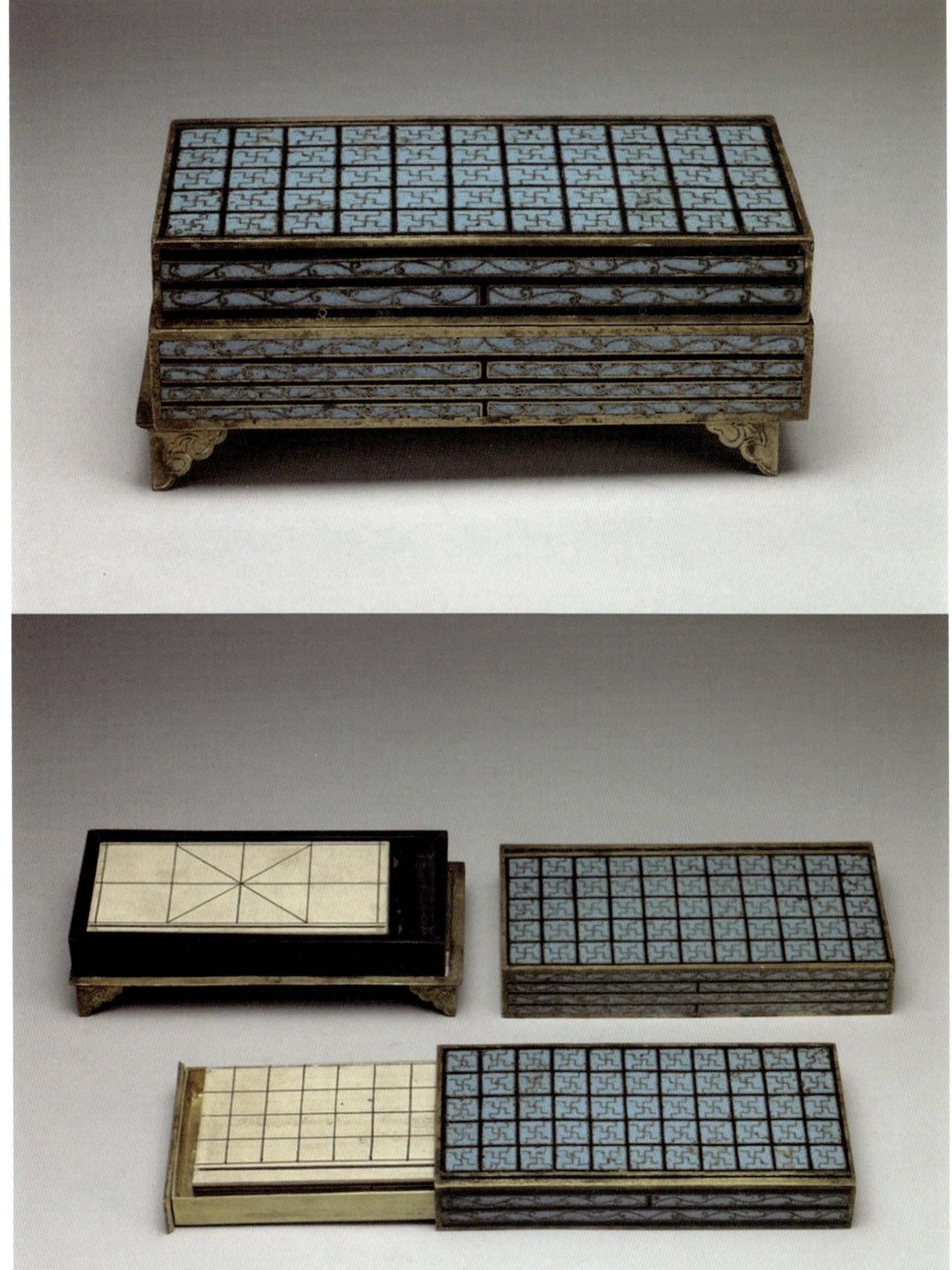

图 7-1-62 掐丝珐琅围棋、象棋盒

63. 椰壳雕棋子罐（一对）

清

高 9.5 厘米，底径 14.7 厘米

苏州博物馆藏

扁鼓形，唇口。正中双圈栏浮雕“寿”字（前为繁体，后为梵文）。工艺精美，雕刻细致，当为名家制作。【苏州博物馆：《苏州博物馆藏工艺品》，文物出版社，2009 年版，第 136—137 页；扬州博物馆：《生命·运动·乐趣：中华古代体育文物》，译林出版社，2018 年版，第 102 页。】

64. 竹刻围棋罐（一对）

清

通高 4.5 厘米，口径 7.8 厘米

苏州博物馆藏

圆形，以天然竹筒为器身。口沿和底座镶嵌红木边圈。周身浅雕湖水山石，雕工精细。【扬州博物馆：《生命·运动·乐趣：中华古代体育文物》，译林出版社，2018 年版，第 103页。】

图 7-1-63　椰壳雕棋子罐（一对）

图 7-1-64　竹刻围棋罐（一对）

65. 红雕漆龙纹围棋盒

清

长 14.5 厘米，宽 9.5 厘米，高 5 厘米

扬州博物馆藏

方形，有盖，为雕漆作品。盖顶剔刻云龙纹及回纹，盖边及盒边壁剔刻花卉纹。【扬州博物馆：《生命·运动·乐趣：中华古代体育文物》，译林出版社，2018 年版，第 111 页。】

66. 围棋子

清

单枚棋子直径 2.5 厘米

泰州市博物馆藏

玻璃质，底平上鼓，分为黑白两色。【扬州博物馆：《生命·运动·乐趣：中华古代体育文物》，译林出版社，2018 年版，第 113 页。】

图 7-1-65 红雕漆龙纹围棋盒

图 7-1-66 围棋子

67. 刻匏对弈

清

直径 4 厘米

福建博物院藏

刻两位老者对弈，有人在旁观看。匏，俗称葫芦。刻匏是在葫芦上雕镂出文字与图案。【福建博物院：《博·戏：中国古代体育文物展》，2015 年版，第 73 页。】

图 7-1-67 刻匏对弈

68. 清燕铠《闲敲棋子落灯花》扇页

纸本 设色

扬州博物馆藏

画面右侧绘水面、沙滩。左侧取园中一角，山石屹立，一株高大梧桐半遮半掩圆形的窗户。窗内，一名女子伏在桌案，手执棋子敲击棋盘，身后一名女子卷帘观望。笔法细腻，人物生动。题识“闲敲棋子落灯花，庚子秋八月写，奉松如二兄大人一笑即正，子坚燕铠”，钤白文印“燕铠”。燕铠，扬州人，清末著名画家，尤其擅长仕女画。【扬州博物馆：《生命·运动·乐趣：中华古代体育文物》，译林出版社，2018 年版，第 107 页。】

图 7-1-68　清燕铠《闲敲棋子落灯花》扇页

69. 清陈崇光《观棋图》轴（局部）

纸本　设色

纵 177 厘米，横 90 厘米

扬州博物馆藏

绘“烂柯”故事。深山松柏之下，两位老者对弈，一位老者观看。旁观老者身旁有一手杖、一斧头，取“斧柯烂尽”之意。画面布局合理，人物描绘细致。钤朱文印“甘泉陈崇光印”。

陈崇光（1838—1896），清代画家，原名召，字崇光，后改字若木、栎生，号纯道人，江苏扬州人。【扬州博物馆：《生命·运动·乐趣：中华古代体育文物》，译林出版社，2018 年版，第 109—110 页。】

图 7-1-69　清陈崇光《观棋图》轴（局部）

70. 青花龙纹围棋罐

清晚期

高 10.7 厘米，口径 12 厘米，底径 12 厘米

苏州市吴中区文物管理委员会藏

直筒型。器内素面无纹，器外盖上沿以青花绘三组草花，内中双栏圈中绘一楷书“黑”字，侧壁绘如意头云纹一周，中间书“第十号”三字。罐外壁主题纹饰为两行龙戏纹，口沿“第十号”三字及底边一周变体莲瓣纹。盖底及罐底均有青花书“自娱斋制”二行四字楷书款。【俞杏楠：《吴中文物》，上海科学技术出版社，2004 年版，第 133 页。】

二、六博

1. 玉六博棋子

战国早期

边长 2.1 厘米

1978 年山东曲阜鲁国故城 52 号墓出土

图 7-1-70　青花龙纹围棋罐

图 7-2-1　玉六博棋子

六博棋具。青玉质。正方体形。山东曲阜鲁国故城遗址 3 号墓、51 号墓、52 号墓均出土六博棋具。52 号墓出土白石、青玉方棋子各六个，筷形牙筹和筷形银筹各一束。图片所示为 52 号墓出土青玉六博棋子。【山东省文物考古研究所等：《曲阜鲁国故城》，齐鲁书社，1982 年版，第 181 页；崔乐泉：《中国古代体育文物图录》，中华书局，2000 年版，第 160 页。】

2. 六博棋具

战国早期

1978 年山东曲阜鲁国故城 3 号墓出土

六博棋具。山东曲阜鲁国故城遗址 3 号墓、51 号墓、52 号墓均出土六博棋具。3 号墓出土博具包括玉方筹、象牙方棋子各六个，筷形牙筹和筷形银筹各一束。图片所示为 3 号墓出土博具。【山东省文物考古研究所等：《曲阜鲁国故城》，齐鲁书社，1982 年版，第 181 页。】

3. 骨博具

战国

边长约 2 厘米

2004 年山东青州西辛战国墓三号陪葬坑出土

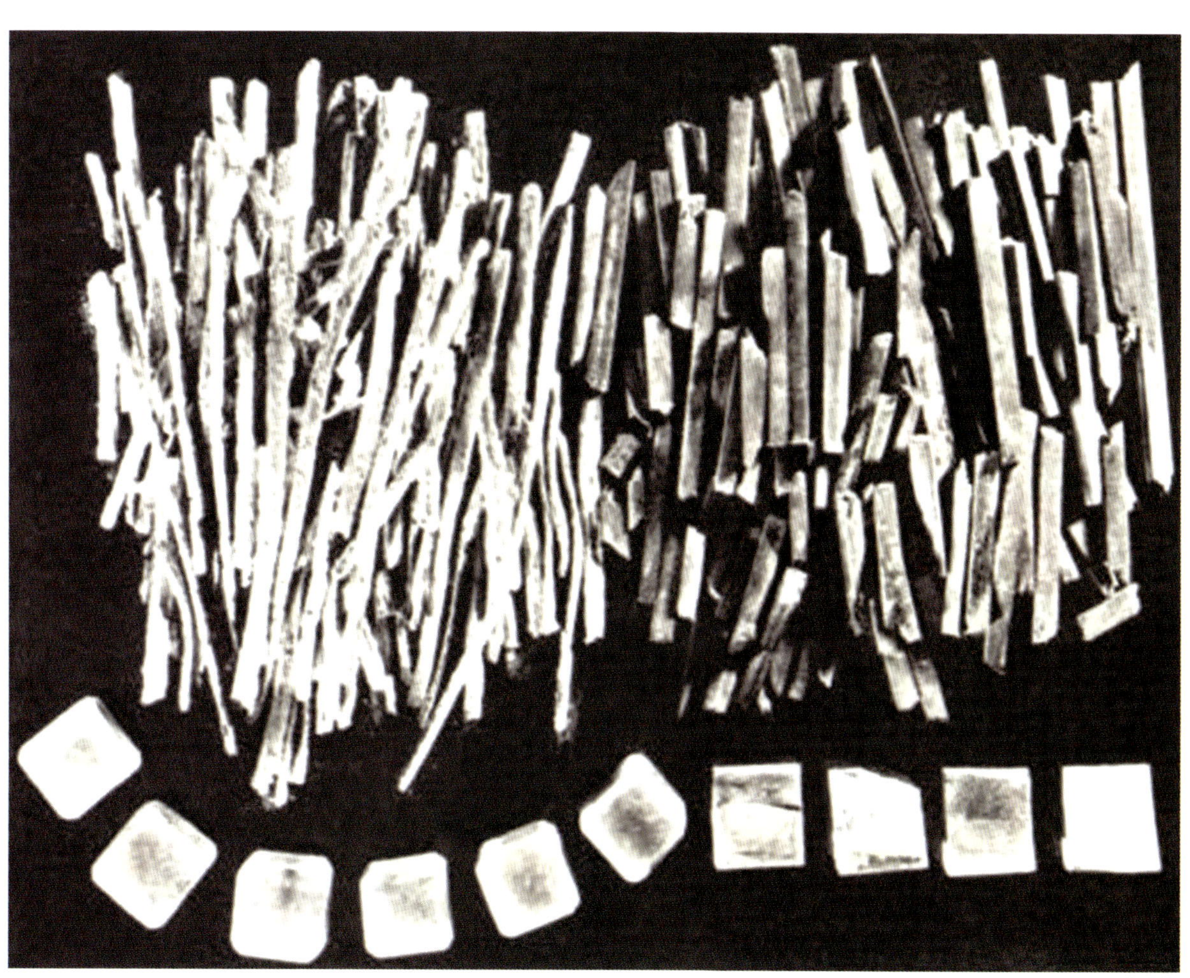

图 7-2-2　六博棋具

图 7-2-3　骨博具

正方体，共出土 21 件，大小基本相同。表面髹漆，一面用黑漆书写篆体数字。【山东省文物考古研究所、青州市博物馆（执笔：郑同修等）：《山东青州西辛战国墓发掘简报》，《文物》，2014 年第 9 期，第 4—32 页、图五九。】

4. 骨骰子

战国

最宽 5 厘米，高 3.9 厘米

2004 年山东青州西辛战国墓三号陪葬坑出土

青州市博物馆藏

骨质。保存完好，呈 14 面体，上面刻有两组"一""二""三""四""五""六"字样的篆体字。【山东省文物考古研究所、青州市博物馆（执笔：郑同修等）：《山东青州西辛战国墓发掘简报》，《文物》，2014 年第 9 期，第 4—32 页。】

5. 铜骰子

西汉

直径 4.9 厘米

1978 年山东省淄博市临淄区大武乡窝托村齐王墓五号陪葬坑出土

淄博市博物馆藏

国家一级文物

两件。圆形。空心，内有小铜块。共十八个面，其间镂八个三叉形孔。球面错银，在十八个面上分别错出"一"至"十六"以及"骄"等字。【张永政：《淄博市博物馆馆志》，文物出版社，2008 年版，彩色插页（无页码）；山东省临淄市博物馆（执笔：贾振国）：《西汉齐王墓随葬器物坑》，《考古学报》，1985 年第 2 期，第 223—266 页。】

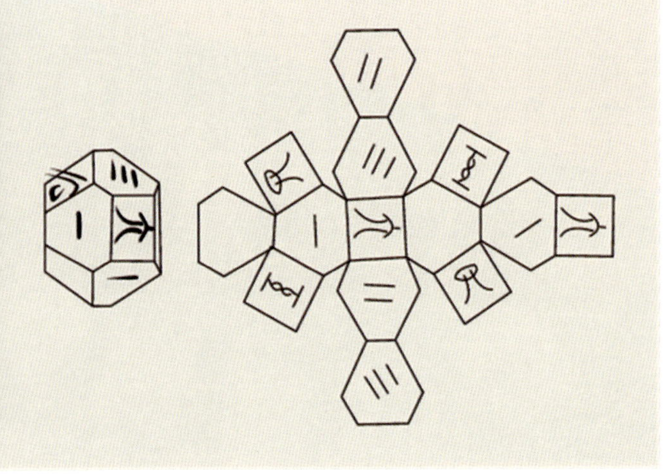
图 7-2-4　骨骰子

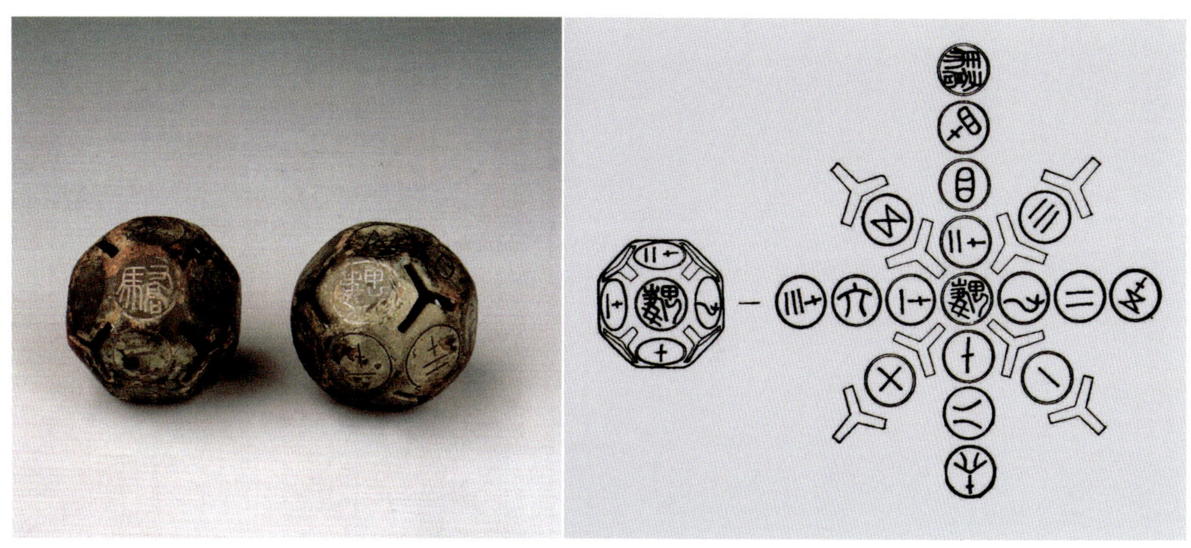

图 7-2-5　铜骰子

6. 海昏侯墓出土六博棋谱竹简（局部）

西汉

2015 年江西南昌西汉海昏侯刘贺墓主椁室文书档案库出土

江西省文物考古研究院藏

2015 年 7 月，考古人员在南昌海昏侯刘贺墓主椁室文书档案库发现 5200 余枚简牍（包含残断简牍）。简牍原放置在四个漆笥中，漆笥大部分已腐朽，底部以织物承托，出土时仍可见部分织物与竹编织物的残片。竹简放置在三个漆笥内，最小的存简一组，200 余枚，最大的存简三组，4000 余枚，其余 1000 余枚放置于另一漆笥中。竹简各卷之间杂有部分木牍。海昏侯墓出土简牍中有“六博”棋谱竹简 1000 余，简文多残断，完简甚少。目前可辨者有两道编绳，书写字体三种以上。棋谱除在大的漆笥内集中发现以外，另多见三五枚竹简散见于《礼记》类、祠祝礼仪类、《春秋》《论语》《孝经》类及诗赋、数术、方技等简册之间。六博棋谱简文有篇题，惜残泐。篇题之下记述形式以“青”“白”指代双方棋子，依序落在相应行棋位置（棋道）之上，根据不同棋局走势，末尾圆点后均有“青不胜”或“白不胜”的判定。简文所记棋道名称，可与《西京杂记》所记许博昌所传“行棋口诀”、尹湾汉简《博局占》、北大汉简《六博》等以往所见“六博”类文献基本对应。海昏简牍中的六博棋谱是首次发现的六博棋谱，结合既往所见六博棋局实物与图像资料，将促进汉代宇宙观念、六博游戏规则等思想文化与社会生活等方面的研究。【江西省文物考古研究院、北京大学出土文献研究所、荆州文物保护中心（执笔：朱凤瀚等）：《江西南昌西汉海昏侯刘贺墓出土简牍》，《文物》，2018 年第 11 期，第 87—96 页。】

7.《神龟占》《六甲占雨》《博局占》木牍

西汉

长 23 厘米、宽 9 厘米

1993 年连云港市东海县温泉镇尹湾汉墓 6 号墓出土

连云港博物馆藏

1 件。正反面皆有文字和图案。正面分为两部分内容：上、中段的内容为《神龟占》，主要是利用神龟占卜财物丢失的方向、时间以及盗贼的姓名，上段是文字说明，中段绘有神龟图像；下段为《六甲占雨》，用来占卜降雨的时间，但无说明文字。反面为《博局占》，上图下文，分五段，每段十行。《博局占》的操作十分简单，只要查找当日干支在图形上的位置，就可得到所问事项的答案。这件木牍记载了汉人的几种占卜方法，是极珍贵的古代数学资料，亦为研究汉代六博的珍贵资料。【连云港博物馆网站；连云港博物馆：《连云港馆藏文物精粹》，荣宝斋出版社，2006 年版，第

图 7-2-6 海昏侯墓出土六博棋谱竹简（局部）

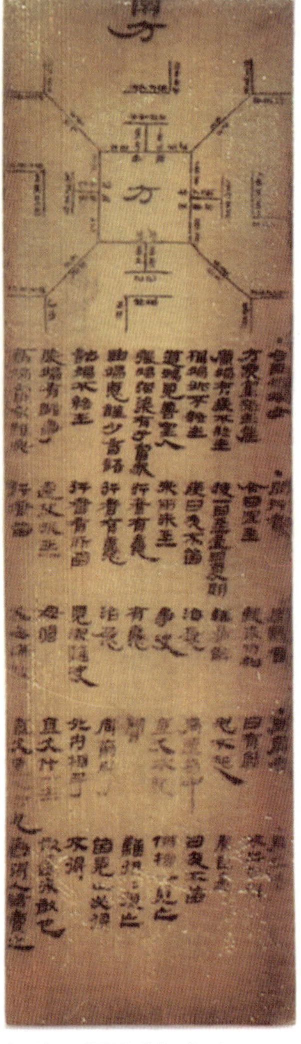

图 7-2-7 《神龟占》《六甲占雨》《博局占》木牍

63 页。】

8. 彩绘神兽纹漆六博盘

西汉

高 9.3 厘米，边长 41 厘米

2010 年江苏仪征新集国庆前庄 12 号汉墓出土

仪征博物馆藏

木胎。正方形。盘面由五块木板拼接而成，中间一块为正方形，四周四块为梯形。盘面刻六博盘纹，中心有一圆形。配有六根金属博箸和十二块木质长方块棋子。博箸已锈蚀残断，残长 15—23 厘米，棋子边长 15 厘米，高 3.4 厘米。盘外涂黑漆，边缘绘有朱漆菱形纹、卷云纹。四角有足，足上以朱、黄、褐漆绘树木、奔鹿、老虎、飞鸟、羽人等。【仪征博物馆：《仪征出土汉代漆木器》，江苏凤凰美术出版社，2015 年版，第 110—112 页。】

9. 彩绘云气纹漆六博盘

西汉

2015 年 11 月江苏扬州西湖镇蒋巷蜀秀何工地出土

边长 40.5 厘米，高 7.8 厘米

扬州市文物考古研究所藏

木胎。盘面为正方形，中部微微隆起，两端略向下弯曲，盘边缘下部内收，底部有四足。盘面髹黑漆，刻画六博棋道。盘边及四足外面以黑漆为底，以朱、黄、灰漆勾绘云气纹，盘底及四足内侧髹朱漆。【扬州市文物考古研究所：《广陵遗珍：扬州出土文物选粹》，江苏凤凰美术出版社，2018 年版，第 95 页。】

10. 漆六博盘

西汉

高 7 厘米，长 42 厘米，宽 40.5 厘米

1999 年江苏仪征新集镇庙山村赵庄西汉墓

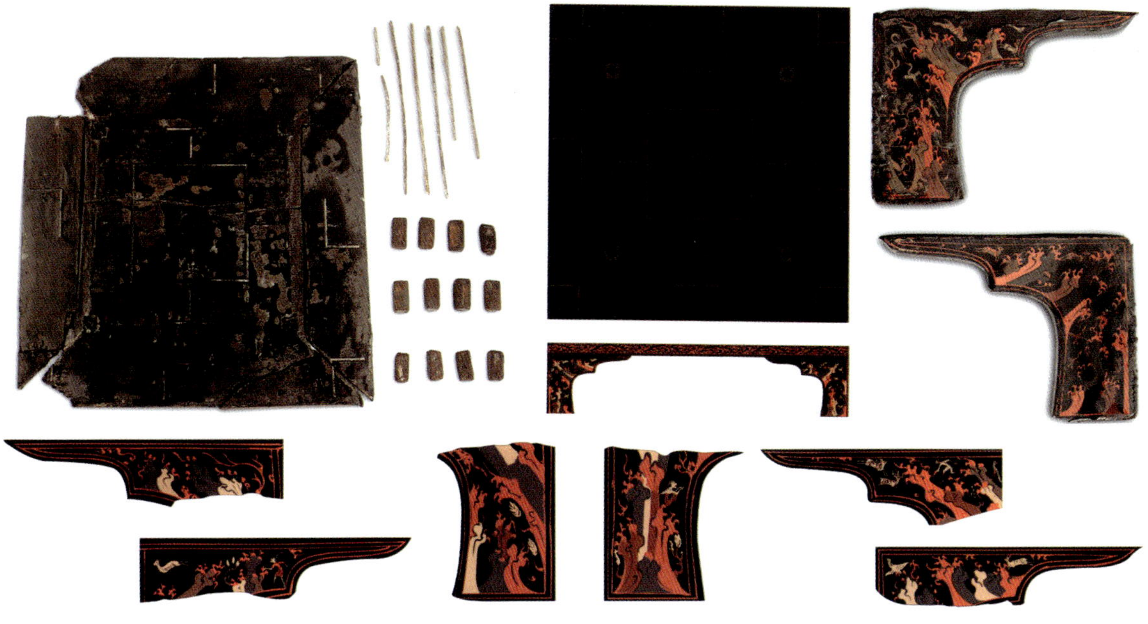

图 7-2-8　彩绘神兽纹漆六博盘

出土

仪征博物馆藏

木胎，方形，内外均髹褐漆。盘面刻画六博纹，四周为“L”“T”形符号，以斜线划分成四区，中间为一矩形。盘边缘下部内收。背面正中有一长方形凹槽。底部有四足。【仪征博物馆：《仪征出土汉代漆木器》，江苏凤凰美术出版社，2015年版，第109页。】

11. 漆六博盘

西汉

边长40.5厘米，高6厘米

1990年江苏省扬州市邗江区杨庙乡燕庄西汉墓出土

扬州市邗江区文物管理委员会藏

图7-2-9 彩绘云气纹漆六博盘

图7-2-10 漆六博盘

图 7-2-11 漆六博盘

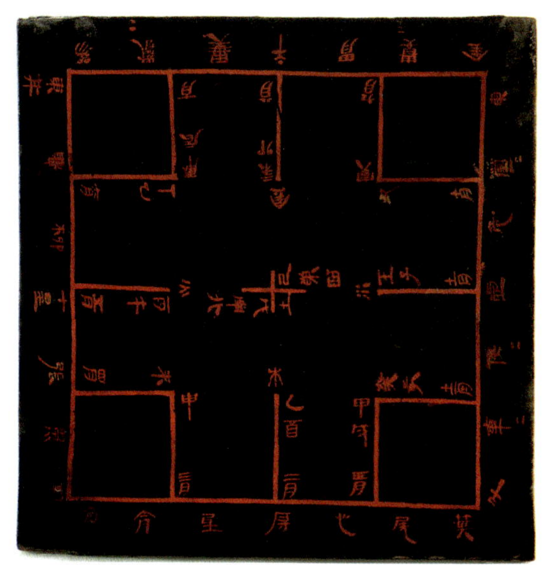

图 7-2-12 占卜漆式盘

木胎，正方形，底内收。通体黑漆。盘面四边斜线中心嵌有鸡心形珠饰。T、L 曲道原有镶嵌物，已遗失。内空，在一侧有长方形开口，长 9 厘米，宽 2.5 厘米，应为盛放博筹、棋子的暗盒。暗盒长 29 厘米，宽约 11 厘米。【张元华：《邗江出土文物精粹》，广陵书社，2005 年版，第 84 页。】

12. 占卜漆式盘

西汉

边长 21 厘米，厚 2 厘米

2006 年江苏仪征刘集镇联营 10 号汉墓出土

仪征博物馆藏

正方形，木胎，通体髹深褐色漆。盘面以朱漆绘大正方形格，中心绘十字，其余绘对称短线条，并写朱文隶书天干、地支、十二月、二十八星宿，其中天干、十二月顺时针排列，地支以逆时针排列，布局有序。此式盘为占卜用，与六博盘有一定相似性。【仪征博物馆：《仪征出土汉代漆木器》，江苏凤凰美术出版社，2015 年版，第 108 页。】

13. 石六博棋盘

西汉

长 40 厘米，宽 40 厘米，高 5 厘米

徐州博物馆藏

石质。棋盘平面为正方形，上刻六博棋道。【徐州市文物局：《揽珍：徐州市第一次全国可移动文物普查》，江苏凤凰美术出版社，2016 年版，第 198 页。】

14. 石六博盘

东汉

高 9.1 厘米，边长 35.2 厘米

1957 年山东省藤县征集

石质。案为方形，刻六博棋局。下有四熊足。【崔乐泉：《中国古代体育文物图录》，中华书局，2000 年版，第 162 页。】

图 7-2-13　石六博棋盘

图 7-2-14　石六博盘

15. 陶六博盘

东汉

长 37 厘米，宽 36 厘米

江苏徐州十里铺姑墩出土

南京博物院藏

陶质，盘面呈方形。【扬州博物馆：《生命·运动·乐趣：中华古代体育文物》，译林出版社，2018 年版，第 92 页。】

图 7-2-15　陶六博盘

16. 六博骨棋子

西汉

长 2.3 厘米，宽 1.3 厘米，高 1 厘米

1991 年徐州后楼山汉墓出土

徐州博物馆藏

共 11 枚。大小基本相同。【徐州博物馆网站；徐州博物馆：《徐州后楼山西汉墓发掘报告》，《文物》，1993 年第 4 期，第 29—45 页。】

17. 六博骨棋子

汉

长 2.3 厘米，宽 1.2—1.4 厘米，高 0.7—1.1 厘米

台北“故宫博物院”藏

长方柱形，乃以骨切磨而成。器表打磨光滑，多处伤蚀，器呈深黄近褐色，局部呈淡绿

图 7-2-16　六博骨棋子

图 7-2-17 六博骨棋子

色。本器光素无纹。在汉墓中经常出土这类光素的六博棋子。【台北“故宫博物院”网站】

18. 六博骨棋子

汉

长 3.4 厘米，宽 2.3 厘米

台北“故宫博物院”藏

长方柱形，中央贯穿一孔，乃截取动物肢骨磨制而成。器表打磨光滑，多处伤蚀，器呈深黄色。【台北“故宫博物院”网站】

19. 骨博箸

汉

长 9.1 厘米

台北“故宫博物院”藏

长条形，两面的两端与中央皆各阴刻一组纹饰，每组纹饰两端各饰三道阴线，中央以双线刻一“X”形，一面的“X”之四间隔内各阴刻一圈点纹，中心圆点填红彩，另一面则无圈点纹；阴刻线内皆填白色颜料。器之窄侧边的两端与中央各穿一小孔，数根博箸可串接在一起。博箸通体已染成浅绿色。【台北“故宫博物院”网站】

图 7-2-18 六博骨棋子

图 7-2-19 骨博箸

20. 四神规矩镜

西汉

直径 13.8 厘米，厚 0.6 厘米

2002 年山东省日照市海曲汉墓出土

日照市博物馆藏

圆形，半球形钮。方形十二乳钉状钮座，钮座外环绕八个较大乳钉。规矩纹间以四神，各据一区，并配以鸟兽纹饰。【董书涛：《日照博物馆馆藏文物集》，齐鲁书社，2010 年版，第 97 页。】

图 7-2-20 四神规矩镜

21. 西王母博局纹铜镜

西汉

直径 11.6 厘米，厚 0.5 厘米

1999 年仪征化纤工地汉墓出土

仪征博物馆藏

镜作圆形，圆钮，柿蒂纹钮座，外围双线方格。主纹为博局纹，内区分别饰西王母与玉兔捣药、奔跑的兔与飞翔的鸟、立鸟与朱雀以及瑞兽与羽人。双弦纹外饰一周回纹带。素宽

图 7-2-21 西王母博局纹铜镜

缘。此镜以西王母为主题纹饰，在博局镜中甚为罕见，堪称时代早、铸造精、保存好的铜镜精品。【仪征博物馆网站】

22. 博局神人瑞兽铜镜

西汉

直径 18 厘米

1986 年扬州市西郊蜀岗大队五号墓出土

扬州博物馆藏

图 7-2-22 博局神人瑞兽铜镜

镜作圆形，圆钮，柿蒂纹钮座，周围饰草叶。其外饰三层：在双线方栏与单线方栏间饰菱形几何纹；外为双线方栏；方栏外饰柿蒂、四乳与规矩纹，其间饰以狮子、羽人、道人、鸨羊、雏凤等人物禽兽纹和菱形几何纹。其外饰以射线纹和两周宽平素纹相间的双线波折纹。【扬州博物馆网站】

23. 博局纹镜

汉代

直径 13.9 厘米

台北“故宫博物院”藏

圆镜，圆钮、四叶纹钮座。内区饰乳钉纹、异兽与博局纹，外区饰卷草纹。【台北“故宫博物院”网站】

图 7-2-23 博局纹镜

24. 铜“曹”字铭规矩镜

汉代

直径 13.5 厘米

苏州市横塘镇新丰桥出土

苏州博物馆藏

圆钮，柿蒂纹钮座。外为方格，方格外饰规矩纹及八枚乳钉。四周饰鸟兽，并有一“曹”字铭文。内区外为铭文一周，以及短线纹、三角锯齿纹各一周，外圈为云气纹。【苏州博物馆：《苏州博物馆藏出土文物》，文物出版社，2009 年版，第 143 页。】

图 7-2-24 铜“曹”字铭规矩镜

25. 铜夔龙规矩镜

汉代

直径 10.5 厘米

苏州市虎丘铜材仓库拣选

苏州博物馆藏

圆钮，规矩形钮座。外为方格，方格外为规矩纹及夔龙纹四组，外饰短斜线纹。【苏州博物馆：《苏州博物馆藏出土文物》，文物出版社，2009 年版，第 141 页。】

图 7-2-25 铜夔龙规矩镜

26. 铜四神规矩镜

汉代

直径 18.7 厘米

苏州市沙洲县文教局移交

苏州博物馆藏

圆钮，柿蒂纹钮座。外为方格，方格内为十二地支与圆枚相间。方格外四周饰青龙、白虎、朱雀、玄武四神及鸟兽、规矩纹。其外依次为铭文一周及短线纹、三角锯齿纹各一周。外圈饰云气纹。【苏州博物馆：《苏州博物馆藏出土文物》，文物出版社，2009 年版，第 142 页。】

图 7-2-26 铜四神规矩镜

27. 鸟兽纹规矩镜

新莽

直径 18.5 厘米，重 800 克

1985 年山东莒县陈家楼出土

莒县博物馆藏

圆形。柿蒂形钮座。座外单线方栏与双线方栏内饰十二乳钉。乳钉之间有篆书十二字铭文“子丑寅卯辰巳午未申酉戌亥”。双线方栏外饰八乳钉与规矩纹，其间用阴线刻出青龙、白虎、朱雀、玄武及天禄、辟邪、蟾蜍等。外镌有隶书铭文“尚方作镜真大好，上有仙人不知老，渴饮玉泉饥食枣，浮蝣天下敖四海，寿如金石为国保，宜侯王而兮。”镜边环有射线纹、锯齿纹、云纹，窄平素边。【苏兆庆：《古莒遗珍》，人民美术出版社，2003 年版，第 68 页。】

图 7-2-27 鸟兽纹规矩镜

28. “日光”博局鸟兽纹镜

新莽至东汉早期

直径 14 厘米

台北“故宫博物院”藏

圆镜，半球钮、圆钮座。镜背饰大方格与博局纹，夹有细线兽纹与乳钉纹，外接铭文一周。镜缘有三角形纹与变形云纹。铭文二十八字：“日始上，天下光，作□□竟以昭侯王，赤鸟玄武□四旁，子孙烦息乐未央。”【台北“故宫博物院”网站】

图 7-2-28 “日光”博局鸟兽纹镜

29. 博局鸟纹镜

东汉

直径 11.3 厘米

台北“故宫博物院”藏

圆镜，半球钮、变形四瓣叶形钮座。镜背饰大方格与博局纹，其中夹有乳钉与四瑞兽，镜缘有三层三角形纹。【台北“故宫博物院”网站】

图 7-2-29 博局鸟纹镜

30. 博局神人神兽纹镜

东汉

直径 12 厘米

台北“故宫博物院”藏

圆镜，半球钮、变形四瓣叶形钮座。镜背饰大方格与博局纹，其中夹有乳钉与四瑞兽，

图 7-2-30 博局神人神兽纹镜

镜缘有双层三角形纹。【台北“故宫博物院”网站】

31. 博局四灵三瑞镜

东汉

直径 14.1 厘米

台北“故宫博物院”藏

圆镜，半球钮、四瓣叶形钮座。镜背饰大方格与博局纹，夹有细线兽纹与乳钉纹，镜缘则有一周三角形纹。【台北“故宫博物院”网站】

图 7-2-31　博局四灵三瑞镜

32. 庆云山二号石椁墓棺底六博盘画像

西汉武帝时期（前 141—前 87 年在位）

棺底长 250 厘米，宽 100 厘米，厚 13 厘米

1985 年 5 月山东省临沂市罗庄区册山乡庆云山南坡出土

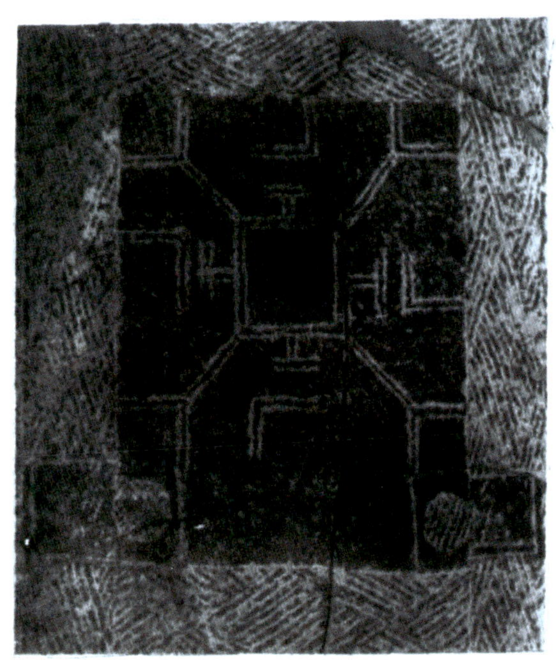

图 7-2-32　庆云山二号石椁墓棺底六博盘画像

临沂市博物馆藏

此为庆云山二号石椁墓棺底中部图像，刻一长方形框，内有六博盘纹并以圆圈和方框纹表示双方放置棋子的方式。【临沂市博物馆：《临沂的西汉瓮棺、砖棺、石棺墓》，《文物》，1988 年第 10 期，第 68—75 页；李零：《跋中山王墓出土的六博棋局——与尹湾〈博局占〉的设计比较》，《中国历史文物》，2002 年第 1 期，第 8—15 页。】

33. 东安汉里画像石六博图

西汉晚期至东汉早期

1937 年山东曲阜县城窑瓦头村或韩家铺出土

原石藏山东曲阜孔庙

二人跽坐相对，中间放有方席、博盘，居右者右臂上举，张开手掌。【蒋英矩：《略论曲阜“东安汉里画像”石》，《考古》，1985 年第

图 7-2-33　东安汉里画像石六博图

12 期，第 1130—1135 页；傅惜华、陈志农：《山东汉画像石汇编》，山东画报出版社，2012 年版，第 57—59 页。】

34. 孝堂山石祠西壁六博图

东汉早期

孝堂山石祠位于山东济南市长清区孝里铺孝堂山。西壁画面高 1.8 米，宽 2.11 米。自上而下分为六区。六博图位于六区南端。两人跽坐对博，南侧一人之后有两侍者，四人皆着进贤冠。北侧对博者身后有两人饮酒。【蒋英炬等，山东省石刻艺术博物馆、山东省文物考古研究所编：《孝堂山石祠》，文物出版社，2017 年版，第 29—51 页，图 22、23。】

35. 元嘉三年对博图画像石

东汉元嘉三年（153）

纵 82 厘米，横 210 厘米，厚 14 厘米

山东省滕州市姜屯镇出土

滕州市汉画像石馆藏

国家一级文物

墓祠画像石，置于墓祠后壁。画面中央立有两阙，两人于阙内对博。阙柱上系一马，嘴下有草料袋。远处有一厅堂，堂内有四人，堂顶立有一只凤鸟。阙堂周围刻龙、虎、凤鸟等瑞兽，姿态各异。图像四周有边栏三道，间饰菱纹、水波纹。画面布局饱满，雕刻技法为弧面浅浮雕，动物施加阴线。左端刻有隶书题记，宣扬孝道，共三行七十三字，内容为“元

图 7-2-34　孝堂山石祠西壁六博图

图 7-2-35　元嘉三年对博图画像石

嘉三年二月廿五日，赵寅大子植卿为王公，永和更立，负土两年，侠愦相顾若携，有孙若此，孝及曾子。植卿惟刻心念，始增龙成坟，不肩一毋，独雇石，直克义，以示祠后，石□传存，相法其孝”。此石为有明确纪年的画像石，具有重要的历史、艺术价值。【中国滕州汉画像石馆、美国威廉帕特森大学中国艺术中心：《汉人之魂：中国滕州汉画像石》，中国滕州汉画像石馆、美国威廉帕特森大学中国艺术中心，2017 年版，第 88—89 页。】

36. 六博图画像石拓片

东汉

原石纵 69 厘米，横 133 厘米，厚 20 厘米

山东省滕州市官桥镇孔窑村出土

滕州汉画像石馆藏

祠堂后壁画像石。画面正中为一座两层楼阁，楼上有两人对博，身后各有一位侍从，楼下一人登梯，一人站立。楼阁之外左右各有一树，拴有一匹马和一辆车。【中国滕州汉画像石馆、美国威廉帕特森大学中国艺术中心：《汉人之魂：中国滕州汉画像石》，中国滕州汉画像石馆、美国威廉帕特森大学中国艺术中心，2017 年版，第 164—165 页。】

37. 沛县泗水亭六博乐舞百戏车骑出行图画像石

东汉

高 107 厘米，横 59 厘米

清代出土于江苏沛县泗水亭

徐州汉画像艺术馆藏

画面分为上中下三栏。上栏为乐舞百戏图，画面共有四人，一人为舞者，峨冠深衣，作长袖舞，两人于其左侧跽坐奏乐，其右侧地上置一矮桌，一人双手倒立其上，腰肢呈曲线，小腿下垂。中层为两人对博图，棋局已定，一人扬臂击案，神飞色动，一人双手扶案，若有所思。下层为车骑出行图和饲马图，

图 7-2-36　六博图画像石拓片

图 7-2-37 沛县泗水亭六博乐舞百戏车骑出行图画像石

有一树立于中间，驭者手扶树，树上挂食具，正在喂马，轺车停在树旁。画面古拙，富有生趣。【徐州市博物馆：《徐州汉画像石》，江苏美术出版社，1985 年版，图 231、232；《中国音乐文物大系》总编辑部：《中国音乐文物大系·上海卷·江苏卷》，大象出版社，1996 年版，第 287 页，图 2·3·7a、2·3·7b。】

38. 元和三年画像石墓六博乐舞百戏图画像石

东汉

纵 77 厘米，横 74 厘米

1986 年江苏省铜山县汉王乡东沿村汉墓出土

徐州汉画像艺术馆藏

图 7-2-38　元和三年画像石墓六博乐舞百戏图画像石

画面有所漫漶，刻画较浅。画面自上而下分为四栏。第一栏为玉兔捣药，左有二飞天，右有异兽和武士。第二栏中部为六博图，旁有侍者和观局者。第三栏为拜谒图。第四栏为乐舞图，中部置一建鼓，左右各有一人执桴对鼓而舞，旁边有数位奏乐者。【徐州博物馆（执笔:李银德）:《徐州发现东汉元和三年画像石》，《文物》，1990 年第 9 期，第 64—73 页；《中国音乐文物大系》总编辑部：《中国音乐文物大系·上海卷·江苏卷》，大象出版社，1996 年版，第 282 页，图 2·3·3。】

39. 睢宁张圩六博图画像石拓片

东汉

纵 40 厘米，横 58 厘米

江西睢宁县张圩出土

徐州汉画像艺术馆藏

原石上残。画面刻二人于室内对博，侍者站立门外。【徐州市博物馆：《徐州汉画像石》，江苏美术出版社，1985 年版，图 256。】

40. 睢宁张圩六博图画像石拓片

东汉

纵 36 厘米，横 32 厘米

江西睢宁县张圩出土

徐州汉画像艺术馆藏

画面刻二人坐于榻上对博，身后各立一侍者。【徐州市博物馆：《徐州汉画像石》，江苏美术出版社，1985 年版，图 249。】

41. 铜山台上六博图画像石拓片

东汉

纵 50 厘米，横 45 厘米

江西铜山县台上出土

徐州汉画像艺术馆藏

刻二人对坐，饮酒与对博。【徐州市博物馆：《徐州汉画像石》，江苏美术出版社，1985 年版，图 178。】

42. 武氏祠前石室东壁下石六博画像

东汉晚期

清乾隆五十一年（1786）山东嘉祥县纸坊集武宅山村北武氏墓群出土

图 7-2-39　睢宁张圩六博图画像石拓片

图 7-2-40　睢宁张圩六博图画像石拓片

图 7-2-41　铜山台上六博图画像石拓片

图 7-2-42　武氏祠前石室东壁下石六博画像

嘉祥武氏墓群石刻博物馆藏

位于武氏祠前石室东壁下石画像石第三层右段。两人头戴斜顶冠，伸手相对博弈，中间置有一几，上有六博盘，左边有两人跽坐观看，前置食盘和杯、鼎，右一侍者左向跪候，左手伸向鼎沿。【蒋英炬、吴文祺：《汉代武氏墓群石刻研究》（修订本），人民美术出版社，2014年版，第93、129页（图版5.14）。】

43. 六博宴饮图画像石

东汉晚期

1980年山东省嘉祥县满硐乡宋山出土

山东石刻艺术博物馆藏

此为一块残石的局部，残石纵26厘米、横134厘米。此局部刻六博和宴饮图。博弈者二人，均戴进贤冠，中置六博盘，矮案上置箸。左侧博弈者身后有侍者二人。对饮者二人，面前置酒樽、勺、耳杯。饮者右方石残，仅见一人半身。【杨爱国：《中国画像石精粹》（第三卷），山东美术出版社，2019年版，图版第97—98页，目录和图释第37页；济宁地区文物组、嘉祥县文管所（执笔：朱锡禄）：《山东嘉祥宋山1980年出土的汉画像石》，《文物》，1982年第5期，第60—70页；蒋英炬：《汉代的小祠堂——嘉祥宋山汉画像石的建筑复原》，《考古》，1983年第8期，第741—751页。】

44. 武帝生活图漆盘

三国 吴

直径10.2厘米

1984年马鞍山雨山区朱然墓出土

马鞍山市三国朱然家族墓地博物馆藏

木胎。盘中心绘五个人物。上部二人，左上一人张开手臂，右书“相夫人”；右上一人，注视对方，左书“武帝”；二人之间置杯盘和棋盘。下部三人，左下一人，回首仰视，张开双臂，左书“王女也”；中间一人跪坐，左书

图7-2-44 武帝生活图漆盘

图7-2-43 六博宴饮图画像石

“丞相也”；右下一人跪坐，左书“侍郎”。盘底黑漆以细线条勾勒连云纹。【马鞍山市文物管理所、马鞍山市博物馆：《马鞍山文物聚珍》，文物出版社，2006年版，第87页。】

45. 贵族生活图漆盘

三国　吴

盘径24.8厘米

1984年马鞍山雨山区朱然墓出土

马鞍山市三国朱然家族墓地博物馆藏

国家一级文物

第一批禁止出国（境）展览文物

木胎。平沿直口，浅腹平底，沿与腹下各有一道鎏金铜。盘内壁及底髹红漆，外壁及底髹黑红漆。盘内绘十二人，分为三层。上层为宴宾图，画面有五人：中间置一豆形器，左边一男一女为主人，一仕女侍立一旁，右边是两位男宾客。中层有五人：左边是梳妆图；中间为对弈图，两位男子分坐两边，中间置一棋盘，前有矮足圆盘，上置食物；右边为驯鹰图，两人对坐，手臂前举，各架一鹰，中间置矮足圆盘，上盛食物。下层似为出游图，一人骑马，一人跟在马后，前后绘有山峦。该文物为国家文物局规定的第一批禁止出国（境）展览文物之一。【马鞍山市文物管理所、马鞍山市博物馆：《马鞍山文物聚珍》，文物出版社，2006年版，第67页。】

图7-2-45　贵族生活图漆盘

三、双陆

1. 唐周昉绘《内人双陆图》卷（局部）

绢本 设色

纵28.8厘米，横115厘米

台北“故宫博物院”藏

周昉是活跃于公元8世纪末的唐代著名画家，善画仕女。他所画仕女注重表现人物的神情和体态，自成一家，宋人将他与吴道子等并称为人物画四大家。

《内人双陆图》卷是周昉的传世名品。此图的主题是两位贵族女性对弈双陆。画面绘一张制作精致的专用双陆棋桌，桌内有长方形双陆棋盘，棋子有黑白两色。两位衣着艳丽，体态丰腴的仕女在棋桌两侧，各坐在一只装饰华丽的月牙凳上对弈，一位执黑棋，一位执白棋，神情专注，行黑棋者右手作执子行棋状，行白棋者右手上扬，若有所思。旁有两位女性观战，目光凝视棋盘。

双陆是唐代自西域传入中原的一种新兴时髦的棋类活动，深受唐代帝王贵族的喜爱，因棋盘中双方内外各有六梁，故得名。月牙凳为

图 7-3-1 唐周昉绘《内人双陆图》卷（局部）

唐代新兴家具，专为贵族妇女所坐，此凳为典型式样。凳的四角及腿足都精心雕饰。腿足外侧是直角线，内部为曲线雕花，两腿之间形成一个壶门轮廓，座面为竹藤类的编织物，外形装饰华丽，正与唐代风尚相符合。

唐代仕女画的突出成就是在题材上突破了以前贞女烈妇的狭窄范围，注重表现贵族妇女的日常生活，绘画内容富有生活气息，女性形象多浓妆艳抹，锦衣华服，反映了唐代贵族妇女的生活场景和服饰特点。周昉的这幅《内人双陆图》卷笔法细腻，内容写实，设色浓艳，体现了唐代仕女画的风格，对于研究古代丝绸之路体育文化的交流融合，双陆棋的棋具、玩法，唐代家具和贵族女性休闲生活、服饰、发型，都具有极高的价值，既是我国古代仕女画的典范，也是古代双陆题材文物的杰作，弥足珍贵。【台北“故宫博物院”网站】

2. 清乾隆磁胎洋彩汝釉碧桃诗意双陆瓶

清乾隆九年（1744）

高 14.5 厘米，口径 2 厘米，底径 6.4 厘米

台北“故宫博物院”藏

外壁诗文：薄縠轻绡丽午风，画堂人静暮春融。重门难把芳心绾，独露一枝深院东。【台北“故宫博物院”网站】

3. 清丁观鹏绘《仿仇英汉宫春晓图》卷（局部）

清乾隆三十三年（1768）

纸本 设色 青绿 描金

纵 34.5 厘米，横 675.4 厘米

台北“故宫博物院”藏

绘两位仕女在亭内打双陆，旁有一位仕女观

图 7-3-2 清乾隆磁胎洋彩汝釉碧桃诗意双陆瓶

图 7-3-3 清丁观鹏绘《仿仇英汉宫春晓图》卷（局部）

看，三人神情专注。另有一女子依柱远眺。【台北“故宫博物院”网站】

四、象棋

1. 铜象棋子

北宋

直径 3.8 厘米，高 0.7 厘米，总重量 600 克

1982 年江西省安义县长埠公社出土

安义县博物馆藏

皆为铜质。扁圆形。周缘凸出。出土时为 32 枚，今存 30 枚（2 枚缺失复制）。原置于木盒之中，出土时木盒已朽。棋子隐约可见红黑各半，一面铸单个阳文楷书文字，一面配有与文字相对应的形象图案，包括“将”2 枚、“士”4 枚、“象”4 枚、“马”4 枚、“车”4 枚、“炮”4 枚、“卒”10 枚。北宋铜铸象棋子较少，存世者极为罕见。【李玉英：《江右瑰宝——馆藏文物精华》，江西人民出版社，2011 年版，第 32 页；崔乐泉：《中国古代体育文物图录》，中华书局，2000 年版，第 157 页；胡奕实：《从安义县出土的铜质古象棋谈起》，《江西历史文物》，1983 年第 4 期，第 68—70 页；杨佳荣：《馆藏宋代铜质象棋》，《中国历史博物馆馆刊》，1989 年，总第 11 期，第 101—103 页。】

图 7-4-1 铜象棋子

2. 景德镇湖田窑象棋子、模范

北宋晚期至南宋

江西省景德镇市竟成镇湖田村景德镇湖田窑遗址出土

象棋子在景德镇湖田窑遗址屡有发现，数量较多，大小不一。均为圆饼形，上下两面较平。白或灰白胎，多数素面，有的外壁施釉，釉呈青白、青白泛灰色或泛白色。底面有的留有圆形黑褐色垫烧痕。按照刻画兵种文字的不同形式，可分为两种类型：一类仅单面有字，另一面无字；另一类两面皆有字，即棋子正反两面刻写同样兵种文字。湖田窑遗址出土的象棋棋子的兵种有八种，即“将”“士”“象”“马”“车”“炮”“卒”及“弩”。宋代以来定型的中国象棋棋子无“弩”，湖田窑遗址出土的“弩”字棋子，应属于宋代的七国象棋和广象戏的棋子，这亦证实南宋时期使用围棋盘游戏的七国象棋及广象戏与使用三十二子的定型象棋是并存的。湖田窑的象棋子采用模范制作成型。考古工作者在湖田窑遗址发现了不少瓷质象棋子模范，灰白、灰黄或黄白素胎，内外均不施釉。【徐长青：《景德镇湖田窑作品集》，湖北美术出版社，2005 年版，第 64 页；何江、张文杰：《古体博大　精彩纷呈——江西出土古代陶

图 7-4-2　景德镇湖田窑象棋子、模范

瓷体育文物赏析》，《南方文物》，2012 年第 4 期，第 198—205 页。】

3. 吉州窑褐彩象棋子

宋

直径 2.2 厘米

吉安市博物馆藏

瓷质。吉州窑捏塑制品，模范压制之后填褐彩，烧制过程中有少许变形。共 32 粒，大小厚薄均匀一致。除“将”字的竖旁为三撇之外，其余棋子的写法与现代棋子无异。有 16 粒棋子圆圈未填褐彩，原因或为区分双方棋子。【钟平：《吉州窑捏塑瓷器的艺术特征和价值初探》，《文物天地》，2019 年第 3 期，第 35—38 页。】

4. 木象棋子

南宋

直径 2.6—3.8 厘米

1974 年泉州湾后渚港海滩沉船出土

泉州海外交通史博物馆藏

共 20 枚，大小不一，形状有异，分别出土于沉船第三、第十和第十三舱。以树枝横锯成棋胚，用墨书、朱书或双钩朱书写上棋子名称，以区分“红”“黑”方。其中阴刻楷书填红“马” 1 枚，墨书“将”“仕”“士”“车”

图 7-4-3 吉州窑褐彩象棋子

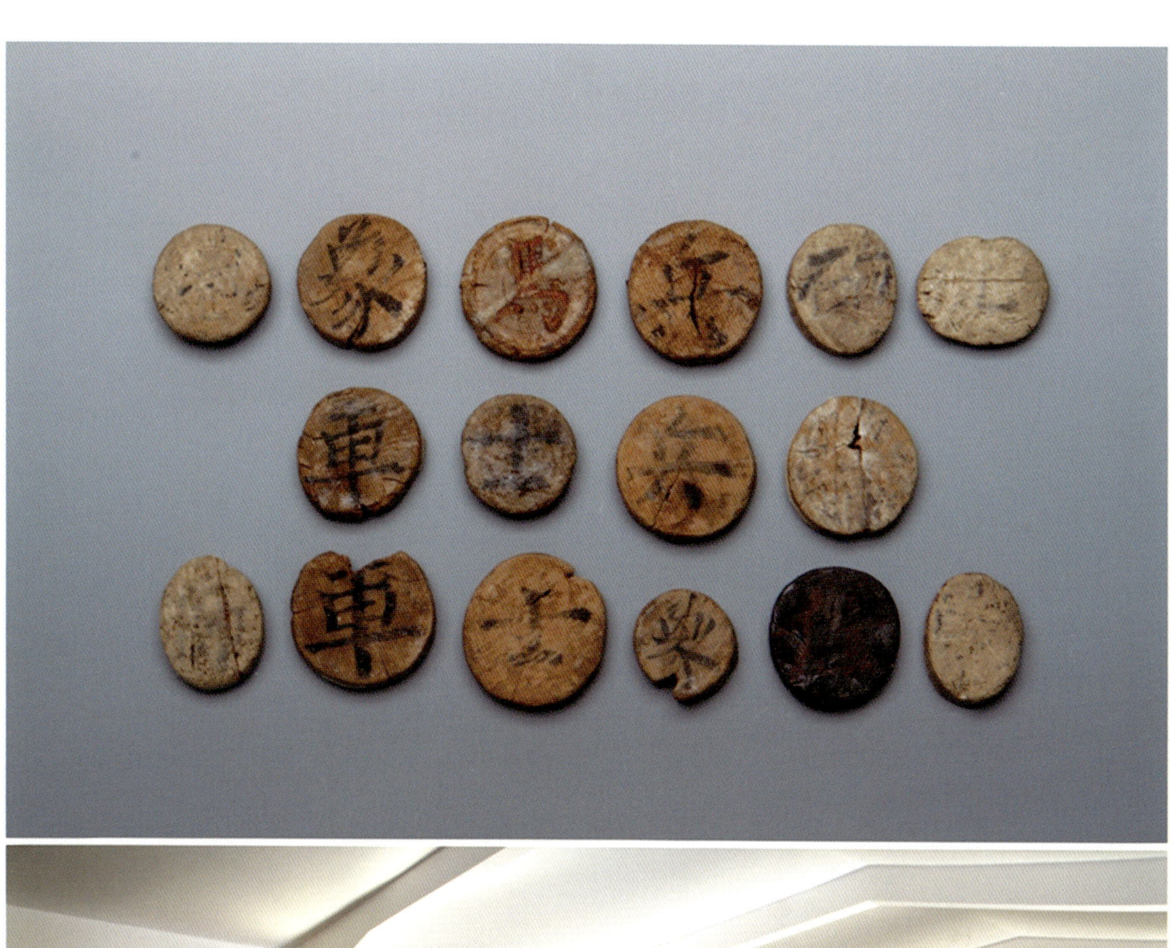

图 7-4-4　木象棋子

"象""炮""兵"等10枚，字迹不清9枚。墨书的10枚中，属红方的有"将""士""仕"各1枚，属黑方的有"士""象""炮"各1枚，"车""兵"各2枚。【泉州湾宋代海船发掘报告编写组：《泉州湾宋代海船发掘简报》，《文物》，1975年第10期，第1—18页；泉州海外交通史博物馆网站；杨佳荣：《馆藏宋代铜质象棋》，《中国历史博物馆馆刊》，1989年，总第11期，第101—103页。】

5. 象棋子（5枚）

宋至明

扬州博物馆藏

共五枚，灰陶"卒"一枚，素胎"卒"两枚，玻璃"将""象"各一枚。【扬州博物馆：《生命·运动·乐趣：中华古代体育文物》，译林出版社，2018年版，第114页。】

6. 象棋子（32枚）

明

图7-4-5 象棋子（5枚）

单枚棋子厚 1.7 厘米，直径 3.2 厘米

南京博物院藏

象牙质。正面楷书，背面篆书，四面刻莲纹。【扬州博物馆：《生命·运动·乐趣：中华古代体育文物》，译林出版社，2018 年版，第 114 页。】

7. 清郎世宁画四季花卉棋盘象棋盘暨玉棋子

木胎棋盘

绢本设色

棋盘边长 25.7—26.0 厘米，折叠后纵 12.8 厘米，折叠后横 6.5 厘米

棋子径 1.6 厘米，厚 0.5 厘米

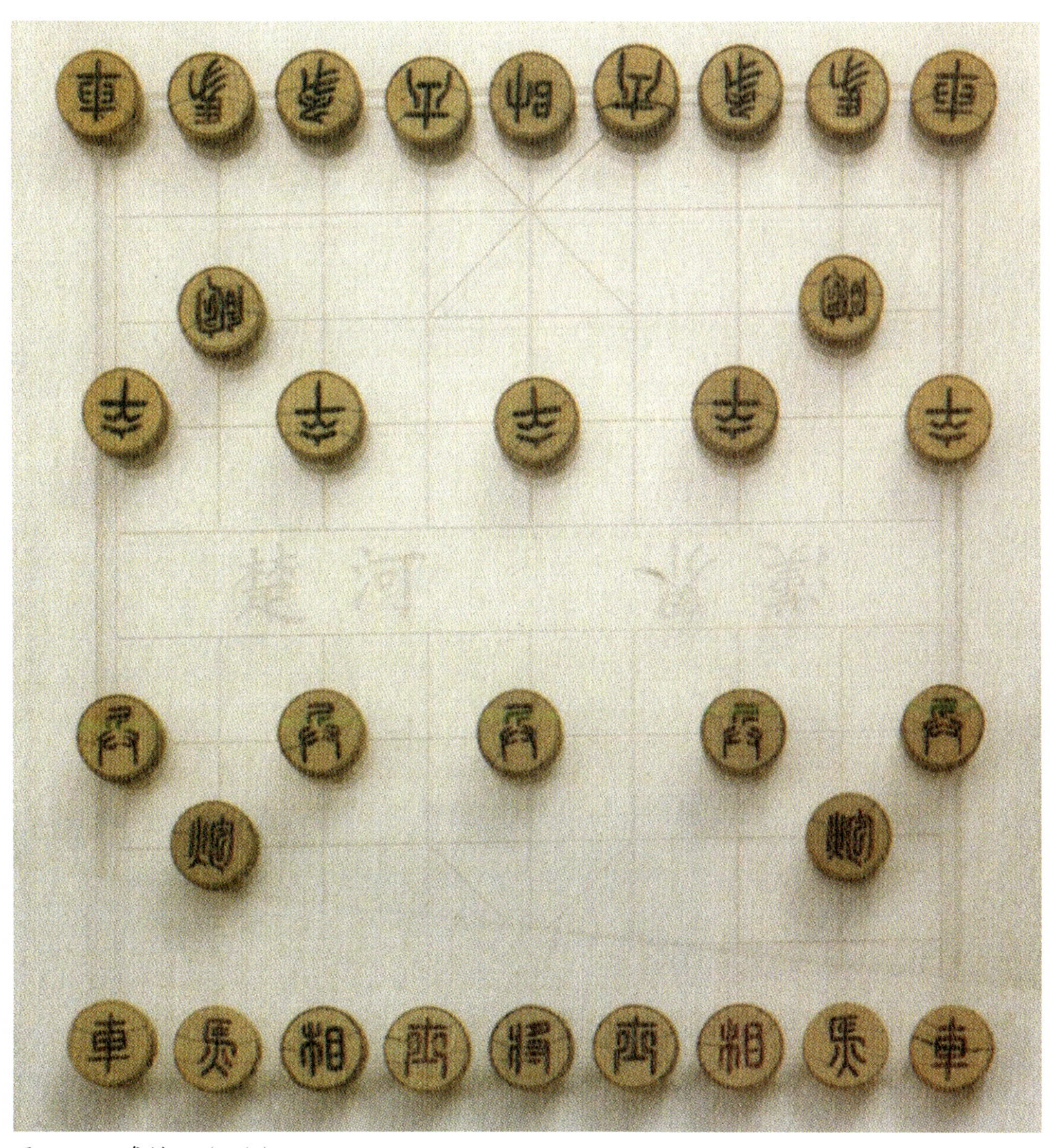

图 7-4-6　象棋子（32 枚）

台北“故宫博物院”藏

本组棋具，有白玉及碧玉桃子各十六枚，白者刻字填红，碧者刻字填金。共盛一盒内，其上置折叠的象棋盘，展开后，一面是泥金纸棋局，画棋位及路线、界河等，另一面则是绢面彩绘，作坡石、松枸、荷塘，及繁花盛开、山鸟对鸣之景，梅、菊、荷、鸢尾、海棠、牡丹、桔梗、秋海棠等，花期各异，却尽皆绽放，枝头有双鸟对鸣，色彩浓艳，繁丽精致，足见匠心。左下方款署“郎世宁恭画”，印“世宁”。上题：“四序繁英一局中，纵横迭出锦屏风；笔端疑有回文样，持较天孙应更工。梁诗正谨题。”小印三。郎氏之画多大幅，如本件棋盘之小品绝少。此幅以断续之笔绘坡石，并画出荷茎倒影，应属早期画风。然落款未署“臣”字，可见其服务对象并不限于帝王，且种类多样。【台北“故宫博物院”网站】

8. 青花珊瑚红象棋子（32 枚）

清

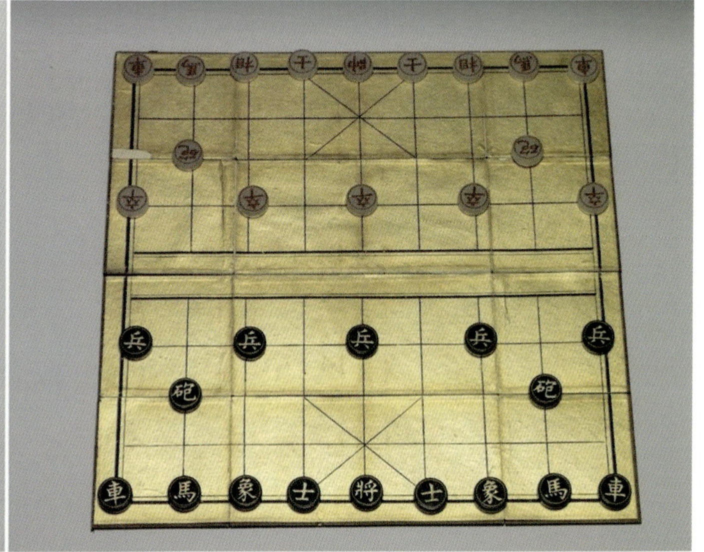

图 7-4-7　清郎世宁画四季花卉棋盘象棋盘暨玉棋子

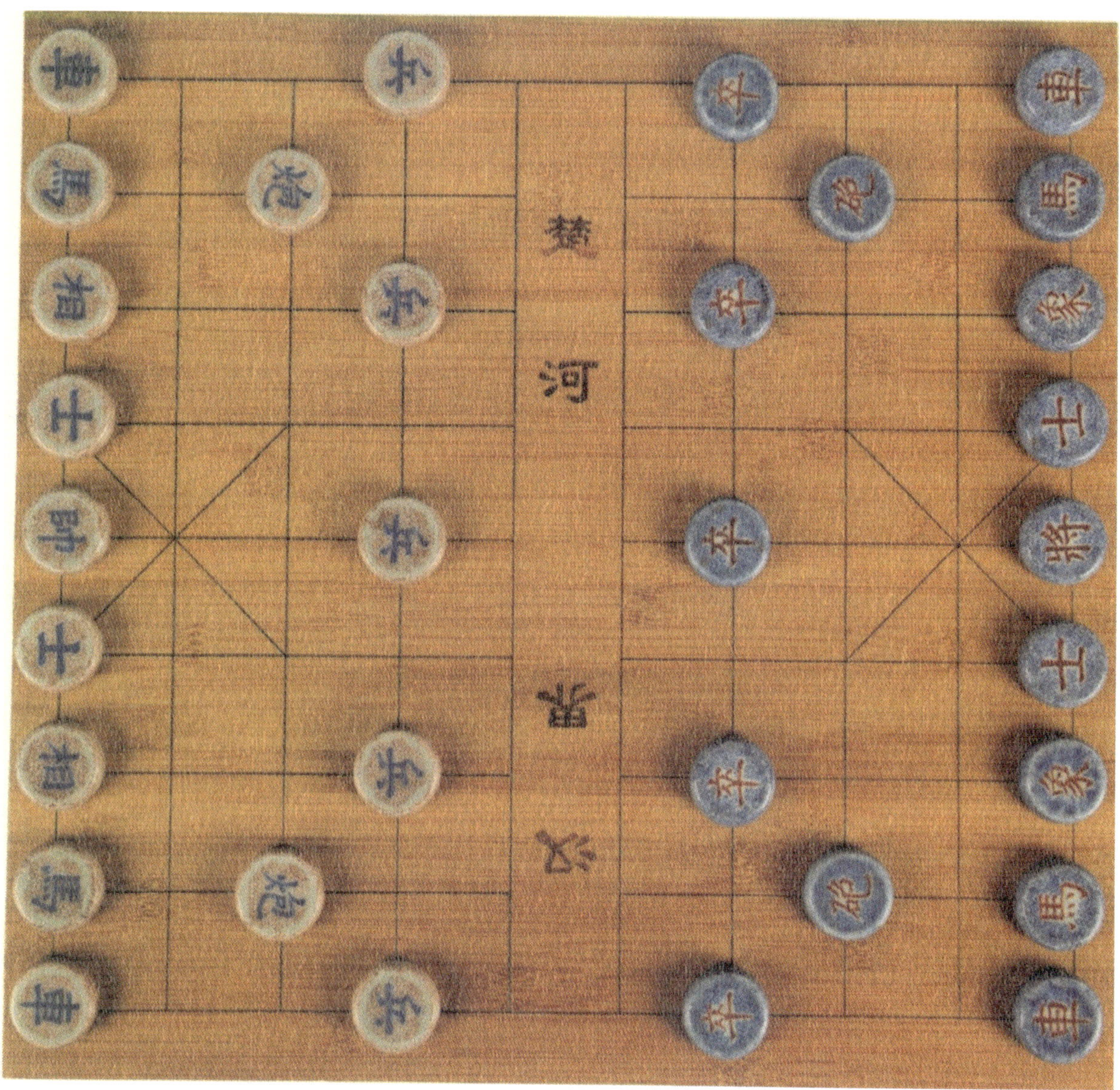

图 7-4-8　青花珊瑚红象棋子（32 枚）

厚 1.3 厘米，直径 3.7 厘米

南通博物苑藏

一套 32 枚，均呈圆鼓形。以青花地红字与珊瑚地蓝字楷书刻字，代表红棋和黑棋。正反两面皆以缠枝莲纹作地。棋盘为后配。【扬州博物馆：《生命·运动·乐趣：中华古代体育文物》，译林出版社，2018 年版，第 115 页。】

五、蒙古象棋

蒙古象棋棋子

清

上海博物馆藏

铜质。棋子呈立体状，共有 32 枚。【上海博物馆网站】

图 7-5 蒙古象棋棋子

六、其他

1. 宫中行乐钱

西汉

直径 34—45 毫米，重量 11—13 克

1970 年代山东临淄商王村出土

淄博市博物馆藏

宫中娱乐用具。共出土 21 枚，圆形方孔，内外有郭。面文为“第一”“第二”“第三”“第廿”“第廿一”“第廿三”等。（张冲：《山东临淄出土西汉“宫中行乐钱”试析》，《江苏钱币》，2019 年第 3 期，第 10—16 页。）

2. 银鎏金龟负“论语玉烛”酒令器具

唐

酒令筒，通高 33.4 厘米，重 1170 克

酒筹筒深 22 厘米

底座龟长 25.5 厘米，宽 15.4 厘米

酒令筹长 20.4 厘米，宽 1.5 厘米，厚 0.05 厘米，总重 692.5 克

酒令旗长 28 厘米，宽 2.3 厘米，重 26.82 克

竹叶竹节形酒令旗棒，长 26 厘米，重 24.19 克

竹节形酒令旗棒，最长者 26 厘米，总重 111.4 克

酒纛长 26.4 厘米，重 23.22 克

1982 年 1 月江苏省镇江市丹徒丁卯桥唐代银器窖藏出土

镇江博物馆藏

禁止出国（境）展览文物

一套完整的酒令器具，包括酒令筒、酒令筹、酒令旗、酒令旗棒、酒纛，皆为银质，刻花和刻文处鎏金，造型奇巧，纹饰繁美，富丽

图 7-6-1 宫中行乐钱

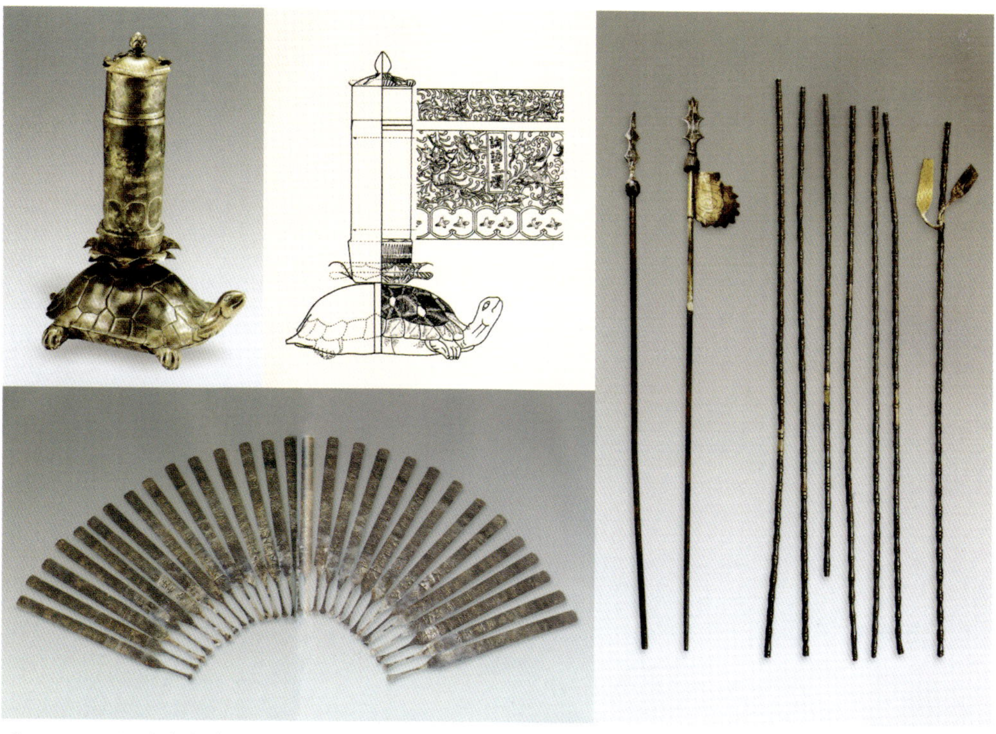

图 7-6-2 银鎏金龟负“论语玉烛”酒令器具

堂皇。

酒令筒整体造型可分为上、中、下三个部分。上部是酒筹筒，筒身为圆形，有盖，盖与筒身子口相接，整体造型好似一只燃烧着火焰的金蜡烛。筒盖顶部为卷边荷叶造型，盖钮呈莲苞状，以银链与盖相连。顶部以下部分以一周鱼子纹衬底，上刻两对鸿雁，间以卷草、流云纹。筒身主体以鱼子纹衬底，上刻龙凤一对，间以卷草纹，下端饰一周尖状条纹，其上刻四方连续的双飞鸟纹样。筒身正面刻一长方形框，内线刻有“论语玉烛”四字。《论语》是儒家的经典之作，《尔雅·释天》释“玉烛”为“四时和顺”。中部为两层莲花，置于龟背之上，托起筒身。下部是龟形底座。龟昂首曲尾，四足内缩，栩栩如生，龟身以写实手法刻出背纹。

酒令筹 50 枚，出土时盛放在酒令筒内，大小一致，呈长方形扇骨状，切角边，下端收拢为细柄状，每枚正面刻令词，令词上半段采用《论语》语句，下半段为酒令内容，如：“有朋自远方来，不亦乐乎，上客五分”“与朋友交，言而有信，请人伴十分”“死生有命，富贵在天，自饮十分”“后生可畏，少年处五分”等等。五分、十分等字样表示饮酒的数量。自饮、伴饮等字样表示饮酒方式。

酒令旗 1 支，长柄细长圆杆，顶端有矛，其下为葫芦顶棒，棒身刻有“力士”二字。

酒令旗棒 7 支，形制相同，均为竹节形，其中一支上端焊接两片竹叶饰。

酒纛 1 支，上端呈曲刃矛形，设缨饰，缨下置曲边形，旗面刻环圈，细长柄圆杆，杆上刻“力士”二字。

酒令是我国古代的智力游戏活动，具有独特的文化内涵。这套酒令器具寓庄于谐、寓教于乐，是唐代文物的孤品，对于了解唐代酒令的内容、制度及规范，研究唐代的审美情趣和古代金银器的制作工艺，都具有重要意义。【丹徒县文教局、镇江博物馆（执笔：刘建国）：《江苏丹徒丁卯桥出土唐代银器窖藏》，《文物》，1982 年第 11 期，第 15—27 页、图版陆；镇江博物馆网站；镇江博物馆：《镇江出土金银器》，文物出版社，2012 年版，第 16—23 页；扬州博物馆：《生命·运动·乐趣：中华古代体育文物》，译林出版社，2018 年版，第 138—139 页；张剑：《镇江博物馆馆藏唐代金银器综论》，《文物鉴定与鉴赏》，2011 年第 12 期，第 40—46 页；李金坤：《唐代〈论语〉酒令筹的文化意蕴与学术价值》，《海岱学刊》，2015 年第 1 期，第 79—82 页。】

3. 骨牌

宋

1996 年江苏省镇江市五条街小学出土

镇江博物馆藏品

甲骨制作。共 10 枚，9 枚完整，1 枚残缺。【扬州博物馆：《生命·运动·乐趣：中华古代体育文物》，译林出版社，2018 年版，第 140 页。】

4. 牙制牌九

清

单张长 3.5 厘米，宽 2 厘米，厚 0.5 厘米

泰州市博物馆藏

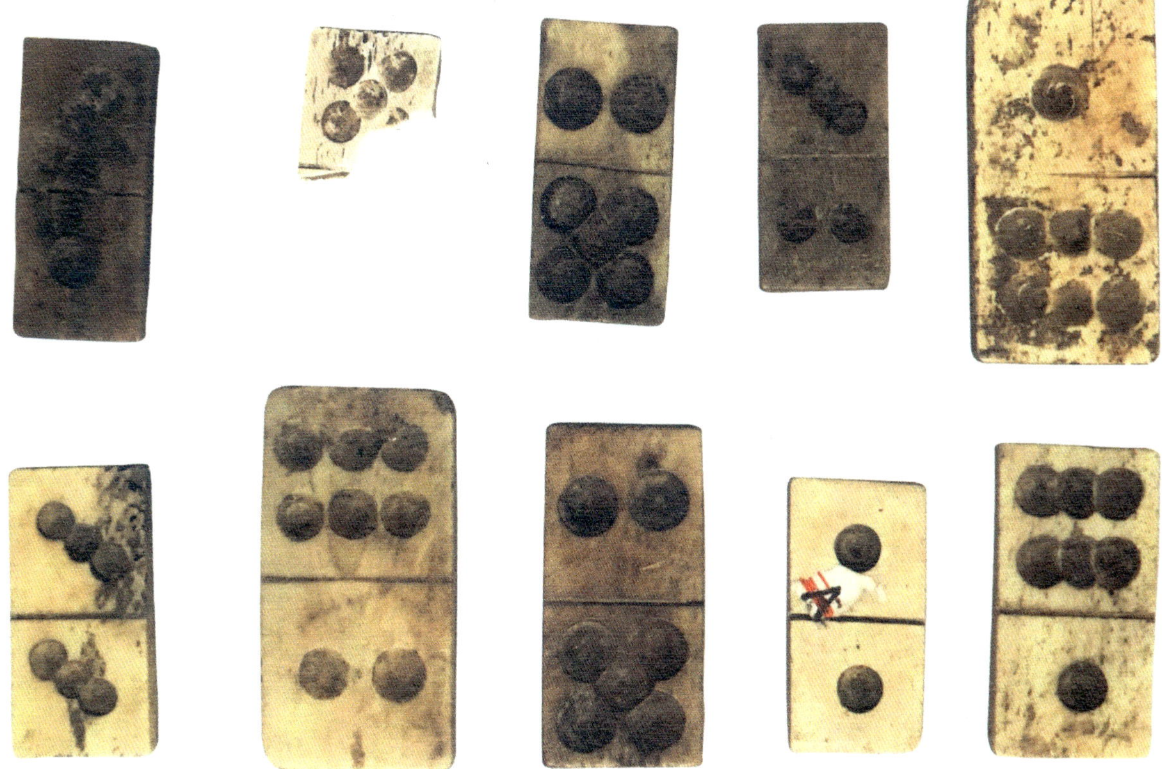

图 7-6-3 骨牌

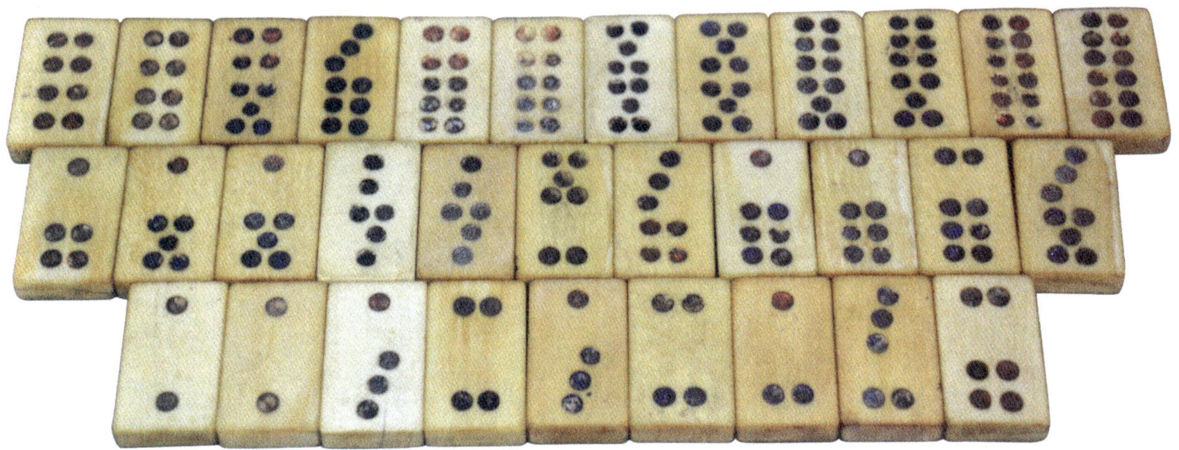

图 7-6-4 牙制牌九

共 32 张。均呈长方体。正面刻点数。【扬州博物馆：《生命·运动·乐趣：中华古代体育文物》，译林出版社，2018 年版，第 135 页。】

5. 牙制状元筹

清

泰州市博物馆藏

共 64 枚，长短不一，每枚刻有从状元到秀才的不同科名和注数。【扬州博物馆：《生命·运动·乐趣：中华古代体育文物》，译林出版社，2018 年版，第 136 页。】

6. 象牙诗筹

清

长 10.35 厘米，宽 1 厘米，厚 0.4 厘米

莒县博物馆藏

骨质。长条形。共 16 枚。每枚上书三字，如“指甲花”“芙蓉花”“白梨花”“金银花”“茉莉花”等。是清代文人雅士和大家闺秀即席吟诗或作诗的筹。【苏兆庆：《古莒遗珍》，人民美术出版社，2003 年版，第 171 页。】

图 7-6-5　牙制状元筹

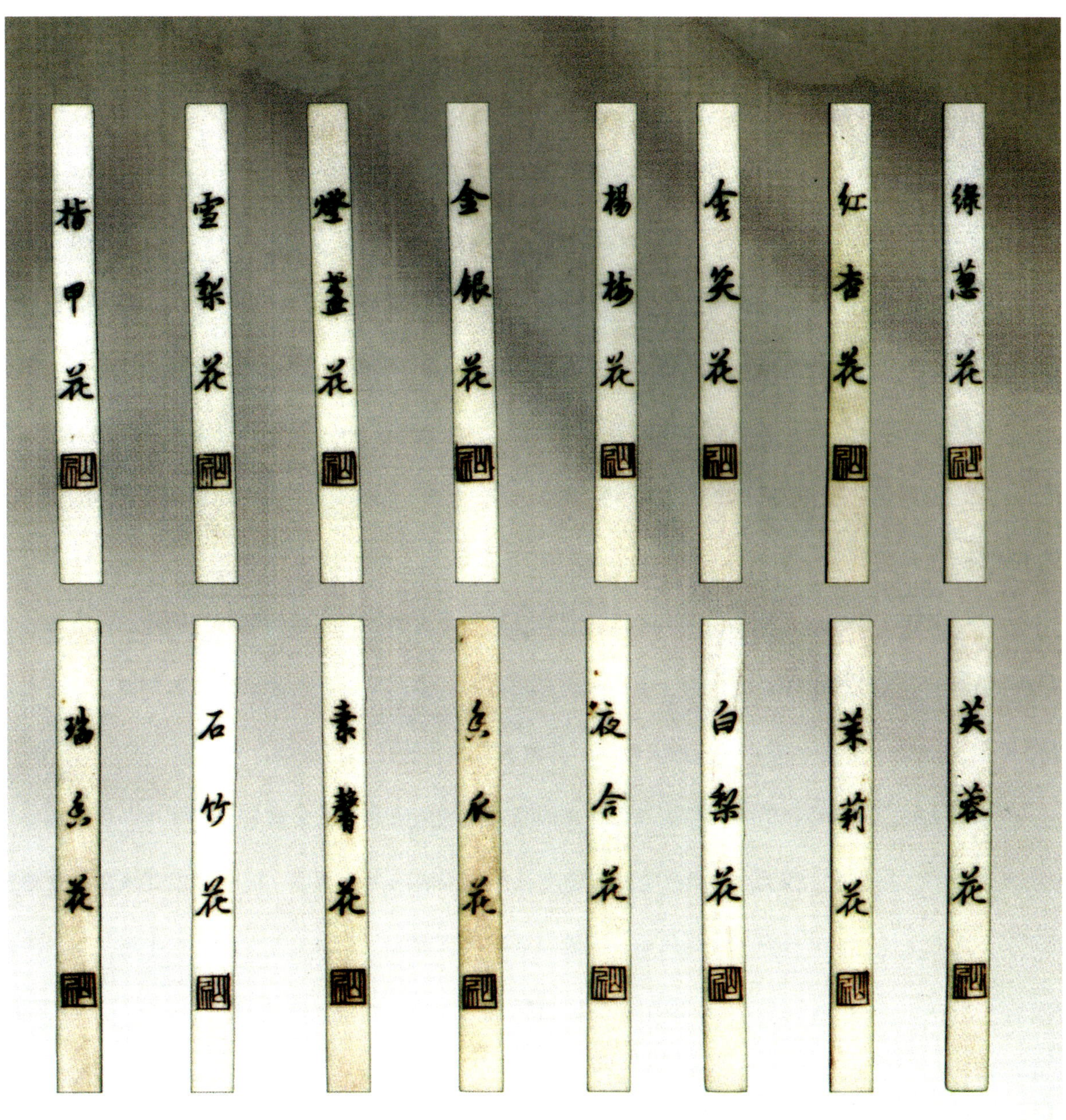

图 7-6-6 象牙诗筹

7. 象牙雕酒令罐、酒令筹

近代

罐高 10.2 厘米，直径 5.6 厘米

苏州博物馆藏

象牙质。浅雕。分为罐盒与酒令筹两部分，罐盒带盖，酒令筹置于罐内。罐体周身浅雕松石山水，施有颜色。盖与底中间留有圆孔，便于酒令筹滑出。酒令筹整体呈长方形，一头为弧形，弧形下方两侧刻有锯齿纹。每枚酒令筹均刻有诗句与饮酒数量。【扬州博物馆：《生命·运动·乐趣：中华古代体育文物》，译林出版社，2018 年版，第 131 页。】

图 7-6-7 象牙雕酒令罐、酒令筹

第八章 球类运动

本卷收录古代球类运动文物32件，主要表现蹴鞠、马球、捶丸等古代球类运动，时代上至新石器时代，下至清代，以明清时期文物为多，包括陶球、陶俑、三彩俑、铜镜、瓷器、象牙雕笔筒、石碑、石刻画像以及绘画和书法等。

器物类文物之中，以1965年江苏省扬州市泰安乡金湾坝工地出土的打马球纹八角菱花形铜镜为代表。该镜造型规整，纹饰生动，背部是四名在郊外旷野竞逐比赛的马球手，既体现了唐代马球运动的兴盛，也反映了唐镜高超的制作水平。1978年常州出土的长沙窑青黄釉褐彩胡童步打球坐俑，生动塑造了唐代球类体育运动的形象，也是长沙窑雕塑小品中的珍品。2002年泰安岱庙出土的儿童捶丸石刻画像，是难得一见的宋代捶丸文物。中国国家博物馆藏明弘治青花婴戏图碗是景德镇民窑作品，绘有儿童蹴鞠情景，色彩淡雅，笔意柔和，展示出明代中期景德镇民窑青花瓷洒脱飘逸的艺术风格。安徽博物院藏明代象牙雕蹴鞠图笔筒，展现出富贵官宦人家在花园蹴鞠的休闲场景，是研究古代蹴鞠的珍贵资料。

台北“故宫博物院”藏宋苏汉臣（传）《长春百子图》卷描绘儿童蹴鞠游戏，孩童尽兴玩耍，个个天真活泼，上海博物馆藏明杜堇《仕女图》卷描绘了明代宫廷妇女的蹴鞠和捶丸场景，台北“故宫博物院”藏清丁观鹏《唐明皇击鞠图》卷描写唐明皇与番族、嫔妃、太监等打马球，均属绘画精品。

一、陶球

新石器时代

安徽潜山薛家岗遗址出土

安徽博物院藏

出土数量较多，直径大小不一，最小直径为2.4厘米，最大直径为8.8厘米。有的镂孔，并按照经纬线的形式有规律地分布。孔的数量多寡不一，有的仅有1个，多者则达36个。有的实心，有的空心。实心球较少，空心球居多。空心球内装有小陶丸，摇之出声，清脆悦耳。这种陶球是薛家岗遗址颇具特征的出土器物，其用途说法不一，有人认为是孩童的玩具，有人认为是装饰品，有人认为是乐器，还有人认为是用来卜卦的工具。【安徽博物院：《安徽文明史陈列》，文物出版社，2012年版，上册，

图8-1 陶球

第 55 页；安徽省文物工作队（执笔：杨德标）：《潜山薛家岗新石器时代遗址》，《考古学报》，1982 年第 3 期，第 283—324 页；梅术文：《薛家岗文化陶球用途探讨》，《边疆考古研究》，2014 年第 2 期，第 91—98 页。】

二、陶球

东汉

通长 2.5 厘米，通宽 2.5 厘米，通高 2.5 厘米

徐州韩山疗养院 M2 出土

徐州博物馆藏

【徐州博物馆网站】

图 8-2 陶球

三、长沙窑青釉褐绿彩抱球小人

唐

高 7.3 厘米

江苏省扬州市 782 工程工地出土

图 8-3 长沙窑青釉褐绿彩抱球小人

扬州博物馆藏

灰白胎，施青釉。小人头戴圆冠，高鼻大耳，双手抱球于胸前。【扬州博物馆：《生命·运动·乐趣：中华古代体育文物》，译林出版社，2018年版，第88页；徐忠文、徐仁雨、周长源：《扬州出土唐代长沙窑瓷器研究》，文物出版社，2015年版，229页。】

四、宋苏汉臣《长春百子图》卷（局部）

绢本　设色

纵30.6厘米，横521.9厘米

台北“故宫博物院”藏

描绘春、夏、秋、冬四时百童嬉戏情景，

图8-4　宋苏汉臣《长春百子图》卷（局部）

有荡秋千、骑木马、下棋、钓鱼、采荷、扑蝶、斗蟋蟀、蹴鞠等各种游戏。户外庭院，四季景色分明，孩童尽兴玩耍，个个天真活泼。旧传为苏汉臣之作。【台北“故宫博物院”网站】

五、宋苏汉臣《蹴场丛戏》册页

左：纸本设色

右：绢本设色

左：纵 30.3 厘米，横 30.6 厘米

右：30.3 厘米，横 30.6 厘米

台北“故宫博物院”藏

图右边为台北故宫藏《唐宋元画集锦册》十八幅中的第十一幅。设色画一人右足蹴球，右侧三人相依紧靠，与正前二人全神凝视，状极专注。图右边无款，旧题为苏汉臣作，根据笔墨表现判断，很可能是明人依照宋人旧稿临摹而成，是一件临摹态度十分严谨的摹本。【台北“故宫博物院”网站】

六、宋张敦礼《闲庭蹴鞠》册页

绢本，浅设色

册，折装，椭圆幅式

纵 28.2 厘米， 29.7 厘米

对幅纵 28.2 厘米， 29.7 厘米

台北“故宫博物院”藏

此开册页画五人在树下踢球场景。其中踢球者面容姣好，发式与旁人不同，隐约可见有簪花，胸前戴有金佩，推测是一位女性。画中或有故事依据，仍待考察。此画人物衣纹用笔细劲有力，面容五官的描绘也十分讲究，晕染细腻，全页尺幅虽小，仍属人物画作精品。画家旧题为张敦礼，为北宋哲宗朝驸马，擅书画得名。但其名下除此件之外，罕有画迹可为比对，难以遽下断论。【台北“故宫博物院”网站】

图 8-5 宋苏汉臣《蹴场丛戏》册页

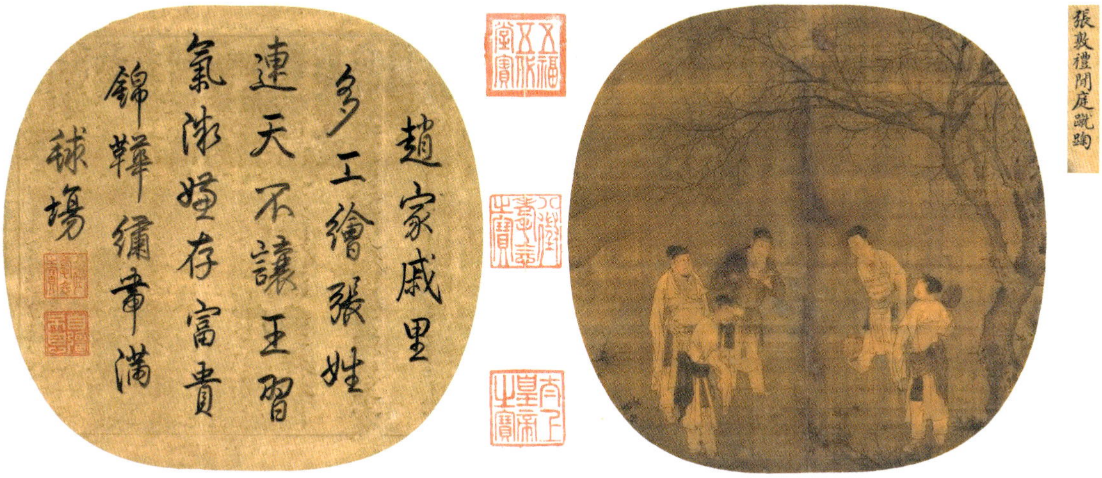

图 8-6 宋张敦礼《闲庭蹴鞠》册页

七、红陶胡人踏鼓蹴鞠俑

宋

通高 10 厘米

1996 年江苏省镇江市五条街小学工地出土

镇江博物馆藏

一位头戴花帽，身穿窄袖交领上衣的胡人，左足站立在鼓面之上，右足抬起颠球，左手上扬，右手前挥。【上海博物馆：《春风千里：江南文化艺术展特集》，上海书画出版社，2020 年版，第 226 页。】

图 8-7 红陶胡人踏鼓蹴鞠俑

八、青花婴戏图碗

明代弘治年间（1488—1505）

高 6.8 厘米，口径 15.4 厘米，足径 5.4 厘米

景德镇民窑烧造

中国国家博物馆藏

撇口，深弧壁，圈足。青花装饰，内口沿

图 8-8 青花婴戏图碗

绘锦纹，内心、外壁绘婴戏图，小童尽情嬉戏，或蹴球，或骑木马，或捕蝶，或放风筝。此碗青花色彩淡雅，笔意柔和，人物形神皆备，质朴率真，展示出明代中期景德镇民窑青花瓷洒脱飘逸的艺术风格。【中国国家博物馆：《中国国家博物馆馆藏文物研究丛书·瓷器卷（明代）》，上海古籍出版社，2007 年版，第 108—109 页。】

九、明杜堇《仕女图》卷（局部）

绢本设色

共六段，每段纵 30.5 厘米，横 168.9 厘米

上海博物馆藏

杜堇，明代画家，本姓陆，后改姓杜，字惧男，号柽居，别号古狂，青霞亭长等，丹徒（今江苏镇江）人。生卒年不详，寓居北京。

图 8-9 明杜堇《仕女图》卷（局部）

与画家郭诩、吴伟、沈周齐名。这幅《仕女图》全卷共六段，描绘了明代宫廷妇女的日常生活场景。图中仕女服饰艳丽，面容姣好，她们或观鱼，或游园，或抚琴，或蹴鞠，或捶丸。该局部为蹴鞠场景。【上海博物馆网站】

十、明仇英《清明上河图》卷（局部）

绢本 设色 青绿

纵 34.8 厘米，横 804.2 厘米

台北“故宫博物院”藏

绘一着红衣者蹴鞠，旁有人观看。【台北“故宫博物院”网站】

十一、象牙雕蹴鞠图笔筒

明

高 16.2 厘米，口径 11 厘米

安徽博物院藏

该笔筒以象牙根部雕成，中部稍微内收，筒壁上厚下薄，色泽泛黄，画面清晰。图案采用阴线刻手法，以围墙、山石、树木为界，分

图 8-10 明仇英《清明上河图》卷（局部）

图 8-11　象牙雕蹴鞠图笔筒

别展现出富贵官宦人家在花园里蹴鞠和山野里射猎的休闲场景。正面山石压顶，斜露出围墙凉亭，庭院宽阔，有三人正在进行蹴鞠运动，有一官一仆站在旁边观战，五人的注意力均集中在中间的足球上，紧张有序。这件笔筒制作精美，艺术价值极高，真实地反映了古人的休闲娱乐生活，是研究中国古代足球运动的珍贵资料。【安徽博物院网站】

十二、黑漆螺钿山水人物图圆盒

清早期

直径 10.4 厘米，高 2.8 厘米

上海博物馆藏

盒呈扁圆形，盒身及盖皆银扣。盒底起矮圈足。盖面绘主仆二人，主人骑马过河，仆人肩负包裹，紧随其后。盒内有螺钿童子蹴鞠图，绘两孩童蹴鞠，另有一孩童观看。【上海博物馆：《千文万华：中国历代漆器艺术》，上海书画出版社，2018 年版，第 196—197 页。】

图 8-12　黑漆螺钿山水人物图圆盒

十三、清佚名《仕女行乐图》卷（局部）

绢本　设色

纵 46.9 厘米，横 1361.2 厘米

图 8-13　清佚名《仕女行乐图》卷（局部）

南京博物院藏

图卷绘有二十余个场景，以连续图绘的方式展现了古代仕女的文娱宴饮活动。此卷为蹴鞠。【南京博物院：《温·婉：中国古代女性文物大展》，译林出版社，2015 年版。】

十四、清院本《十二月月令图十一月》轴（局部）

设色　青绿

纵 175 厘米，横 97 厘米

图 8-14　清院本《十二月月令图十一月》轴（局部）

台北“故宫博物院”藏

绘四位仕女在后院蹴鞠情景。【台北“故宫博物院”网站】

十五、清院本《十二月月令图十二月》轴（局部）

设色 青绿

纵175厘米，横97厘米

台北“故宫博物院”藏

本幅描写农历十二月，大雪封山，河水冻结的严冬景象。建筑物由近景向远景推移，不同建筑物所区隔出的活动空间内，人们有多种多样的活动。此局部绘庭中的孩童们踢石球，玩得兴高采烈。【台北“故宫博物院”网站】

十六、清顾洛《宋太祖蹴鞠图》轴（局部）

绢本 设色

纵111厘米，横37厘米

扬州博物馆藏

此图为宋代宫廷画家苏汉臣《宋太祖蹴鞠图》摹本。图中宋太祖与一人对踢，其余四人在旁观看。【扬州博物馆：《生命·运动·乐趣：中华古代体育文物》，译林出版社，2018年版，第78—79页。】

十七、清萧晨《蹴鞠人物图》扇页

纸本 设色

图8-15 清院本《十二月月令图十二月》轴（局部）

图 8-16　清顾洛《宋太祖蹴鞠图》轴（局部）

图 8-17　清萧晨《蹴鞠人物图》扇页

纵 18.3 厘米，横 48.7 厘米

扬州博物馆藏

画面共有六人，其中两人对踢，另有四人观看。右上题写款识，钤印“萧晨”。【扬州博物馆：《生命·运动·乐趣：中华古代体育文物》，译林出版社，2018 年版，第 80 页。】

十八、清王钊《蹴圆图》扇页

纸本　设色

扬州博物馆藏

四位长者围坐在河中央的一张席子之上，把酒言欢，谈笑风生。河水奔腾不止。一名孩童持球向席上长者游来。岸边停靠一船，一位书生悠然端坐船头。远处绿树成荫，林中有农舍。线条秀丽，意趣深远。题识“神勇能将石鼓投，喜携阿文棹归舟，踏圆竞免江鱼腹，莫怪人间爱击球，时在庚子新秋抚桃花庵主人笔法，为占百仁兄大人正之，莜堂弟王钊”，钤朱文印“小堂”。该图绘《聊斋志异》汪士秀故事。汪士秀，庐州（今安徽合肥市）人，刚强勇猛，力气大得能举起几百斤重的石臼，和他父亲都善于踢球。【扬州博物馆：《生命·运动·乐趣：中华古代体育文物》，译林出版社，2018 年版，第 81 页。】

十九、青花蹴鞠纹瓷碗

清

通高 6.2 厘米，口径 13.4 厘米，底径 5.2 厘米

南京博物院藏

直口，深圈足，鸡心底，里心及外壁一圈饰以青花童子蹴鞠图。无款。【扬州博物馆：《生命·运动·乐趣：中华古代体育文物》，译林出版社，2018 年版，第 76 页。】

图 8-18　清王钊《蹴圆图》扇页

二十、青花蹴鞠纹瓷杯（一组）

清

口径约 6—7 厘米，底径 3.5 厘米，高 5 厘米

福建博物院藏

外壁饰以青花童子蹴鞠图。【福建博物院主编：《博·戏：中国古代体育文物展》，译林出版社，2015 年版，第 148 页。】

二十一、三彩打马球仕女俑

唐

长 33.2 厘米，宽 12 厘米，高 35.5 厘米

台北“故宫博物院”藏

女子双髻高耸于顶，身着黄绿色翻领窄袖的束腰长衫，长裤、短靴，跨骑在彩鞍黄马上。马形肥硕，四肢立于长方板上，似蓄势待动。女子侧转身、头微前倾，左手近马首如勒缰绳，右手屈起做握杆击球状。【台北“故宫博物院”网站】

图 8-19　青花蹴鞠纹瓷碗

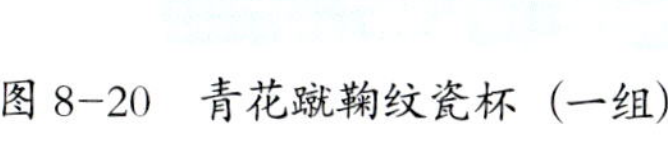

图 8-20　青花蹴鞠纹瓷杯（一组）

图 8-21　三彩打马球仕女俑

图 8-22　打马球纹菱花形铜镜

二十二、打马球纹菱花形铜镜

唐

直径 18.5 厘米，厚 1 厘米

1965 年江苏省扬州市泰安乡金湾坝工地出土

扬州博物馆藏

八角菱花形，圆钮，高镜缘。镜背纹饰有骑士、球、高山、花卉、蜜蜂等。主体纹饰是四名球手，手执球杖，跃马奔驰，击球动作和马的姿态各异，其中一位回首击球，动作难度极大，尤其精彩，其球杖之下有一球，与此球中心对称处有另一球。此二球旁的花卉纹样相似，但与其他花卉样式不同。人与球之间衬以高山、花卉纹，显现出在郊外旷野竞逐比赛的情景。菱花瓣间饰蜜蜂、折枝花卉纹。唐代马球运动十分活跃，深得皇帝和贵族的喜爱，是铜镜纹饰中的一种题材。该镜造型规整，纹饰生动，铸造精巧，具有鲜明的时代特征，为唐镜中不可多得的佳品。我国古代铸造铜镜的历史非常悠久，发展到唐代已是鼎盛时期。扬州是唐代的铸镜中心，专为皇室贡奉铜镜制品，享有盛名。扬州博物馆收藏的唐代铜镜品种齐全、纹饰繁多、形式各异，其中制作最为精美的一件，当属此镜。【扬州博物馆：《生命·运动·乐趣：中华古代体育文物》，译林出版社，2018 年版，第 84 页；张元华：《邗江出土文物精粹》，广陵书社，2005 年版，第 143 页；扬州市文物局：《韫玉凝晖：扬州地区博物馆藏文物精粹》，文物出版社，2015 年版，第 129 页；马富坤：《扬州出土的唐代打马球铜镜》，《东南文化》，2000 年第 10 期，第 50—53 页。】

图 8-23 福州球场石碑

二十三、福州球场石碑

唐

长 97 厘米，宽 56 厘米，厚 25 厘米

1958 年福建省福州市鼓屏路出土

福建博物院藏

1958 年，福州市区八一七路北端修建鼓屏路时，于路东侧发掘出该石碑。碑石是当地出产的花岗岩。碑的两面都刻画着端庄秀丽的文字，虽然遭受相当程度的风化与磨损，但大部分都可以辨认出来。经与南宋淳熙《三山志》记载相对照，确认该碑是中唐时期福州《球场山亭记》原碑的残断。该碑竖立于公元 813 年，刻有“冶山，今欧冶池山是也。唐元和八年，刺史裴次元于其南辟球场”等字，《福建金石志》也有同样的文字记载。唐元和八年，即公元 813 年。碑文记载裴次元任福州刺史期间为训练军队和举行马球比赛兴建此马球场的经过，也颂扬了裴次元治理福州，安定社会的功绩。【福建博物院主编：《博·戏：中国古代体育文物展》，译林出版社，2015 年版，第 151 页；林丹：《唐代福州球场山亭记碑与马球文化》，《艺苑》，2013 年第 4 期，第 106—109 页。】

二十四、清丁观鹏《唐明皇击鞠图》卷（局部）

纸本　水墨

绘于清乾隆十一年（1746）

纵 35.6 厘米，横 251.9 厘米

台北“故宫博物院”藏

丁观鹏（约 1708—1771 后）是顺天（今北京市）人。雍正四年（1726）进入宫廷任职，乾隆六年（1741）被擢升为“一等画画人”。本幅属水墨白描画法，描写唐明皇骑马击鞠为戏，随侍同玩者有番族、嫔妃、太监等，共九人，画幅的左右两侧，还设置了球门与两名守门员。【台北“故宫博物院”网站】

图 8-24　清丁观鹏《唐明皇击鞠图》卷（局部）

二十五、长沙窑青黄釉褐彩胡童步打球坐俑

唐

通高 6.5 厘米

底盘厚 0.6—1 厘米，直径 4.6 厘米

1978 年江苏常州劳动中路出土

常州博物馆藏

人物盘坐于圆座上，头戴小圆帽，耳部装饰三角形耳坠；右手握球贴于胸前，左手持弯曲球棍扛在肩上。全身施青黄釉，胸、背等处点褐色斑纹。塑造了唐代球类体育运动的形象，也是长沙窑雕塑小品中的珍品。【扬州博物馆：《生命·运动·乐趣：中华古代体育文物》，译林出版社，2018 年版，第 89 页。】

图 8-25　长沙窑青黄釉褐彩胡童步打球坐俑

二十六、捶丸球

宋

左侧球直径 3.4 厘米，右侧球直径 2.8厘米

扬州博物馆藏

左侧球为瓷质，素胎彩绘，表面绘六组圆圈纹；右侧球为陶制，表面戳印六组圆圈纹。【扬州博物馆：《生命·运动·乐趣：中华古代体育文物》，译林出版社，2018 年版，第 85 页。】

图 8-26　捶丸球

二十七、酱釉捶丸球

宋

直径 2.1—3.2 厘米

扬州博物馆藏

实心，半施酱釉。【扬州博物馆：《生命·运动·乐趣：中华古代体育文物》，译林出版社，2018 年版，第 86 页。】

二十八、陶球

宋

直径 2.1—3.9 厘米

扬州博物馆藏

陶质，大小不一，表面光滑无纹饰。【扬州博物馆：《生命·运动·乐趣：中华古代体育文物》，译林出版社，2018 年版，第 86 页。】

二十九、彩绘小球

宋

直径 3.3 厘米

仪征博物馆藏

灰白胎，以红彩勾勒螺旋纹。【扬州博物馆：《生命·运动·乐趣：中华古代体育文物》，译林出版社，2018 年版，第 88 页。】

图 8-27　酱釉捶丸球

图 8-28　陶球

图 8-29 彩绘小球

三十、儿童捶丸石刻画像

北宋

像高 23 厘米

2002 年山东泰安岱庙西华门南侧马道基址出土

泰安市博物馆藏

刻于一块长方形条石之上，与玩鼓图、踢瓶图共为一石。刻石平面高 51 厘米，长 274 厘米。捶丸图纵 29.5 厘米、横 44 厘米。童子头扎双髻，面朝右侧，目视前方，双脚叉立，身体微向左侧，右手持球于胸前，左手持捶杖上举，杖顶端呈弧状弯曲，至柄渐细。童子身穿圆领长袍，束腰打结于前，肥裤下垂。【倪雁：《山东泰山岱庙出土宋代石刻画》，《文物》，2014 年第 11 期，第 84—90 页；刘慧、刘玉沛：《泰山岱庙出土石刻画中所见的童戏图》，《民俗研究》，2006 年第 3 期，第 144—151 页。】

图 8-30 儿童捶丸石刻画像

三十一、明杜堇《仕女图》卷（局部）

绢本设色

图 8-31 明杜堇《仕女图》卷（局部）

共六段，每段纵 30.5 厘米，横 168.9 厘米

上海博物馆藏

杜堇，明代画家，本姓陆，后改姓杜，字惧男，号怪居，别号古狂，青霞亭长等，丹徒（今江苏镇江）人。生卒年不详，寓居北京。与画家郭诩、吴伟、沈周齐名。这幅《仕女图》全卷共六段，描绘了明代宫廷妇女的日常生活场景。图中仕女，服饰艳丽，面容姣好，她们或观鱼，或游园，或抚琴，或蹴鞠，或捶丸。该局部为捶丸场景。【上海博物馆网站】

三十二、缂丝清陈泰基书李白《宫中行乐词》轴

纵 90 厘米，横 28 厘米

南京博物院藏

所缂诗为李白奉诏为唐玄宗所作的《宫中行乐词八首》之中的两首："水绿南薰殿，花红北阙楼。莺歌闻太液，凤吹绕瀛洲。素女鸣珠佩，天人弄彩球。今朝风日好，宜入未央游。绣户香风暖，纱窗曙色新。宫花争笑日，池草暗生春。绿树闻歌鸟，青楼见舞人。昭阳桃李月，罗绮自相亲。"落款"大梧陈泰基书"。"天人弄彩球"一句，表现了古代球戏。【南京博物院：《历代织绣》，江苏美术出版社，2013 年版，第 146 页。】

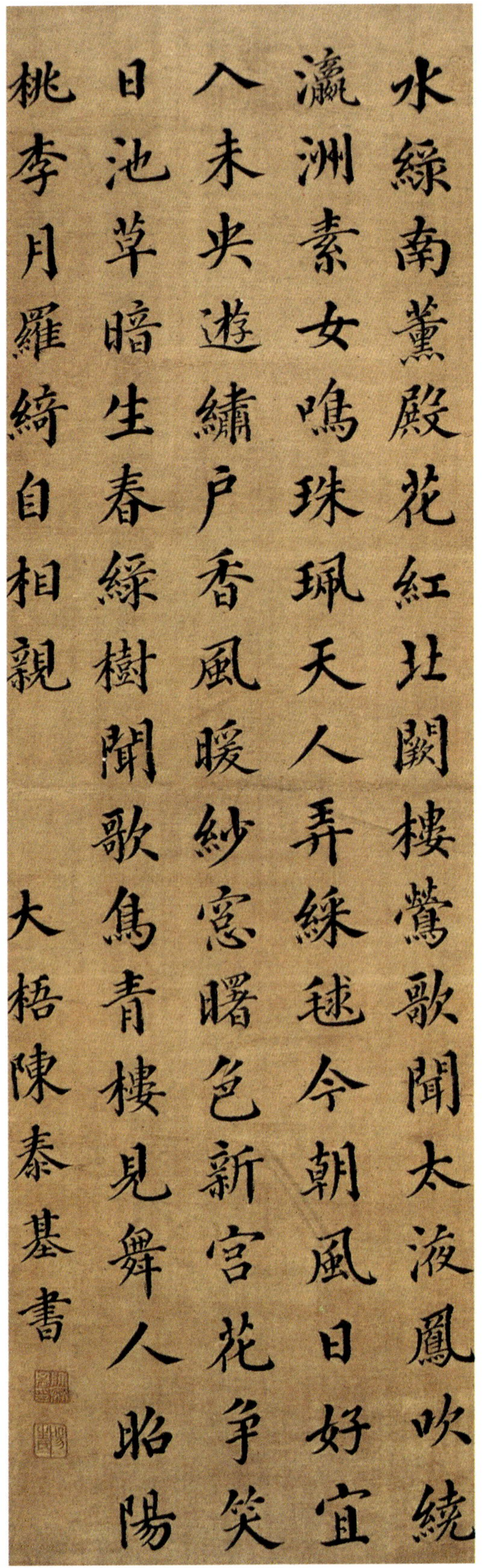

图 8-32　缂丝清陈泰基书李白《宫中行乐词》轴

中国古代体育文物·华东卷

第九章 水上运动

本卷收录的古代水上运动题材的文物共有35件，其中非竞技性的泛舟划船题材文物15件，竞技性的龙舟竞渡题材文物20件，时代上至新石器时代，下至清代，包括独木舟、木桨、木橹、青铜器、绘画、织绣、瓷器、玉器、漆器、竹木雕刻、象牙雕刻等。

2001—2002年浙江省杭州市萧山区湘湖村跨湖桥遗址出土的独木舟是我国沿海地区发现的最早的一条独木舟，具有极其重要的历史价值。跨湖桥遗址、河姆渡遗址都出土了木桨。这些史前时期文物反映出华东沿海先民很早就掌握了造船技术和划船技术。

1981年江苏常州圩墩遗址出土的木橹，与现代木橹基本相似，填补了国内同时代木橹实物资料的空白，被誉为“天下第一橹”。

1976年浙江省鄞县（今为鄞州区）甲村公社郏家埭石秃头出土的羽人竞渡纹青铜钺，年代最早可能是春秋时期，其下部以弧线边框底线刻画一条狭长的轻舟，上坐四人，头戴羽冠，双手持桨，奋力划行，具有明显的越族风格，展现了古越文化，被认为是表明中国古代龙舟竞渡起源于古代越国的重要物证。

台北“故宫博物馆”藏元王振鹏（款）《龙池竞渡图》卷，淋漓尽致地描绘了北宋崇宁间三月三日，在汴京城外金明池龙舟竞渡争标，万民同乐之景，同时细致描绘了各种建筑、船只和水上特技杂耍，如水秋千、水傀儡、船头倒立、划鳅鱼船等活动，是古代龙舟竞渡题材绘画的代表作之一。

一、泛舟划船

1. 跨湖桥遗址出土独木舟

新石器时代　跨湖桥文化（前6000—前5000年）

残长560厘米

2001—2002年浙江省杭州市萧山区湘湖村跨湖桥遗址出土

杭州市萧山跨湖桥遗址博物馆藏

松木质。出土时呈西南—东北向摆放。东北端保存基本完整，船头上翘，比船身窄，宽约29厘米。船舷仅在船头部分保存约1.1米的长度。在船舷完好位置测量的船体最大内深不足15厘米。这是我国大陆沿海发现的最早的一条独木舟，证明我国大陆沿海的东南沿海地区是世界上发明和使用独木舟最早的地区之一，具有极其重要的历史价值。【浙江省文物考古研究所、萧山博物馆：《跨湖桥》，文物出版社，2004年版，第40—52、324—325页，彩版九—一七。】

2. 跨湖桥遗址出土木桨

新石器时代　跨湖桥文化（前6000—前5000年）

通长140厘米

桨板宽16厘米，厚2厘米

桨柄宽约6—8厘米，厚约4厘米

2001—2002年浙江省杭州市萧山区湘湖村跨湖桥遗址出土

跨湖桥遗址博物馆藏

杭州市萧山跨湖桥遗址出土的独木舟两侧

图 9-1-1 跨湖桥遗址出土独木舟

各发现一支木桨，一支保存完整，一支保存情况较差。这是保存完整的一支。柄部有一长方形孔，长 3.3 厘米，宽 1.8 厘米，凿穿，孔沿及孔壁光滑，无磨损痕迹。【浙江省文物考古研究所、萧山博物馆：《跨湖桥》，文物出版社，2004 年版，第 40—52、324—325 页，彩版九——七。】

3. 河姆渡遗址出土木桨

新石器时代　河姆渡文化一期（前 5000—前 4500 年）

残长 62 厘米，叶长 27.8 厘米，叶宽 7.1 厘米，叶厚 1.2 厘米，柄宽 3.5 厘米

1977 年浙江余姚河姆渡遗址出土

浙江省博物馆藏

木质。柄部与桨叶由整段木料加工而成。

图 9-1-2 跨湖桥遗址出土木桨

桨叶细长呈柳叶状，头部圆弧。柄上端有一长椭圆形凹槽。【河姆渡遗址博物馆：《河姆渡文化精粹》，文物出版社，2002 年版，第 82 页；浙江省博物馆：《史前双璧》，浙江古籍出版社，2009 年版，第 69 页；王海明：《河姆渡遗址与河姆渡文化》，《东南文化》，2000 年第 7 期，第 15—22 页。】

4. 木桨

新石器时代 马家浜文化（前 4750 年—前 3700 年）

通长 74 厘米，桨面长 27.2 厘米，残宽 6.4 厘米

1985 年江苏常州圩墩遗址出土

常州博物馆藏

此桨与木橹同出于圩墩遗址，由一整块原木砍削加工而成，桨叶与桨杆一体，桨叶扁平有缺损，桨杆呈扁圆柱体以方便手持，不易滑动，桨杆靠近把手处有阴刻线两条，疑为系绳之用，把手呈三角形，中间掏空。此桨短小精悍，实用价值颇高，已与现代桨无异。【常州博物馆网站】

5. 木橹

新石器时代 马家浜文化（前 4750 年—前 3700 年）

长 120 厘米，最宽 18 厘米

1981 年江苏常州圩墩遗址出土

常州博物馆藏

由较粗大的原木砍削加工而成，橹背面斜削，至橹尾渐薄，橹把与橹面结合处保留宽约 4 厘米的原木圆体。在两边对应处开凿一长方

图 9-1-3 河姆渡遗址出土木桨

图 9-1-4 木桨

图 9-1-5 木櫓

形凹坑。从其外形结构来看，与现代木橹基本相似，说明在距今6000年左右的马家浜文化时代，常州地区的先民已经掌握了较为先进的水上交通技术。因其填补了国内同时代这方面实物资料的空白，被誉为“天下第一橹”。【常州博物馆网站】

6. 彩绘漆木船

西汉

高8.5厘米，长70厘米，宽15.8厘米

2007年江苏仪征新城烟袋山4号车马坑出土

仪征博物馆藏

木胎。船体为长条形，整木刳制而成，船头、船尾略狭，两头起翘，平底。首尾各有一长方形小孔，两侧船舷上有圆形卯孔，孔内有木榫。推测船上原有篷盖，已腐烂散失。身有彩绘。【仪征博物馆：《仪征出土汉代漆木器》，江苏凤凰美术出版社，2015年版，第205页。】

7. 明谢时臣《西湖春晓图》轴

纸本设色

纵279厘米，横105厘米

济南市博物馆藏

谢时臣（1487—1567），字思忠，江苏苏州人，善画山水。此图以繁密的笔法描绘出湖光山色的西湖春景。湖上船客泛舟观光，岸边有人骑马游春。远山近水，层次分明。左上方自题“西湖春晓”，款署“霞山谢时臣写”。钤白文印二方：“姑苏台下逸人”“谢氏吾忠”。【济南市文物局、济南市考古研究所、济南市博物馆：《济南文物精粹·馆藏卷》，文物出版社，2018年版，第186页。】

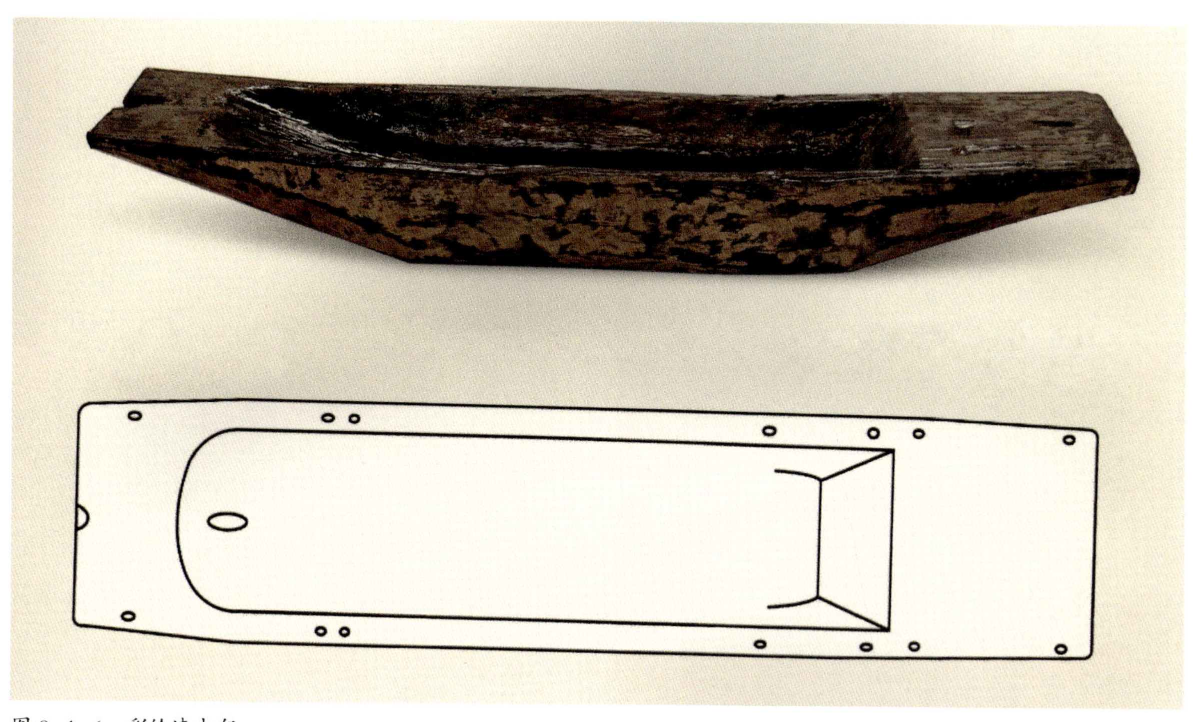

图9-1-6 彩绘漆木船

图 9-1-7 明谢时臣《西湖春晓图》轴

8. 清沈宗敬《乘风破浪图》轴

纸本墨笔

纵 84.7 厘米，横 45 厘米

济南市博物馆藏

沈宗敬（1669—1735），字南季、恪庭，号狮峰、狮峰道人、卧虚山人，上海松江人，善画山水。此图运用积墨法描绘两只帆船在宽阔的水面顺风而行。笔墨层层积染，山石浑厚，松树苍劲。右上方自题“乘风破浪舟”

图 9-1-8 清沈宗敬《乘风破浪图》轴

“狮峰居士并题”。【济南市文物局、济南市考古研究所、济南市博物馆:《济南文物精粹·馆藏卷》，文物出版社，2018年版，第204页。】

9. 紫檀边缂丝挂屏

清

长120厘米，宽85厘米

南京博物院藏

挂屏上部山峦叠翠，中部庭院幽深，下部百舸争流。缂丝技法以平缂为主，缂织细腻。左下有“滇南太华山图”字款。昆明太华山又称碧鸡山，因在昆明西南、滇池西岸，是滇池风景名胜区的主要景点，自古及今都是登山览海的胜地。【南京博物院:《历代织绣》，江苏美术出版社，2013年版，第124页。】

图9-1-9 紫檀边缂丝挂屏

10. 白玉人物槎

清

长 19.7 厘米

苏州博物馆藏

槎上前后分立四人：妇人槎后划桨，旁边站立的儿童天真可爱，槎头一老一少撒网捕鱼。人物造型栩栩如生。【苏州博物馆：《苏州博物馆藏工艺品》，文物出版社，2009 年版，第 65 页。】

11. 竹雕东坡夜游赤壁笔筒

清

通高 17.4 厘米，径 14 厘米

苏州博物馆藏

笔筒以宋代苏轼的《赤壁赋》为题材，刻有苏轼等人乘舟夜游赤壁的情景。【苏州博物馆：《苏州博物馆藏工艺品》，文物出版社，2009 年版，第 100 页。】

12. 雕漆山水人物盘

清

长 40 厘米，宽 28.5 厘米，高 3.5 厘米

扬州博物馆藏

盘呈方胜形。除盘底抹黑漆外，整体运用剔、刻技法雕刻。盘边缘于锦地上间刻回纹及花卉纹。盘底开光处刻绘小桥流水人家、山石树木、船翁及一撑伞老者。雕工精湛，细致入微，人物形象丰满细腻。【扬州市文物局：

图 9-1-10 白玉人物槎

图 9-1-11 竹雕东坡夜游赤壁笔筒

《韫玉凝晖：扬州地区博物馆藏文物精粹》，文物出版社，2015 年版，第 234 页。】

13. 竹根雕人物船

清

通高 19 厘米，长 33.5 厘米，宽 12 厘米

扬州博物馆藏

使用天然竹根雕刻而成，船上有童子、老叟和仕女共五人，船身置于木雕波浪纹底座之上。雕工精细，手法巧妙。【扬州市文物局：《韫玉凝晖：扬州地区博物馆藏文物精粹》，文物出版社，2015 年版，第 232—233 页。】

图 9-1-12 雕漆山水人物盘

图 9-1-13　竹根雕人物船

14. 竹雕人物船

清

长 14.5 厘米，宽 4.7 厘米，高 9 厘米

台北“故宫博物院”藏

船依竹随形雕刻而成，船身凹凸不平，一端翘起。船身之上以镂空技法雕刻古松与灵芝，松树两侧刻有人物，一侧有八位仙人，有的凭几对弈，有的倚松观澜，另有一人摇桨。底部有波浪形木座。【台北“故宫博物院”网站】

15. 橄榄核雕篷船

清代光绪年间

长 4.2 厘米

济南市博物馆藏

橄榄木质。棕色。运用透雕、深浅浮雕等技法刻制。船头和船尾各有两人端坐在茶几旁品茶观景，船内有人在饮酒、对弈、赋诗。船底刻苏轼《赤壁赋》。纹饰精致，刻工精良。【济南市文物局、济南市考古研究所、济南市博物馆：《济南文物精粹·馆藏卷》，文物出版社，2018 年版，第 241 页。】

图 9-1-14　竹雕人物船

图 9-1-15　橄榄核雕篷船

二、龙舟竞渡

1. 羽人竞渡纹青铜钺

春秋至西汉

面高 9.8 厘米，背高 10.1 厘米，銎高 3.5 厘米，刃宽 12 厘米，厚 1.5 厘米

1976 年浙江省鄞县甲村公社郑家埭石秃头出土

浙江省宁波市鄞州区文管办藏

国家一级文物

扁平风字形，长方形銎口，刃部两角向上外侈。正面设边框线，内刻纹饰，上部为双龙纹，龙前肢弯曲，尾部内卷，昂首相向；下部以弧线边框底线代表狭长的轻舟，上坐四人，头戴羽冠，双手持桨，奋力划行。反面为素面。1976 年，浙江鄞县甲村公社郑家埭第十三生产队队员在开挖河道时，于石秃山旁边的农田中，距地表 2.5—3 米深处，发现该器物，同时发现的还有剑、矛和泥质红陶筒形罐等。鄞县（今鄞州区），古为堇子国，春秋时为越国属地。古越人有龙图腾、“鸟神”崇拜和“以船为车，以楫为马，往若飘风”的生活习俗。该器物的双龙纹是龙图腾的表现，头戴羽冠的羽人纹饰是鸟神的一种艺术表现形式，羽人竞渡纹是古越舟船文化的体现，均具有明显的越族风格，展现了古越文化，被认为是表明中国古代龙舟竞渡起源于古代越国的重要物证。关于该青铜钺的年代，观点不一，有的定为春秋时期，有的认为是战国时期，也有的将其下限定为西汉时期。钺原为兵器和刑罚器，是一种较大的斧，杀伤力不如戈、矛，外形华丽、美观，逐渐演变为礼仪用具，象征权力和威严。羽人竞渡纹，亦称羽人划船纹，常见于云南、广西及东南亚出土的战国至西汉时期的铜鼓、

图 9-2-1　羽人竞渡纹青铜钺

铜提桶等青铜器的表面。【曹锦炎、周生望：《浙江鄞县出土春秋时代铜器》，《考古》，1984年第8期，第762—764页；浙江省博物馆：《越王时代：吴越楚文化精粹》，中国书店，2019年版，第34—35页；涂师平：《越民族的精神象征——羽人竞渡纹铜钺鉴赏》，《宁波通讯》，2009年第1期，第38页；崔乐泉：《中国古代的龙舟竞渡》，《江汉考古》，1990年第2期，第91—96页；张强禄：《“羽人竞渡纹”源流考》，《考古》，2018年第9期，第100—112页；蒋廷瑜：《先秦越人的青铜钺》，《广西民族研究》，1985年第1期，第17—29、34页。】

2. 羽人竞渡纹铜缶

战国

通高37.3厘米，口径23.6厘米，底径

图9-2-2 羽人竞渡纹铜缶

25.2厘米，腹径57厘米

广西北海合浦出土

宁波中国港口博物馆藏

鼓腹、圆底，圈足外撇，肩部有双兽面铺首衔环。上有母口圆盖，盖上有三角形钮，钮中有孔，穿有圆环。器身上腹部饰有弦纹、圆圈纹、菱形纹、点状纹等。器身下腹部以四组羽人竞渡纹为主体纹饰，每组羽人竞渡纹之间以对雉分隔，竞渡之舟以弧形边框线表示，船身修长，首尾高翘，每只舟上有数位羽人并置有建鼓和高台，羽人头戴羽冠，或前后观望，或奋力划桨，或登高执旗，或持桴擂鼓，表现出竞技的激烈气氛。工艺精湛，纹饰精美，线条流畅，形象生动。缶是一种酒器。合浦地处中原与华南、西南的交汇处，当地的文化具有多样性，曾是中国早期重要的海上贸易港口。【浙江省博物馆：《越王时代：吴越楚文化精粹》，中国书店，2019年版，第36—37页；宁波中国港口博物馆：《船纹青铜缶》，《宁波通讯》，2016年第8期，第74页。】

3. 羽人竞渡纹铜提桶

西汉

通高29.6厘米，口径21厘米，底径18.9厘米，耳距24.8厘米

宁波中国港口博物馆藏

直筒形，腹壁呈曲弧状，上腹左右各有一耳，可系绳，平底。腹部有以羽人竞渡纹为主体的纹饰。该类器物出现于战国末至西汉，分布在今广东、广西、云南以及东南亚，是南越文化的代表性器物之一。【浙江省博物馆：《越王时代：吴越楚文化精粹》，中国书店，2019年版，第38—39页。】

图9-2-3　羽人竞渡纹铜提桶

4. 羽人划舟纹铜鼓

唐至宋

通高37厘米，鼓面直径66.5厘米

浙江省博物馆藏

中空无底，平面曲腰，侧有四耳。鼓面大于鼓腹，胸部不甚突出，胸部以下逐渐收狭成腰。鼓面中心饰有十二芒太阳纹。鼓面边沿对称饰有四只蹲伏的立体蛙。鼓身饰有各种几何纹及羽人划舟纹等，纹饰呈带状分布。【浙江省博物馆：《越地范金》，浙江古籍出版社，2009年版，第106页。】

5. 宋李嵩《天中水戏图》册

绢本，册，设色画

纵24.5厘米，横25.1厘米

台北"故宫博物院"藏

图中的龙舟为天中节（又称端午节）时帝王游湖所乘，这条龙形大船，犹如漫游于天水之间。龙头作船头，龙尾作船尾，船体上有层楼数间，大小不等，高矮比邻，参差不齐。以宫苑式楼群的式样来代替普通的船舱结构，可谓富丽堂皇。这船很像天上的宫廷殿宇，又像出水飞龙。龙舟居于图的中心位置，上部留空白，下部有碧波，水波荡漾，漩涡卷卷，船身在水中半显半蕴，造成了水天一片的茫茫空旷，海阔无边，天高无际的景象，龙舟在其中，正是有"天中戏水"之题意。此图收录于《烟云集绘》第三册第十一幅，是工笔界画，笔法精细工致，敷色精妙，色彩富贵华丽。李嵩（1166—1243），钱塘（今浙江杭州）人，活动于南宋初年，曾任宋光宗、宁宗、理宗三朝画院待诏。【台北"故宫博物院"网站】

图9-2-4 羽人划舟纹铜鼓

图 9-2-5 宋李嵩《天中水戏图》册

6. 元王振鹏《龙池竞渡图》卷

元英宗至治三年（1323）

绢本 白描界画

纵 30.2 厘米，横 243.8 厘米

台北"故宫博物院"藏

描绘北宋崇宁间三月三日，在开封金明池龙舟竞渡争标，万民同乐之景。卷首绘御座大龙舟在四艘龙头、虎头船的前后摇旗护送下，昂首向前；池中建筑有临水殿、彩楼、凉亭，更有虹桥、阁廊通达各岸，殿的四周为砖石砌成的石甃，堤岸水边植垂柳；水上之特技杂耍如水秋千、水傀儡、船头倒立、划鳅鱼船等活动在行进间开演；卷尾高大的宝津楼矗立，而十二艘龙虎船，正敲鼓迅楫，朝标杆急驰。观览画中旗飞桨扬，似闻锣鼓震天，龙舟竞渡的壮景可谓描绘得淋漓尽致！王振鹏（约活动于1280—1329），字朋梅，号孤云处士，浙江永嘉（今浙江温州）人，因画艺受知于亲儒重道的仁宗（1312—1320），延祐中（1314—1320）任职于秘书监典簿，得以遍观古书画，后累官

图 9-2-6 元王振鹏《龙池竞渡图》卷

至漕运千户。卷后款署“廪给令王振鹏百拜敬画谨书”，廪给令为管理官员俸给的职务，应是他任职漕运千户前的官职。因对画中若干跋印存疑，故本卷或为元以后的临仿本。有研究明确指出此幅非王振鹏真迹。【台北“故宫博物院”网站；余辉：《宋元龙舟题材绘画研究——寻找张择端〈西湖争标图〉卷》，《故宫博物院院刊》，2017 年第 2 期，第 6—36 页。】

7. 元吴廷晖《龙舟夺标》轴

绢本　浅设色

纵 124.1 厘米，横 65.6 厘米

台北“故宫博物院”藏

三艘龙舟在河中竞渡，主龙船装饰华丽，前后两船则摇旗呐喊，锣鼓喧天，溪流两旁有侍卫仪仗列队游行，场面十分热闹。吴廷晖（活动于 14 世纪），吴兴（今浙江湖州）人，

图 9-2-7 元吴廷晖《龙舟夺标》轴

擅长青绿山水和花鸟画。【台北“故宫博物院”网站】

8. 明文伯仁《姑苏十景》册“胥江竞渡”

纸本　浅设色

折装，方幅式

纵 32 厘米，横 25.6 厘米

台北“故宫博物院”藏

此册原有十幅，分别描绘不同季节的苏州胜景。“胥江竞渡”表现广阔的江面上，载着货物与乘客的船只或左或右地穿梭来往，近景坡岸人们背着货物等待渡船到来，展现了当时胥江上繁忙兴旺的景象。文伯仁（1502—1575），字德承，号五峰，长洲（今江苏苏州）人，出身于书香世家，曾入邑庠就读，后来放弃举业，以画维生。【台北“故宫博物院”网站】

9. 明吴彬《岁华纪胜图》册“阅操”

纸本　设色

推蓬装，方幅式

纵 29.4 厘米，横 69.8 厘米

台北“故宫博物院”藏

吴彬《岁华纪胜图》册共十二幅，分别描绘一年十二个月的活动，主题依次是：元夜、秋千、蚕市、浴佛、端阳、结夏、中元、玩月、登高、阅操、赏雪、大傩。第十幅“阅操”，即是校阅军队车骑。古代在十月时，朝廷有“授衣”给官员的习俗，另外也有记载皇帝在冬天“讲武习射”事迹。画中河岸校场校阅海陆两军之情形，校台上主校官就定位，校场内旌旗飞扬，一列列全副武装的士兵，正等待校阅，江河之上一艘艘军舰划过，军容壮盛整齐。吴彬，字文中，号枝隐头陀、枝庵发僧、枝隐庵主，今福建莆田人，明万历年间（1573—1620）著名山水画家。【台北“故宫博物院”网站】

10. 明张宏《竞渡图》轴

清世祖顺治五年（1648）

纸本　设色

纵 65.4 厘米，横 60.4 厘米

台北“故宫博物院”藏

图 9-2-8　明文伯仁《姑苏十景》册“胥江竞渡”

图 9-2-9　明吴彬《岁华纪胜图》册“阅操”

图 9-2-10　明张宏《竞渡图》轴

本幅画描绘的是端阳节龙舟竞渡。三艘龙船，往来于河上。河堤广场上地方主管官员驾临观赏，民众亦于四方围观。这幅画的主题是龙舟，画中的牛属于点景，安排在左下方，简单勾勒填墨而已。张宏善画山水，重视写生，此画描绘的当年的景色，看来颇为亲切动人。张宏，字君度，号鹤涧，吴县（今江苏苏州）人。擅长山水、人物。笔意古拙，墨法湿润。【台北“故宫博物院”网站】

11. 明仇英《清明上河图》卷（局部）

绢本　设色　青绿

纵 34.8 厘米，横 804.2 厘米

台北“故宫博物院”藏

绘龙船在水面竞逐。此件旧传仇英所作，观其用笔设色应是明代后期，所谓“苏州片”的作坊作品。【台北“故宫博物院”网站】

12. 清院本《十二月月令图五月》轴

设色　青绿

纵 175 厘米，横 97 厘米

台北“故宫博物院”藏

在画家笔下，万棹齐飞，旗鼓喧天，紧张而热烈的竞争景象，引得两岸民家凭栏观赏。在炎暑的季节，呼唤起一片热潮。园中的葵花、石榴花、和对岸的菖蒲，也不甘寂寞而争奇斗艳。【台北“故宫博物院”网站】

13. 清汪鋆《龙舟竞渡图》轴（局部）

纸本　设色

纵 122 厘米，横 30 厘米

扬州博物馆藏

水面上两只龙舟，四只游船，其中一只游船正穿过桥洞。桥上和岸边有观众观看。远景白塔可见，近处柳条垂拂，绿意荡漾。汪鋆（1816—?），晚清画家。【扬州博物馆：《生命·运动·乐趣：中华古代体育文物》，译林出版社，2018 年版，第 154 页。】

14. 清乾隆珐琅彩龙舟竞渡图胆瓶

高 20 厘米，口径 3.5 厘米，底径 4.5 厘米

台北“故宫博物院”藏

全器内外施白釉，瓶面彩绘楼台殿阁，龙池竞渡，颇能呼应北宋以来家喻户晓的金明夺锦故事。【台北“故宫博物院”网站】

图 9-2-11　明仇英《清明上河图》卷（局部）

图 9-2-12　清院本《十二月月令图五月》轴

图 9-2-13　清汪鋆《龙舟竞渡图》轴（局部）

图 9-2-14　清乾隆珐琅彩龙舟竞渡图胆瓶

15. 清嘉庆洋彩蓝地百子龙舟双耳瓶

高 31 厘米，口径 8.5 厘米，底径 9.8 厘米

台北“故宫博物院”藏

绘孩童于江面上举行龙舟竞赛的情景，岸边童子或燃放鞭炮，或敲锣打鼓，场面热闹非凡。【台北“故宫博物院”网站】

16. 清道光慎德堂款粉彩描金龙舟竞渡纹盘

高 5.4 厘米，口径 28.5 厘米，足径 17.6 厘米

故宫博物院藏

敞口，弧壁，圈足。以粉彩装饰。盘心绘孩童于江面上举行龙舟竞赛的情景。两舟行于水面，一只龙首，一只凤首，身穿蓝、粉两色的男童各分一队，用力划桨，奋勇争先，船头各站一男童，摇旗呐喊，龙首舟各有一男童击鼓、敲锣，鼓舞士气。岸边有五名孩童观看，一名孩童手举爆竹。足底有红彩“慎德堂制”四字楷书款。慎德堂是圆明园九州清晏建筑群中的一座，于道光十一年（1831 年）建成，是道光皇帝在圆明园的主要生活场所。慎德堂款瓷器是道光皇帝在圆明园的御用瓷器，由道光时期的景德镇御窑厂烧造，代表了当时中国瓷器制作的最高水平，其产品之精致，同时期其他瓷器无法比拟。【故宫博物院：《故宫博物院藏慎德堂款瓷器》，故宫出版社，2014 年版，第 50—53 页；赵聪月：《慎德堂与慎德堂款瓷器》，《故宫博物院院刊》，2010 年第 2 期，第 113—129 页。】

图 9-2-15　清嘉庆洋彩蓝地百子龙舟双耳瓶

图 9-2-16　清道光慎德堂款粉彩描金龙舟竞渡纹盘

17. 清道光慎德堂款粉彩龙舟竞渡纹盖碗

高 5.9 厘米，口径 10.7 厘米，足径 4.7 厘米

故宫博物院藏

撇口，弧壁，圈足。盖缺失。外壁粉彩通景绘孩童于江面上举行龙舟竞赛的情景。两舟行于水面，一只蓝色，一只粉色，舟上的男童有的用力划桨，有的站立船头和船尾，摇旗呐喊，还有的男童击鼓、敲锣。岸边有四名孩童观看，一名孩童手举爆竹。足底有红彩“慎德堂制”四字楷书款。此盖碗于道光十五年（1835）四月二十八日进贡至宫廷，是专为端午节烧制的。【故宫博物院：《故宫博物院藏慎德堂款瓷器》，故宫出版社，2014 年版，第 50—53 页；赵聪月：《慎德堂与慎德堂款瓷器》，《故宫博物院院刊》，2010 年第 2 期，第 118—121 页。】

图 9-2-17　清道光慎德堂款粉彩龙舟竞渡纹盖碗

18. 清道光慎德堂款粉彩描金龙舟竞渡纹螭耳瓶

高 31.5 厘米，口径 6.5 厘米，足径 9.1 厘米

故宫博物院藏

瓶口微外撇，细长颈，圆腹，圈足，颈部两侧倒置粉色螭耳。腹部一侧绘孩童于江面举行龙舟竞赛的情景。两舟行于水面，一只龙首龙尾，一只凤首凤尾，船头立有“令”字旗，舟上男童有的用力划桨，有的敲锣助威。岸边有孩童观看。足底有红彩“慎德堂制”四字楷书款。此盖碗于道光三十年（1850）五月初四日进贡至宫廷，是专为端午节烧制的。【故宫博物院：《故宫博物院藏慎德堂款瓷器》，故宫出版社，2014 年版，第 50—53 页；赵聪月：《慎德堂与慎德堂款瓷器》，《故宫博物院院刊》，2010 年第 2 期，第 204—206 页。】

图 9-2-18 清道光慎德堂款粉彩描金龙舟竞渡纹螭耳瓶

19. 雕象牙龙舟

清前至中期

高 3.6 厘米，长 5.0 厘米

台北“故宫博物院”藏

象牙质。船身呈龙形，有楼阁、观台。雕刻精致。【台北“故宫博物院”网站】

20. 生瓷龙舟

清

长 27 厘米，高 19 厘米

扬州博物馆藏

素胎烧制，无釉。船身呈龙形，有两层楼阁，阁为四角飞檐，有两个观台。舟上有人物若干，做观看状，自然生动。做工精细入微。【扬州博物馆：《生命·运动·乐趣：中华古代体育文物》，译林出版社，2018 年版，第 151 页。】

图 9-2-19　雕象牙龙舟

图 9-2-20　生瓷龙舟

中国古代体育文物·华东卷

第十章 冰上运动

本卷收录古代冰上运动题材文物6件，包括5幅绘画和1幅书法作品，其中1件为元人绘画，5件为清代文物，均为台北“故宫博物院”藏品。

元人绘《太平有象》轴（无款印），描绘众孩童前呼后拥，坐冰床、曳象灯、击太平鼓，在冰上蹴球的热闹场面。《石渠宝笈三编》收入此画。

清院本《十二月月令图十二月》轴（局部）描绘严寒季节，河面结冰，人们乘坐冰床在其上滑行的情景。

清沈源绘《御制冰嬉赋》轴完成于乾隆十一年（1746），描绘在瀛台举办的冰嬉大典的情景。画幅的左上方有乾隆亲笔书写的《冰嬉赋》全文与序。

钱维城绘《御制雪中坐冰床即景》卷呈现乾隆御制《雪中坐冰床即景》诗意，以细腻的笔触，描绘冬日里，侍卫推挽乾隆乘坐的黄幄冰床，缓缓越过西苑太液池的景象，在冰封大地、细雪纷飞的白色诗意里，以细小的点景人物，衬托宽广湖面及两岸御苑房舍。

清徐扬绘《日月合璧五星联珠图》卷完成于乾隆二十六年（1761），旨在描绘“日月合璧、五星联珠”之罕见天象，用以称颂皇帝德政。因当日为元旦，贺岁拜年的姿态也穿插其中。本卷收录的这幅绘画的局部图绘北京城外的护城河已经结冰，有人乘坐冰床代步的社会风俗。

一、元人绘《太平有象》轴

绢本　设色

纵122.1厘米，横97.5厘米

台北“故宫博物院”藏

描绘众孩童前呼后拥，坐冰床、曳象灯、击太平鼓，在冰上蹴球的热闹场面。无款印。《石渠宝笈三编》收入此画。象在古代被认为是瑞兽，象驮宝瓶，称为“太平有象”，寓意美好吉祥。【台北“故宫博物院”网站】

二、清院本《十二月月令图十二月》轴（局部）

绢本　设色

纵175厘米，横97厘米

台北“故宫博物院”藏

严寒季节，河面结冰，人们乘坐冰床在其上滑行，冰床上多则四五人，少则一二人，靠人拉着或推着或如撑船一样前行。【台北“故宫博物院”网站；吴春枝：《清院本〈十二月令图〉的思想与文学意涵》，淡江大学硕士论文，2012年，第129—137页。】

三、清沈源绘《御制冰嬉赋》轴（局部）

纸本　设色

纵196厘米，横94.3厘米

绘于乾隆十一年（1746）

台北“故宫博物院”藏

描绘在瀛台举办的冰嬉大典的情景。画幅的左上方有乾隆亲笔书写的《冰嬉赋》全文与序。沈源是乾隆朝的宫廷画家。【台北“故宫博物院”网站】

图 10-1　元人绘《太平有象》轴

图 10-2 清院本《十二月月令图十二月》轴（局部）

图 10-3 清沈源绘《御制冰嬉赋》轴（局部）

四、清钱维城绘《御制雪中坐冰床即景》卷（局部）

纸本 设色

纵 36.5 厘米，横 194.3 厘米

台北“故宫博物院”藏

此幅图像呈现乾隆御制诗《雪中坐冰床即景》，以细腻的笔触，描绘冬日里，侍卫推挽乾隆乘坐的黄幄冰床，缓缓越过西苑太液池的景象，在冰封大地、细雪纷飞的白色诗意里，以细小的点景人物，衬托宽广湖面及两岸御苑房舍。钱维城（1720—1772），字宗盘，号幼庵，江苏常州人，清代宫廷画家。【台北“故宫博物院”网站】

五、清徐扬绘《日月合璧五星联珠图》卷（局部）

纸本 设色 描金

清乾隆二十六年（1761）

纵 48.9 厘米，横 1342.6 厘米

台北“故宫博物院”藏

徐扬为江苏苏州人，于乾隆十六年（1751）乾隆南巡苏州时献画，因此进入乾隆朝如意馆任职。本图卷属任职宫廷画院之作，旨在描绘“日月合璧、五星联珠”之罕见天象，用以称颂皇帝德政。因当日为元旦，贺岁拜年的姿态也穿插其中，写实历历。该局部绘护城河上，有人乘坐冰床代步，冰床为矮床，依靠人力推拉前行。【台北“故宫博物院”网站】

六、清彭元瑞书《御制冰嬉赋》册

一册，八开，八幅，蝴蝶装，方幅式

纵 6.4 厘米，横 12.8 厘米

台北“故宫博物院”藏

彭元瑞（1731—1803），清代学者、官员、楹联名家，乾隆二十二年（1757）进士，官至礼、兵、工三部尚书和协办大学士。【台北“故宫博物院”网站】

图 10-4 清钱维城绘《御制雪中坐冰床即景》卷（局部）

图 10-5　清徐扬绘《日月合璧五星联珠图》卷（局部）

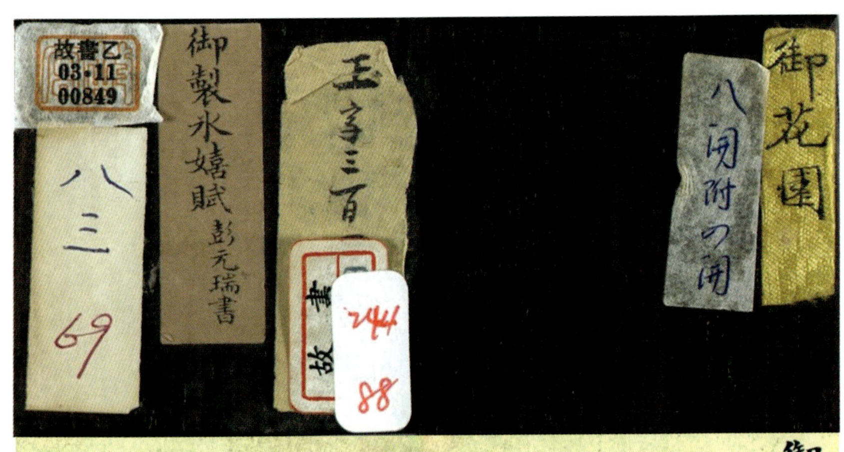

御製冰嬉賦 有序
陸行之疾者吾知其
為馬水行之疾者吾
知其為舟為魚雲行
之疾者吾知其為鶻
鵰鶚至於冰則向
之族莫不躄躠膠滯
滑擦而莫能施其技
國俗有冰嬉者護膝
以芾牢鞵以韋或底
含雙齒使躡凌而人
不踣焉或薦鐵如刀
使踐冰而步逾疾焉
較東坡志林所稱更
為輕利便捷惜自古
無賦者故賦之其辭
云
歲暮星窮和炑告冬陰
凝北陸律中黃鐘景長
而土圭可測瑞兆而雲
物皆同撫序兮羣辟殷
聘考時兮三農蕆功有
厲疾之征鳥鮮求信之
蟄蟲咔嚴飈兮栗烈凜
肅氣兮穹窿於斯時也
火井無燠溫泉不熱何
水不凝何波不結阻平
川之會海徒望奮濛勒
奔峽之傾流惟聞幽咽
澌盈九曲謝神禹之剔
鬤凍合三山駐王喬之
旌節躍魚之表孝曾傳
覆鳥之昭祥見說則有
鏡呈太液辟寫龍池占
昬危之應宿值顓頊之
司時沍而不流兮礙矜
鱗之鯉凝而原澈兮踈
倒影之梅叶皓皓皚皚兮暎
白塔之孤矗瀟瀟泠泠兮隔
玉蝀之橫歆載取載蕆
兮順彼月令以訓以賚
兮陳我冰嬉爰咨歲華
率循舊典陳旅集衆既
埒春蒐而秋獮元冥授
雷動而風行結部甃行
律嚴水族與波臣蚩尤
秉旗乃暴禦而祟遣於
是戎士憑怒武卒振拳

图 10-6 清彭元瑞书《御制冰嬉赋》册

第十一章 休闲体育

本卷收录古代休闲体育题材文物 64 件，时代上至新石器时代，下至清代，包括陶器、铜器、瓷器、漆器、画像石、绘画、扇面、织绣、鼻烟壶以及鱼钩等，体现了投壶、垂钓、登高、荡秋千、踢毽子、放风筝等休闲体育项目。

1978 年淮阴高庄战国墓出土的印纹硬陶投壶，体形较大，是我国出土文物中年代较早的投壶之一。

扬州市郊平山荷叶张庄出土的一件铜投壶，造型修长，同壶出土有漆矢 10 支，十分难得。

上海博物馆和台北“故宫博物院”收藏的三件出自南宋官窑的修内司窑和郊坛下窑两处窑址的贯耳瓶式样的投壶，制作精致，是南宋瓷器的精品。

扬州博物馆藏植之雕黄杨木人物鼻烟壶，器物主体由清末著名木雕大师朱植之制作，运用圆雕、浮雕、深刻等手法，壶身一周刻山石林木、亭台楼阁、前塘曲桥，其间雕刻十二老翁，有的垂钓，有的抚琴，有的对弈，有的听泉，构图巧妙，工艺水平高超。

台北“故宫博物院”藏宋苏汉臣《长春百子图》卷，描绘春、夏、秋、冬四时百童嬉戏情景，本卷收录的荡秋千局部图，是我国古代较早的荡秋千图像资料。

一、投壶

1. 印纹硬陶投壶

战国

高 38 厘米，口径 11.2 厘米，底径 19.5 厘米

1978 年淮阴高庄战国墓出土

淮安市博物馆藏

紫红色胎，表面有一薄层黑色陶衣。器壁厚，泥条盘筑法制成。侈口，细长直颈，圆鼓腹，底微内凹。口沿外饰一圈云雷纹。（淮安市博物馆：《淮阴高庄战国墓》，文物出版社，2009 年版，彩版二九；淮阴市博物馆（执笔：王立仕）：《淮阴高庄战国墓》，《考古学报》，1988 年第 2 期，第 189—232 页。）

图 11-1-1　印纹硬陶投壶

2. 青铜投壶

西汉

2015 年江西南昌西汉海昏侯刘贺墓北藏椁东部酒具库出土

图 11-1-2 青铜投壶

江西省文物考古研究院藏

细颈，鼓腹，圈足。尺寸不详。【江西省文物考古研究所、首都博物馆：《五色炫曜：南昌汉代海昏侯国考古成果》，江西人民出版社，2016 年版，第 73 页。】

3. 铜投壶

西汉

高 29 厘米，口径 4.4 厘米，腹径 16.5厘米

扬州市郊平山荷叶张庄出土

扬州博物馆藏

细长直颈，腹鼓，平底，颈中部、肩部和腹部各有弦纹一周。同壶出土有漆矢 10 支，非常难得。【扬州博物馆官方微博】

4. 錾刻云兽纹铜投壶

西汉

高 28.9 厘米，口径 5 厘米，腹径 16.5 厘米，底径 13 厘米

2002 年江苏扬州市平山乡荷叶村张庄出土

扬州市文物考古研究所藏

直口圆唇，细长直颈，扁圆腹，高原足外

图 11-1-3 铜投壶

图 11-1-4 錾刻云兽纹铜投壶

撇。壶底有五个方孔。器身通体布满纹饰，颈部、肩部、腹部有四组主体纹饰带，主要为神瑞和动物纹饰，辅助纹饰有锯齿纹、回纹、弦纹、凸弦纹及斜方格纹等。整器装饰华丽，线条流畅，纹样栩栩如生。【扬州市文物考古研究所：《广陵遗珍：扬州出土文物选粹》，江苏凤凰美术出版社，2018 年版，第 35 页；扬州博物馆：《生命·运动·乐趣：中华古代体育文物》，译林出版社，2018 年版，第 164 页。】

5. 崇山群兽纹铜投壶

汉

高 28 厘米

台北“故宫博物院”藏

瓶，小口，圆唇，直长颈，阶式肩，扁圆腹，圈足外撇。颈部与腹部有鹿纹装饰，鹿作各种姿势，或奔跑，或回首，或做人立状，旁衬叶纹，底衬斜线纹；每道纹饰上下有菱格纹边饰，口缘、肩部及圈足有山形纹。线条细腻，造型生动活泼，具跃动感。【台北“故宫博物院”网站】

图 11-1-5 崇山群兽纹铜投壶

图 11-1-6 铜投壶

6. 铜投壶

汉

高 28.5 厘米，口径 5 厘米

1972 年山东临沂汤河出土

临沂市博物馆藏

口微侈，方唇，竹节形高颈，圆肩，鼓腹，圈足。腹部饰一周宽带纹。【郑西溪：《临沂市博物馆馆藏集萃》，山东美术出版社，2011 年版，第 85 页。】

7. 花草几何纹直颈壶

汉

高 29.8 厘米，腹径 17.6 厘米，重 1250 克

淮南市博物馆藏

直口，厚圆唇，细长颈，溜肩，扁垂腹，腹下部急内收，高圈足。壶体自口至腹下錾刻 17 层热带花草纹和几何纹。精细繁缛，优美典雅。【淮南市博物馆：《淮南市博物馆文物集珍》，文物出版社，2010 年版，第 52—53 页。】

8. 釉陶投壶

西汉

通高 22 厘米，口径 5.5 厘米，腹径 16 厘米，底径 13 厘米

2002 年山东省日照市海曲汉墓出土

日照市博物馆藏

直口，圆唇，长颈，扁圆折腹，圈足。颈部有水波纹，腹部有凹弦纹。【董书涛：《日照博物馆馆藏文物集》，齐鲁书社，2010 年版，第 44 页。】

图 11-1-7 花草几何纹直颈壶

图 11-1-8 釉陶投壶

9. 原始瓷投壶

汉

通高 24 厘米，径长 13 厘米

1988 年山东莒县东陈家楼出土

莒县博物馆藏

原始瓷器。圆口，长颈，腹圆鼓而扁。颈上下饰水波纹，腹上饰三组弦纹。青黄釉，釉不到底。瓷化程度较好。【苏兆庆：《古莒遗珍》，人民美术出版社，2003 年版，第 29 页。】

10. 原始瓷刻画纹投壶

汉

高 28.3 厘米，口径 5.3 厘米，底径 11.5 厘米，腹径 19 厘米

江苏徐州新沂市阿湖镇高庄汉墓 M10 出土

徐州市文物考古研究所藏

图 11-1-9　原始瓷投壶

直颈、鼓腹。颈部有刻画纹。底座略残。（徐州市文物局、徐州市文物考古研究所：《溯·源："十二五"徐州考古》，江苏凤凰美术出版社，2016 年版，第 121 页。）

11. 青瓷直颈壶

汉

高 25 厘米，腹径 18.1 厘米，口径 5.7厘米

徐州博物馆藏

直颈，鼓腹。颈部有刻画纹。【徐州博物馆网站】

12. 釉陶投壶

汉

高 23.5 厘米，口径 4.8 厘米，腹径 15 厘米

图 11-1-10　原始瓷刻画纹投壶

图 11-1-11　青瓷直颈壶

江苏宝应射阳湖镇九里一千墩汉墓群出土

宝应博物馆藏

细长颈，腹部刻多道弦纹，颈部刻四组水波纹。技法娴熟，线条流畅。【扬州博物馆：《生命·运动·乐趣：中华古代体育文物》，译林出版社，2018 年版，第 166 页。】

13. 铜投壶

宋

高 49 厘米，口径 7.25 厘米

高寿征捐赠

南京博物院藏

直颈。颈两侧各具一管状贯耳。1951 年拆城发现。【南京博物院等：《博·戏：中国古代体育文物》，译林出版社，2014 年版，第 146—147 页。】

14. 郊坛下官窑贯耳瓶

南宋

高 12.8 厘米，口径 3.2 厘米，腹径 8.1 厘米，底径 5.2 厘米

1952 年上海市青浦任氏墓出土

上海博物馆藏

直口，长颈，颈旁饰两个筒形贯耳，扁圆形腹，圈足露胎，胎呈酱紫色。裹外施粉青釉，釉汁厚润失透，开冰裂状。口沿釉薄处隐

图 11-1-12 釉陶投壶

图 11-1-13 铜投壶

图 11-1-14 郊坛下官窑贯耳瓶

图 11-1-15 修内司官窑浅青投壶

露胎色，显现出南宋官窑特有的“紫口铁足”特征。官窑是南宋五大名窑之一，有北宋官窑和南宋官窑之分，南宋官窑在今杭州市，又有修内司窑和郊坛下窑两处窑址。此器模仿古代投壶样式，造型简洁雅致，古朴端庄，为郊坛下窑出品。【上海博物馆：《上海博物馆藏品精华》，上海书画出版社，2004 年版，第 100 页。】

15. 修内司官窑浅青投壶

南宋

高 9.7 厘米，口径 2.7 厘米，深 8.7 厘米，足径 3.9 厘米

台北“故宫博物院”藏

直颈，鼓腹，圈足。颈两侧各具一管状贯耳。【台北“故宫博物院”网站】

16. 修内司官窑月白投壶

南宋

高 12.2 厘米，口径 2.2 厘米，深 11.3 厘米，足径 4.8 厘米

台北“故宫博物院”藏

直颈，鼓腹，圈足。颈两侧各具一管状贯耳。【台北“故宫博物院”网站】

17. 雷纹贯耳瓶

宋以后

青铜

高 13.9 厘米

台北“故宫博物院”藏

礼器，投壶式瓶，直口、长颈、圆腹、圈足，颈两侧各具一管状贯耳，耳上缘与器口齐平。颈、耳饰雷纹。【台北“故宫博物院”网站】

图 11-1-16 修内司官窑月白投壶

18. 铜投壶

清

高 40 厘米

南京博物院藏

直口，圆唇，长颈，鼓腹，圈足。颈两侧各具一管状贯耳。器身多处刻纹饰。【南京博物院等：《博·戏：中国古代体育文物》，译林出版社，2014 年版，第 146—147 页。】

19. 清禹之鼎《乔莱书画娱情图》轴

绢本 设色

纵 37.4 厘米，横 29.3 厘米

南京博物院藏

乔莱端坐书桌之前，桌上置有笔墨纸砚。身后是堆积书册的书架。身右侧挂有一画轴。

图 11-1-17 雷纹贯耳瓶

图 11-1-18 铜投壶

图 11-1-19　清禹之鼎《乔莱书画娱情图》轴

画后有一小童。画面下方画着堆放卷轴的几案、茶炉等，案前放有一个投壶，壶内有红色和青色矢数支。乔莱（1642—1694），江苏宝应人，清康熙年间进士，曾任内阁中书、翰林院编修。禹之鼎（1647—1716），清代宫廷画家，擅人物、山水、花鸟、走兽，尤其精于肖像画，与乔莱是同乡。【南京博物院：《清代扬州绘画》，江苏凤凰美术出版社，2014年版，第26页。】

20. 清佚名《仕女行乐图》卷（局部）

绢本　设色

纵46.9厘米，横1361.2厘米

南京博物院藏

图卷绘有二十余个场景，以连续图绘的方式展现了古代仕女的文娱宴饮活动。此画为投壶。【南京博物院：《温·婉：中国古代女性文物大展》，译林出版社，2015年版。】

图11-1-20　清佚名《仕女行乐图》卷（局部）

21. 清院本《十二月月令图十一月》轴（局部）

设色 青绿

纵 175 厘米，横 97 厘米

台北“故宫博物院”藏

绘亭内有人投壶，众人围观。【台北“故宫博物院”网站】

22. 刻花铜投壶

清

高 51.5 厘米，口径 9.5 厘米，底径 18.1 厘米

苏州博物馆藏

直口，圆唇，长颈，鼓腹渐收，下承圈足。颈两侧各具一管状贯耳。器身多处刻纹饰。腹部饰以兽首及出脊。庄重华美。【扬州博物馆：《生命·运动·乐趣：中华古代体育文物》，译林出版社，2018 年版，第 166 页。】

23. 投壶箭筒

近代

通长 96 厘米，口径 6 厘米

苏州博物馆藏

箭筒由竹篾编织而成，两侧编有四个系孔，内置竹箭十支。【扬州博物馆：《生命·运动·乐趣：中华古代体育文物》，译林出版社，2018 年版，第 167 页。】

图 11-1-21 清院本《十二月月令图十一月》轴（局部）

图 11-1-22 刻花铜投壶

图 11-1-23 投壶箭筒

二、垂钓

1. 骨鱼钩

新石器时代（距今约 7300 年）

安徽省蚌埠市双墩遗址出头

安徽博物院藏

钩尖呈三角形。上部有一孔，用作捆绑鱼线。【安徽博物院：《安徽文明史陈列》，文物出版社，2012 年版，上册，第 36 页。】

2. 骨鱼钩

新石器时代 广富林文化（约公元前 2100 年—前 1900 年）

2013 年上海松江广富林遗址出土

长 3.1 厘米

上海博物馆藏

磨制精细，造型小巧。钩尖呈三角形，其上有不明显的倒刺。钩弯处也有倒刺。上部有用作捆绑鱼线的钩。【上海博物馆：《柏林·上海：古代埃及与早期中国文明》，上海书画出版社，2017 年版，第 280 页。】

3. 水榭图画像石

东汉

纵 93 厘米，横 86 厘米，厚 18 厘米

山东滕州山亭驳山头出土

滕州市汉画像石馆藏

祠堂画像石。两面有图像。正面刻一水榭。水榭及斗拱之上各坐一人垂钓，梯上三人登临。水中有鱼、龟、异兽。【中国滕州汉画像石馆、美国威廉帕特森大学中国艺术中心：《汉人之魂：中国滕州汉画像石》，中国滕州汉

图 11-2-1 骨鱼钩

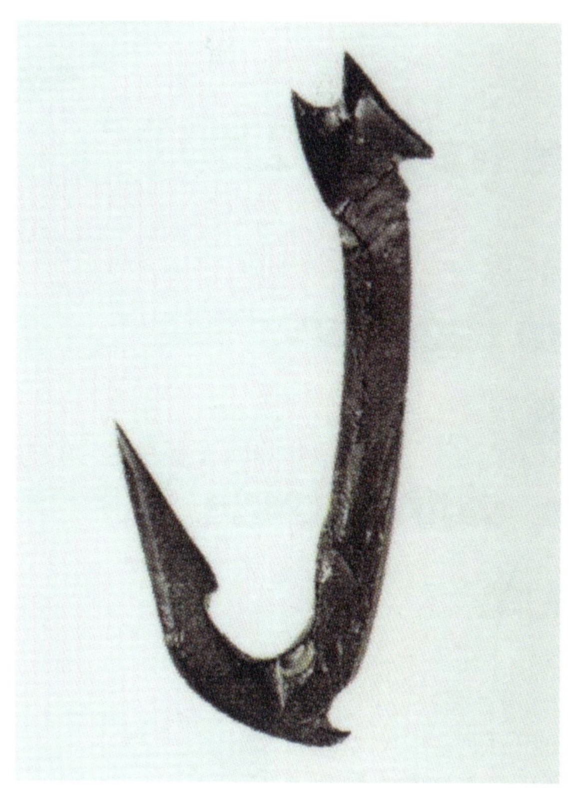

图 11-2-2 骨鱼钩

图 11-2-3　水榭图画像石

画像石馆、美国威廉帕特森大学中国艺术中心，2017 年版，第 44—45 页。】

4. 元王蒙《花溪渔隐》轴

纸本　浅设色

纵 128.4 厘米，横 54.6 厘米

台北“故宫博物院”藏

幅左下角，桃花盛开，枝叶繁茂，隐者泛舟垂钓树下。沿溪溯上，柳暗花明，茅屋隐居山林之中。用笔绵密而精工，设色雅淡宜人。王蒙（1308—1385），元代画家。【台北“故宫博物院”网站】

5. 元盛懋《秋溪垂钓图》轴

绢本设色

纵 179 厘米，横 106 厘米

济南市博物馆藏

此图描绘一位白衣高士独坐溪岸，垂竿而钓的情景。作者以劲健浑厚的笔法刻画出山川的雄伟和人物的怡然神态。款署“武塘盛懋子昭”。盛懋（生卒年不详），字子昭，浙江嘉兴人，善画人物、山水、花鸟。【济南市文物局、济南市考古研究所、济南市博物馆：《济南文物精粹·馆藏卷》，文物出版社，2018 年版，第180—181 页。】

6. 明戴进《渭滨垂钓图》轴

绢本 设色

纵 139.6 厘米，横 75.4 厘米

台北“故宫博物院”藏

这幅画主题为“渭滨垂钓”，描绘的是周文王拜访在渭水边隐居垂钓的姜太公，邀请他入朝辅政的故事。地上的豹皮、钓具点出主人

图 11-2-4 元王蒙《花溪渔隐》轴

图 11-2-5 元盛懋《秋溪垂钓图》轴

图 11-2-6 明戴进《渭滨垂钓图》轴

图 11-2-7 明沈周《桐荫乐志图》堂幅

翁姜太公渔隐的生活，他与周文王两人拱手交谈，站立于画面中央，成为目光的焦点。周文王的侍骑五人，则隐蔽在树丛右侧，耐心地等待着这历史性时刻的来临。【台北“故宫博物院”网站】

7. 明沈周《桐荫乐志图》堂幅

纵 173 厘米，横 86 厘米

安徽博物院藏

绘天朗气清，山清水秀，桐荫下一高士独坐舟头，悠闲垂钓。沈周（1427—1509），字启南，号石田，晚号白石翁，明代绘画大师，吴门画派之开山鼻祖。【安徽博物院网站】

8. 明陆治《寒江钓艇》轴

明穆宗隆庆二年（1568）

纸本 设色

纵 65.7 厘米，横 36.6 厘米

台北“故宫博物院”藏

寒冬时节，白雪飘飘，江面上一艇停泊，

船头坐一老翁，身着蓑衣，头戴竹帽，双手缩在袖中，扶住鱼竿，聚精会神垂钓。江岸一古木已枯，枝干粗壮，枝头尖锐，树下红叶覆盖点点白雪。颇具柳宗元《江雪》之“千山鸟飞绝，万径人踪灭。孤舟蓑笠翁，独钓寒江雪”意境。款题“隆庆二年夏日，包山陆治”。陆治（1496—1576），字叔平，明代画家，吴县（今江苏苏州）人，因居包山，自号包山。包山，古山名，今名苏州西山，又名洞庭西山，位于苏州古城西南40多公里的太湖之中。【台北“故宫博物院”网站】

9. 清王鉴《蔡肇诗意图》(局部)

清顺治十六年（1659年）

轴　纸本　墨笔

纵64.7厘米，横40.6厘米

南京博物院藏

画面中有泛舟、垂钓场景。王鉴（1598—1677年），太仓（今属江苏）人，明末清初著名画家。王鉴论画，常以“树石苍润，墨气遒美”，“笔法遒美，元气淋漓”为最高境界，此幅是他这一标准很好的体现。【南京博物院：《清代娄东虞山绘画》，江苏美术出版社，2013年版，第12页。】

图11-2-8　明陆治《寒江钓艇》轴

图11-2-9　清王鉴《蔡肇诗意图》（局部）

10. 清禹之鼎、查士标《乔莱柳荫垂钓图》轴

纸本　设色

纵 37.5 厘米，横 29.7 厘米

南京博物院藏

画中人物为乔莱，头戴草帽，身披蓑衣，坐于船头垂钓。乔莱（1642—1694），江苏宝应人，清康熙年间进士，曾任内阁中书、翰林院编修。禹之鼎（1647—1716），清代宫廷画家，擅人物、山水、花鸟、走兽，尤其精于肖像画，与乔莱是同乡。画面中的人物为禹之鼎所绘，景色为查士标所补。查士标（1615—1698），明末秀才，清初著名画家、书法家和诗人。【扬州博物馆：《生命·运动·乐趣：中华

图 11-2-10　清禹之鼎、查士标《乔莱柳荫垂钓图》轴

古代体育文物》，译林出版社，2018 年版，第 158—159 页。】

11. 清王云《秋山垂钓图》轴

绢本 设色

纵 41 厘米，横 57 厘米

南京博物院藏

该图以界画手法绘制而成，前景山石峻嶒，流水木桥，茂树灿烂，木桥上一文士缓缓独行，水岸边一高人独坐垂钓，悠然自得；远处峰峦起伏，林木深深，楼台亭阁依水而建，文士坐看对岸秋景，陶醉于秋天湖光山色之中。王云（1652—1735 后），江苏高邮人，清康熙年间绘画名家，在江淮一带享有盛名。【南京博物院：《清代扬州绘画》，江苏凤凰美术出版社，2014 年版，第 29 页。】

12. 清袁江《昼锦堂图》轴（局部）

绢本 设色

纵 135.2 厘米，横 26.6 厘米

南京博物院藏

以欧阳修昼锦堂文记为题，写宋代重臣韩琦居读处。画面右下角有一人垂钓。垂柳、长殿、高松、远岫，画面工整严密，一笔不苟，画中人物甚小，但仍精细入微。袁江（约 1671—1746），字文涛，号岫泉，清代著名画家。【南京博物院：《清代扬州绘画》，江苏凤凰美术出版社，2014 年版，第 38—39 页。】

图 11-2-11 清王云《秋山垂钓图》轴

13. 清黄慎《长竿钓鳖图》轴

纵 103 厘米，横 53 厘米

杭州博物馆藏

描绘一位渔翁，一手持鱼竿，一手持鱼钩，钩上有一鱼。艺术风格鲜明，用饱蘸水墨之笔挥写出渔叟粗朴的外衣，所持鱼竿则用细笔重墨一笔到底，挺直而准确。渔翁手中那尾鱼用淡墨简括，似乎还在扭动挣扎，老翁视之，眉宇间呈现喜悦之情，从人物的形到神都刻画得丝丝入扣。黄慎(1687—1768后)，清代画家“扬州八怪”之一。【吴晓力主编：《珍藏杭州：杭州博物馆北馆展品集

图 11-2-12　清袁江《昼锦堂图》轴（局部）

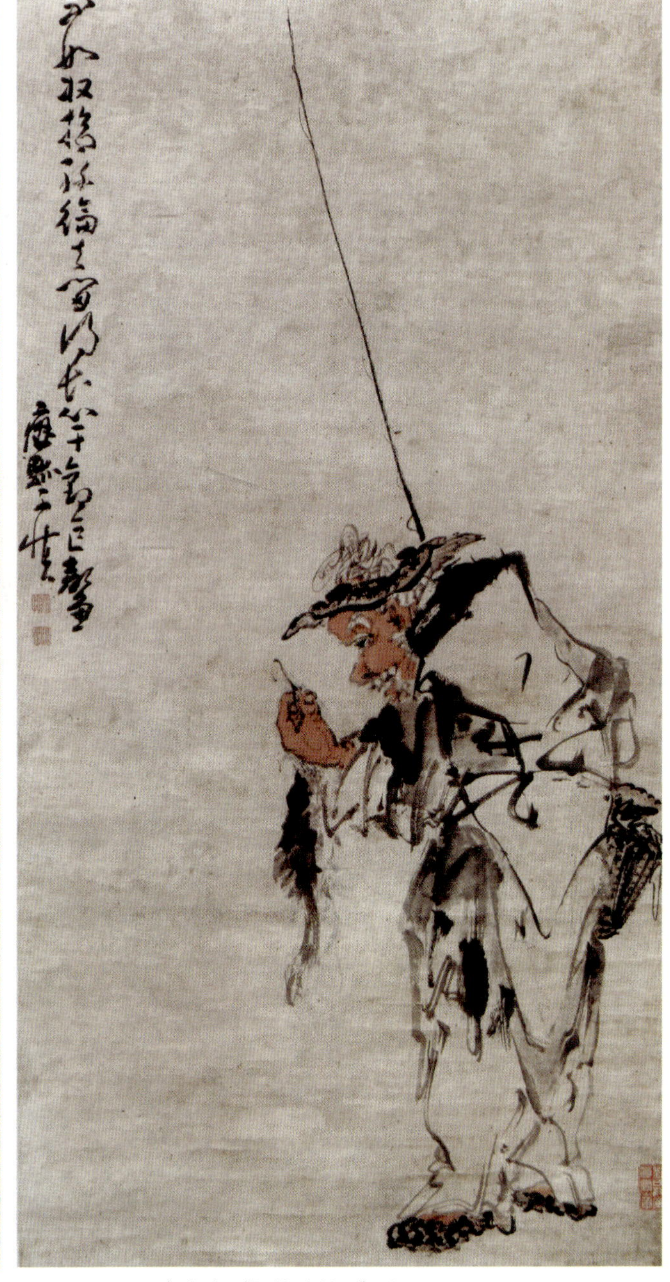

图 11-2-13　清黄慎《长竿钓鳖图》轴

萃》，浙江人民美术出版社，2012 年版，第 136 页。】

14. 清院本《清明上河图》卷（局部）

清高宗乾隆元年（1736）

绢本　设色

纵 35.6 厘米，横 1152.8 厘米

台北“故宫博物院”藏

清院本《清明上河图》卷由清宫画院的五位画家陈枚、孙祜、金昆、戴洪、程志道在乾隆元年（1736）合作画成，因此又称为“清院本”。所画事物繁多，用色鲜丽明亮，用笔圆熟，界画桥梁、屋宇、人物皆细腻严谨，是研究明清之际社会风俗不可或缺的材料。此局部描绘一人于岸边垂钓，旁有一渔者以渔网捕鱼。【台北“故宫博物院”网站】

15. 清院本《十二月月令图六月》轴（局部）

绢本　设色

纵 175 厘米，横 97 厘米

台北“故宫博物院”藏

此局部绘池塘荷花盛开，一青年男子在凉亭内凭栏垂钓，身旁盆中存放几只已经钓上的鱼儿，吸引两位孩童逗弄。【台北“故宫博物院”网站】

图 11-2-14　清院本《清明上河图》卷（局部）

图 11–2–15　清院本《十二月月令图六月》轴（局部）

16. 清道光慎德堂款松石绿地粉彩描金缠枝莲花开光人物纹兽耳扁瓶

高 30 厘米

口径 9.3×7.9 厘米

足径 11.1×9.2 厘米

故宫博物院藏

瓶体长方，敞口微外撇，短颈，腹下渐敛，圈足，颈两侧置狮子衔环耳。瓶内外体及圈足处均施松石绿釉。腹部两面各开上大下小的长方形开光。开光内分别绘寒江独钓图与踏雪寻梅图。足底有红彩“慎德堂制”四字楷书款。慎德堂是圆明园九州清晏建筑群中的一座，于道光十一年（1831）建成，是道光皇帝在圆明园的主要生活场所。慎德堂款瓷器是道光皇帝在圆明园的御用瓷器，由道光时期的景德镇御窑厂烧造，代表了当时中国瓷器制作的最高水平，其产品之精致，同时期其他瓷器无法比拟。【故宫博物院：《故宫博物院藏慎德堂款瓷器》，故宫出版社，2014 年版，第 50—53 页；赵聪月：《慎德堂与慎德堂款瓷器》，《故宫博物院院刊》，2010 年第 2 期，第 113—129 页。】

17. 清陈崇光《仿倪瓒山水图》扇叶

纸本　设色

纵 18.8 厘米，横 52 厘米

南京博物院藏

图中所绘丘陵连绵，碧水环绕，草木华滋，庭院深深，一高士独坐于舟上垂钓，悠闲自得，一派空寂幽静的江南之景跃然纸上，立意高古浓郁，运笔明洁秀润，无轻浮之感。陈

图 11-2-16　清道光慎德堂款松石绿地粉彩描金缠枝莲花开光人物纹兽耳扁瓶

图 11-2-17　清陈崇光《仿倪瓒山水图》扇叶

崇光（1838—1896），清代画家，原名召，字崇光，后改字若木、栎生，号纯道人，江苏扬州人。倪瓒（1306 或 1301—1374），江苏无锡人，元末明初画家、诗人。【南京博物院：《清代扬州绘画》，江苏凤凰美术出版社，2014 年版，第 289 页。】

18. 清陈崇光《垂钓图》团扇页

绢本　设色

扬州博物馆藏

绘江渚边，古树下，一长髯老者手持长竿，正在垂钓，其身后小童手提鱼篓。线条细劲流畅，意境静穆平和。【扬州博物馆：《生命·运动·乐趣：中华古代体育文物》，译林出版社，2018 年版，第 157 页。】

19. 清李誉《柳溪渔乐图》轴

纸本　设色

纵 138.7 厘米，横 38.9 厘米

南京博物院藏

绘一人坐立船头垂钓。构图简洁，笔墨淡雅。李誉，扬州人，晚清画家。【南京博物院：《清代常州京江绘画》，江苏凤凰美术出版社，2014 年版，第 274 页。】

图 11-2-18　清陈崇光《垂钓图》团扇页

图 11-2-19 清李誉《柳溪渔乐图》轴

20. 清朱真《寒江独钓图》扇页

扬州博物馆藏

近处萍花荻草沉浮，远山寒鸦数点，烟波浩渺之中，一老叟独舟垂钓其间，颇得意趣。朱真（生卒年不详），晚清画家。【扬州博物馆：《生命·运动·乐趣：中华古代体育文物》，译林出版社，2018 年版，第 160 页。】

21. 清程瑀人物扇面

纸本

纵 35.3 厘米，横 65.5 厘米

连云港博物馆藏

描绘一位老者，头戴竹笠，赤脚坐在河边，聚精会神垂钓，一副悠然自得的神态。程瑀，生平不详。【连云港博物馆：《连云港馆藏文物精粹》，荣宝斋出版社，2006 年版，第 109 页。】

22. 清佚名人物画团扇页

直径 30 厘米

宝应博物馆藏

绘一老翁在船头垂钓，其后有一小童读书。【扬州博物馆：《生命·运动·乐趣：中华古代体育文物》，译林出版社，2018 年版，第 161 页。】

23. 山水人物藤编漆盘

清

高 2.2 厘米，口径 13.4 厘米，底径 9 厘米

青岛市博物馆藏

圆形，折沿，弧形内壁髹红漆，藤编纹理清晰可见；内底髹黑漆上金漆绘画：粗细两道圈内，树石相依，水波荡漾，荫中楼阁，岸边

图 11-2-20 清朱真《寒江独钓图》扇页

图 11-2-21 清程瑀人物扇面

亭榭内一人戴帽坐观对面船夫钓得鱼一条，远处一侍童撑伞提壶缓步走来。偏右上方书“十里滩头九里沙，数间茅屋伴梅花，就船买得鱼偏美，踏雪沽来酒更佳”行书四行。盘背面髹黑漆，素面，矮圈足。中间红漆书写“日新”行书二字。【青岛市博物馆网站】

24. 植之雕黄杨木人物鼻烟壶

清

通高 6.9 厘米，口径 1.8 厘米，底径 1.8 厘米

征集

扬州博物馆藏

图 11-2-22 清佚名人物画团扇页

图 11-2-23 山水人物藤编漆盘

图 11-2-24 植之雕黄杨木人物鼻烟壶

器物主体由清末著名木雕大师朱植之制作，黄杨木质，溜肩，有盖，运用手法有圆雕、浮雕、深刻等。盖顶雕太白醉酒图。壶身一周刻山石林木、亭台楼阁、前塘曲桥，其间雕刻十二老翁，有的垂钓，有的抚琴，有的对弈，有的听泉。肩部有“植之刻”款识。壶盖下连接一根象牙小匙，直插腹中，此为另一象牙雕刻家郑桐所作，上刻汉代李延年诗“北方有佳人，绝世而独立，一顾倾人城，再顾倾人国。不知倾人与倾国，佳人难再得”，其下落款“寿之仁兄大人雅正逸琴弟郑桐刻”。【扬州市文物局：《韫玉凝晖：扬州地区博物馆藏文物精粹》，文物出版社，2015年版，第235页。】

三、登高

清院本《十二月月令图九月》轴（局部）

图11-3 清院本《十二月月令图九月》轴（局部）

绢本 设色

纵175厘米，横97厘米

台北“故宫博物院”藏

绘重阳登高之意。秋风阵阵，几位文士坐在山上平台，品尝糕点，对饮菊花酒，互相唱和。【台北“故宫博物院”网站；吴春枝：《清院本〈十二月令图〉的思想与文学意涵》，淡江大学硕士论文，2012年，第108—114页。】

四、荡秋千

1. 宋苏汉臣《长春百子图》卷（局部）

绢本 设色

纵30.6厘米，横521.9厘米

台北“故宫博物院”藏

描绘春、夏、秋、冬四时百童嬉戏情景，有荡秋千、骑木马、下棋、钓鱼、采荷、扑蝶、

图 11-4-1 宋苏汉臣《长春百子图》卷（局部）

斗蟋蟀、蹴鞠等各种游戏。户外庭院，四季景色分明，孩童尽兴玩耍，个个天真活泼。旧传为苏汉臣之作。该局部绘儿童荡秋千，是我国古代较早的荡秋千图像资料。【台北“故宫博物院”网站】

2. 明吴彬《岁华纪胜图》册“秋千”

纸本 设色

推蓬装，方幅式

纵 29.4 厘米，横 69.8 厘米

台北“故宫博物院”藏

吴彬《岁华纪胜图》册共十二幅，分别描绘一年十二个月的活动，主题依次是：元夜、

图 11-4-2　明吴彬《岁华纪胜图》册“秋千”

秋千、蚕市、浴佛、端阳、结夏、中元、玩月、登高、阅操、赏雪、大傩。“秋千”为第三幅，画楼阁庭院，院中仕女群聚玩秋千。吴彬，字文中，号枝隐头陀、枝庵发僧、枝隐庵主，今福建莆田人，明万历年间（1573—1620）著名山水画家。【台北“故宫博物院”网站】

3. 明仇英《清明上河图》卷（局部）

绢本　设色　青绿

纵 34.8 厘米，横 804.2 厘米

台北“故宫博物院”藏

绘仕女荡秋千。【台北“故宫博物院”网站】

4. 清院本《清明上河图》卷（局部）

清高宗乾隆元年（1736）

绢本　设色

纵 35.6 厘米，横 1152.8 厘米

台北“故宫博物院”藏

绘院中仕女玩秋千。【台北“故宫博物院”网站】

5. 清院本《十二月月令图二月》轴（局部）

设色　青绿

纵 175 厘米，横 97 厘米

台北“故宫博物院”藏

农历二月，天气已由酷寒变得稍稍温暖。园中开满了杏花，女孩们在院里荡着秋千。【台北“故宫博物院”网站】

6. 清丁观鹏绘《仿仇英汉宫春晓图》卷(局部)

清高宗乾隆三十三年（1768）

纸本　设色　青绿　描金

纵 34.5 厘米，横 675.4 厘米

台北“故宫博物院”藏

画院中众仕女玩秋千。秋千架立于高台之上。【台北“故宫博物院”网站】

图 11-4-3 明仇英《清明上河图》卷（局部）

图 11-4-4 清院本《清明上河图》卷（局部）

图 11-4-5 清院本《十二月月令图二月》轴（局部）

图 11-4-6　清丁观鹏绘《仿仇英汉宫春晓图》卷(局部)

五、放风筝

1. 明仇英《清明上河图》（辛丑本）（局部）

绘于 1542—1545 年

绢本　设色

纵 34 厘米，横 797 厘米

私人收藏

绘五位儿童在院外嬉戏，其中两位儿童放风筝。院内桃花盛开，楼阁上有三人饮茶闲谈，两侍童站立一旁。【柯继承：《大明苏州：仇英〈清明上河图〉中的社会风情》，古吴轩出版社，2018 年版，第 26 页。】

2. 清院本《清明上河图》卷（局部）

清高宗乾隆元年（1736）

绢本　设色

纵 35.6 厘米，横 1152.8 厘米

台北“故宫博物院”藏

清明时节，云淡风轻，有人在岸边放风筝。只见两只风筝高高飞翔，吸引众人纷纷驻足观看。【台北“故宫博物院”网站】

3. 清院本《十二月月令图二月》轴（局部）

绢本　设色

纵 175 厘米，横 97 厘米

台北“故宫博物院”藏

二月天，春风送暖，天真烂漫、活泼好动

图 11-5-1 明仇英《清明上河图》(辛丑本)(局部)

图 11-5-2 清院本《清明上河图》卷(局部)

图 11-5-3 清院本《十二月月令图二月》轴（局部）

的小童们在郊外放风筝。画面富有生活气息。【台北“故宫博物院”网站】

4. 清佚名《升平乐事图》册“蝙蝠风筝”

设色 描金

册，蝴蝶装，方幅式

纵 18.5 厘米，横 24.3 厘米

台北“故宫博物院”藏

绘两位女子和两位孩童。一孩童一边放风筝，一边奔跑。画面生动，寓意吉祥。【台北“故宫博物院”网站】

5. 紫檀边缂丝耕织图挂屏

清

长 95 厘米，宽 63 厘米

南京博物院藏

吸取国画的工笔、写意相结合的画法，以月白色经线作底色，缂出小桥流水、山石、草坡、垂柳等多种景观，河边有孩童在放风筝。构图合理，生动活泼，富有生活气息。【南京博物院：《历代织绣》，江苏美术出版社，2013 年版，第 127 页。】

图 11-5-4 清佚名《升平乐事图》册“蝙蝠风筝”

图 11-5-5　紫檀边缂丝耕织图挂屏

6. 江雨三款刻瓷人物风筝图挂屏

清

长 21 厘米，宽 15 厘米

扬州博物馆藏品

传世品。用极简洁的线条，刻画了三个孩童在野外放风筝的场景，一个孩童仰望天空，神情专注；风筝高悬空中，任凭风儿戏弄，孩童手中之线似有飘荡之感。此画线条流畅细腻，走刀流畅，既连续不断，又十分准确，表现出高超的刻瓷技艺。题款为“春风早抬举，高拂玉云飞”，落款“江雨三刻”，印文“雨三”。【扬州博物馆：《生命·运动·乐趣：中华古代体育文物》，译林出版社，2018 年版，第 132—133 页。】

7. 黑漆嵌螺钿人物纹圆漆盘

清康熙

图 11-5-6 江雨三款刻瓷人物风筝图挂屏

图 11-5-7 黑漆嵌螺钿人物纹圆漆盘

口径 13 厘米

青岛市博物馆藏

盘为圆形，木胎，整器髹黑漆，宽平沿，沿面用细钿丝嵌成菱形几何纹，盘中部螺钿镶嵌出庭院人物图，宽阔的庭院中，垂柳山石，细草飞蝶，两位顽童正欢快地放风筝，旁边站立一位盘髻仕女，广袖长裙，和颜悦色地望着两位孩童。螺钿闪现五彩色泽。外盘底中心方格内嵌“千里”二字。【青岛市博物馆网站】

8. 清道光慎德堂款粉彩婴戏纹瓶

高 29.8 厘米，口径 10.9 厘米，足径 10.2 厘米

故宫博物院藏

一对。撇口，束颈，肩下渐收，圆腹，圈足。通体以粉彩装饰。腹部绘三名儿童于草地上放飞喜字风筝，一旁绘梅树，四只燕子环绕枝头，或飞或栖，一派春意盎然的景象。足底有红彩“慎德堂制”四字楷书款。慎德堂款瓷器是道光皇帝在圆明园的御用瓷器。此瓶为道

光二十三年（1843）十二月十九日进贡至宫廷，是专为春节烧造的，清宫档案记载的名称是“春风燕喜如意尊”。

【故宫博物院：《故宫博物院藏慎德堂款瓷器》，故宫出版社，2014 年版，第 50—53 页；赵聪月：《慎德堂与慎德堂款瓷器》，《故宫博物院院刊》，2010 年第 2 期，第 11—129 页。】

图 11-5-8　清道光慎德堂款粉彩婴戏纹瓶

六、踢毽子

1. 清画院《十二月月令图十二月》轴（局部）

设色　青绿

纵 175 厘米，横 97 厘米

台北“故宫博物院”藏

绘三个孩童在院中踢毽子。

【台北“故宫博物院”网站】

图 11-6-1　清画院《十二月月令图十二月》轴（局部）

2. 清佚名《升平乐事图》册“鹅灯踢毽”

设色　描金

册，蝴蝶装，方幅式

纵 18.5 厘米，横 24.3 厘米

台北“故宫博物院”藏

绘孩童踢毽子，玩鹅灯。画面生动，寓意吉祥。【台北“故宫博物院”网站】

图 11-6-2　清佚名《升平乐事图》册“鹅灯踢毽”

第十二章 儿童体育游戏

本卷收录古代儿童体育游戏题材文物81件，时代上限为新石器时代，下至清代，包括陶器、铜器、铜像、金银器、瓷器、漆器、竹木器、石雕、石刻、砖雕、泥塑、绘画、扇面、织绣、年画、象牙雕、首饰等，体现了打陀螺、玩鸠车、骑牛、斗草、摸鱼、逗鸟、踢瓶、摔跤、下棋、推枣磨、捉柳花、骑竹马、坐旱船、捉迷藏、荡秋千、放风筝、老鹰捉小鸡等丰富多彩的古代儿童体育游戏形式。

1973—1978年，考古工作者在河姆渡遗址共发掘出42件陀螺，其中陶制陀螺4件、木制陀螺38件。陶制陀螺和一些木制陀螺的形体与今日常见的陀螺无异，这说明史前时期我国就有了玩陀螺的游戏。本卷收录了其中的一件陶陀螺。

鸠车是汉代常见的儿童玩具。本卷收录的台北“故宫博物馆”收藏的一件汉代青铜鸠车，主体之鸠背上负一只小鸠，胸前附有另一只小鸠，神态生动，造型别致。

1982年1月江苏省镇江市丹徒丁卯桥唐代银器窖藏出土的一件鎏金婴戏纹三足银瓶，腹部有三个莲瓣形开光，开光内部刻画童子乐舞、斗草、说唱，工艺水平高超，是我国较早的婴戏题材文物。

1958年浙江嵊县（今为嵊州市）富润乡出土的五代时期的一件青釉千秋万岁七子瓷盒，盖面上均匀印有七男婴嬉戏纹，其外两两相对刻有“千秋万岁”四字，七男婴四肢伸展，姿态各异，做着不同的动作。该瓷盒做工精良，印文生动，内容吉祥，堪称五代越窑精品。

2012年曹其镛、曹罗碧珍夫妇向浙江省博物馆捐赠的元“张成造”剔红婴戏图盘，刻七位儿童在花园内游戏和捉迷藏，形态逼真，手法细腻。专家根据盘底针刻的“张成造”款，认定这件漆盘为元代浙江雕漆名匠张成的作品。张成系浙江嘉兴西塘杨汇（今嘉善县）人，其作品目前在大陆仅存四件，这件剔红婴戏图盘是其中之一，堪称国宝。

1976年镇江市五条街骆驼岭宋代遗址出土的一组红陶泥塑童戏像，共有五件，反映儿童摔跤场面，均出自名匠之手，做工精致，将儿童的天真、幼稚、可爱，表现得惟妙惟肖，是国家一级文物。

自宋代以来，在市民文化兴起的影响下，以北宋末年张择端《清明上河图》为代表的社会风俗画大量涌现，婴戏图是其中一种常见的类型。本卷收录了20余幅宋代以来的婴戏图，其中最为著名的当属台北“故宫博物院”藏宋苏汉臣《秋庭戏婴图》轴。这幅画描绘姐弟二人围着小圆凳，聚精会神地玩推枣磨的游戏，不远处的圆凳、草地上，还散置着转盘、小佛塔、铙钹等精致的玩具，是当之无愧的古代婴戏图绘画的经典作品。

婴戏图是明清时期瓷器常见的装饰图案。本卷收录了十余件明清景德镇御窑和民窑烧造的婴戏图瓷器，有六子纹、十六子纹、二十子纹等，游戏内容丰富，器型多种多样（有瓷碗、瓷盘、瓷瓶、瓷杯、瓷罐、瓷壶、瓷尊等），装饰手法包括青花、斗彩、粉彩，对于研究明清时期婴戏图瓷器的发展演变，具有较高价值。

南京博物院收藏的两件清代长方形百子图壁挂，尺幅巨大，运用多种针法共绣制300多个孩童各种游戏场面（包括放风筝、骑鹿、抖空竹、钓鱼、抬轿、放烟花、推车等等），工艺精湛，针法细腻，是清代宫廷皇帝大婚之喜的装饰品。

台北“故宫博物院”藏清代银镀金点翠嵌料石米珠婴戏簪，其上有童子九人，各执桃实、灵芝、双鱼、笙、戟、磬、宝相花等吉祥物件，嬉游于红白莲花间，以莲塘童子谐音寓意连生贵子，图景层次感强，构思巧妙。

清末民初著名黄杨木雕刻名家朱子常的两件黄杨木雕，表现儿童捉迷藏场景，刀法多变，构思巧妙，童子们各显其态，童真童趣跃然其中，是朱子常的代表作。

宝应博物馆收藏的一对清代童戏青花瓷盘，盘心图案为九位儿童玩“老鹰捉小鸡”游戏，充满童趣，是难得一见的“老鹰捉小鸡”题材文物。

一、打陀螺

1. 河姆渡遗址出土陶陀螺

河姆渡文化一期（约前5000—前4500年）

高3.5厘米，直径3.2厘米

1977年浙江余姚河姆渡遗址T233出土

余姚市河姆渡遗址博物馆藏

陶质。1973—1978年，考古工作者在河姆渡遗址共发掘出42件陀螺，其中陶制陀螺4件、木制陀螺38件，其中陶制陀螺和一些木制陀螺的形体与今日常见的陀螺无异。这是其中的一件陶制陀螺。【河姆渡遗址博物馆：《河姆渡文化精粹》，文物出版社，2002年版，第158页；王海明：《河姆渡遗址与河姆渡文化》，《东南文化》，2000年第7期，第15—22页；李艳平、戴念祖：《中国的陀螺》，《中国科技史杂志》，2008年第3期，第250—259页。】

图12-1-1 河姆渡遗址出土陶陀螺

2. 宋苏汉臣《婴戏图》轴（局部）

纸本　设色

纵58.7厘米，横34厘米

台北“故宫博物院”藏

绘两孩童打陀螺。【台北“故宫博物院”网站；扬之水：《从孩儿诗到百子图》，人民美术出版社，2014年版，第1—38页。】

图 12-1-2 宋苏汉臣《婴戏图》轴（局部）

二、鸠车

1. 青铜鸠车

汉

通高 4.3 厘米，宽 4.3 厘米，厚 17.0 厘米，重 108.8 克

台北“故宫博物院”藏

主体之鸠背上负一只小鸠，胸前附有另一只小鸠，小鸠尖喙与大鸠之喙相接，神态亲昵，似正在接受母鸟之哺育。母鸠之尾形状长而宽扁，向后平伸于地而起平衡作用。鸠车是汉代常见的儿童玩具。【台北“故宫博物院”网站】

2. 鸠车

明晚期

通高 16.5 厘米，腹深 14.3 厘米，口径 7.7 厘米，长 15.5 厘米，宽 8.9 厘米

台北“故宫博物院”藏

图 12–2–1　青铜鸠车

图 12–2–2　鸠车

鸟形，背上负樽，足部、尾部有轮可转动。鸠的胸前贴饰着兽面，背上装饰着夔纹，尾羽处以雷纹为饰。表面略呈银白色，布满赭红假锈，在樽与鸟背相接处以绿色假锈掩盖接合痕迹。此器造型十分特殊，其灵感可能来自汉代儿童的玩具。【台北“故宫博物院”网站】

三、牧童骑牛

1. 石雕牧童骑牛

唐

其一高 4.6 厘米，长 6.2 厘米，宽 4.1 厘米

其二高 4.4 厘米，长 7.1 厘米，宽 3.4 厘米

济宁市中区北门里染料厂出土

济宁市博物馆藏

一牛昂首，一牛平视，四肢坐卧，身躯肥圆，做坐卧休憩状。牧童前屈伏于牛背，左手执长鞭，右手按牛背。【济宁市文物局：《济宁文物珍品》，文物出版社，2010 年版，第 188 页。】

2. 童子骑牛铜像

宋

高 6.5 厘米

青岛市博物馆藏

以铜浇铸，一体格健硕的老牛四脚站立于长方形座上，做昂首嘶鸣状。一双髻短衣牧童侧身跨坐牛背之上，神态憨厚可爱。【青岛市博物馆网站】

3. 红木镶嵌银丝牧童骑牛

清

通高 23.8 厘米，底座长 23.5 厘米

青岛市博物馆藏

图 12-3-1 石雕牧童骑牛

图 12-3-2 童子骑牛铜像

图 12-3-3 红木镶嵌银丝牧童骑牛

此两牧童骑牛主题的木雕为红木所制，木质呈深枣红色，牛背上骑着大小二童嬉戏玩耍。牛呈行走状，神态逼真，身体前倾，全身所嵌银丝表现牛毛的纹路和衣服花纹。近看牛头平直、两眼目视前方，膘肥体壮，四肢有力，毛纹清晰柔顺，形态自然、生动；远望则具有红铜雕塑质感，整件造型生动，形神兼备、做工细腻、富有生活气息。【青岛市博物馆网站】

四、婴戏图瓷器

1. 青釉千秋万岁七子瓷盒

五代

高 3.8 厘米，口径 12.4 厘米，底径 7.6厘米

1958 年浙江嵊县（今嵊州市）富润乡出土

中国国家博物馆藏

扁圆形，由盖与身两部分组成。盖面上均匀印有七男婴嬉戏纹，其外两两相对刻有“千秋万岁”四字。七男婴四肢伸展，姿态各异，做着不同的动作，有的跑，有的跳，有的前后追逐游戏，活泼可爱。除子母口外通体施青釉，釉色青绿泛黄。做工精良，印文生动。内容寓意吉祥，堪称五代越窑精品。此盒体积较一般粉盒偏大，据刻字内容和印花图案分析，应为药盒。【中国国家博物馆：《中国国家博物馆馆藏文物研究丛书·瓷器卷（商—五代）》，上海古籍出版社，2014 年版，第 255 页。】

图 12-4-1 青釉千秋万岁七子瓷盒

2. 明宣德青花婴戏图碗

明代宣德年间（1426—1435）

高 6.6 厘米，口径 19.5 厘米，底径 7.4 厘米

台北“故宫博物院”藏

腹壁绘中式山水、园林奇石景致，见十六童子嬉戏于庭院中。【台北“故宫博物院”网站】

图 12-4-2 明宣德青花婴戏图碗

3. 明宣德青花婴戏图碗

明代宣德年间（1426—1435）

高 6.7 厘米，深 5.6 厘米，口径 19.3 厘米足径 6.4 厘米

台北“故宫博物院”藏

外壁绘山水、园林奇石景致，有十六童子于庭院中嬉戏。【台北“故宫博物院”网站】

图 12-4-3 明宣德青花婴戏图碗

4. 明宣德青花婴戏图碗

明代宣德年间（1426—1435）

高 8 厘米，口径 17.5，底径 6.5 厘米

厦门市博物馆藏

碗心绘一童子蹴鞠图，外壁通体绘庭院十六子图案，一群孩童在花丛中嬉戏，有的捧书吟诵，有的骑木马奔跑，呈现一幅童趣生动的场景。碗底有“大明宣德年制”款。【厦门市博物馆网站】

图 12-4-4 明宣德青花婴戏图碗

5. 青花婴戏图碗

明正统至天顺（1436—1464）

高 12.1 厘米，口径 22.4 厘米，足径 7.8 厘米

上海博物馆藏

外壁绘婴戏图。20 个孩童分为 4 组，在庭院分别玩斗草、传胪加冠、抓鱼放生、贡瓶洒水等游戏。【上海博物馆网站；上海博物馆、景德镇市陶瓷考古研究所：《灼烁重现：15 世纪中期景德镇瓷器特集》，上海书画出版社，2019 年版，第 60 页。】

图 12-4-5 青花婴戏图碗

图 12-4-6 青花婴戏图高足碗

6. 青花婴戏图高足碗

明正统至天顺（1436—1464）

高 11 厘米，口径 15.8 厘米，足径 4.5 厘米

2014 年明代景德镇御窑厂遗址（珠山北麓）出土

景德镇市陶瓷考古研究所藏

侈口，深弧腹，柱体足，足底为外撇。内外青花装饰。外壁绘婴戏图，玩耍的儿童活泼可爱。碗心绘纹。【上海博物馆、景德镇市陶瓷考古研究所：《灼烁重现：15 世纪中期景德镇瓷器特集》，上海书画出版社，2019 年版，第 166 页。】

7. 青花婴戏图碗

明代宣德至正统（1426—1449）

高 6.3 厘米，口径 13.8 厘米，底径 5.8 厘米

常州博物馆藏

侈口，深腹，圈足。釉色白中泛青，釉质润泽。内口沿饰一周梵文，内心双圈内为宝杵图，外壁饰婴戏纹，六个小孩神态各异。【常州博物馆网站】

图 12-4-7 青花婴戏图碗

8. 明成化青花婴戏图碗

明成化（1465—1487）

高 6.8 厘米，口径 15.2 厘米，足径 5.4 厘米

台北“故宫博物院”藏

碗外壁青花绘饰夏日庭院婴戏图，衬以围栏、树石、花卉、云层。十五孩童分隔成两组画面，一组穿肚兜赤膊戏水，一组穿衫裤。【台北“故宫博物院”网站】

图 12-4-8 明成化青花婴戏图碗

9. 明成化斗彩婴戏图杯

明成化（1465—1487）

高 4.9 厘米，口径 6 厘米，足径 2.7 厘米

景德镇官窑烧造

中国国家博物馆藏

外壁饰斗彩婴戏图，分为两组，一组为二童放风筝，另一组三童玩斗草游戏。画面衬以流云、柱石、棕榈、芭蕉、青草等。此杯为明成化官窑代表作。【中国国家博物馆：《中国国家博物馆馆藏文物研究丛书·瓷器卷（明代）》，上海古籍出版社，2014 年版，第 104—105 页。】

10. 明成化斗彩婴戏图杯

明成化（1465—1487）

高 4.7 厘米，口径 6 厘米，足径 2.7 厘米

台北“故宫博物院”藏

外壁彩绘五童嬉戏图，以湖石、芭蕉、棕榈将画面分为两组，一组孩童斗草，另一组则玩放风筝。【台北“故宫博物院”网站】

图 12-4-9 明成化斗彩婴戏图杯

图 12-4-10　明成化斗彩婴戏图杯

11. 青花婴戏图碗

明正德（1506—1521）

高 12.3 厘米，口径 22 厘米，足径 7.7 厘米

景德镇官窑烧造

中国国家博物馆藏

外壁为婴戏图，绘有远山祥云，杨柳荷塘，孩童在庭院中戏鱼、举花、玩木偶，扮作“状元及第”，嬉戏游玩，天真活泼。此碗为正德青花瓷的典型器，造型优美，色泽浓淡相宜，画意生动，意趣天然。【中国国家博物馆：《中国国家博物馆馆藏文物研究丛书·瓷器卷（明代）》，上海古籍出版社，2014 年版，第 126—127 页。】

12. 明嘉靖青花婴戏图碗

明嘉靖（1522—1566）

高 7 厘米，口径 17.2 厘米，底径 7 厘米

台北“故宫博物院”藏

在庭院的角落中，以湖石芭蕉相隔，绘有孩童十二人，手持瓶、杯、书等物。嘉靖时期的婴童天庭饱满、后脑奇凸，经常身着深色长袍、浅色裤子，十分具有时代特色。【台北“故宫博物院”网站】

图 12-4-11　青花婴戏图碗

图 12-4-12 明嘉靖青花婴戏图碗

13. 明嘉靖青花婴戏图盖罐

明嘉靖（1522—1566）

高 26.5 厘米，通高 37.2 厘米，口径 20 厘米，底径 22.2 厘米

台北“故宫博物院”藏

盖顶绘意云纹，盖面画十六童子嬉戏，上下加饰缠枝番莲花。婴戏图是嘉靖官窑的主要纹饰之一，在盘、碗、高足杯等其他器形上，亦出现相似有趣的图绘。【台北“故宫博物院”网站】

14. 青花婴戏图蒜头瓶

明

高 16.5 厘米，腹径 8.5 厘米

曲阜市枣庄农民捐赠

曲阜市文物局孔府文物档案馆藏

颈部绘山石、花卉，肩部绘卷云纹，腹部绘童子嬉戏图。【济宁市文物局：《济宁文物珍品》，文物出版社，2010 年版，第 42 页。】

15. 清雍正青花婴戏图茶壶

清雍正（1723—1735）

通盖高 14.5 厘米，口径 4.8 厘米，足径 8.0 厘米

台北“故宫博物院”藏

壶外壁青花画庭院花木，四童嬉戏其间，一面绘一童持折花，一童执瓶花；另一面亦画一持折枝花，另一则做双手索花状。【台北“故宫博物院”网站】

16. 清乾隆粉彩婴戏图灯笼尊

清乾隆 （1736—1795）

高 30.5 厘米，口径 11 厘米，足径 8 厘米

南京博物院藏

灯笼尊撇口，短粗颈，长筒腹，圈足。外壁釉面不甚平整。颈部饰湖绿地粉彩吉祥图案，由戟、磬、双鱼组成的吉庆有余纹和由莲花、寿桃、蝙蝠组成的三多纹，两两相间，一共四组，三多纹寓意多子、多寿、多福。腹部绘白地粉彩婴戏图，画面上，远山如黛，近水潺潺，河岸上的一群孩子，或玩舞龙灯、骑竹马，或放鞭炮、敲锣打鼓、举花灯，或玩加官晋爵的游戏。亭子中的一名儿童，怀抱一瓶，瓶中插着戟与谷穗，寓意平升三级、五谷丰登。【南京博物院：《清代官窑瓷器》，江苏美术出版社，2013 年版，第 118 页。】

图 12-4-13　明嘉靖青花婴戏图盖罐

图 12-4-14　青花婴戏图蒜头瓶

图 12-4-15　清雍正青花婴戏图茶壶

图 12-4-16 清乾隆粉彩婴戏图灯笼尊

17. 清乾隆粉彩婴戏图瓶

清乾隆（1736—1795）

高 19.2 厘米，口径 5.5 厘米，底径 6 厘米

台北“故宫博物院”藏

瓶面白釉地，彩画十六子，各奏乐、执金粟、提灯笼、点爆竹，一幅喜庆丰登之景。【台北“故宫博物院”网站】

图 12-4-17 清乾隆粉彩婴戏图瓶

18. 婴戏图瓶

清

高 18.9 厘米，口径 8.8 厘米，底径 7.7 厘米

莒县博物馆藏

略呈灯笼形，侈口缩颈，圈足。胎质坚硬细腻。白地上绘数个孩童在户外玩耍。瓶底有“乾隆年制”楷书方框款。【苏兆庆：《古莒遗珍》，人民美术出版社，2003 年版，第 42 页。】

图 12-4-18 婴戏图瓶

19. 清道光慎德堂款粉彩婴戏图碗

高 7.2 厘米，口径 17.4 厘米，足径 6.2 厘米

故宫博物院藏

敞口，弧壁，圈足。碗心内光素无纹，外腹部粉彩绘十六子纹，绘儿童各种游戏之态。

十六子纹因其画面有十六名儿童而得名，初见于明永乐年间，后来逐渐成为固定纹饰，装饰于碗、盘、瓶等器物之上。清嘉庆之前绘此种纹饰的碗常常称为“娃娃碗”。

图 12-4-19　清道光慎德堂款粉彩婴戏图碗

足底有红彩“慎德堂制”四字楷书款。慎德堂款瓷器是道光皇帝在圆明园的御用瓷器。此碗为道光十五年（1835）皇帝万寿时烧造。【故宫博物院：《故宫博物院藏慎德堂款瓷器》，故宫出版社，2014年版，第82—85页；赵聪月：《慎德堂与慎德堂款瓷器》，《故宫博物院院刊》，2010年第2期，第113—129页。】

20. 粉彩婴戏图石榴尊（一对）

清

高24厘米

浙江绍兴翰越堂藏

撇口，束颈，鼓腹，平底微凹。覆烧制成。腹部一面绘婴戏纹，似为司马光砸缸故事。另一面绘两个童子抬一大瓶花。瓶上绘鹌鹑、菊花、石榴，寓意安居乐业；瓶中插牡丹、梅花、桃花等，象征富贵长寿。底部中心蓝料书“大清乾隆年制”篆书款，为光绪朝伪托款。【浙江省博物馆：《吉祥如意：浙江绍兴翰越堂藏古代艺术品精粹》，文物出版社，2013年版，第106—107页。】

图12-4-20　粉彩婴戏图石榴尊（一对）

21. 粉彩百子闹春图将军罐（一对）

清晚期

通高 45.5 厘米

浙江绍兴翰越堂藏

直口，溜肩，鼓腹，腹部下收至足部外撇。盔帽式盖。整体粉彩饰婴戏纹。童子有的骑竹马，有的敲锣打鼓，有的玩狮子绣球，有的放爆竹，有的舞鱼，有的舞龙，神态各异，生动活泼。舞龙队伍是画面主体，表现闹春的喜庆气氛。【浙江省博物馆：《吉祥如意：浙江绍兴翰越堂藏古代艺术品精粹》，文物出版社，2013 年版，第 96—97 页。】

图 12-4-21 粉彩百子闹春图将军罐（一对）

五、婴戏图金银器·石刻·童戏泥塑

1. 鎏金婴戏纹三足银瓶

唐

残高 7 厘米，口径 3.8 厘米，腹径 6.6 厘米，重 72.73 克

1982 年 1 月江苏省镇江市丹徒丁卯桥唐代银器窖藏出土

镇江博物馆藏

银质。侈口，束颈，鼓腹，圆底。腹下有等距离三足焊痕，出土时已经佚失。通体鎏金。颈部刻连珠纹、褶带纹和蔓草纹等纹饰。腹部以鱼子纹为地，串珠纹为隔，以华丽的卷叶纹构成三个莲瓣形开光。开光内部以针状扇式纹为点缀，刻画三组人物图：一为三童子乐舞、一为二童子对坐斗草，一为三人说唱。外地刻一朵十二重瓣花。【丹徒县文教局、镇江博物馆（执笔：刘建国）：《江苏丹徒丁卯桥出土唐代银器窖藏》，《文物》，1982 年第 11 期，第 15—27 页、图版叁；镇江博物馆网站；镇江博物馆：《镇江出土金银器》，文物出版社，2012 年版，第 46—47 页。】

2. 儿童玩拨浪鼓石刻画像

北宋

画面纵 29 厘米，横 65 厘米

2002 年山东泰安岱庙西华门南侧马道基址出土

泰安市博物馆藏

刻于一块长方形条石之上，与捶丸图、踢

图 12-5-1 鎏金婴戏纹三足银瓶

图 12-5-2 儿童玩拨浪鼓石刻画像

瓶图共为一石。刻有两童，做行走状。一童在前，像高 26 厘米，右腿前跨，双手各持一摇鼓前伸，侧身顾盼后者，耳后结髻。后面一童左腿前跨，像高 25 厘米；上身侧倾，右手持一小圆鼓前伸，左手持鼓槌置于胸前，做打击状，与前童相戏，在其身后刻一山石。刻石平面高 51 厘米，长 274 厘米。【倪雁：《山东泰山岱庙出土宋代石刻画》，《文物》，2014 年第 11 期，第 84—90 页；刘慧、刘玉沛：《泰山岱庙出土石刻画中所见的童戏图》，《民俗研究》，2006 年第 3 期，第 144—151 页。

3. 儿童踢瓶石刻画像

北宋

画面纵 29 厘米，横 65 厘米

2002 年山东泰安岱庙西华门南侧马道基址出土

泰安市博物馆藏

刻于一块长方形条石之上，与玩鼓图、捶丸图共为一石。图有两童子。一童弓腰侧立，像高 22.5 厘米；右脚踢瓶，右手握一弧形小棒，耳后扎发髻，着短袍，长带束腰，挽袖露小臂。另一童子，像高 20 厘米；面部已残，屈腿坐地于前童身后，膝前置一高足碗，双手各持细棒，做敲击状。两童之鞋上皆着花绣。刻石平面高 51 厘米，长 274 厘米。踢瓶，属“踢弄”技艺。南宋《梦粱录》记载：“百戏踢弄家，每于明堂郊祀年分，丽正门宣赦时，用此等人，立金鸡竿，承应上竿抢金鸡，兼之百戏……且杂手艺，即使艺也，如踢瓶、弄碗、踢磬、踢缸、踢钟、弄花钱、花鼓槌……”石刻画表现的踢瓶，当是在宋代流行的“踢弄”之戏的一种形式。【倪雁：《山东泰山岱庙出土宋代石刻画》，《文物》，2014 年第 11 期，第 84–90 页；刘慧、刘玉沛：《泰山岱庙出土石刻画中所见的童戏图》，《民俗研究》，2006 年第 3 期，第 144—151 页。

4. 红陶泥塑童戏像

宋

高约 10—19 厘米

1976 年镇江市五条街骆驼岭宋代遗址出土

国家一级文物

镇江博物馆藏

一组反映摔跤场面的捏塑泥孩儿，共有五

图 12-5-3　儿童踢瓶石刻画像

图 12-5-4 红陶泥塑童戏像

件。取当地生泥捏塑，经过烧制，外施彩绘。泥塑像神态各异，或抄手旁观，或抵足而坐，或匍匐向前，或仰地而卧，把儿童的天真、幼稚、可爱，表现得惟妙惟肖。身后有“吴郡包成祖”“平江包成祖”“平江孙荣”等楷书款记。吴郡、平江均为宋代苏州的别称，包成祖、孙荣均为捏塑名匠。【镇江博物馆网站；杨正宏、肖梦龙、刘丽文：《镇江出土陶瓷器》，文物出版社，2010 年版，第 148—150 页。

六、婴戏图绘画

1. 宋苏汉臣《秋庭戏婴图》轴

绢本　设色

纵 197.5 厘米，横 108.7 厘米

台北“故宫博物院”藏

苏汉臣（约活动于 12 世纪），开封（今属河南）人，靖康之难后，跟随宋室，迁居钱塘。他早年曾当过民间画工，宣和年间被征入徽宗画院。擅长画佛像及人物，其中尤以童婴题材最为人所赞赏。本幅画庭院中，姐弟二人围着小圆凳，聚精会神地玩推枣磨的游戏。不远处的圆凳、草地上，还散置着转盘、小佛塔、铙钹等精致的玩具。【台北“故宫博物院”网站】

2. 宋人《冬日婴戏图》轴

绢本　设色

纵 196.2 厘米，横 107.1 厘米

图 12-6-1 宋苏汉臣《秋庭戏婴图》轴

图 12-6-2　宋人《冬日婴戏图》轴

台北“故宫博物院”藏

本幅画姐弟两人，在冬日庭院中逗猫戏耍的情景。画中姐姐手里拿着一面色彩斑斓的旗子，弟弟则以红线缠着孔雀羽毛，正逗弄一旁玩耍的花猫。无论神情、姿态皆栩栩如生。【台北“故宫博物院”网站】

3. 宋苏汉臣《百子欢歌图》卷（局部）

绢本　设色

纵 30.5 厘米，横 230 厘米

台北“故宫博物院”藏

绘儿童嬉戏。有的跳跃，有的骑木马，有的下棋，有的玩拨浪鼓。【台北“故宫博物院”网站】

4. 宋人《扑枣图》轴

绢本　设色

纵 138.6 厘米，横 101.6 厘米

台北“故宫博物院”藏

院角的枣树结实累累，小孩群来攀扯，枝丫不停晃动，粒粒枣子摇落满地。孩子们有的牵起衣角，有的捧着盘子拾取，又玩又吃，一片兴高采烈之情，跃然于绢素之上。【台北“故宫博物院”网站】

5. 宋人《婴戏图》轴

绢本　设色

纵 120.3 厘米，横 77.2 厘米

台北“故宫博物院”藏

本幅无作者款印。画童子四人，一人于帷

图 12-6-3　宋苏汉臣《百子欢歌图》卷（局部）

图 12-6-4　宋人《扑枣图》轴

图 12-6-5 宋人《婴戏图》轴

幕中操持钟馗傀儡为戏，一人击鼓，一人打板，另一人做指点状。庭院周遭，并装缀花卉蜂蝶诸景。推断此幅原应有所本，当属明代仿宋的佳作。【台北“故宫博物院”网站】

6. 明戴进《太平乐事》册“婴戏”

绢本　设色

折装，方幅式

纵 21.8 厘米，横 22 厘米

台北“故宫博物院”藏

戴进《太平乐事》册页，一共十开，依序有“婴戏”“骑牛”“捕鱼”“娱乐”“戏耍”“试射”“耕罢”“观戏”“木马”“牧归”等各式不同的主题，内容描绘社会安和乐利的景象，以及不同阶级庶民生活的多样化，这种图画一般在宫廷中十分流行，具有宣扬“盛世太平”的政治功能。此为婴戏图。戴进（1388—1462），明代画家，字文进，号玉泉山人，钱塘（今浙江杭州）人。擅长山水、人物，为明代“浙派”的主要奠基者。【台北“故宫博物院”网站】

7. 明周臣《画闲看儿童捉柳花句意》轴

绢本　设色

纵 116.6 厘米，横 63.5 厘米

图 12-6-6　明戴进《太平乐事》册“婴戏”

图 12-6-7　明周臣《画闲看儿童捉柳花句意》轴

台北“故宫博物院”藏

周臣（约 1460—1535），字舜卿，别号东村、鹅场散人。吴县（今江苏苏州）人。明代画家，用笔精熟，又兼工人物，无论古貌奇姿，或绵密萧散，均能各极意态。唐寅（1470—1524）、仇英（约 1501—约 1551）为其最杰出的弟子。本画绘白居易《别柳枝》“谁能更学孩童戏，寻逐春风捉柳花”与杨万里《闲居初夏午睡起》“日长睡起无情思，闲看儿童捉柳花”诗意。【台北“故宫博物院”网站】

图 12-6-8　明仇英《长夏江村图》卷（局部）

8. 明仇英《长夏江村图》卷（局部）

绢本　设色　青绿

纵 30.1 厘米，横 316.3 厘米

台北“故宫博物院”藏

是卷以一渔父为开端，越过岸边的山脉巨石后，进入一个安和乐利的聚落。聚落中各种野花盛开，文士们或读书，或饮茶对谈，或倚榻乘凉等，其余则渔夫捕鱼，童仆洒扫、备茶，儿童们下棋，小狗跳跃等，全幅充满各种生活细节的描绘。此为局部绘儿童下棋。【台北“故宫博物院”网站】

9. 明仇英《临宋人画》册婴戏斗蛩图

绢本　设色

纵 27.2 厘米，横 25.5 厘米

上海博物馆藏

《临宋人画》册为仇英临摹宋人的集成之作，共 15 开，画风皆为典型的南宋院体风格。此为婴戏斗蛩图，绘童子斗蟋蟀，生动有趣。

图 12-6-9　明仇英《临宋人画》册婴戏斗蛩图

【上海博物馆网站；苏州博物馆：《中国画家·古代卷：仇英》，故宫出版社，2015 年版，第 98、106 页。】

10. 明仇英《临宋人画》册傀儡牵机

绢本　设色

纵 27.2 厘米，横 25.5 厘米

上海博物馆藏

《临宋人画》册为仇英临摹宋人的集成之作，共 15 开，画风皆为典型的南宋院体风格。此为傀儡牵机图，绘童子三人，一人于帷幕中操持傀儡，一人击鼓，一人观看。【上海博物馆网站；苏州博物馆：《中国画家·古代卷：仇英》，故宫出版社，2015 年版，第98、107 页。】

图 12-6-10 明仇英《临宋人画》册傀儡牵机

11. 明钱贡《太平春色》轴

纸本 设色 青绿

纵 122 厘米，横 49.8 厘米

台北“故宫博物院”藏

绘丰年度岁，童叟热闹过年场面。厅堂中盆火酒壶高烧，两童伸纸，高士一人搦管欲书。屋前寒梅盛开，童子嬉戏玩耍于庭院，燃放爆竿，寓意“报平安”。钱贡（活动于1573—1619），字禹方，号沧洲，吴县（今江苏苏州）人。【台北“故宫博物院”网站】

12. 明佚名《宋人扑枣图》轴

纵 122.5 厘米，横 52.8 厘米

杭州博物馆藏

此件作品描绘古代扑枣的生动场景，作者

图 12-6-11　明钱贡《太平春色》轴

图 12-6-12　明佚名《宋人扑枣图》轴

不仅描绘出扑枣时的各种分工，并且抓住妇女儿童在劳动中凝神屏息的一刹那构成画面，表现出人物的各种心理活动和不同的姿态，传达出生动的气氛。【吴晓力：《珍藏杭州：杭州博物馆北馆展品集萃》，浙江人民美术出版社，2012 年版，第 121 页。】

13. 清杨晋《豪家佚乐图》卷（局部）

绢本　设色

纵 56.7 厘米，横 1207.5 厘米

南京博物院藏

《豪家佚乐图》以长卷式构图分段落描绘了豪门贵族的享乐生活。此为豪家子弟骑竹马、扑蝶、玩鸟、斗草。杨晋(1644—1728)，字子和，号西亭，署野鹤，江苏常熟人，王翚入室弟子。【南京博物院：《清代娄东虞山绘画》，江苏美术出版社，2013 年版，第 241—249 页。

14. 清金廷标《岁朝图》轴

纸本　设色

纵 96 厘米，横 65.9 厘米

台北“故宫博物院”藏

此画描写欢乐庆祝新春的年节景象。孩童手执锣鼓槌，吹奏琉璃喇叭，燃放竹杖嬉戏玩耍于园中。正月燃放爆竹，寓意“报平安”。庭院遍植天竺，古梅盘踞湖石，点出初冬寒意。汉白玉石栏杆及远处门洞后香妃竹栏杆，隔断出画面的纵深空间。金廷标（生卒年不详），清代画家，活跃于乾隆时期。【台北“故宫博物院”网站】

图 12-6-13　清杨晋《豪家佚乐图》卷（局部）

图 12-6-14 清金廷标《岁朝图》轴

15. 清闵贞《刘海戏蟾图》轴

纸本　墨笔

纵 128.7 厘米，横 70.8 厘米

南京博物院藏

闵贞（1730—1788 尚在），字正斋，湖北武穴人，“扬州八怪”之一。《刘海戏蟾图》绘山石突兀，刘海蓬头爬于巨石上，憨态可掬，俯首垂线戏弄石下蟾蜍，嬉然自乐。刘海手拿垂线戏金蟾，线上拴着铜钱，此图常蕴含招财意。【南京博物院：《清代扬州绘画》，江苏凤凰美术出版社，2014 年版，第 206 页。】

图 12-6-15　清闵贞《刘海戏蟾图》轴

16. 清闵贞《三婴戏环图》轴

纸本　设色

纵 116.1 厘米，横 50.4 厘米

南京博物院藏

绘一老翁手抱一戏环孩童，二童相随的有趣场面，老翁背对观者，怀抱之孩童手持铁环，凝望后面二童，二童则亦玩弄铁环，似在耳语，互相逗乐，神情自然，天真纯朴之特点一览无遗。【南京博物院：《清代扬州绘画》，江苏凤凰美术出版社，2014 年版，第 208 页。】

图 12-6-16　清闵贞《三婴戏环图》轴

17. 清闵贞《八子嬉戏图》轴

纸本　设色

纵 122 厘米，横 71 厘米

扬州博物馆藏

此图描绘八个小孩围成一团争看花灯的情景，神态专注而传神，写尽孩童的天真烂漫。【扬州博物馆网站】

图 12-6-17　清闵贞《八子嬉戏图》轴

18. 清姜筠绘《婴戏图》轴

纵 120.8 厘米

南京博物院藏

绘两小童玩推枣磨游戏。姜筠（1847—1919），晚清画家。【南京博物院等：《博·戏：中国古代体育文物》，译林出版社，2014 年版，第 268—269 页。】

图 12-6-18　清姜筠绘《婴戏图》轴

19. 清任预《五子图》轴

绘于 1894 年

纸本

纵 163 厘米，横 58 厘米

浙江绍兴翰越堂藏

绘五童子采摘金铃子。五子象征福禄寿喜财，是人生美满的标志。金铃子易生长，藤蔓绵长，果房多子，常常作为福迭绵长的祥瑞植物装饰在各类器物之上。寓意五福绵长、五福汇聚。任预(1854—1901)，字立凡，号潇潇庵主人，浙江萧山人，任熊之子，工人物、山水、花卉，画如其父。【浙江省博物馆：《吉祥如意：浙江绍兴翰越堂藏古代艺术品精粹》，文物出版社，2013 年版，第 246—247 页。】

20. 清沈振麟、叶桐《百子呈祥双喜图》

纸本

纵 108 厘米，横 96 厘米

浙江绍兴翰越堂藏

用颜料将双喜以外抹成红地，以渲染喜庆气氛。双钩喜字内绘一百〇八个童子，神态各异，玩各种喜庆、吉祥的游戏。双喜最上一行楷书红字“百子呈祥”。双喜字绕以彩绘寿桃、八吉祥纹的绶带，象征福寿双喜、吉祥如意。左下方落款“臣沈振麟臣叶桐合笔恭绘”。沈振麟，清道光至光绪初著名宫廷画师。叶桐，晚清画家，与沈振麟同为宫廷画家。【浙江省博物馆：《吉祥如意：浙江绍兴翰越堂藏古代艺术品精粹》，文物出版社，2013 年版，第 240—241 页。】

图 12-6-19 清任预《五子图》轴

图 12-6-20　清沈振麟、叶桐《百子呈祥双喜图》

七、婴戏图织绣

1. 画缂瑶台百子图轴

清初

纵 176.5 厘米，横 90.5 厘米

南京博物院藏

此画面上下两端，上段表现王母乘鸾飞临，寿星跨鹤相迎；其下八仙聚于瑶台。此段背景为大红，白云缭绕，青松寿石穿插。下段由瑶池水浪过渡到凡间世界，亭隔树木，石桥流水，百子嬉耍其间，一群小童弹琴、吹箫、击鼓、敲锣、划船。此图缂丝精细，属清初佳作。【南京博物院：《历代织绣》，江苏美术出版社，2013 年版，第 97 页。】

2. 缂丝三婴戏蟾图轴

清中期

纵 84.4 厘米，横 38.2 厘米

南京博物院藏

图 12-7-1 画缂瑶台百子图轴

缂丝图案为三个婴孩在戏弄一只蟾蜍。童子手提蟾蜍形象，来自“刘海戏蟾”，后世“招财童子”形象即多为小孩手提蟾蜍。古人认为蟾蜍是富贵之物，自秦汉以来，蟾蜍作为吉祥图案被广泛运用在各工艺门类。此图含有多子多寿之寓意。【南京博物院：《历代织绣》，江苏美术出版社，2013年版，第134页。】

3. 缂丝婴戏图轴

清中期

纵83厘米，横42厘米

南京博物院藏

蓝色地，缂织一大三小四名儿童玩耍的图景。大童手捧花瓶，瓶中插枝牡丹，寓意“平安富贵”；一小童手举石榴，因石榴多子，寓意“多子多孙”；另两名小童手牵四轮旱船，船上放置官帽玉带，寓意“加官晋爵”。【南京博物院：《历代织绣》，江苏美术出版社，2013年版，第137页。】

图 12-7-2 缂丝三婴戏蟾图轴

图 12-7-3 缂丝婴戏图轴

4. 缂丝七子戏水图轴

清中期

纵 115 厘米，横 65.5 厘米

南京博物院藏

六名儿童戏水，另有一名儿童在水边脱衣裤，正准备下水。采用齐缂和构缂技法，水路明显。整幅作品生动活泼，情趣盎然。【南京博物院等：《博·戏：中国古代体育文物》，译林出版社，2014 年版，第 272 页；南京博物院：《历代织绣》，江苏美术出版社，2013 年版，第 133 页。】

图 12-7-4 缂丝七子戏水图轴

5. 紫檀边缂丝织耕图挂屏

清中期

长 95 厘米，宽 63 厘米

南京博物院藏

吸取国画中工笔、写意相结合的画法，以月白色经线作底色，缂出小桥流水、山石、草坡、垂柳等多种景观，河边有孩童在嬉戏、牧牛、下棋。构图合理，生动活泼，富有生活气息。【南京博物院：《历代织绣》，江苏美术出版社，2013 年版，第 126 页。】

6. 刺绣百子婴戏图壁挂

清

纵 308 厘米，横 218 厘米

南京博物院藏

长方形。全图运用多种针法共绣制三百多个孩童各种游戏场面（包括放风筝、骑鹿、抖空竹、钓鱼、抬轿、放烟花、推车等），百子合欢，其乐融融。孩童们个个面容娇嫩，肌体丰满，服饰华美。绣制精细处，孩童的细眉杏眼以及头顶留着一簇圆发。两鬓发绺下垂皆清晰可辨。此为清代宫廷皇帝大婚之喜的装饰品。【南京博物院等：《博·戏：中国古代体育文物》，译林出版社，2014 年版，第 271 页；南京博物院：《历代织绣》，江苏美术出版社，2013 年版，第 253 页。】

7. 大红贡缎绣百子图壁挂

清

纵 303 厘米，横 218 厘米

南京博物院藏

绣三百多个孩童或嬉戏，或乘彩车，或抬

图 12-7-5　紫檀边缂丝织耕图挂屏

图 12-7-6 刺绣百子婴戏图壁挂

图 12-7-7 大红贡缎绣百子图壁挂

轿子，或放烟花，形态各异。此为清代宫廷皇帝大婚之喜的装饰品。【南京博物院等：《博·戏：中国古代体育文物》，译林出版社，2014年版，第270页。】

8. 刺绣百子婴戏图软缎挂帘

清

纵111厘米，横133厘米

南京博物院藏

该挂帘绣百余儿童坐“四轮旱船”“斗鸟”等游戏活动，内容丰富，把“多子多孙”“富贵满堂”“如意吉祥”等传统思想巧妙地糅合于艺术创作之中，蕴含了人们对美好生活的共同愿望。【南京博物院：《历代织绣》，江苏美术出版社，2013年版，第255页。】

9. 刺绣百子婴戏图软缎挂帘

清

纵111厘米，横132.5厘米

南京博物院藏

绣百余儿童，有的拔河、推车，有的在喂食仙鹤，有的手持宝瓶。作品背面以红布为衬，双层缝制，正面以大红贡缎为绣地。设色鲜丽而讲究法度，绣制工艺谨严，以鲜红夺目为基调，整个画面光彩夺目，雍容华贵。【南京博物院：《历代织绣》，江苏美术出版社，2013年版，第254页。】

图12-7-8 刺绣百子婴戏图软缎挂帘

图 12-7-9 刺绣百子婴戏图软缎挂帘

八、捉迷藏

1. 宋苏汉臣《长春百子图》卷（局部）

绢本 设色

纵 30.6 厘米，横 521.9 厘米

台北“故宫博物院”藏

描绘春、夏、秋、冬四时百童嬉戏情景，有荡秋千、骑木马、下棋、钓鱼、采荷、扑蝶、斗蟋蟀、捉迷藏、蹴鞠等。户外庭院，四季景色分明，孩童尽兴玩耍，个个天真活泼。旧传为苏汉臣之作。该局部绘捉迷藏。【台北“故宫博物院”网站】

2. “张成造”剔红婴戏图盘

元

直径 18 厘米，高 2.6 厘米

2012 年曹其镛曹罗碧珍夫妇捐赠

浙江省博物馆藏

国家一级文物

木胎，通体髹朱漆。盘内花卉形开光，开光内刻七位儿童在花园内游戏和捉迷藏，形态

图 12-8-1　宋苏汉臣《长春百子图》卷（局部）

逼真，手法细腻。开光内画面以朱漆单线刻回形天纹等作为空间隔开的标志。盘口一圈为素地四季花卉纹，盘被为卷草纹。盘底有针刻“张成造”款。专家据此鉴定，这件漆盘为元代浙江雕漆名匠张成的作品。张成系浙江嘉兴西塘杨汇（今嘉善县）人，其作品目前在大陆仅存四件，这件剔红婴戏图盘是其中之一，堪称国宝。【陈丽华：《重华绮芳：曹氏藏元明清漆器》，紫禁城出版社，2010 年版，第 70—71 页；陈亚萍、郑旭明：《香港曹其镛夫妇捐赠浙博珍贵漆器一览》，《东方收藏》，2013 年第 2 期，第 24—27 页。】

3. 剔红婴戏图盒

清中期

直径 10.1 厘米，高 4.5 厘米

2012 年曹其镛曹罗碧珍夫妇捐赠

图 12-8-2 “张成造”剔红婴戏图盘

图 12-8-3　剔红婴戏图盒

浙江省博物馆藏

蔗饼形，金属胎，通体髹朱漆。两面均刻花纹，盒内髹黑漆。盒面雕刻庭院婴戏图，为清代中期流行的婴戏图题材，五个小孩在开心地玩捉迷藏游戏，形象活泼，动作自然。盒底雕山水童瓮采药而归图，富有文人诗意之感。盒两面刻单线回形天纹、波浪形水纹和双层六边花瓣形地纹。线条细致，施漆肥厚，颜色纯正，刀法深峻，表现人物、山水、树石等立体感较强。【陈丽华：《重华绮芳：曹氏藏元明清漆器》，紫禁城出版社，2010 年版，第 180—181 页；陈亚萍：《美轮美奂：曹其镛曹罗碧珍夫妇捐赠之清代雕漆》，《收藏家》，2013 年第 2 期，第 13—18 页。】

4. 清院本《十二月月令图十一月》轴（局部）

设色　青绿

纵 175 厘米，横 97 厘米

台北“故宫博物院”藏

几位孩童身穿棉袄，玩捉迷藏，有的孩子躲在墙角。画面生动有趣。【台北“故宫博物院”网站】

图 12-8-4　清院本《十二月月令图十一月》轴（局部）

5. 牙雕捉迷藏嵌件

清

高 4.85 厘米，阔 13.3 厘米

南京博物院藏

六位小童玩在树下捉迷藏游戏。【天津博物馆：《动·境：中华古代体育文物展》，科学出版社，2017 年版，第 198 页。】

6. 朱子常黄杨木雕七子捉迷藏

清

通高 25 厘米

温州博物馆藏

樟木雕刻园林为座。园林以假山为主，六角亭雄踞山巅，玲珑剔透太湖石布置四周，右侧一松皮石挺立一方。黄杨木雕七小孩嬉玩捉迷藏。空地上有一孩童蒙目伸臂，欲捕捉他孩，一孩童隐匿于石旁，近处有一孩童忍息躲避，亭中有一孩童跪栏观望，其余三孩童作随机应付。雕像与座用铁质铆钉连接固定。形象逼真，形态各异。【温州博物馆网站】

图 12-8-5　牙雕捉迷藏嵌件

图 12-8-6　朱子常黄杨木雕七子捉迷藏

7. 朱子常黄杨木雕八子捉迷藏

清末

长 27.5 厘米，宽 17 厘米，高 17.5 厘米

浙江省博物馆藏

雕刻八名童子玩捉迷藏的游戏。童子们各显其态，童真童趣跃然其中。刀法多变，构思巧妙。此件作品为作者的代表作，相同题材的作品曾在 20 世纪初的南洋劝业会、巴拿马博览会上屡屡获奖。朱子常（1876—1934），名正伦（一作阿伦），字子常，以字行，浙江永嘉（今温州市）人。近现代著名黄杨木雕刻名家，因技艺高超，不同凡响，时人称为“伦仙”。【浙江省博物馆：《槁木奇功》，浙江古籍出版社，2009 年版，第 161—162 页。】

九、老鹰捉小鸡

童戏青花瓷盘（一对）

清

高 2.1 厘米，口径 19.8 厘米，底径 14.5 厘米

宝应博物馆藏

盘心图案为九位儿童玩“老鹰捉小鸡”游戏，充满童趣。【扬州博物馆：《生命·运动·乐趣：中华古代体育文物》，译林出版社，2018 年版，第 134 页。】

十、其他

1. 仕女戏童小圆盒

明　16 世纪上半叶

图 12–8–7　朱子常黄杨木雕八子捉迷藏

图 12-9 童戏青花瓷盘（一对）

图 12-10-1 仕女戏童小圆盒

木竹漆器

全高 2.9 厘米，径 6.7 厘米，底径 6.4 厘米

台北“故宫博物院”藏

前景沿着盒缘突出一小石丘，界定出地平线，右侧太湖石伸出植物二、三枝，左侧一盆假山，空间完整却自然疏朗。一仕女微快步，手持枝叶，回身逗弄着双手高举跳跃的童子。童子脸微扬，身形丰圆，伸手抬足，动感十足，活泼可爱。【台北“故宫博物院”网站】

2. 程君房制百子图墨

明

直径 12.7 厘米，厚 1.9 厘米

上海博物馆藏

墨呈圆形，双面起框，模印民间流行的传统题材“百子图”，众小儿体态各异，三两成群，或坐地弈戏、识字、凭栏远眺，或玩傀儡、戏水，天真活泼，热闹欢愉。【上海博物馆网站】

3. 象牙雕“五子闹灯”

明清

高 11.5 厘米，宽 12 厘米

淄博市博物馆藏

立体圆雕。【张永政：《淄博市博物馆馆志》，文物出版社，2008 年版，彩色插页（无页码）。】

图 12-10-2 程君房制百子图墨

图 12-10-3 象牙雕“五子闹灯”

4. 百子图木刻年画

清

纵 57.4 厘米，横 102.4 厘米

江苏省东台县（今为东台市）征集

南京博物院藏

绘百子嬉戏，寓意吉祥如意。多子多福。【南京博物院等：《博·戏：中国古代体育文物》，译林出版社，2014 年版，第 267 页。】

5. 银镀金点翠嵌料石米珠婴戏簪

清

最长 22.5 厘米，宽 4.9 厘米

台北“故宫博物院”藏

横长型簪，簪首镀金底满铺点翠莲叶，童子九人各执桃实、灵芝、双鱼、笙、戟、磬、宝相花等吉祥物件，嬉游于红白莲花间，白色莲瓣与绿色莲藕以玻璃制成，与点翠、珠玉宝石构成具有层次感的图景。不仅以莲塘童子谐音寓意连生贵子，亦传达万寿如意、天保升平、吉庆有余的祝愿。【台北“故宫博物院”网站】

6. 象牙雕婴戏图癞葡萄插片

清

长 30 厘米，宽 9 厘米

青岛市博物馆藏

以象牙为材，采用浮雕、透雕等技法随形雕刻。插片两端上部雕有两株癞葡萄，茎叶繁密、缠绕延伸，富有生气。癞葡萄架下一群婴孩在嬉闹，共雕有大、小孩童十个，圆头、圆脸，或扛旗，或执棍，或大童背小童，姿态各异、活泼可爱。整器雕工精湛、画面生动。【青岛市博物馆网站】

图 12-10-4　百子图木刻年画

图 12-10-5 银镀金点翠嵌料石米珠婴戏簪

图 12-10-6 象牙雕婴戏图瓞葡萄插片

7. 碧玉五子戏水盘

清

口径 28.3 厘米，高 9 厘米

江苏省句容县赤山区郭庄甲山征集

南京博物院藏

新疆和田碧玉制作。盘内圆雕五个尽情戏水的孩童，神情生动，生活气息浓厚。【南京博物院等：《博·戏：中国古代体育文物》，译林出版社，2014 年版，第 266 页。】

图 12-10-7 碧玉五子戏水盘

8. 竹雕四妃十六子香筒

清

径 6.4 厘米，高 21 厘米

苏州博物馆藏

香筒为直筒式，上下盖已失。四位妃子围坐在桌旁。十六位孩童有的骑竹马，有的叠罗汉，有的放爆竹，有的捉迷藏，还有的论诗作文。【苏州博物馆：《苏州博物馆藏工艺品》，文物出版社，2009 年版，第 104 页。】

9. 百子图砖雕

清

单件长 38 厘米，宽 27.3 厘米，厚 7.7 厘米

图 12-10-8　竹雕四妃十六子香筒

安徽省歙县棉溪征集

安徽博物院藏

这组百子图砖雕由八块大小相同的长方形水磨青砖组成，砖呈淡灰色，松脆。砖面雕刻楼台、亭阁及百子图案。百子嬉戏于亭台楼阁间，姿态各异，形象生动活泼。【安徽博物院网站】

10. 朱子常黄杨木雕六子戏弥勒

清末

长 27.5 厘米，宽 17 厘米，高 17.5 厘米

浙江省博物馆藏

雕刻六位活泼的顽童围着大肚弥勒佛嬉闹。布局合理，匠心独运，显示了作者的不俗功力。朱子常（1876—1934），名正伦（一作阿伦），字子常，以字行，浙江永嘉（今温州市）人，近现代著名黄杨木雕刻名家，因技艺高超，不同凡响，时人称为“伦仙”。【浙江省博物馆：《槁木奇功》，浙江古籍出版社，2009 年版，第 161—162 页。】

11. 曹素功制墨

清

直径 12.2 厘米，厚 1.8 厘米

青岛市博物馆藏

圆饼墨，描绘百子婴戏图，图案处鎏金装饰。庭院中芭蕉怪石、小桥流水，布景丰富。童子人数众多，脑袋浑圆，或抬轿，或扛旗敲锣，或骑跨木马，或三五对弈交谈，神态各异，场景热闹非凡。纹饰清晰，层次分明，制作精美。边有“贡烟”二字。【青岛市博物馆网站】

12. 宁波万工轿婴戏图玻璃片

清末民初

图 12-10-9　百子图砖雕

图 12-10-10　朱子常黄杨木雕六子戏弥勒

图 12-10-11　曹素功制墨

图 12-10-12　宁波万工轿婴戏图玻璃片

轿长 150 厘米，宽 90 厘米，高 275 厘米

浙江省博物馆藏

国家一级文物

浙江省博物馆十大镇馆之宝之一

万工轿是浙江宁绍地区富裕人家新娘乘坐的花轿之中的豪华品种，因需耗费近一万个工时方能制成，故称“万工轿”。浙江省博物馆收藏的这一座万工轿堪称世界上最豪华的花轿，采用传统的榫卯技术连接固定，木雕彩绘，朱漆泥金，周身雕刻天宫赐福、魁星点状、八仙过海、和合神仙、渔樵耕读、金龙彩凤、榴开百子、喜上眉梢等内容的人物和纹饰，四周的舞台“上演”着《荆钗记》《拾玉镯》《西游记》等戏剧，精致华美，体现了人们对幸福的向往。轿身前后及两侧各有婴戏图玻璃片纹饰。【浙江省博物馆：《浙江省博物馆武林馆区》，文物出版社，2011 年版，第 147 页；浙江省博物馆：《槁木奇功》，浙江古籍出版社，2009 年版，第 97—100 页。】

后记

本图录为2015年度国家社会科学基金重大项目（项目批准号：15XDB146）《中国古代体育文物调查与数据库建设》华东地区子课题的研究成果。重大项目立项之后，在首席专家毛丽娟教授的指导下，组成了由上海交通大学孙麒麟教授、郑州大学郭红卫副教授为负责人的华东地区子课题组，成员（按姓氏笔画为序）包括上海交通大学王坤教授、上海体育学院匡淑平教授、上海交通大学李先国副教授、郑州大学吴晓燕老师、上海交通大学沈丽群老师、广东药科大学陈子老师、上海交通大学陈伟伟老师、上海交通大学窦秀敏老师。

在四年多的时间里，子课题组成员对于华东地区的上海市、山东省、江苏省、安徽省、浙江省、江西省、福建省以及台湾省的考古文博系统历年发掘和收藏的古代体育文物进行了调研，陆续搜集和整理了近千件古代体育文物的资料。在此基础上，我们参照通行的古代体育项目分类方式，依据考古学和文物学的规范，对整理的华东地区的古代体育文物做出了项目分类和信息标注。这些信息包括文物名称、时代、出土年代和地点、收藏机构、文物等级等。由于资料记载不完整和调研工作的局限，一部分古代体育文物的信息不够全面，我们将在以后的调研工作中加以完善。此外，我们根据掌握的资料，对于本书收录的文物做出了描述和解读，注明了资料来源和参考文献。

本图录的完成，得到了上海体育学院、上海交通大学体育系、郑州大学体育学院（校本部）、广东药科大学体育部等单位领导的大力支持。在资料搜集和整理过程中，中华书局柴剑虹编审、兰州理工大学李重申教授、国家体育总局体育文化发展中心崔乐泉研究员、上海体育学院郭玉成教授给予了殷切关怀和指导。

华东师范大学杜舒书副教授、南京森林警察学院周维方副教授、南京工程学院孙传晨老师、温州科技职业学院赵显品副教授、浙江商业职业技术学院刘沪杭老师、安徽工程大学张勇老师、上海市光明中学苏王飞老师、上海市控江中学王文粉老师、上海市松江区九亭第二小学吴魏魏老师、上海市鲁迅初级中学张银萍老师、郑州大学文学院博士研究生李小白、郑州大学体育学院（校本部）硕士研究生苏恒、张凌燕、李洋、刘乐源、马玉清参与了部分资料的搜集和整理工作。对于以上单位领导、专家、老师和同学的支持、指导和帮助，我们表示深深的感谢！

2022 年 8 月 10 日